DHISIDDII MAAMULKA GOBOLLADA DHEXE IYO DAWLADGOBOLEEDKA GALMUDUG

XOGOGAAL

DHISIDDII MAAMULKA GOBOLLADA DHEXE IYO DAWLADGOBOLEEDKA GALMUDUG

XOGOGAAL

Maxamed X. Cabdi Carrabey

1445/2024

Looh Press Ltd.
Copyright © Maxamad Xaashi Cabdi Carrabey 2024
Dhowran © Maxamad Xaashi Cabdi Carrabey 2024
First Edition, First print May 2024
Soo Saariddii 1aad, Daabacaaddii 1aad May 2024

All rights reserved.

Xuquuqda oo dhammi way dhawrantahay.
Buuggan dhammaantiis ama qayb ka mid ah sina loo ma daabici karo loo mana kaydsan karo elegtaroonig ahaan, makaanig ahaan ama hababka kale oo ay ku jirto sawirid, iyada oo aan oggolaansho laga helin qoraaga. Waa sharci-darro in buuggan la koobbiyeeyo, lagu daabaco degellada internetka, ama loo baahiyo si kasta oo kale, iyada oo aan oggolaansho laga helin qoraaga ama cid si la caddayn karo ugu idman maaraynta xuquuqda.

WAXAA DAABACAY:
Looh Press Ltd.
56 Lethbridge Close
Leicester, England. UK
www.LoohPress.com
LoohPress@gmail.com

Wixii talo ama falcelin ah ka la xiriir qoraaga:
arabeyabdi@gmail.com

Tifaftire:	Bodhari Warsame
Galka:	Looh Press
Naqshadeynta:	Kusmin (Looh Press)

Sawirka galka waxaa qaaday @Daauus Advertising Agency. www.Daauus.so

ISBN:
978-1-912411-81-8   (Hardback)
978-1-912411-82-5   (Hardback)

TUSMO

LIISKA XARFAHA GAAGAABAN (EREYFURKA)..................xiii

HORDHAC.. xv

MAHADCELIN..xvii

HIBAYN.. xix

CUTUBKA 1... 1
    Taariikhda iyo Dhacdooyinka Soomaaliya.............................1
    26/01/1991 Maalin Soomoali Badan Taqaan..........................8

CUTUBKA 2..11
    Shirkii Dibuheshiisiinta Jabuuti ee 1991 11
    Shirkii Dibuheshiisiinta Qaran ee 1993 11
    Golaha Badbaadada Qaran (1997)..12
    Shir Nabadeedkii Qaahira ee 1997 (Bayaankii Qaahira) 13
    Shirkii Nabadeynta Qaran ee Jabuuti (2000) 14
    Dowladdii Madaxweyne Cabdiqaasim Salaad Xasan............15
    Dowladdii Madaxweyne Cabdullaahi Yuusuf Axmed...........15
    Dowladdii Madaxweyne Shariif Sheekh Axmed (2009) 17
    Urur-diimeedyadii Soomaaliya iyo sidii ay ku soo bilowdeen ...17
    Nidaamka Federaalka iyo Soomaaliya 18
    1. Nidaamka 4.5 iyo Soomaaliya..19
    2. Maamulka Soomaaliland 19
    3. Maamulka Puntland 20
    4. Maamullada Koonfurta iyo Bartamaha Soomaaliya........21
    5. Dowladdii Madaxweyne Xasan Sheekh Maxamuud.......22

CUTUBKA 3 25
Dib u Milicsiga Gobollada Dhexe 25
1. Caqabadaha Guud ee Hor Taagnaa Dhismaha Maamulka Gobollada Dhexe 27
2. Noocyada Khilaafyada Gobollada Dhexe 32
3. Khilaafyada ka dhasha Lahaansha Dhuleed 32
4. Khilaafyada ku Saleysan Khayraadka 33
5. Khilaafyada ka dhasha Aanooyinka qabiilka 34
6. Khilaafaadyada ka dhasha Siyaasadda 36
7. Khilaafka Beelaha Wada dega Gaalkacyo 37
8. Siyaasadda Ethiopia Ee Gobollada Dhexe 40
9. Beelaha Waqooyiga iyo Dhexda ee Gobollada Dhexe 41

CUTUBKA 4 43
Galmudugtii Hore 43
10. Ahlusunna Waljameeca 44
11. Ximin iyo Xeeb 49
12. Maamulka Bartamaha Soomaaliya 50
13. Beesha Xeraale iyo Huurshe 50
14. Maamulladii Kale ee ka Jiray Deegaanka 51
15. Alshabaab 52
16. Burcad-badeedda 53

CUTUBKA 5 61
Billowgii Barnaamijka Maamul U Samaynta Bartamaha Soomaaliya 61
Dib U Milicsiga Beesha Sade ee Deegaannada Galgaduud iyo Mudug .. 61
Beesha Sade iyo Siyaasiinteeda Guud Ahaan 71
Bilowgii Riyadeyda Maamul U Samaynta Bartamaha Soomaaliya 73
17. Talooyinkii aan ka helnay Odayaasha 78
18. Bilowgii Caqabadaha 80
Qabashada Shirkii Leicester ee 28 -30 May, 2010-kii 85
Go'aamada ka soo baxay Shirweynaha Leicester, UK 89
Waxaa Shirweynuhu go'aansaday qodobbada hoos ku qoran: 90
Safarkii Koowaad Ee Nairobi October 2010-kii 99
Safarkii Labaad ee Nairobi Maarso 2011 kii 110
Ethiopia iyo Xabsigeedii 18/03/2011 ilaa 24/06/2011 115

Noqoshadii United Kingdom Xabsiga ka dib ee Juun 2011-kii 122
Safarkii Saddexaad ee Nairobi ilaa Soomaaliya ee December 2011-kii .. 124
Safarkii Cadaado iyo Bartamaha Soomaaliya December 2011 125
Warsaxaafadeedkii ka soo Baxay Shirkii Cadaado 128
Tegitaankii Caabudwaaq iyo Balanballe Markii Kowaad ee Deseembar 2011-kii 128
Noqodkaygii Leicester ee Maarso 2012-kii 134
Soo Noqoshadaydii Muqdisho ee Juun 2012-kii 136
Intii u dhexaysay 2012 Ilaa 2014 136

CUTUBKA 6 139
SABABTA KEENTAY DHISIDDA MAAMULKA GALMUDUG 139
Heshiiskii Lagu Saxiixay Madaxtooyada Soomaaliya (Villa Ugaandha) 30/07/2014 ee Mudug iyo Galgaduud 144
Haddaba Dhinacyada kor ku xusan: 145
Waxyaabihii ay isku of garteen: 145
Magacyada Saxiixayaashu waa kuwan: 146
Goobjoogayaal ama Marqaati 146
Mashruucii Dib U Heshiisiinta Gobollada Dhexe ee FCA iyo CRD .. 147
Dhisiddii Guddiga Farsamada Maamul u Samaynta Gobollada Dhexe 148
Kow iyo toban Beelood Halka ay ka Timid 155
1. Sidee Lagu Saleeyay Awood Qaybsiga ugu Sarreeya Galmudug 157
2. Dhacdooyinkii waqtigii Maamul u Samaynta Gobollada Dhexe 158
3. Hawlqabashadii Shaqada Guddiga iyo Is-doorashadooda 164
4. Caqabadihii ka jiray Dhisidda Galmudug Deegaannada Waqooyiga Galgaduud iyo Mudug. 173
5. La Wareegiddii ASWJ Dhuusamareeb 174
1/7/2015-kii ASWJ ayaa Shiikh Shaakir Madaxweyne ugu dooratay Dhuusamareeb 175

CUTUBKA 7 177
Curashadii Galmudug Loo Dhanyahay 04/07/2015-kii 177
1. Doorsahadii Galmudug Loo Dhanyahay Ee Madaxweyne Cabdikariin iyo Aniga 178
2. Khilaafka Puntland iyo Galmudug 183
Khilaafaadka Dowlad Deegaanka Soomaalida Ethiopia iyo Galmudug 193

3. ASWJ 194
4. Deegaannada Waqooyiga Galgaduud iyo Mudug 195
5. Al-Shabaab 196
6. Kala qaybsanaanta iyo aanooyinka qabiillada dhexdooda...............197
7. Burcad-badeed..198
8. Dhaqaale la'aan..199
9. Waxqabadkii Dowlad Goboleedka Galmudug 2015-2016 200
- Dhismaha Golaha Wasiirrada... 200
- Magacaabista Maamullada Degmooyinka.............................. 200
- Dhismaha Ciidammo ka Kooban Millatari iyo Booliis DFS iyo Galmudug... 201
- Guulihii uu Gaaray Xagga Isballaarinta Maamulka Galmudug..... 202
- Dib u Heshiinta Xagga Daaqsinta iyo Ceelal Biyoodka 203
- Deeqaha uu Helay Maamulka Galmudug... 203
- Safarraddii Madaxda Maamulka Galmudug ku tageen Dibedda.... 204
- Hirgelinta Kaabayaasha Arrimaha Bulshadda................................ 204
- Hirgelinta Dekadda Hobyo.. 205
10. Ka Qaybgalkii Shirka Higsiga Soomaaliya ee 2016........................206
11. Doorashadii Dadbanayd ee Dalka 2016-kii 208
12. Habka Loo Qaybiyay Xubnihii Aqalka Sare ee Galmudug 210
13. Bilowgii Doorashada Aqalka Hoose 2016-kii..............................211
Is-casilaaddii Madaxweyne Cabdikariin Xuseen Guuleed 218
Waqtigii Ku-meelgaarka aan ka ahaa Madaxweynaha Galmudug (25-02-2017 ilaa 03-05-2017) 220
Dowladdii cusbayd ee Madaxweyne Maxamed Farmaajo iyo Habkii ay u la dhaqantay Galmudug 221

CUTUBKA 8 225
DOORASHADII MADAXWEYNE AXMED DUCAALE GEELE (XAAF) 225
1. Bilowgii Khilaafkii Koowaad ee Khaliijka.......................................228
2. Heshiiskii DJabouti Ee Galmudug iyo Ahlusunna Waljamaaca......238
3. Safarkii Madaxweynaha Ee Galmudug. 241
4. Caabudwaaq 244

5. Cadaado 245
6. Cadaado waa Xarunta Baarlamaanka Galmudug 246
7. Imaatinkii Raysalwasaare Xasan Cali Khayrre ee Galmudug 257
8. Dib-u-heshiisiinta Huurshe-Xeraale 261
9. Doorka Dowladda Federaaalka Soomaaliya iyo Khilaafka Galmudug. 263
10. Ahlusunna iyo Dowladda Federaalka Soomaaliya 264
11. Doorkaygii iyo Wixii ka dambeeyay Heshiiskii ASWJ iyo Dowladda Federaalka Soomaaliya 265
12. Sababta Keentay in aan Kursiga Lumiyo 266
Dadkii kala duwanaa ee aan la soo shaqeeyay 268
Caqabadaha i soo maray shaqsi ahaan intii aan shaqadaan ku jiray 270
Aniga iyo Waqtigaa 271
Dhanka kale waxaan ka gaaray Guulo 272
Talo Soo-jeedin iyo Baahiyaha Galmudug 272
CUDURDAAR: 273
GEBAGEBO 274
EREYGA QORAAGA 275

SAWIRADA LIFAAQA AH 279

LIISKA XARFAHA GAAGAABAN (EREYFURKA).

ARS	Isbaheysiga Dib u-xoreynta Soomaaliya
ASWJ	Ahlusunna Wal-Jamaaca
BBC	British Broadcasting Company (Shirkadda warbaahinta ingiriiska)
Col.	Colonel (korneyl)
CRD	Center for research and Dialogue (Xarunta Cilmibaarista iyo Wadahadalka)
DFS	Dolwadda Federaalka Soomaaliya
EU,	Midowga Yurub
FAO	Ururka Beeraha ee Qaramada Midoobay
FCA	Finn Church Aid
FDMVCO	Ururka bulshada tabaruca Maareynta
G4	Saruur, Duduble, Murursade iyo Wacaysle
IGAD	Urur Goboleedka Geeska Afrika
IOM,	Ururka Caalamiga ah ee Socdaalka
MA	Master Degree
MBA	Shahada Maamulka Ganacsiga,
NFD	Soomaali Galbeed
NISA	National Intelligence and Security Agency (Hay'adda Sirdoonka iyo Amniga Qarnka)
ONLF	Ururka Xornimo u dirirka ee Soomaalida Itoobiya
SNA	Ururkii Xuseen Caydiid Hoggaaminayey
SSA	Ururkii Cali Mahdi hoggaaminayey
SSDF	Ururkii Korneyl Cabdullaahi Yuusuf Hoggaaminayey

SSF,	Somali Stability Fund
SYO	Sade Youth Organisation
TFG	Dowladdii Kumeel-gaarka aheyd
UAE	Imaaraadka Carabta
UK,	Boqortooyada Ingiriiska
UN,	Qaramada Midoobay
UNDP	Hay'adda Qaramada Midoobay u qaabbilsan Horumarinta Mashaariicda
UNFPA	Hay'adda Wararka ee Qaramada Midoobay
UNHCR,	Hay'adda Qaramada Midoobay u qaabbilsan Qaxootiga
UNSOM,	Ciidamada Nabad Ilaalinta ee Soomaaliya
USA	Dowladda Maraykanka
USAID,	Hay'ada Dowladda Maraykanka u qaabbilsan Gargaarka
USC	Ururkii Janaraal Caydiid Hoggaaminayey
VS	iyo
WFP.	Barnaamijka Cuntada Adduunka

HORDHAC

Soomaaliya waa dal ku yaal Geeska Afrika, dadkiisuna qiyaastii waa ilaa 14 milyan. Waxa uu xudduud la leeyahay dalalka Jabuuti, Kenya, iyo Itoobiya.

Galmudug waxa ay ku taalla Bartamaha Soomaaliya, waxa ayna ka koobantahay 2 gobol oo ka mid ah 18-kii Gobol ee dowladdii dhexe ee hore, ama hal Gobol oo ka mid ah 8-dii Gobol ee dowladdii shibilka ahayd. Degaannada Galmudug waxaa dega dhammaan qabaa'ilka Soomaalida, marka laga reebo qabiilka Raxanwayn.

Buuggaan ujeeddada aan u qoray waa in aan dadka Soomaaliyeed la wadaago tan iyo intaan siyaasadda soo galay, laga soo bilaabo sanadkii 2007 oo aan ku soo biiray siyaasadda Soomaaliya ilaa iyo bartamihii 2017, kaas ooy ka dhimmantahay qayb ka mid ah Galmudug oo aan buugaag kale uga hadli doono. Wixii i la soo gudboonaaday iyo meelihii kala duwanaa ee aan ka soo shaqeeyey sidii ay kala ahaayeen, runtii waa arrin u baahan cibraqaadasho iyo aqoon aan doonayo in aan uga faa'iideeyo jiilka dambe, kaas oo noqon doona fure ama caddeyn doona in qofku wax isku dayi karo qabanna karo marka dambe. Waxa uu ka koobanyahay qaybo kala duwan, mid walbana qaybihiisa aan uga hadli doonaa taariikho khuuseeya.

Ujeeddadu waa in la fahmo waxaan soo qabtay iyo wixii i la soo gudboonaaday. Ka ma hadlin arrimihii hore ee siyaasadda, balse waxaan ka bilaabay abaabulkii iyo diyaarintii maamulkii Bartamaha Soomaaliya iyo Galmudug.

Cutubka 1-aad waxaan si kooban uga hadlayaa wax yar oo ku saabsan asal ahaanta meesha Soomaalidu ka soo jeeddo ilaa iyo taariikhdii gumaysiga xorriyadda ka hor, dowladdii Cabdullaahi Ciise, tii shibilka ahayd iyo tii milletariga.

Cutubka 2-aad waxaan uga hadlayaa dagaalladii sokeeye, shirarkii dib-u-heshiisiinta, ururdiimeedyadii, dowladihii ku-meelgaarka ahaa ee ay kala hoggaaminayeen madaxweynayaashii kala duwanaa Cabdiqaasim Salaad Xasan, Cabdullaahi Yuusuf Axmed, Shariif Shiikh Axmed iyo Xasan Shiikh Maxamuud, maamulladii kale ee dalka ka jiray iyo urur-diimeedyadii jiray waqtiyadaas.

Cutubka 3-aad waxa aan uga hadlayaa taariikhda Gobollada Dhexe iyo waxa ka jira.

Cutubka 4-aad waxa aan uga hadlayaa Maamulka Bartamaha Soomaaliya iyo sidii uu ku yimid iyo caqabadaha uu la kulmay.

Cutubka 5-aad waxa aan uga hadlayaa dhismihii Galmudug, guddiyadii shaqooyinka ay soo qabteen, Galmudugtii hore, Ximin iyo Xeeb, iyo Maamulladii kale ee jiray.

Galmudug SoomaalCutubka 6-aad waa xalka, talo soo-jeedinteyda, wixii shaqsiyan aan dareemayey, iyo gebagebada buugga.

Cutubyada kale (7-aad iyo 8-aad) waxaan uga hadlayaa Galmudug sidii ay u dhisantay, sababihii keenay, ilaa iyo doorashadii Madaxweyne Xaaf iyo doorkii dowladda Federaalka Soomaaliya.

MAHADCELIN

Ugu horrayn, waxaan u mahadcelinayaa Allihii na uumay oo ii dooray inaan Muslim ahaado kuna dhaqmo Diinta Islaamka.

Waxa aan aad u jeclahay in aan buuggaan uga mahadceliyo dad kala duwan, kuwaas oo ah dadkii iga la soo qayb qaatay dhammaan marxaladihii kala duwanaa ee uu soo maray maamulkaan Bartamaha Soomaaliya iyo Galmudug.

Intii dhimatay iyo inta noolba aniga oo aan halkaan ku soo koobi karin, haddana waxaan aad u jeclahay in aan dadkaas u qaybiyo sidatan:

- Dadka taageeridda iyo talada iga siiyay intii aan qorayay buuggaan ama aan ku dhex jiray hawsha ka shaqaynta maamulka Galmudug.
- Dadkii iga la soo shaqeeyay qurbaha intii aan ka waday hawsha, sida isku-xiriddii taleefoonnada iyo shirarkii, ilaa iyo aan ka dhisnay Maamulkii Bartamaha Soomaaliya, kuwaas oo ila garab taagnaa hiil iyo hooba, runtii waxaan idin leeyahay hadafkii aad u halgamayseen mirihiisii waa hesheen, Allana ha idin ka ajarsiiyo.
- Dadkii markaan keenay maamulka Bartamaha Soomaaliya gudaha dalka oo iyaguna i taageeray oo ila shaqeeyay, kuwaas oo ka koobnaa bulshada qaybaheeda kala duwan, wallow maanta in badan dhinteen, inta noolna waxaan leeyahay mahadsanidiin.
- Iyo qolooyin kale oo iyagana aan soo wada shaqaynnay, walow aan iyaga buugaag kale uga hadli doono.
- Guddigii Farsamada oo uu ugu horreeyo Guddoomiyihii Guddiga iyo xubnihii kale iyo dhisiddii Galmudug intaan ka shaqaynayay dadkii aan isla soo shaqaynnay oo aan halkaa isku barannay oo runtii ahaa dad walaalo ah oo aad u fiicnaa waqti fiicanna ila shaqeeyay.

- Galmudug markii uu madaxweynaha ka ahaa Madaxweyne Cabdikariin Xuseen Guuleed iyo dadkii aan isla soo shaqaynnay, sida Wasiirradii, Xildhibaannadii iyo dhammaan shacab-waynaha reer Galmudug oo ila soo shaqeeyay.
- Galmudug markii uu Madaxweyne Xaaf madaxweynaha ka ahaa iyo dadkii iyagana aan isla soo shaqaynnay aad ayay u mahadsanyihiin, kuwaa oo waliba i garab istaagay intii khilaafku socday, nooc walba oo ay yihiin.
- Reer Cadaado qaas ahaan aad iyo aad ayaan ugu mahadcelinayaa, iyagoo muddo afar sano iyo bar ah si shaqsi ah ii garab taagnaa, runtii ma ahan waxaan illoobi doono.
- Dowladda Federaalka Soomaaliya markii uu madaxweynaha ka ahaa Madaxweyne Xasan Shiikh isaga iyo Raysalwasaarihiisii, Cumar Cabdirashiid, Wasiirradii iyo Taliyayaashii Ciidammada oo si fiican aannu isu la soo shaqaynnay iyagana waan u mahadcelinayaa.
- Dowladda Federaalka Soomaaliya markii uu Madaxweynaha ka ahaa Madaxweyne Maxamed Cabdullaahi Farmaajo iyo Raysalwasaarihiisii, Xasan Cali Khayrre, Wasiirradii iyo Taliyayaashii Ciidammada oo si fiican aannu isu la soo shaqaynnay iyagana waan u mahadcelinayaa.

Ugu dambeyntii, waxaan si gaar ah ugu mahadnaqayaa dadkii faraha badnaa ee deegaannada Galmudug iga la soo shaqeeyay iyo dhammaan shacabwaynaha Galmudug. Intii i taageertay ee i la shaqaysay iyo intii aan i taageerinba, kuwa oo aannu isla soo qaadannay waqti juhdi badnanna u soo wada hurnay si aan u wadaagno awood iyo fikrad intaba, waxaan ka codsanayaa cafis, waxaana aan leeyahay cafis iyo masaamax dhammaan.

Waxaan mahad ballaaran u jeedinaya dhammaan qofkasta oo ka qayb ahaa soo bixidda buuggan, si gaar ah waxaan ugu mahad naqayaa howl wadeenadii gacanta wayn ka qaatay, Tifaftirka iyo Faafreebka buugga ee Akadeemiyada Cilmiga Dhaqanka iyo Suugaanta, oo uu uggu horreeyo Mudane Cabdiqaadir Nuur Xuseen Maax, Madaxa Tifaftirka qoraanka oo ahayd gabar u hagar baxday in uu soo baxo buuggan Najax Aadan Faarax iyo Xoghayihii Guddoomiye Maax, Cismaan Macallin Ibraahim, dhammaandood si ballaaran Ayaan ugu mahadcelinayaa. Sidoo kale Boodhari Warsame oo si khabiir ah u tifaftiray buugga, iyo Looh Press oo daabicid caalami ah u soo saartay.

Buuggaan waxaa maalgeliyay aniga oo naftayda, waqtigayga iyo dhaqaalahayga intaba u huray, waxaana igu dhiirigeliyay asxaab badan oo taageerayaashicyda ah.

HIBAYN

Waxaan buuggan u hibeynayaa xaaskayga, Ubax Cabdiraxmaan Cigaal Nuur (iyo Caruutayda dhammaantood) oo runtii ii dhabaradaygtay iina oggolaatay in aan bulshadayda u shaqeeyo, iiguna samirtay oo waqti walba hiil iyo hoo ila garab taagnayd. Waa abaal aanan marnaba iloobi doonin haddii Alle idmo, Ilaahayna u abaalgudi doono.

Waxaan kale oo runtii aad iyo aad abaal uga hayaa oo aan wax uga hibaynayaa buuggaan labadaydii waalid oo i soo koriyay iguna barbaariyey wanaaggaan iyo aqoontaan Islaamiga iyo maaddigaba ah.

Waxaa kale oo aan iyagana u hibaynayaa macalimiintaydii dugsiga Quraanka iyo iskuulka intaba oo iyaguna wax ii soo baray iyo waliba culummadii masaajidda aan kitaabbada uga raacday ama cajaladaha ka dhagaystay oo wax badan ii kordhiyay.

CUTUBKA 1

TAARIIKHDA IYO DHACDOOYINKA SOOMAALIYA

Soomaalida asalkeeda meesha uu ka soo jeedo waxaa lagu sheegaa meelo badan oo kala duwan, laakiin sida dhabta ah asal ahaan waxa ay ka soo jeeddaa oo hadda inta badan dadku isku raacsanyihiin Faraaciintii Masar iyo Suudaan, iyaga oo ku jinsi ah dad badan oo ku nool Qaaradda Africa, sida Waqooyiga Africa, ama xataa waxaa la sheegaa inay xariir la leeyihiin dadka Kurdishka ah ee ku nool Ciraaq, Suuriya iyo Turkiga, xataa ilaa dad deggan dhinaca kale ee badwaynta Hindiya oo ay asal ahaan ka soo jeedaan hunuudda.

Waxaa ku jira dad Carab ah oo Islaamka Bariga Afrika soo gaarsiiyay ka hor waqtigii Hijrada Nabi Maxamed, CSW, ka dibna ay soo gaareen dad badan oo Carab ah oo Muslimiin ah, halkaana dadku diinta ay aad ugu qaateen. 1527-1543 waa muddadii uu halganka waday Imaam Axmed Guray. Magaciisa oo saxani waa Axmad ibnu Ibraahim Al-Ghazi. Sida aad ogtihiin, Axmed Gurey waxaa sheegta qabiillo badan. Waxa uu ahaa nin magac wayn leh waxaana lagu qiyaasaa in uu dhashay sanadkii 1507 uuna dhintay February 21, 1543. Waxaa uu ka mid ahaa Imaam Axmed Gurey raggii ducaadda ahaa ee aadka uga soo horjeeday in jihaadka laga joojiyo gaalada Itoobiya, waxa ay Muslimiinta u gaysanayeen awgeed, taasoo keentay in Musliimiinta laga qaadi jiray markaas lacag baad ah (Jizya ama gibil).

Dagaallo badan ka dib, waxaa dhacday in Imaam Axmed Guray la wareegay Harar oo uu jebiyay gaaladii Xabashida, dabadeedna waxa uu bilaabay weerarro jihaad ah oo isdabajoog ah. Waxa uu galay dagaallo ba'an muddana socday oo mahadho reebay, ilaa haddana la xusuusto lana illaawi karin. Imaam Axmed Gurey waxaa la sheegay in uu ku dhashay dhulka u dhexeeya Saylac iyo Harar. Askari Boortaqiis ah ayaa ku dilay Suudaan, sanadkii 1543.

Dagaalka Boqortooyadu qabiillada dhulkaas deggan ku la jirtay waxa uu mar kastaba ahaa mid xukun iyo saldano raadis salka ku haya. Si haddaba damacaasi ugu suurtagalo, waxa ay Boqortooyadu mar walba isticmaali jirtey diinta Kiristaanka oo ay calool-jileec iyo taageero kaga raadinaysay waddamada reer Galbeedka ee Kiristaanka ah. Boqor kasta oo Xabashida maamulaa waxa halhays u ahaa "**Itoobiya waa Jasiirad Kiristaan ah oo ku dhex taalla Bedweyn Islaam ah**". Taas oo ay u la jeedeen in Kiristaanka dhulka deggan laga badanyahay oo ay ku dhex noolyihiin badweyn Islaam ah. Sababta Axmed Gurey ku dhalisay inuu Xabashida la dagaallamana waxa ay ahayd isaga oo u arkayey in ay wadaan fidno ay markaasi ku doonayaan inay dadka Islaamka ah diinta kaga saaraan. Taasi Xabashida waxay mar walba u aheyd fursad ay ku beer-dulucsanayaan waddamadii Kiristaanka ahaa oo waqtigaa dunida ugu xoogga badnaa, iyada oo ilaa iyo maantana aan wax badan iska beddelin xaaladdaas iyada ah.

1884 kii waxay ahayd markii Soomaaliya loo qaybiyay shanta oo gumaystuhu uu ku qaybiyay shirkii Baarliin, taas oo Soomaaliya la kala siiyay Ithoobiya oo markaa aan la gumaysan lana shaqaysan jirtay gumaystaha, taas oo ahayd dhulka loo yaqaan (Reserve Area), Faransiiska oo la siiyay dhulka loo yaqaan Jabuuti, Ingiriiska oo la siiyay Waqooyiga Soomaaliya iyo NFD oo markii dambe lagu daray Kenya, iyo Koonfurta Soomaaliya oo mar dambe la siiyay Talyaaniga.

1889-1920 waxay ahayd intii u dhaxaysay muddadaas markii Daraawiishtu ay bilowday dagaalka ay kala hortagayso gumaystaha dalka ku soo duulay, iyada oo ku bilowday Ingiriiska ka dibna u timid Talyaaniga. Sayid Maxamed Cabdule Xasan oo ahaa hoggaamiyaha Daraawishta ayaa muddo 21 sano dhan la dagaallamayay gumaystaha una dagaallamayay sare u qaadidda Diinta Islaamka iyo xoraynta dhulkeena hooyo, ilaa markii dambe ay diyaarado ku soo weerareen uuna ku dhintay isaga oo baqo ah duur cidla ah oo ah halka lagu magacaabo Iimey oo ka tirsan ismaamulka Soomaalida ee Itoobiya. Sayidku waxa uu ku dhashay dhulka baaddiyaha ah ee u dhow degmada Buuhoodle waxa uuna noolaa intii u dhaxaysay 1856-1920.

15/05/1943 waxa ay ahayd markii 13 dhallinyaro ah oo xaq-udirir ah ay ku dhawaaqeen ururkii la magac baxay Ururka Dhallinyarada Soomaaliyeed, kaas oo in muddo ah u dagaallamayay xoreynta dalka Soomaaliya, aakhirkiina ku guulaystay.

1954 waxa ay ahayd markii is-xukunkii Daakhiliyada la siiyay koonfurta Soomaaliya, taas oo muddo 6 sano ah ay is maamulayeen, iyagoo lahaa dowlad daakhili ah oo uu hoggaaminayay Allah ha u naxariistee Raysalwasaarihii u horreeyay, Cabdullaahi Ciise Maxamuud.

26/06/1960 waa markii ay xornimada ka qaateen gumaystihii Ingiriiska Gobollada Waqooyi ee Soomaaliya, iyada oo afar maalmood ka dibna la midoobeen koonfurta Soomaaliya.

01/07/1960 waa maalinkii ay xornimada qaateen gobollada koonfureed ee Soomaaliya, isla habeenkaasna waa markii ay midoobeen labada gobol ee Waqooyiga iyo Koonfurta. Isla markaa waxaa la doortay baarlamaan ka koobnaa 123 xubnood, oo kala ahaa 33 ka yimid Gobollada Waqooyi iyo 90 ka yimid Gobollada Koonfuureed. Isla markiiba waxa ay doorteen guddoomiye Baarlamaan, iyaga oo u doortay nin cusub oo hayay muddo yar oo ku-meelgaar ah, ka dibna waxaa la doortay Jaamac Cabdullaahi Qaalib oo jagadaasi qabtey israacii ka dib hayayna ilaa 1964. Baarlamaankii ugu horreeyey waxa ay Madaxweyne ku-meelgaar hal sano ah u doorteen Allah ha u naxariistee Madaxweyne Aadan Cabdulle Cismaan (Aadan Cadde) oo isaguna Raysalwasaare u soo magacaabay Allah ha u naxariistee Raysalwasaare Cabdirashiid Cali Sharma'arke. Waxaa la sameeyay dastuur dalku leeyay sanadkii 1961. Waxaa mar kale la doortay Madaxweyne Aadan Cadde muddo lix sano ah, wuxuuna mar kale soo magacaabay Raysalsaare Cabdirashiid Cali Sharma'arke.

1961 waxaa ka xanaaqay awood-qaybsiga dowladda habka ay koonfurta u maamushay koox dhalinayaro ah oo reer waqooyi ah oo isku dayay inqilaab balse ku ma guulaysan.

1963 waxaa tagay Maraykanka Raysalwasaare Cabdirashiid Cali Sharma'arke oo la kulmay madaxweynihii Maraykanka John F. Kennedy, wuxuuna markaa ka codsaday inuu Soomaaliya u soo diro ciidammo uu dalka ku dhiso, balse madaxweynihii Maraykanka arrinkaa wuu ka diiday, isla markaana Raysalwasaare Cabdirashiid intuu xanaaqay ayuu heshiis la galay Ruushka, isla markiina Madaxweyne Adan Cadde oo dalka ka maqan heshiiskii baarlamaanka mariyay kana saxiixay guddoomiyiha baarlamaanka, taas oo isku dirtay Madaxweynaha iyo Raysalwasaarha oo kala aamminsanaa mabda'a reer Galbeedka iyo mabda'a reer Bariga.

1964 waxaa la casilay Raysalwasaare Cabdirashiid iyada oo uu Madaxweyne Aadan ku beddelay Raysalwasaare Cabdirisaaq Xaaji Xuseen oo dalka hayay ilaa iyo doorashadii dambe oo dhacday sanadkii 1967. Muddadii ay shaqaynayeen waxaa u qabsoomay waxyaabo badan oo ay ugu wanaagsanayd dhisiddii ciidammada oo Ruushku heshiiskii sidii uu ahaa u fuliyeen.

1967 doorashadii dalka ka dhacday waxaa ku guuleeystay Madaxweyne Cabdirashiid Cali Sharma'arke waxa uuna Raysalwasaare u soo magacaabay Maxamed Xaaji Ibraahin Cigaal. Labadoodu, sida la sheego, way kala aragti duwanaayeen oo midna waxa uu raacsanaa reer Galbeedka midna reer Bariga; haddana way isku qasbanaayeen oo dalka siyaasaddiisa iyo midda xisbiyadu ma fadhiyin. Waxaa kale oo jirtay in dhulkii Soomaalida qaybo ka mid ah ay maqnaayeen.

Cigaal waxaa lagu tuhunsanaa in uu u shaqaynayo reer Galbeedka waxa uuna u beddelay dhammaan siyaasaddiisa mid qabow oo wadahadal lagu raadinayo dhulka Soomaalida ka maqan, isaga oo wadahadal u furay Kenyata iyo Xayla Salaase, labadoodubana way soo dhaweeyeen. Waxa uu yareeyay dhammaan dhaqdhaqaaqyadii gobonimadoonka ahaa ee ka dagaallamayay gudaha Kenya iyo Itoobiya.

15/10/1969, musuqmaasuq doorasho oo dalka ka dhacay ka dib, waxaa la dilay Madaxweyne Cabdirashiid Cali Sharma'arke, ka dibna dalka waxaa ka dhacay Inqilaab aan dhiig ku daadan.

21/10/1969 Habeen Talaado ah waxaa dalka ka dhacay inqilaab, waxyaabihii dhaliyay inqilaabka millitariga ee ka dhacay Soomaaliya ayadoo aan dhiig ku daadan waxay ahayd musuqii iyo dhibkii haystay dowladnimada.

Madaxweyne Maxamed Siyaad Barre ayaa dadka kala hadlay idaacadda 24/10/1969, isaga oo dadka u sharraxay meesha wax marayaan iyo sababta ay u la wareegeen waddanka. Waxa uu u sheegay dadka in Kacaanka cusub uusan lahayn waxaan wanaag ahayn xaaladda oo dhanna ay caadi tahay, dalkuna uu sidiisii u socdo – marka, sidaa owgeed, ogaada in wax walba ay caadi yihiin. Golihii Sare ee Kacaanka waxa uu ka koobnaa 25 xubnood oo uu hoggaaminayay Madaxweyne Maxamed Siyaad waxayna ku salaysnaayeen habqaybsiga qabiilka ee talada dalka waagaas. Waxay kala ahaayeen Daarood, Hawiye iyo Isaaq. Saddexdaa ayay u badnaayeen isla markii ay dalka la wareegeenna waxaa ay laaleen dastuurkii dalka, waxa ay kala direen xubnihii baarlamaanka, dhammaan dadkii wasiirrada ka ahaa dowladdii hore iyo madaxdii ka horraysayna way xireen. Waxay soo saareen labadii warqadood ee dhaqangashay oo ka koobnaa 13-ka qodob ee la kala oran jiray warqaddii kowaad iyo middii labaad.

Allah ha u naxariistee, Madaxweyne Maxamed Siyaad Barre waxa uu beddelay jihada siyaasadeed ee waddanku ku socday, isaga oo Bari u jiheeyay hantiwadaagna ka dhigay dalka sanadkii 1970 (hantiwadaag oo lagu magacaabay markaa 'hantiwadaagga cilmiga ku dhisan').

Waddan hantiwadaag ah ujeeddadiisa kowaad ayaa ah in la yareeyo baaxadda suuqa xorta ah ama si buuxda loo baabi'iyo, iyada oo loo marayo lahaanshaha waxsoosaarka. Madaxweyne Siyaad muddadii uu talada dalka hayay wax badan ayuu qabtay, haddii ay ahaan laheyd xag dhaqaale, horumar iyo amni intaba, waxa uu dalka ka sameeyay:

1. Qoristii Farta Soomaaliga.
2. Gurmadkii Abaartii Dabadheer.
3. Bacaadcelintii Shalaanbood.
4. Barnaamijkii Iskaa Wax U Qabso oo dalka oo dhan lagu dhisay.
5. Waxa uu dhisay warshado tiro badan iyo mashaariic is wadatay.
6. Waxa uu dhisay iskuullo iyo jaamacado lacag la'aan ah. Xitaa ardayga jaamacada dhigta dowladda ayaa hoy iyo lacagba siinaysay.
7. Waxa uu dhisay isbitaallo caafimaad oo lacag la'aan ah.
8. Waxa uu dhisay ciidammadii qalabka siday oo ahaa kuwii ugu awoodda badnaa Africa loona yaqaanay Libaaxyada Afrika.

Waxyaabaha aan marnaba qarsoonayn ee dowladdii Kacaanku ku guulaysatay waa awooddii dalka, waqooyi iyo koonfur ayey si siman u maamulaysay ammaanna ahayd oo tuulo walba iyo degmo walba oo dalka ah ka hirgalisay MCH iyo Isbitaal iyo Dugsiyo Hoose, Dhexe, iyo Sare lahayd. Waxaa kale oo ay aad ugu guulaysatay siyaasadda arrimaha dibedda, ilaa ay gaartay in ay aqoonsato oo xornimo u keento dalal badan oo Afrikaan ah, sida Angola, Musambique iyo Jabuuti, ilaa ay gaartay in shirkii Ururka Midowga Afrika lagu qabto Soomaaliya, Muqdisho, sanadkii 1974, walibana uu dhiso oo fikirka dhisidda urur-goboleedka IGAD uu lahaado Madaxweyne Siyaad.

Sanadkii 1976 waxaa la asaasay Xisbiga Hantiwadaagga Kacaanka Soomaaliyeed, waxaana ka soo qaybgalay shirwaynihii lagu asaasay Xisbiga 3,000 qof oo la isugu geeyay Kulliyadda Jaalle Siyaad. Dadkaasi waxaa badi laga soo xulay degmooyinka Dalka, xaafadaha magaalooyinka iyo hey'adaha dowladda, xarumaha hanuuninta iyo ururrada bulshada, waxaana shirkaa asaasidda Xisbiga lagu magacaabay Gole Dhexe oo ka kooban 42 qof oo bar ka mid ahi yihiin Golihii Sare ee KJacaanka, inta kalana wasiirradii markaa jiray iyo saraakiil Ciidamada laga keenay. Waxaa lagu soo daray tiro yar oo laga keenay ururradii bulshada, sida ururrada shaqaalaha, haweenka, dhallinyarada iyo iskaashatooyinka, iyadoo loo doortay, Allah ha u naxariistee, Madaxweyne Siyaad Xoghayaha Guud ee Xisbga Hantiwadaagga Kacaanka Soomaaliyeed.

1975 ayuu Madaxweyne Siyaad waxa uu isku dayey in uu caddeeyo xuquuqda haweenka, taa oo habka uu u dhigay ay ahayd mid ka soo horjeedda Diinta Islaamka. Dowladdu markii ay xeerka qoyska amartay socodsiintiisa waxaa ka hor yimid qaybo ka mid ah culummada Soomaaliyeed, aakhirkiina waxa ay kalliftay in 23 Jannaayo, 1975, lagu fuliyay xukunka millitariga lana dilay 10 ka mid ahaa culummadii Soomaaliyeed oo ka soo horjeestay Xeerka Qoyska, halka boqollaal kale la xiray.

Khudbaddii Siyaad markii la dhagaystay uuna sheegay in la meel marinaayo Xeerka Qoyska ee cusub waxa uu qabtay in la doonayo in lagu casriyeeyo bulshada iyada oo loo marayo isbeddel hantiwadaag ah, taas oo ka dhigaysa in ragga iyo haweenku ay noqdaan 'isku wada mid'. Sidii ay ku doodayeen, dib-u-habeynta hantiwadaagga ayaa noqonaysa mid liidata haddii aan haweenka laga helin qoraallada dhaqanka iyo diinta ee dib-u-habaynta sharciga ee kacaanka. Sidaas daraaddeed, culummada Islaamku waxa ay diiradda saarayeen difaacidda diintooda, difaacii ugu dambeeyay uguna xurmada badnaa ee shareecada Islaamka ee qoyska kana soo baxday dilkii foosha xumaa ee dowladdii kacaanku ku fulisay culummadii Soomaaliyeed oo markaa ka soo horjeesatay xeerka qoyska.

1977, dhisiddii ciidammada Soomaaliya iyo awooddii ciidanka Soomaaliyeed lahaa waxa ay noqotay mid marnaba ay si fudud ku aqbali waayaan dowladihii waaweynaa ee Galbeedka iyo Bariga ka jiray, iyaga oo u heshiiyay in ciidammadaa la baa'bbiyo oo ay dhimaan. Waxa ay galiyeen dagaal aan laga fiirsan nooca uu yahay iyo sida uu yahay toona, taana waxa ay kalliftay in Maraykanku Soomaaliya been u sheego isaga oo u soo maraya dowladda Sacuudiga oo yiri dhaqaale sii. Waxaa kale oo uu u soo maray dad Soomaali ah oo u shaqaynayay Maraykanka, isaga oo u soo faray in ay Soomaaliya la jiraan, dagaalkaana gasho oo Ruushkana cayriso.

Ruushku waxaa uu isku dayay in uu dagaalka baajiyo oo Soomaaliya Iyo Ituubiyana heshiisiiyo ilaa uu ku fekero in uu hal dal ka dhigo balse Madaxweyne Siyaad wuu ka diiday arrinkaa. Haddana Soomaalidu markii ay dagaalkaas galaysay waxa ay ku gashay hab dimuquraati ah oo Madaxweyne Siyaad waxa uu hordhigay golihii markaa jiray oo cod loo qaaday in dagaal la galo oo la raadiyo dhulka maqan ee Soomaali Galbeed, lana caawiyo jabhadda Soomaali Galbeed. Waxaa kaliya oo diiday hal nin oo Allah ha u naxariistee la oran jiray Caydiid oo asagu ahaa markaa nin mabda'a shuuciyada aad ugu wayneyd.

Sannadkii 1977 Itoobiya iyo Soomaaliya waxaa dhex maray dagaal xooggan oo ka dhacay gobolka Ogaadeeniya, kaas oo u dhexeeyey labada dal ayna kala sheegteen guulo waawayn. Walow markii hore lagu jebiyay Itoobiya, markii dambena ay ka soo baxeen Soomaalidu aagagii ay qabsadeen. Si kastaba ha ahaatee, iska hor imaadkaasi waxa uu lahaa ahmiyad weyn, inta bandanna waxa uu ku salaysnaa murannada dhuleed. Itoobiya waxaa taageeray markii dambe waddammo badan oo ka tirsan Midowgii Soofiyeeti ayna ka mid yihiin Kuubba iyo Yaman oo ciidammo u soo diray. Soomaaliyana waxaa been u sheegay oo isaga dhigay in uu taageerayo Mareykanka, sidaas darteedna Dagaalkii Qaboobaa waxaa uu u soo wareegay Bariga Afrika.

09/04/1978 waxaa dalka Soomaaliya ka dhacay isku-day inqilaab oo dhicisoobay. Dagaalladii ka dib, waxaa inqilaabkaa isku dayay qayb ka mid ah saraakiishii ciidanka Soomaaliyeed oo u abaabulnaa hab beeleed; hadda ogow oo dhammaan wixii ka dhacay Soomaaliya, laga bilaabo maalinkaas, waxay u abaabulnaayeen hab-beeleed, balse qolo walba waxay ku soo gabbanayeen magaca Soomaaliyeed.

In kastoo Saraakiishii inqilaabka hoggaaminaysay ay u abaabulnaayeen qaab beeleed, haddana markii uu fashilmay lana toogtay badi hoggaamiyaashii inqilaabka waxaa bilowday dhaqdhaqaaqyo mucaarad ku ah dowladda, iyagaoo samaystay jabhad la dagaalanta dowladda. Itoobiya ayaa iyaduna ka faa'idaysatay fursaddaas caawisayna Jabhadda uguna yeertay ciidammadooda Jabhadda Diimuqraadiga ah ee Badbaadinta Soomaaliyeed Soomaal Soomaal(SSDF).

Jabhaddii SSDF iyada oo la socota ciidammadii Xabashida ayaa waxa ay soo weerartay deegaannadii Soomaalida ee degmooyinka Balanballe iyo Galdogob, iyagoo dadkii reer baaddiyaha ahaa oo deggenaa meelahaas una dhashay beesha uu ka soo jeedo Madaxweynaha ku laayay tuulooyinka baaddiyaha, ah sida Tuulo Eelaay iyo Ceelhabreed.

Waxaa dhacday in dad shacab ah oo is-abaabulay oo samaystay jabhado gacanna ka helaya ciidammada dowladda ay la dagaallameen iyaga iyo ciidammada Xabashida, taas oo sababtay in dhinac kale ay ayadana dad shacab ah ku laayaan baaddiyaha gobolka Mudug iyo Nugaal, taas oo ka mid ahayd waxyaabaha sababay dagaallada sokeeya ee dadka shacabka ahi isku laayeen.

Xiisado badan ayaa bilaabmay. Kacdoonnadaa Jabhaduhu way sii bateen oo ku ma ekaan kaliya hal mid ee waxaa kale oo aasaasmay SNM, SPM iyo USC oo dhammaantood ka dagaallamayey waqooyiga, koonfurta iyo bartamaha Soomaaliya iyada oo dhammaan Jabhadahaas ay ahaayeen kuwo qabiili ah oo taageero ka helayay hoggaamiyihii Itoobiya, Mingiste Hailemariam, iyaga oo dad shacab ah laynayay oo ka soo jeeda beesha Madaxweyne Siyaad.

Waxaa jirta taariikho badan oo ku saabsan dhammaan arrimaha quseeya Jabhadaha iyo sidii ay ku soo bilaabmeen ama heerka ay soo gaareen balse waxaan uga hadli doonaa buug qaas ah oo arrimahaas ku saabsan una qaadan doono qalin gooni ah.

1986 waxhaa shil gaari galay Madaxweyne Siyaad, Allah a u naxariistee, ka dib markii uu shilkaas galay waxaa dalka ka qaldamay wax badan oo aan marna la soo koobi karin, ilaa uu waddankii burburay waqtigaa dhan kasta.

26/01/1991 waa maalinkii uu Muqdisho ka baxay Madaxweyne Siyaad dalkuna burburay. Waxaa dhacday in dadkii Soomaaliyeed is-laayaan, Waqooyi ilaa Koonfur, walaal iyo abti dhammaan waa is laayeen, dagaallo aan joogsi lahayn oo duufaan ah ayaa bilowday.

26/01/1991 Maalin Soomoali Badan Taqaan

26/01/1991, habeen saq dhexe, ayaa Allah ha u naxariistee Madaxweyne Maxamed Siyaad Barre caasimadda dalka ka baxay. Markii uu baxay, odayaashii talada la wareegay haddii ay ogaan lahaayeen in Soomaali sidaan ku dambayn doonto wax badan bay dib u eegi lahaayeen balse tan Ilaahay baa meel taalla mar walba oo qofna ma oga qeybka iyo waxa dhici doona.

Qaladaadkii dhacay waxaa ka mid ahaa:

1. Jabhadihii dalka soo weeraray oo talada la wareegtay oo aan lahayn wax hadaf ah oo midaysan.
2. Saddexda Jabhadood ee USC, SNM iyo SPM oo ku soo heshiiyay Feerfeer waxa ay ahaayeen waxa heshiiyay cududihii millatariga, balse

saddexdaba waxaa ka hoos jiray cududdo ama xoogag siyaasadeed oo aan la feker ahayn, doonayayna in talada dalku mar dambe ciidan gacanta u gasho.

3. Ku dhawaaqiddii Maanafeesto ay 28 bisha ugu dhawaaqday Allah ha u naxariistee Madaxweyne Cali Mahdi.
4. Diidmadii uu kala hor yimid Allah ha u naxariistee Jeneraal Maxamed Faarax Caydiid.
5. Magacaabiddii degdegga ahayd ee Allah ha u naxariistee Madaxweyne Cali Mahdi iyo Maanafeesto oo iyada oo aan laga tashan Raysalwasaare u magacaabeen Cumar Carte Qaalib oo ahaa raysalwasaarihii ugu dambeeyay oo uu magacaabay Allah ha u Naxariistee Maxamed Siyaad Barre.
6. Carte oo shaqadii koowaad oo uu qabto ka dhigay kala diridda ciidammada kuna amray ciidanku inay isu dhiibaan jabhadaha qabsaday dhulka ay joogaan, sida kuwa waqooyi jooga oo uu ku yiri isu dhiiba SNM, kuwa Bari joogana SSDF, kuwa Mudug ilaa Muqdisho joogana USC, kuwa jooga Southwest iyo Jubalandna amray inay isu dhiibaan SPM. Taas oo ah midda keentay burburka ciidanka iyo dalkaba ku dhacday.
7. Weerarkii lagu qaaday jabhaddii SPM oo joogtay markaa Afgooye, bilowgii Feebarwary, iyada oo aanu Jananku raalli ka ahayn aana lagala tashan.
8. Kala saaridda dadkii xukunka dalka hayay 21-ka sanno oo qaarna noqdeen dembi la'aan qaarna dembiilayaal.
9. Ogaan la'aanta in 30 sano oo dambe dowlad la'aan la ahaan doono iyo in Siyaad Barre 5 sano ka dib dhiman doono, labadaanba waa cilmi Ilaahay oo qofna waxba ka ma ogeyn.

28/01/1991 ayuu ururkii USC oo Muqdisho qabsaday si qaldan Cali Mahadi ugu dhawaaqay in uu Madaxweyne yahay balse USC-da garabkii Caydiid arrinkaa ma aqbalin oo way diideen waxa uuna ka la hor yimid dagaal.

CUTUBKA 2

SHIRKII DIBUHESHIISIINTA JABUUTI EE 1991

Diidmadii, Allah ha u naxariistee, jeneraal Caydiid iyo dagaalladii sii socday, waxaa dalka Jabuuti ka dhacay laba shir oo dibuheshiineed, sanadkii 1991, balse kii hore wax saas ah ka ma soo bixin ee kii dambe ee bishii Julay, 1991, ayaa mar kale Cali Mahdi loogu doortay Madaxweyne ayadoo guddigii USC, garabkii Caydiid, oo uu hoggaaminayay kornayl Cumar Xaashi (Ahn) la la wareegay oo uku biiray garabkii Cali Mahdi, halkaana jeneraal Caydiid intuu diiday haddana dagaal ka bilaabay, waana arinka keenay dagaalkii ugu waynaa ee Muqdisho ka dhaca loona yaqaan Afar-biloodka.

Shirkii Dibuheshiisiinta Qaran ee 1993

Waxa sii xoogaystay dagaalladii. Jaalle Siyaad ayaa 1992, bishii Abriil, ka baxay Soomaaliya oo aaday Kenya. Waxaa batay Jabhadihii ka dagaallamayey Koonfurta iyo Bartmaha Soomaalya. Safiirkii Maraykanka ee Soomaaliya joogay, Robert Oakley, waxa uu isku dayey in uu heshiisiiyo labadii hoggaamiye ee Muqdisho Waqooyigeeda iyo Koonfurteeda kala joogay, Caydiid iyo Cali Mahdi, taasoo uu ku guulaystay, walow sidii la rabay aanay ahayn.

Waxaa kale oo jirtay abaar xun oo dalka ka dhacday oo sababtay dhimasho badan oo aan caadi ahayn, iyada oo ay halkaa ka billowdeen howlgalladii UNITAF iyo Operation Restore Hope. Waxaa booqasho ku yimid Soomaaliya dad badan oo kala duwan, sida Madxweyne George H. W. Bush oo waqtigaa ahaa Madaxweynaha Maraykanka, iyo Boutros Boutros Ghali oo ahaa Xogahaya Guud ee Qarammada Midoobaya iyo madax kale oo badan oo ka kala socotay caalamka, ayaa markaa UN-ku isku dayey in kooxihii dagaallamayay ee tirada badnaa jabhad walbana magaalo haysato shir isugu keeneen bishii Maarso 1993 magaalada Addis Ababa ee dalka Ethiopia. Shan iyo taban kooxood oo qeyb ka ahaa Dagaallada Sokeeye ee Soomaaliya ayaa magaalada Adis Ababa ku saxiixday laba heshiis oo loogu talagalay dibuheshiisiin iyo hub-dhigis. Waxaa lagu heshiiyey in la qabto kulan aan rasmi aheyn oo loogu diyaargaroobayo dib-u-heshiisiin qaran, halka heshiiska kalena uu ahaa heshiiskii weynaa ee lagu saxiixay magaalada Addis Ababa, 1993, kaasoo ah natiijadii ka soo baxday shirweynaha qaran ee dib-u-heshiisiinta.

Nasiibxumo, dagaalladii ma istaagin, heshiiskiina wuu kala dhantaalmay, waxna ka ma fulin, taas oo sababtay burburkii oo sii bata, hoggaamiyaashii oo sii bata, iyo dhibkii oo sii xoogaysta.

Golaha Badbaadada Qaran (1997)

Madaxweyne Daniel Arab Moi wuxuu Oktoober 1996 isku dayey in uu meel isugu keeno Cismaan Caato, Xuseen Caydiid iyo Cali Mahdi, isaga doonayey in uu saddexdooda heshiisiiyo, balse Itoobiyaanka oo diiddanaa arrinkaa intii u dhaxeysay bishii November 1996 ilaa bishii Jannaayo 1997 waxay magaalada Sodere ee dalka Itoobiya ugu qabteen shirweyne dib-u-heshiisiin qaran. Shirkaas oo lagu sameeyay Gole Badbaadin Qaran (NSC) oo ka koobnaa 41 xubnood mas'uulna looga dhigay sidii ay u soo abaabuli lahaayeen dawlad ku-meelgaar ah. Hase yeeshee, waxaa shirkaas qaaddacay Xuseen Caydiid (oo markaas hoggaaminayey kooxdii aabbihiis (ka dib geeridii Jen. Caydiid), iyo maamulka Soomaaliland.

Waxyaabihii ka soo baxay ayaa waxaa ka mid ahaa in lagu dooroto hoggaan wareeg ah oo 5 madaxweyne midba bil xukunka haynayo, inta laga dhisayo dowlad qaran, balse fursaddaa kala-qaybsanaanta waxaa ka faa'iidaystay dowladda Masar oo u yeertay dhammaan hoggaamiye-kooxeedyadii, halkaana shir ugu qabatay laba kooxood oo sidii ay sheegtay kala ahaa SSA iyo SNA ayna kala hoggaaminayeen Cali Mahdi iyo Xuseen Caydiid. Shirkii Sodare waxyaabaha looga hadlay oo la soo bandhigay waxaa ka mid ahaa awoodqaybsiga beelaha, kaas oo ah halka uu ka soo bilowday nidaamka 4.5-ka maanta lagu dhaqmo.

Wixii ka dambeeyay burburkii 1991, dalka Soomaaliya waxaa xoogaysatay awoodaha shisheeyaha iyo danahooda gurracan iyo diidmada dib u soo noqoshada Soomaaliya, taas oo keentay shirar badan oo natiijo la'aan ah.

Shir Nabadeedkii Qaahira ee 1997 (Bayaankii Qaahira)

Bishii Diseembar, 1997, waxaa magaalada Qaahira ee dalka Masar lagu qabtay shirkii afaraad oo dib-u-heshiisiineed, kaas oo lagu heshiin waayay. Waxaana la dhihi karaa waa midka Soomaaliya ceelka ku riday, waayo dowladda Masar waxay shirkaan u qabatay ma aheyn wanaag Soomaaliyeed ee waxa uu ahaa in ay Itoobiya ku xumaynaysay maadaama iyaga iyo Itoobiyia uu ka dhaxeeyay carqalad ku saabsan webiga Niil annagana mar walba nagu la dagaasho oo iyada danteeda mar walba waxay ku jirtaa kala-fogaanshaha Soomaaliya iyo Itoobiya.

Masaarida waxaa wasiir arrimo dibedeed u ahaa Camir Muusa. Wuxuu casuumay dhammaan kooxihii Soomaalida, balse waxa uu u casuumay habkii sinnaanta hab ka duwan, isaga oo dhahaya waxaan casuumayaa oo maamuus gooni ah siinaynaa laba mas'uul, Cali Mahdi Maxamed oo ahaa hoggaamiyaha SSA iyo Xuseen Caydiid oo ahaa hoggaamiyaha SNA. Arrinkaa waxa uu u cuntami waayay hoggaamiyaashii ka socday beesha Daarood, gaar ahaan Cabdullaahi Yuusuf iyo Aadan Gabyow oo isku koox ahaa. Kaaga darane, Camr Muusa waxa uu soo jeediyay in Cali Mahdi iyo Xuseen Caydiid la siiyo Madaxweynaha iyo Raysalwasaare, taas oo meeshii ka dhigtay ayadoonba laga doodin in lagu kala tago. Wafdigii ka socday beesha Daarood waxay aadeen Garoowe oo ahayd xarunta Gobolka Nugaal, markaana saldhig u ahayd jabhaddii SSDF, balse waxaa ka haray oo xamar soo aaday hoggaamiyihii SNF, Cumar Xaaji Masalle. Mirihii shirkaas ka dhashay waa midka maanta keenay niyadjab iyo waxa maanta Soomaalida ceelka dheer ku riday dalka ee Federaalka ah, halkaasna lagu dhisay maamul goboleedka Puntland la yiraahdo oo maanta dhahaya 'waxaan nahay hooyada Federaalka Soomaaliya', maadama ay u horreeyeen qolo maamul Federaal ah samaysato, iyada oo la dhihi karo raadintii Soomaliweyn waxay ku ridday ceel.

Shirkii Nabadeynta Qaran ee Jabuuti (2000)

Burburkii toban sano ka dib, markii shirar badan Soomaalida loo qabtay waxna ka soo bixi waayeen, dadkii Soomaaliyeedna aad u daaleen, ayaa waxaa wada hadlay oo isu tagay dhaqdhaqaaqna bilaabay siyaasiin Soomaaliyeed oo aan ahayn kuwii markaa koonfurta hoggaaminayey uuna ka mid ahaa Cabdiqaasim Salaad Xasan, iyaga oo u tagay Maamulka Somaliland lana tashaday Madaxweynihii Somaliland, Maxamed Xaaji Ibraahin Cigaal, damcayna inay mar kale shir dib-u-heshiineed u qabtaan dadka Soomaaliyeed, kaa oo lagu qabanayo magaala madaxdii labaad ee Soomaaliya, Hargaysa. Arrinkaas oo si fiican la isku la qaatay ayaa noqoshadoodii Cabdiqaasim iyo waftigiisii waxay tageen Hargaysa, halkaas oo ay ku la kulmeen madaxweynaha Jabuuti, Ismaaciil Cumar Geelle oo fikirkii soo dhaweeyay una sheegay in uu mudanyahay in shirkaan lagu qabto Jabuuti, dadka Jabuutina walaalahood Soomaaliyeed soo dhawaynayaan diyaarna u yihiin arrinkaas. Waftigii Muqdisho ka yimid oo Cabdiqaasim hoggaaminayayn way aqbaleen, balse rejadu waxay ahayd in shirka loo qabto Soomaaliweyn oo dhan e markii Jabuuti loo wareejiyay oo Madaxweyne Ismaaciil Cumar Geellana uga dhawaaqay Xarunta UN-ka shirkoodii 1999 ka dhacayay New York, waxaa diidmo kala hor yimid Madaxweynihii Somaliland, Maxamed Ibrahim Cigaal. Maalmo ka dib waxaa diiday isaguna madaxwaynihii Puntland, Cabdullaahi Yuusuf Axmed; ku darso oo Itoobiya ruuxeedu ku ma qanacsanayn shirkaas, sababtoo ah dadka la isugu yeeray waxay ka dhex arkaysay xarakaad Islaami ah, iyada oo u xaglinaysay in xarakada Islaax shirka ku lug leedahay markaana Itoobiyaanka ay aad isku dagaalayeen ururkii Al-itixaad oo ka dagaallamayay Gobolka Gedo iyo Soomaali Galbeed.

Agoosto 1996 Waxaa dhacday in ciidammada Itoobiya ay soo weerareen Gobolka Gedo oo markaa uu ka talinayay ururkii Al-Itixaad Islaami oo dad badan ku laayay oo barakicin dil iyo kufsi intaba, dagaalkaas oo socday muddo 2 sano iyo bar ah. Itoobiyaanku waxay garab ka helayeen jabhaddii SNF oo u dhalatay gobolka balse dagaalkaa oo ku dhammaaday ka dib markii ay heshiiyeen ururadii Al-itixaad iyo SNF, walow uu isla markiiba kala jabay ururkii SNF.

Dowladdii Madaxweyne Cabdiqaasim Salaad Xasan

Sannadkii 2000, waxaa la dhammeystiray oo la dhisay dowlad qaran oo kumeelgaar ah (TNG) ee madaxweyne loogu doortay Madaxweyne Cabdiqaasim Salaad Xasan, dowladdii Soomaaliyeed ee ugu horreeysay tan iyo 1991. Dawladdaasu waxay heshay aqoonsi caalami ah waxayna boorka ka jaftay kursigii ay Soomaaliya ku laheyd Qarammada Midoobay iyo waddamada gobolka. Markiiba waxa uu soo magacaabay Raysalwasaare Cali Khaliif Galayr oo soo dhisay xukuumad aad u tiro badan, maadaama ay ahayd in qabiil walba iska dhex arko. Dowladaas waxaa dagaal af iyo addin ahba kala hor yimid dagaal-oogayaashii oo aan qayb ka ahayn shirkaas, taas oo kalliftay in shirar kale lagu qabto Eldoret iyo Embaghati oo ka tirsan Kenya.

Dowladdii Madaxweyne Cabdullaahi Yuusuf Axmed

10/10/2004, laba shir oo loo qabtay hoggaamiyaashii dagaal-oogayaasha iyo dowladdii Cabdiqaasim 2003 iyo 2004. Si walba ha noqotee, shirkii Embaghati waxaa lagu soo dhisay dowlad ay hoggaaminayaan hoggaamiye-kooxeedyadii uuna madax u yahay Madaxweyne Cabdullaahi Yuusuf. Safarkii u horreeyay waxa uu ku tagay dalka Itoobiya waxa uuna dalbaday 20,000 oo ciidan Itoobiyaan ah, taas oo Soomaalida ku noqotay mucjiso. Ka dib waxaa bilowday buuq ka dhex dhashay hoggaamiye-kooxyadii dhexdooda. Waxaa kala jabay oo markiiba is qabtay guddoonkii baarlamaanka iyo madaxweynaha, iyada oo Shariif Xasan (guddoomiyihii baarlammaanka) si cad arrinkaa uga soo hor jeestay. Waxaa kale oo jiray xifaaltan horey u jiray oo u dhexeeyay hoggaamiye kooxeedyada iyo Madaxweyne Cabdullaahi Yuusuf, iyada oo markii la doortay uu jiray hadal meel maray oo uu BBC-da ka yiri Muuse Suudi kaas oo ahaa "kabaha ka waawayn ee uu gashaday Cabdullaahi Yuusuf halkii uu ku la socon lahaa ayaa la rabaa."

28/12/2006 waxaa dalka soo galay ciidammada Itoobiya oo ay dalbatay dowladdii Madaxweyne Cabdullaahi Yuusuf iyaga oo qabsaday magaalada Muqdisho iyo dhammaan xarumihii dowladda xasuuq ba'anna u geystay. Dadkii Soomaaliyeed kala hor yimaadeen dagaal lana sameeyay muqaawamo iyo ururro la dagaala. Dowladdii Cabdullaahi Yuusuf waxay lahayd laba dhinac oo kala duwan; dhinac waa fiicnaa oo waxaa la dhihi karaa dowladnimada

Soomaaliya ee maanta ayey wax ka soo celisay, dhinaca kalana waxaa barakacay, dhintay, dhaawacmay, dad badan oo Soomaaliyeed oo shacab ah.

01/04/2007, si kastaba ha ahaatee, markii Midowga Maxaakiimta Islaamka laga awood roonaaday, hoggaankoodii waxa uu ka baxay dalka. Shariif Sheekh Axmed waxa uu iska dhiibay Kenya, Xasan Daahir Awaysna Asmar (Eritriya) ayuu aaday. Waxaa bilowday dhaqdhaqaaq xornimodoon ah oo lagu la dagaallanayo ciidammadii Itoobiya iyo dowladdii ku-meelgaarka ahayd, iyada oo waliba ay yimaadeen ciidammo kale oo ka socda dalka Ugaandha lana wareegay ammaanka Madaxtooyada, Ayrboorka iyo dhammaan xarumaha dowladda. Waxaa bilowday shirar ay wadaan qurbajoogta Soomaalida, balse ay hoggaaminayeen dadka reer Muqdisho. Waxaa shir wayn lagu qabtay magaalada Leicester ee dalka Ingiriiska bishii Abriil ee sanadkii 2007. Shirkaas waxaa lagu go'aamiyay in la qabto shirwayne looga hadlayo dib u xoraynta dalka, iyaga oo sii waday ololihii la dagaallanka dowladdii Embaghati iyo ciidammadii Itoobiyaanka ayaa waxaa isugu tagay bishii Sebteembar 2007 magaalada Asmara ee dalka Eritriya afar kooxood oo kala duwan, kuwaas oo kala ahaa Maxaakiimtii Islaamiga ahaa, Baarlamaankii Xorta ahaa, Qurbajoog iyo Siyaasiin waaweyn oo ka soo hor jeeday soo-gelitaanka ciidammada Itoobiya ee Soomaaliya. Ka dib, shir socday muddo 3 maalmood ah waxaa lagu dhawaaqay oo hoggaamiyayaashii isu yimid ee mucaaradka ahaa ku dhawaaqeen inay u midoobeen sidii ay u la dagaallami lahaayeen dawladda ku-meelgaarka ah iyo ciidammada Itoobiya, iyaga oo sameystay isbahaysi la magac baxay Isbaheysiga Dib u-xoreynta Soomaaliya (ARS), kaas oo la dagaallamay dowladdii uu madaxweynaha ka ahaa Cabdullaahi Yuusuf, Ilaa uu dalkii ka la wareegey.

Sanadkii 2008 Jabuuti. Waxyaabaha muhiimka ah ee laga dhaxlay geeddi-socodka nabadda Jabuuti ayaa waxaa ugu weynaa heshiiskii nabadda ee 2008 ay dawladda KMG ah ee Soomaaliya iyo Isbaheysiga Dib-u-xoreynta ku dhex maray dalka deriska ah ee Jabuuti. Heshiiskaas oo macnihiisu ahaa in waddada loo xaadho istaajinta iska hor-imaadyada hubeysan ee ka jira dalka. Heshiiska ayaa waxa uu ka koobnaa 11 qodob oo ay ka mid aheyd in la ballaariyo baarlamaanka, si loogu soo daro wakiillada Isbaheysiga dib u-xoreynta iyo bulshada rayidka.

Wejigii ugu horreeyay ee wadahadallada Jabuuti waxaa ka dhashay heshiis ahaa sidii loo dhisi lahaa dawlad Federaal ku-meelgaar ah bilowga sanadkii 2009. Heshiiskaas waxaa ka mid ahaa in la ballaariyo baarlamaankii hore ee ka koobnaa 275 xildhibaan, iyada oo laga dhigayo 550 sharci dejiyeyaal si Isbaheysiga Dib-u-xoreynta ay uga mid noqdaan dawladda cusub loona ballaariyo golaha wasiirrada. Heshiiskaas ayaa waxaa kale oo Qarammada Midoobay looga codsaday inay Soomaaliya u soo dirto ciidammo nabad-ilaalineed oo caalami ah, kuwaas oo xasiliya dalka. Waxaa la codsaday inay ciidamadaasi ka yimaadaan "waddammada saaxiibka la ah Soomaaliya" oo aysan ku jirin waddamada deriska la ah Soomaaliya. Ugu dambeyn, waxaa qodobbada heshiiska ka mid ahaa inay Itoobiya ciidamadeeda kala baxdo Soomaaliya.

Dowladdii Madaxweyne Shariif Sheekh Axmed (2009)

30/01/2009, habeen saq dhexe, waqtiga Geeska Africa, waxay ahayd markii la doortay Shariif Sh. Axmed. Asaguna, sida dastuurku qabo, maalmo ka dib ayaa waxa uu Raysalwasaare u soo xushay Cumar Cabdirashiid Cali Sharma'arke. Cumarna waxa uu soo dhisay golihiisii wasiirrada oo aad u tira badnaa, maadaama laba kooxood la isku daray, balse wasiirradu waxa ay u badnaayeen, markii laga reebo wax yar, raggii Isbahaysiga Dib-u-Xoraynta. Madaxweyne Shariif iyo dowladdiisa waxa ay ku soo noqdeen Muqdisho. Waxaa is beddelay wixii oo dhan. Waxaa laga la hor yimid dagaal culus oo ay kala horyimaadeen Xisbul Islaam iyo Alshabaab.

Si walba ha noqotee, waxa uu dagaal looga soo horjeedo Alshabaab ka bilowday Gobollada Dhexe, kaas oo Dhuusamareeb looga qabsaday keenayna in ay gobollada dhexe ka soo ifbaxdo awooddii Ahlu Sunna wal-Jamaaca oo halkaas maamul ka samaystay. AMISOM dagaalkii ay ku la jirtay Shabaab wuu sii xoogaystay, waxayna soo gaareen Shabaab ilaa waddada Maka Al-Mukarrama (Muqdisho), laakiin waa loo babacdhigay oo way dhaafi waayeen xadkaa.

Urur-diimeedyadii Soomaaliya iyo sidii ay ku soo bilowdeen

Soomaaliya waa dal Islaam ah 100%, dadkiisuna yihiin Muslimiin Sunni ah, diintuna soo gaartay waqti lagu sheegay Hijradii Nabigeena (CSW) ka hor, awoodihii Muslimiinta ee kala duwanaana ay mar walba soo gaari jireen. Taas waxa u dheer in dhammaan dadka Soomaalidu yihiin dad Muslim, Sunni, Shaafici ah oo aan marnaba shaki ku jirin, balse waxaa jira dad Soomaali ah oo iyaga oo mad-habkoodu Shaafici yahay haddana culumo kale ku tafarruqa, sida

Suufiyada oo soo gaartay qarniyo dhexe oo ugu lagu qiyaaso qarnigii 18-aad dhammaadkiisa, Suufiyada oo u kala baxaysa dhowr nooc oo kala ah Axmadiya, Qaadiriya iyo Saalixiya. Waliba iyada oo sida la sheego labada kale soo horeeyeen Saalixiyadana oo uu keenay Allah ha u naxariistee Sayid Maxamed Cabdulle Xasan (Ahn). dambeSida lagu sheego taariikhda, sanadihii 1950-aadkii ayay soo gaareen dalka culummo iyagu aamminsan madaahib kale, sida Salafiyada oo markaa ku lammaanayd Wahaabiyada iyo nooc kale, iyaga oo u kala socday laba nooc oo kala ahaa firqada Islaax iyo Wahaabiyada. Labadaan dhinaca fiqiga waa isaga mid, laakiin waxay ku kala duwanyihiin dhinaca caqiiddada oo Islaaxa caqiiddada waxay kala mid yihiin Suufiyada oo Ashcariyada ayaa ku jirta caqiiddadooda, walow ay waxyaabaha qaar uga duwanyihiin, halka wahaabiyada caqiiddadoodu ay tahay midda Wahaabiga oo dalka Sacuudiga looga dhaqmo. Sida la sheegana waxaa keenay dalka labada Sheekh ee kala ah Sheekh Maxamed Nuur (Qawi) oo isagu keenay midda Wahaabiga, halka uu Sheekh Maxamed Macallin keenay midda Islaaxiga, firqadiisuna markii dambe waxay la baxeen 'Aala Sheekh'.

Nidaamka Federaalka iyo Soomaaliya

Waxaa hubaal ah in ummadda Soomaaliyeed aysan aqoon u lahayn dhammaan nidaamkaan Federaalka ah. Sidoo kale, aqoonyahannada qaar ayaa ku dooda in xitaa qabyaaladda ay Soomaalidu isticmaasho aqoon durugsan u lahayn oo ay ku qaldantay; waana midda keentay in ummaddu ay ka biyadiiddo nidaamkaas.

Nidaamka Federaalka ee loo soo minguuriyay Soomaaliya waxa uu ku yimid feker lagu diidayo inay soo noqoto Dowlad Soomaaliyeed oo awood leh oo Geeska Afrika ka jirta lana xisaabtanta dowladaha deriska ah, sida Kenya iyo Ethiopia, waxa uuna ka soo bilowday fikirkaan 1993. Waxaa keenay safiirkii USA u fadhiyay Ethiopia markaa, David Shinn. Waxa uu soo bandhigay shirkii Sodere ee 1997, balse laga ma yeelin. Markii uu shirkaa burburay waxaa dabbaqay Puntland oo bilowday. Madaxweyne Cabdullaahi Yuusuf oo ku qanacsanaa fikirkaa Charter-kii lagu sameeyay Embaghati ku dersay laba qodob oo isaga saameeynaysay, kuwaas oo kala ahaa:

1. In Soomaaliya Federaal noqoto oo nidaamka Federaalka la qaato.
2. In ay Maamulgoboleed noqon karto ciddii haysata labo gobol iyo wixii ka badan, isaga oo ku salaynayey ogaana in uu haysto labo gobol oo

kala ah Bari iyo Nugaal, badnaantana u la jeeda Mudug oo badh ah, sababta oo ah waxa uu ogaa in Sool iyo Sanaag mar walba muran ku jiraan.

Sidaa ayuu dowladda iyo dadka Soomaaliyeed ugu soo dusay nidaamka Federaalka oo ilaa iyo maantana uu ka shaqeeyaa.

1. Nidaamka 4.5 iyo Soomaaliya

Nidaamkaan horta adduunka waddan uu ka jiro ma jiro, balse Soomaalida weligeed waa ku dhaqmi jirtay, in kastoo marba heer uu ahaa. Tusaale ahaan, haddii aad dib u fiirisid dowladihii Shibilka, tii Daakhiliyada iyo tii Millitariga ahaydba waa ay ku dhaqmayeen, walow sida uu hadda yahay aanu marna aheyn.

Ka dib markii dhowr iyo toban shir la isugu yimid, wax lagu heshiiyana la garan waayey, ayaa nidaamkaan yimid. Nidaamkaan iyo midka Federaalka ahba waxa ay ka yimaadeen Ethiopia iyo shirkii Sodere, walow sidoo kale lagu dhaqangaliyay shirkii Jabuuti, Carta, ee sannadkii 2000. Marka aad si u fiiriso, xoogaa waa fiicanyahay oo waxaa muuqata in qabiillo aan waxba heli lahayn wax helayaan oo matalaad ka helayaan siyaasadda, walow qabiillada waawayn dhexdooda xitaa uu ka jiro dulmi iyo is qab-qabsi badan ama wax isu oggolaan la'aan. Dhanka kale, waxaad mooddaa in labada kursi oo dalka u saraysa laba cid oo keliya ay isku haystaan oo dadkii kale marti ka yihiin, iyada oo baarlamaankiina hal cid loo xiray. Laakiin, haddana weli way ka roontahay sidii laga dagaallamay ee caddaalad darrada ahayd ee waddanku ka degi la'aa. Walow waqtigii millitiriga uu ku dhiiraday Maxamed Siyaad in uu nin u dhashay beesha 5-aad uu isugu daro madaxweyne ku-xigeen iyo wasiirkii Gaashaandhiga, arrinkaa oo hadda aad moodayso in uu aad u adagyahay.

2. Maamulka Soomaaliland

Maamullada Soomaaliya ka dhismay burburkii ka dib dhammaantood waxa ay ka soo jeedaan jabhado qabiili ah oo qabiillo lahaayeen. Markii hore, maamulka Somaliland waxa uu ka soo jeedaa jabhaddii SNM. Marka aan sidaa leeyahay, waxaan uga jeedaa in maamulkaan aysan u dhammayn qabiillada wada dega waqooyiga Soomaaliya ama qabiilladii iyo urarradii 1960 la midoobay gobollada koonfureed ee dalka. Waxaa midoobay 1-dii July ee 1960 Soomaalidii waqooyi iyo tii koonfureed, iyada oo Soomaalidii waqooyi ay ahaayeen laba urur oo kala ahaa United Somali Party (USP) iyo Somali National League (SNL), haddana dhammaan dadkaas waxgaradkoodii u ma midaysnayn, inta badanna waxaa diiddan qabiillada Dhulbahantaha iyo Warsangeliga oo ka soo jeeda beesha Daarood. Gadabuursiga iyo Ciisaha ayaa intooda badan iyaguna ka aammusan, maadaama ay gudaha ku jiraan doonayaanna Soomaaliweyn oo maalin uun ay sugayaan, halka beesha Isaaq oo shalay dhisatay maamulka Somaliland ay maanta qadyaan kala taagantahay oo Garxajisku rabaan hadda Soomaaliweyn. Waxaad mooddaa qadiyadda gooni isu taagga Somaliland inay uun hadda ku soo hareen Beelaha Habar-jeclo iyo Habar-Awal. Taas oo u muuqata in 30 sano ka dib waxba lagu keeni waayay una ekaatay mid laga soo noqon doono maalin uun.

3. Maamulka Puntland

Maamulka Puntland waxaa la 'aasaasay sanadkii 1998, 8 sano ka dib burburkii dowladnimada Soomaaliya. Waa maamulgoboleed ku yaalla woqooyi-bari ee dalka Somaaliya, caasimaddiisuna waa Garoowe, gobolka Nugaal. Puntland waxay xuddud la leedahay Somaliland oo ka xigta galbeedka iyo Gacanka Cadmeed oo ka xiga waqooyiga, dhinaca barigana waxaa ka xiga Marinka Gardafuul iyo Badda Soomaaliya. Dhinaca koonfurta waxaa ka xiga Gobollada Dhexe ee Soomaaliya, gaar ahaan Galmudug, koonfur galbeedna waxaa ka xiga waddanka Itoobiya. Puntland waxaa deggan dad tiradooda lagu qiyaaso ilaa iyo 3 miliyan oo qof. Magaca Puntland waxa uu ka yimid 'dhulkii udugga' oo ay u aqoon jireen Masaaridii hore oo gobollada waqooyi Bari ka dhoofsan jiray badeecooyinka udugga kumanaan sano kahor.

Puntland waxay leedahay kheyraad aad u badan oo ka kooban nooc walba, sida macdan, shidaal, kalluun, beeyo iyo waxyaabo kale oo badan. Waxa ay ku jirtaa meelaha ugu kheyraadka badan dalkeenna hooyo. Waxa ay aad uga nabad gashay burburkii ka dhacay dalka Soomaaliya Waxaan marnaba ku xoogaysan dagaallada qabiilka, maadaama hal qabiil uu dego, waxaase ka dhacay labo dagaal oo qura; mid ay wada galeen ururkii Al-Itixaad Islaami iyo jabhaddii SSDF iyo mid bilowgii Puntland ay beesha Cismaan Maxamuud la gashay Madaxweynihii markaa joogay Cabdullaahi Yuusuf. Intii Alqaacida biilaabatay buuraha Galgala ayey xarumo ka samaysten balse ma aheyn urur awood badan.

Waxaa u baahan in la is-waydiiyo su'aasha ah; "maxaa keenay Puntland?" Beesha degta deegaannada Puntland, markii dowladdii Soomaaliya ku soo jabtay Dagaalkii 77 waxaa la isku dayay inqilaab ay kooxi ku doonayeen inay dalka afgambi ku qabsadaan, balse waxaa dhacday in uu fashilmay, halkaasna lagu dilay rag badan oo dowladdu toogatay. Intii ka fakatay ayaa cararay oo waxa ay galeen Ethiopia, iyagaoo dagaal ku soo qaaday dalka oo garab siinaya ciidammadii Xabashida. SoomaalIyaga iyo ciidamadii Xabashida oo wada socdana waxa ay gudaha u soo galeen Soomaaliya ilaa ay qabsadaan magaalooyinka Balanballe iyo Galdogob, halkaana dadkii deggenaa reer miyi iyo reer magaalba ay ka dhigeen wax ay bara kiciyeen iyo waxay dil iyo dhac u gaysteen.

Waxyaabihii dadka deegaannada deggenaa ay ku la kaceen Jabhaddii SSDF ma aheyn wax la soo koobi karo, taana waxa ay marqaati ka ahayd dhammaan jabhadihii dalka soo maray inay ahaayeen jabhado u abaabulan hab qabiili ah oo mid walba qabiil kale ka aargudanayso, walow markay SSDF taas samaysay iyadana dhinaceeda shacabkii deggenaa Gobollada Puntland loo gaystay dhib oo ay u gaysteen jabhado iyaguna is abaabulay, magaca dowladdana huwanaa, kuwaa oo baraago duugay, ceelalna burburiyay, halkaa oo dagaal qabiil oo xun ka dhacay. Ilaa iyo sanadkii 1984 ayay arrimahaasi socdeen. Ka dib waxaa Ethiopia ay xirtay hoggaamiyihii SSDF, Cabdullaahi Yuusuf Axmed. Waxaana burburay jabhaddii SSDF oo waxaa si nabad ah u la wareegay odayaal uu hoggaaminayay Raysalwasaarihii hore ee Soomaaliya, Cabdirisaaq Xaaji Xuseen, kuwaas oo dowladda la heshiiyay dhalliinyaradiina soo xareeyay, iyaga oo ka mid noqday ciidammada Xoogga Dalka, intoodii madaxda ahaydna ka mid noqday siyaasiinta dalka. Taasi waxay keentay in uu halkaa ku baabba'o magacii SSDF, intii hartayna waxay kala aadeen qurbaha.

4. Maamullada Koonfurta iyo Bartamaha Soomaaliya

Maamulladu waxa ay isaga dhismeen si kale, marka laga reebo maamulka Jubbaland oo isagu markii hore ay wada dhisteen Kenya iyo Itoobiya, markii dambena looga haray Kenya, haddana shakiba ku ma jiro halka laga xukumo maamulka Jubbaland. Balse maamulladaan oo kale waxay ku dhismeen ka dib markii beesha caalamku soo istaagtay in uu Madaxweyne Xasan Sheekh la tashado maamullada federaalka ah. Iyada oo markaa ay jireen keli ah Puntland iyo Jubbaland ayuu arkay in laga awood badin doono, taas ayuuna qasab ugu dhisay beelaha kale Hawiye Maamullada kale, taas oo uu ku la tartamayey maamulladaas, halkaana ay ku wada dhismeen iyada oo dowladda Itoobiya mar kale qasab ku dhistay maamulka Koonfur Galbeed.

Si kastaba ha noqotee, waxaa cad in maamullada dalka ka jira ee federaalka aysan xal u ahayn Soomaalinimada iyo dowlad Soomaaliyeed, walow dadka qaar ku doodayaan 'waa la is dagaalay oo waa la is dhacay la is mana aammini karo', balse waxa ay dad badan aamminsanyihiin dooddaas in aysan sax ahayn oo dadka Soomaaliyeed marna xal ugu jirin federaalkaan qabiiliga ah.

Waxaan is leeyahay waa loo baahanyahay dowladnimida Soomaaliya in hoos loo dhaadhiciyo oo dadku isa soo doortaan oo iskuullada, shaqada iyo wax walba dadka meeshooda ugu tagaan, laakiin kan intii Xamar laga qaaday lagu hayo Garoowe ama Baydhabo sax ma aha. Midda kale, in jifo kale meel loo tiiriyo ama ay ku badato sax ma aha iyaduna. Dadka Soomaaliyeed waxaan is-leeyahay waxa ay u baahanyihiin in ay dib-u-heshiisiin dhab ah ay helaan oo isku yimaadaan dib u eegisna ku suubbiyaan dowladnimoodu sida ay noqonayso iyo awood qaybsigooda, si loo helo dowlad Soomaaliyeed oo sax ah kana madax bannaana afkaarta qabaliga ah.

Ugu dambayn, Federaalka noocaan ah haddaan Soomaali ka fiirsan oo xal sax ah laga gaarin waxaa hubaal ah in dhib weyn ka imaan doono. Sidaa awgeed, waxaan ku talin lahaa in Soomaali isu timaaddo oo laga wada hadlo lana tashado lagana shaqeeyo sidii looga tanaasuli lahaa oo xal degdeg ah looga gaari lahaa.

5. Dowladdii Madaxweyne Xasan Sheekh Maxamuud

10/08/2012 waxa ay ahayd goor subax ah oo la isu diyaariyay doorashadii lagu soo doortay Madaxweyne Xasan Sheekh. 22 sano ka dib, waa markii kowaad ee dalka doorasho ka dhacdo, shirarkii bannaanka loo aadi jirayna la joojiyo. Maalmo ka bacdi Madaxweyne Xasan waxa uu soo magacaabay Raysalwasaare Cabdi Faarax Shirdoon (Saacid) oo runtii ahaa nin aad u deggan, balse waxa uu qalday in dowladdiisii la yiraahdo waxaa ka dhigtaa 10 wasiir oo keliya. Halkaa waxay ahayd meeshii kowaad ee qaladku ka yimid. Dhinaca kale, markiiba waxa uu Madaxweyne Xasan soo dhawayn kala kulmay Beesha Caalamka. Waxaa lagu casuumay Maraykanka. Waxa uu la kulmay madaxweyne Barack Obama, iyada oo la yiri Soomaaliya waxaa laga saaray ku-meelgaarkii oo waxay noqotay dowlad rasmi ah. Waxaa markiiba shirwayne caalami ah loogu qabtay dalka Ingiriiska, kaas oo la la kulansiiyay dhammaan shirkadaha ka ganacsada shidaalka oo uu hoggaaminayay Raysalwasaarihii Dalka Ingiriiska, David Cameron. Waxa uu halkaa ku oggolaaday heshiis lagu baarayo ceelasha badda ee shidaalka Soomaaliya, isaga oo u saxiixay shirkad Ingiriiska laga leeyahay oo la dhaho SOMOIL. Waxaa la dhihi karaa, waxa uu la kulmay sanadihii hore dardargalin aad u wayn iyo soo dhawayn. Laakiin dhinacii gudaha sidii la rabay ma noqon. Waxaa mar kale uu Raysalwasaare Saacid tagay Dhuusamareeb, isaga oo halkaa haddana heshiis ku la soo saxiixday ASWJ, kaas oo isaguna aan sidii la rabay u fulin. Muddo ka dib waxaa sidii la rabay u shaqayn wayday dowladdii uu Raysalwasaaraha ka ahaa mudane Saacid, taasna waxay sababtay in uu halkaa ka yimaado isku-dhac u dhaxeeyey madaxweynaha iyo raysalwasaaraha, kaas oo aakhirkii sababay in meesha laga saaro raysalwasaare Saacid. Madaxweyne Xasan waxa uu soo magacaabay raysalwasaare cusub, Cabdiwali Sheekh Axmed. Dowladdii Cabdiwali ka ahaa raysalwasaaraha oo madaxweyne Xasan hoggaaminayay waxa ay ku guulaystatay dhammaystirka nidaamka federaalka ah, iyada oo dhistay maamullada kala ah Jubbaland, Koofur Galbeed, iyo dhisidda guddigii farsamada Galmudug dhisay.

Dhisidda maamulladaas waxaa keenay waxyaabo badan oo ku riixayay dowladdii Madaxweyne Xasan Sheekh. Isaga oo aan raalli ka ahayn dhisidda maamulka Jubbaland ayaa waxaa xoog ku dhisay dowladaha deriska ah ee Itoobiya iyo Kenya, iyo Puntland oo si aad ah u taageertay. Taasi waxay keentay in Madaxweyne Xasan Sheekh uu halkaa ka dhex arko in dowladaha darisku ay ku qasbayaan dhisidda laba maamul oo uusan raalli ka ahayn oo kala ah Jubaland iyo Koonfur Galbeed, dhibna uga imaan karo hannaanka hagidda dowladnimo ee dalka. Markaa ayuu ku dhiirraday in uu dhiso maamullada Galmudug iyo Hirshabeelle; weliba isaga oo dhib badan ka maray balse ku adkaystay.

Waxaa billowday khilaafkii u dhexeeyay mar kale Raysalwasaaraha iyo Madaxweynaha. Dagaal adag oo aan waxba la isu reeban ka dib, waxaa xilkii mar kale xildhibaannadu ka qaadeen Raysalwaasare Cabdiwali. Dowladdii Madaxweyne Xasan Sheekh waxaa jiray dhib badan oo nabad-diidku dalka ku hayeen, iyaga oo maleegayay qaraxyo tiro badan oo dilay xildhibaanno badan.

Dhanka kale, ayaga qudhooda waa la wiiqay oo laga ma yaraysan dagaalkii lagu hayey, waana laga xoreeyay deegaanno badan. Waxaa jiray musuq badan oo dadku aad uga cawdeen, iyada oo dhulal badan oo dowladdu lahayd si shaqsi ah loo isticmaalay. Waxaa kale oo jiray in dowladaha Carabta iyo dowladaha deriska ahba ay dalka faragalin xoog leh ku hayeen. Waxaa kale oo jirtay in Madaxweyne Xasan Sheekh qabtay doorasho dadban oo aad uga fiican tii ka horraysay waddankana ku soo kordhiyay Aqal Sare iyo Aqalkii Hoose oo la doortay, iyada oo waqtigii doorashada ku yimid muddo 6 bilood oo dib u dhac ah.

Xilligii doorashada ayaa la gaaray, waxaana tartankii ka qayb qaatay dad badan, taas oo ay isugu soo hareen madaxweyne Xasan Sheekh iyo mudane Farmaajo. Aakhirkii guushu ay sidaas ku raacday mudane Farmaajo, 8/02/2017.

CUTUBKA 3

DIB U MILICSIGA GOBOLLADA DHEXE

Gobollada Dhexe waxa ay ka koobanyihiin laba gobol oo kala ah Galgaduud iyo Mudug, waana halka magaca Galmudug uu ka yimid, kaas oo ah isku darka labadaas gobol. Degmo ahaan, Gobalada Dhexe waa 12 degmo oo kala ah; Dhuusamareeb, Galhareeri, Ceelbuur, Ceeldheer, Cadaado, Balanballe, Caabudwaaq, Gaalkacyo, Hobyo, Xarardheere, Galdogob iyo Jarriiban.

Waxaa jira in labada degmo ee Jarriiban iyo Galdogob ay ka tirsan yihiin Puntland iyo weliba qayb Gaalkacyo ka mid ah. Waxaa keenaya magaalo ahaanta oo waxaa deggan dad reer Puntland u dhashay, maadaama asalka federaalka Soomaaliya uusan aheyn mid ku salaysan deegaan ee uu yahay mid ku salaysan qabiil ahaan. Haddana degmooyinkaas baaddiyaha ay xukumaan oo badan waxaa deggan dad reer Galmudug ah oo qabiil ahaan ka soo jeeda koonfurta Mudug.

Gobollada Dhexe waa labada Gobol ee Galgaduud iyo Mudug dhul ahaanna masaaxxaddoodu waxa ay le'egtahay 85,160[6] km2 (32,880 sq mi). Dad ahaan, 2.5 malyan (2020). Waa Bartamaha Soomaaliya, caasimadana waxaa u kala ah Dhuusamareeb iyo Gaalkacyo. Waxay xuddudo la leeyiin: waqooyiga waxaa ka xiga Puntland, Galbeedka waxaa ka xiga Dowlad-deegaanka Soomaalida Ethiopia, bariga waxaa ka xiga Badwaynta Hindiya, halka Koonfurtuna uu ka xigo Gobolka Hiiraan. Gobollada Dhexe waxay leeyihiin kheyraad aad u badan oo ay ugu horreeyaan Xoolaha Nool, Kalluunka, Shidaalka iyo Macdanta. Waxay leeyihiin kaabayaal dhaqaale oo badan, sida ayraboorro, kastammo iyo Dekedda Hobyo.

Gobollada Dhexe dadkoodu waa dad reer guuraa ah oo xoolo dhaqato ah, dhibabka ugu badan oo haystaana waxaa ka mid ah inay mar walba isku dagaalaan naqa iyo biyaha, markii laga reebo dagaallada siyaasadda. Gobollada Dhexe oo dhisantay waa Soomaaliya oo dhan oo dhisantay, waayo waxaa la dhahaa waa meeshii Soomaaliya laga burburiyay dadkeedana mar walba intay is dagaalaan ayey heshiiyaan, waxyaabaha ay ku heshiiyaana waxaa ka mid **ah inay xalay-dhalay ka noqdaan** waxay isku hayeen oo noqdaan dad isu tanaasula.

Gobollada Dhexe waxaa wada leh dhammaan beelaha Soomaaliyeed oo ah 4.5, markii laga reebo beelaha Digil iyo Mirifle, iyagana hadda waxay joogaan magaalooyinka iyo deegaanka oo dhan, iyaga oo u jooga hab shaqo iyo ganacsi. Qabiillada Soomaalida maadaama aan weli la tirin oo qof walba wax aamminsan yahay, haddana qabiillada dega waxaa ugu badan deegaannadaas Hawiye, waloow haddii ay Mudug oo dhan ku jiri lahayd ay si kale noqon lahayd, balse hadda deegaanka la isku dhaho magaca Gobollada Dhexe waxaa ugu badan qabiilka Hawiyaha. Inta hadda Gobollada Dhexe la isku dhaho Daaroodka waxaa ka dega Mareexaanka oo dega waqooyiga Gobollada Dhexe iyo Bartamaha qaybo ka mid ah. Waxaa saddex ah Dir-ta iyo Beesha 5aad oo dhammaan deegaannada wax ka degta.

Waxaa laga yaabaa dadka qaar inay is waydiiyaan sababta aan Galdogob iyo Jarriiban ugu daray maadaama ay Puntland ka tirsanyihiin, balse waxaa muhiim ah in la fahmo Soomaalidu inay tahay dad isla nool oo isla dega. Marka, Gobolka Mudug, gaar ahaan deegaannada Gaalkacyo, Galdogob iyo Jarriiban, waa dhul la wada degganyahay oo ay wax ka degganyihiin beelaha waqooyiga Mudug, taas ayaana keentay inay labada öäääö

Intaas waa tusaalaha guud ee Gobollada Dhexe, laakiin halkaan waxaan ka bilaabayaa dhammaan wixii laga soo maray iyo caqabadaha ka jiray samayntii maammullada.

1. Caqabadaha Guud ee Hor Taagnaa Dhismaha Maamulka Gobollada Dhexe

Dhismaha Maamul loo dhiso Gobollada Dhexe ma aha wax fudud, waxaana jira caqabado iyo heerar badan oo uu leeyahay, mudanyahayna in uu maro. Intaa ka dib, bal caqabadaha hortaagan dhismaha maamulka gobollada dhexe aan wax ka taabto, inta aanan wax kaleba fiirin. Waxaa kuu soo baxaya waxyaabo badan oo ka jira dalkeenna una baahan in la ogaado. Sideedaba, qof markii uu wax baaro ama oddoroso waxaa laga yaabaa waxa uu ogaaday in aysan wada sax ahayn, laakiin haddana inta badan wax walba oo waqti la geliyo wax baa laga ogaadaa.

Qaybtaan waxaan jeclahay in aan dadka Soomaaliyeed u yara iftiimiyo bal sababihii hortaagnaa dhismaha maamul-goboleed sax ah oo ka hirgala Bartamaha Soomaaliya, kaas oo la oran karo waxa uu ka mid yahay deegaanno dhowr ah oo qabaa'illo badan oo Soomaaliyeed ay wada degaan. Waxaa la oran karaa 4.5-ka ay ku dhisantahay dowladdeennuba waa laga helayaa dad ka soo jeeda deegaanadaan, ama 3.5 waa la hubaa inay degganyihiin. Deegaankaan waxa uu dheeryahay gobollada kale ee Soomaaliya dadka ku nool oo la dhihi karo ilaa muddo ka badan laba qarni ayey is laynayeen oo is dilayeen oo way ka colaad qota dheeryihiin gobollada kale ee waddanka, kuwaas oo laga yaabo qaarkood in aanayba weligood is dagaalin oo khilaafkooda ugu horreeyey ahaa markii ay maamullada dhisanayeen ama dagaalladooda ay uun bilowdeen waqtiyadii Dagaallada Sokeeye iyo burburka dalka ka bilowdey.

Bartamaha Soomaaliya tan iyo intii aan xornimada qaadannay degmooyinkiisa iyo gobolladiisa waxay isku beddelayeen noocyo badan, waayo dowladihii shibilka ahaa waxay dalka ka dhigeen siddeed gobol, markaas oo bartamaha Soomaaliya loo yaqaannay Gobolka Mudug iyo Hiiraan, halka dowladdii millitariga aheyd ama Kacaanka la gaarsiiyay gobollada dalka 18, kuwaas oo la oran karo waxaa ku soo biiray Galgaduud.

Si kastaba ha ahaatee, deegaankan waa dhul aad u weyn lana oran karo Soomaalida ku nool waxa ay u badanyihiin xoolo dhaqato inta badan isku dagaala daaqsin iyo biyo. Waxaad arkaysaa nabadda dhulkaas in aanay soo noqon inta badan. Hadda waxaa ka jira maamullo badan oo aan is oggolayn, isku ra'yi ama afkaarna ahayn. Waxaa la oran karaa, qabiil walba waxa uu leeyahay maamul u gaar ah ama qabiilka keliya ayaa waxa uu leeyahay in ka badan hal maamul. Haddaba, waxaas sidee sharciga loo waafajin karaa? Halkeese ka kala taliyaan? Dastuurka Federaalka ee weli qabyada ah waxaa ku cad dhowr arrimood oo muhiim ah oo ay tahay inay fahmaan dadka Soomaalida ah, kuwaas oo sharraxaya micnaha federaalka iyo xubinimada federaalka oo u baahan inay dadka Soomaaliyeed gartaan.

Midda koowaad waxay oranaysaa: Federaal waxaa noqon kara laba gobol iyo wixii ka badan. Midda labaad waxay oranaysaa: Xuddudaha gobollada iyo degmooyinku waxay ku salaysanyihiin sida ay ahaayeen 1991-kii, markii dowladdii dhexe burburtay, taas oo meesha ka saaraysa wax walba oo ay magacaabeen maamulladii ku-meelgaarka ahaa. Iyo midda seddexaad oo dadka deegaanka u madaxbannaanaysa inay iyagu dhistaan maamulladooda ama dowlad-goboleedyadooda.

Haddaba, bal aan galno Gobollada Dhexe iyo sida ay yihiin. Mudug waxa uu ka koobanyahay shan degmo oo kala ah: Gaalkacyo oo ah caasimadda gobolka, Galdogob, Xarardheere, Hobyo iyo Jarriiban. Waxaa hubaal ah gobolkaan inay ka jiraan maamullo badan oo runtii aanan jeclahay in aan halkaan ku soo bandhigo iyo cilladahooda. Labo degmo oo ka tirsan gobolkaan waxaa si toos ah uga arrimiya maamulka Puntland, Galdogob iyo Jarriiban, walow baaddiyaha magaalooyinkaas iyo tuulooyin ay xukumaan oo tiro badan ay ka tirsan yihiin Galmudug, dadka reer Galmudugna ay aamminsanyihiin magaalo ahaanta maahee deegaannada degmooyinkaas inta badan in ay yihiin Galmudug, halka caasimadda Gobolka ee Gaalkacyo ay laba u qaybsan tahay oo dhinaca koonfureed uu ka arrimiyo maamulka Galmudug, halka dhinaca waqooyi uu ka arrimiyo maamulka Puntland. Magaalada Gaalkacyo dadkii Soomaaliyeed oo wada lahaa waxay garan waayeen inay hal maamul ku midoobaan, iyaga oo kala dhex dhigay dadkii wax la moodo derbigii Baarliin ama Khad Cagaaran oo magaalada noloshu labada dhinac kala xirantahay, halka midna doonayo in uu Dhuusamareeb aado midna doonayo in uu Garoowe aado, taas oo micnaha ku jira uu yahay Qabiil ee aysan ahayn wax kale. Taa waxaad ka dhadhansan kartaa halka Soomaali kala marayso. Nasiib darro, arrinkaas ay ku fekereen labaduba ma aha mid sharci ah ee Gaalkacyo waxay ku qasbantahay inay Galmudug raacdo iyada oo is wadata ama Puntland raacdo iyada oo is wadata oo micnaha isir sooca ah meesha laga saaro.

Waxaa soo haray labada degmo ee kale ee kala ah Hobyo iyo Xarardheere, waxaa iyaga loogu arrimiyaa sidaan: Hobyo waxaa ka arrimiya laba maamul oo kala ah Ximin iyo Xeeb iyo Galmudug, halka magaalada Xarardheere ay si buuxda uga arrimiyaan Alshabaab iyo Burcad-badeed. haddana magaaladaan haddii ay xoroowdo waxaa sugaya maamul laba madaxweyne lahaa, walow Allah ha u naxariistee mid ka mid ah uu geeriyooday madaxweynayaashoodii, laakiin hadda waxaa jooga gabar madaxweyne ka ah maamul la yiraahdo Xaradheere State. Waxaad halkaa ka dareemi kartaa faa'iido la'aanta qabiilka, waayo labadaan maamul ee kala socda Hobyana ka wada taliya iyo midka Xarardheere bannaan jooga ka ahba waa dad wada dhashay, laakiin waxaa u suuroobi wayday in ay hal maamul ku heshiiyaan.

Midda kale, maamulka Galmudugtii hore isagu waxa uu ku haray halkaa oo magaca kale oo uu wato ee Galka ah ma soo gaaro gobolka Galgaduud, waxaase haddana ka jira Galmudug inay leedahay laba madaxweyne, walow uu Cabdi Qaybdiid si fiican u shaqeeyo, waxyaabo badan oo la taaban karana qabtay, laakiin haddanaTima kalajeex waxa uu caqabad ku ahaa oo kursiga ku haystay madaxweyne Cabdi Qaybdiid oo waxa uu leeyahay waxaan ahay Madaxweynaha Galmudug, wuuna haystaa taageerayaashiisa oo ah ururka Ahlusunna Waljameeca ASWJ iyo qabiilkiisa.

Aan ku xusuusiyee; marka lagu daro Puntland, gobolka Mudug oo keliya waxaa jira Todobo Maamul oo kala duwan, bal haddana aan aadno Galgaduud.

Galguduud waxa uu isaguna ka koobanyahay todobo degmo oo kala ah: Dhuusamareeb oo caasimada gobolka ah, Cadaado, Balanballe, Ceelbuur, Ceeldheer, Caabudwaaq iyo Galhareeri. Runtii gobolkaan waa midka ugu dhibka badan oo la is oran karo wax badan baa ka jira. Bal aan isla aragno inta maamul ee ka jirta oo ah kuwa soo socda:

1. Ximin iyo Xeeb.
2. Alshabaab.
3. Burcad-badeed.
4. Ahlu suna Waljameeca Garabka Macalim Maxamuud.
5. Ahlu Suna Waljameeca Garabka Sh Cabdi Cali Fiidow.
6. Maamulka Dowladda.
7. Somali Central State.
8. Mareeg State.
9. Ceelbuur State.
10. Gal Hiiraan.
11. Dooxa State.

Hadaba, dhammaan maamulladaan waxay ka jiraan Gobolka Galgaduud oo toddoba degmo ah, qaar bannaanjoog ah iyo kuwa gudaha ka jiraba. Waxaa jira kuwo dhexdooda laba u qaybsan, sida Ahlusunna Waljameeca. Intaa waxa ay u badanyihiin dad hal qabiil ka soo wada jeeda, haddana diyaar u ma aha inay midoobaan ama wax wada qabsadaan, mid walbana isaga ayaa riixaya midka kale, marka laga reebo Alshabaab oo iyagu ka afkaar duwan arrimahaas oo fikirro kale wadata. SI kastaba ha ahaatee, degmada ugu yar ayaa waxaa ka taliya dhowr maamul, dhammaan maamulladaasna, markii laga reebo magaalada Cadaado oo iyadu leh halka maamul oo loo yaqaan Ximin iyo Xeeb, xitaa waxaa jira qabiillo aan iyagu intaas oo maamul aan wax ku lahayn oo deegaan iyo awood gobolka ku leh oo waqtigooda sugaya.

Hiiraan waxa uu ka koobanyahay shan degmo oo kala ah Baladweyne oo ah caasimada gobolka, Buulaburte, Jalalaqsi, Maxaas iyo Matabaan. Gobolkaan ayaa isagana waxaa ka jira maamulo, kuwaas oo kala ah:

1. Maamulka Dowladda
2. Alshabaab
3. Ahlu Suna Waljameeca oo wali labadii garab ah
4. Gal-Hiiraan
5. Hiiraan State
6. Hiiraan and Midland
7. Jiinwabi State

Iyo Qabaa'ilo aan intaa oggolayn oo waqtigoodana sugaya.

Hiiraan ma aheyn gobolladii la qaybiyey laakiin fikirka ay qabaan dadkiisu waa 'dadka Mudug iyo Galgaduud ka yimaada na ma soo galaan', waayo waxaa na dhex maray dhibaatooyin welina ma aannaan illoobin, marka laba siyood middood ayaan wax ku dhisanaynaa.

- Annaga gobolkayaga weli la ma qaybin, sidaa awgeed waxaan xaq u leennahay in aan Hiiraan ahaan u istaagno kaligeen.
- Haddaan wax la midoobayno waxaan wax ku darsanaynaa Shabeellada Dhexe.

Waxaa muhiim ah in la xuso in fikirkaan reer Hiiraan oo dhan aanay qabin balse ay qabaan qaar ka mid ah qabaa'illada dega Hiiraan, fekerkaas oo fashil ku keenay laba shir oo dowladda federaalka ah midna Muqdisho ku qabatay midna ay ku qabatay Nairobi. Xitaa waxa uu fikirkaan saamayn ku lahaa shir dhammaadkii 2011 maamullada Gobollada dhexe loogu qabtay Cadaado oo maamulka Ximin iyo Xeeb oo madaxweyne Maxamed Cabdullaahi Tiicey u qabtay, kaas oo maamulladii ka qayb galay ay qaar qabeen fikirka ah in aysan waxba ku darsan karin dadka ka soo jeeda Galgaduud iyo Mudug. Gobolka Shabeellaha Dhexe isaga hadda ka ma hadlayo, waayo waxaa la isku haystaa in uu ka mid yahay Gobollada Dhexe iyo in kale. Aniga waxaa ii muuqata in caqabadaha hor yaalla way badanyihiin laakiin haddaan qaar ka taataabto.

Maamullada Galmudug iyo Ximin iyo Xeeb oo aan is aamminsanayn isna oggolayn inay wax ku heshiiyaan waxay qaybta kowaad ka tahay caqabadaha horyaalla dhismaha maamul ka hirgala gobollada dhexe iyo weliba kala qaybsanaanta Galmudug dhexdeeda. Ahlu Sunna Waljameeca oo ahaa dad culummo ah oo diinta u adeega balse dhex galay siyaasad aysan u diyaarsanayn ilaa ayagii hadda ay noqdeen dhowr firqo oo aan is aamminsanayn oggolaynna inay wax la wadaagaan maamullada kale ee ka jira gobolka iyaguna waa caqabad kale. Shabaab oo heysata deegaanno muhiim ah, sida Ceelbuur, Xarardheere, Galhareeri, Ceeldheer iyo meelo kale waa caqabad culus oo dadka deegaankaas deggan oo dhan haysata, mana lahan go'aan ay aayahooda uga tashadaan. Magaalooyinka dhaca waqooyiga Galgaduud ayaa iyagu ka mid ahaa meelaha ku kala xiran seddex maamul oo aan sinnaba u oggolayn inay wax wada qaybsadaan, waxayna qabaan fikrado kala duwan, kuwaas oo kala ah: Maamulka Dowladda, Ahlusuna Waljameeca oo laba garab ah iyo Maamulka Bartamaha Soomaaliya, taasna waa caqabad jirta oo aad u dhib badan. Kala qaybsanaanta magaalooyinka dhexe ee Galgaguud iyo Hiiraan una xoogga badan ama maamusho Ahlusunna oo si aad ah u kala qaybsan, iyaga iyo siyaasiintooda xitaa maamulkooda kale ee Galhiiraan oo aan marna heshiis ku ahayn sidii maamul loogu samayn lahaa Gobollada Dhexe. Hiiraan oo runtii ah meel aad looga kala fogyahay oo Galbeed iyo Bari u kala qaybsan oo xitaa hadda dowladda ay ku dhowdahay inay ku fashilanto in ay maamul Hiiraan kaliya u samayso.

Haddaba, waxaa horay u jiray isku-day saddex jeer la isku dayay shirar. Tan iyo 2011-kii mid ayaa lagu qabtay magaalada Cadaado, bishii Deseembar 2011-kii, balse aakhirkii waa fashilmay waxaana fashilayay dowladdii ku-meelgaarka aheyd oo markaa jirtay oo danaheeda ka dhex arki wayday iyo caqabado kale oo yaryar, iyada oo laba jeer oo kalena Xamar iyo Nairobi lagu qabtay shirar aanay ka soo bixin wax natiijo ah, balse si guud la isugu raacay in la dhiso maamul-goboleed.

Dariiqooyinkaas iyo kala qaybsanaantaas waxay qayb ka ahayd waxyaabihii hor taagnaa in la dhiso maamul lagu midaysanyahay oo ay gobolladaas yeeshaan. Dowladdii madaxweyne Xasan Shiikh ayaa isku dayday inay maamul u dhisto sanadkii 2013-dii waxa uuna oo soo jiitamayay ilaa iyo sanadkii 2015-kii.

Iyada oo shirar u qabatay maamulladii ka jiray deegaanka, shirarkaasna waxaa lagu qabtay magaalooyinka Muqisho iyo Nairobi. Waxaa ka soo baxay is-afgarad, lakiin sidii la rabay wax loogu ma gaarin oo waa socotay howshaas ilaa intii muddo ah.

2. Noocyada Khilaafyada Gobollada Dhexe

Khilaafyada ka dhaca Gobollada Dhexe oo aan bartay muddadii aan waday howshaan maamul u samaynta Bartamaha Soomaaliya, guud ahaan waa kuwa ka dhasha lahaanshaha dhuleed, soohdin dhuleed, tartan loogu jiro ilaha kooban ee dhaqaalaha, sida biyo, dhul daaqsineed, dilal aano qabiil ah, iyo muran ka dhasha qaybsashada awoodaha iyo dhaqaalaha, ama amar ku taagleyn, beelaha deegaanka ah oo qaarkood doonayaan in ay kuwa kale cabburiyaan iyada oo ay aad u badantahay waxa la yiraahdo 'udubka' oo ah sida loo kala qaado dhulka, wallow intii aan waday howshaan Gobollada Dhexe afar degmo oo ka mid ah aysan xor ahayn oo ay yihiin kuwa la haysto oo ay haystaan Alshabaab, haddana dhaqan ahaan waxba ku ma kala duwana dad iyo dhaqan ahaanba. Waxaa kale oo jiray intaan shaqaynaynay khilaafyo siyaasadeed, kuwaas oo inta badan ka imaanayay saddex meelood oo kala ah Puntland, ASWJ, iyo Dowladdeegaanka Soomaaloda ee Ethiopia, ayada oo saddexdooda mid walba uu lahaa qorshe u gooni ah.

Dhammaan deegaannada Gobollada Dhexe khilaafaadka ka dhaca waxa ay inta badan ku bilowdaan is-afgaranwaa ka dhex dhaca dadka oo arrin isku maandhaafa ka dibna u sii gudba heer beeleed, halkaa xubnaha beesha ay hiillo ugu soo gurmadaan dhinacii iyaga ka tirsanaa. Ka dib khilaafaadku waxauu u sii gudbaa colaad rabshado wata oo ay kooxo malleeshiyaad beeleed ah ka qeybqaataan, iyaga oo magaca beeshooda safka hore uga dagaallamayaan oo isla markaana taageero dhaqaale iyo mid qalab intaba ka helayaan xubnaha kale ee beelahooda. Ku lug-lahaanshaha dhinacyada waxaa inta badan loo arkaa masùuliyad wadareed lagu difaacayo sarreynta magaca qabiilka. Khilaafka noocyadiisu waxay mar walba way badanyihiin qaybahaan hoosena waa qaybo ka mid ah khilaafaadka tirada badan oo mar walba ku soo noqnoqda Gobollada dhexe. Waxaa kale oo iyadana la dhihi karaa yaraanta dhaqaalaha ama horumar la'aanta jirta waxay ka qayb tahay dhibka iyo caqabadaha jira.

3. Khilaafyada ka dhasha Lahaansha Dhuleed

Dhammaan deegaannada Gobollada Dhexe qiimeynta aan ku sameeyay intii aan ka shaqaynayay, waxaan ku ogaaday in sababta ugu wayn ee dhalisa khilaafku ay tahay muran iyo is-qabqabsi ku saabsan lahaansha dhuleed iyo soohdin la doonayo mar walba in la kala kacsado, taas oo aan ahayn wax fudud in la isaga samro. Waxaa kale oo waayihii hore jiri jiray in qabiilladu xoolaha kala dhacaan, laakiin hadda waayihii dambe ma jirin arrinkaas oo haddii ay xitaa xooluhu soo dhumaan hadda dadku way isu soo celiyaan, iyada oo dhibka ugu badan uu yahay in dhulka uu yahay dhul baaddiye ah oo bannaan balse la kala sheegto. Midda kale, dhibaatada aanooyinka waxaad mooddaa in ay ka badantahay tan dhulka, iyada oo qabiillada ama dadka qaarkood ay ka tahay dhulballaarsi, halka kuwo kalena u arkaan in dhulkooda laga qaadayo oo difaac adag ugu jiraan inay dhulkooda ka hadlaan. Waa midda Galmudug sanado badan ka dhacda, taas oo ay beryihii dambe bulshada qaarkeed caadeysatay in dad kala duwan ay lahaansho dhuleed wada sheegtaan, ujeedada ugu weyna ay tahay dhul-balaarsi iyo in ay kor u qaadaan kaalinta saameyntooda. Si kastaba ha ahaatee, waxaa xusid mudan in intooda badan khilaafaadka noocaan ah ay ka dhacaan hareeraha tuulooyinka iyo magaalooyinka waaweyn banaankooda. Dadku sababta ay dhulka u raadinayaan waa awood raadsi ku sallaysan in qabiilku helo meelo badan oo uu dego si uu qabiilada kale u cabburiyo.

Gobollada Dhexe mar walba waxaa soo noqnoqda oo ugu badan taas waaye, waxaana caddeyn u ahaa oo aad arkaysaa inta badan in uusan qabiilna deggeneyn hadda meeshii uu 20 sano ka hor deggenaa oo uu hadda raadinayo deegaan cusub oo uu dego, qabiilada ugu badan oo inta aan wadnay howsha maamul u samaynta Bartamaha Soomaaliya ay soo noqnoqatay arrimahooda waxaa ka mid ah Habargidir dhexdeeda, Habargidir iyo Marreexaan oo dhinacyo badan ah, Dir iyo Marreexaan ama Habargidir. Dhammaan shaqaaqooyinkaasna waxaa soo celceliya dhulballaarsi, waxaa kale oo jira dad mar walba awood siyaasadeed ku raadiya dagaalladaas oo ayaguna ku faa'iida nooc walba oo awood iyo dhaqaale uga samayn karaana uga sameeyaan.

4. Khilaafyada ku Saleysan Khayraadka

Sida la wada ogsoonyahay, kheyraadka ku duugan dhulka iyo badda Gobollada Dhexe waa mid aan laga faa'iidaysan oo aan gebi ahaanba dadka dhulkaa iska leh aanay ka faa'iidaysan. Waxa ay leeyihiin xoolo nool, bad mallaay ka buuxo, dekedo waaweyn oo la dhisan karo oo ilaa hadda aan laga faa'iidaysan. Dhulka waxaa ka buuxa macdan nooc walba ah oo ugu badan tahay midda Yuraaniyumka ah. Waxaa ka buuxa shidaal oo waxaa ku yaalla ceelal badan oo la tijaabiyay lana hubo inay wax ku jiraan, sida Hobyo, Wisil iyo Mareeg intaba.

Reer Gobollada Dhexe badidood waa dad xoolo raacato ah oo caan ku ah in ay hadba meeshii biyo iyo daaqsin leh isku laaya. Horta annaga waxyaabihii inta aan wadnay howshaan aad nooga hor yimid waxaa kow ka ahaa dhaqaale la'aan iyo dadka oo aan wacyi gashanayn diyaarna u ahayn inay taageeraan maamulka loo dhisayo iyo dadka oo aan aad isugu raacsanayn inay beero samaystaan si dalag wax soo saar u helaan, inay kaluumaysi sameeyaan si ay dhaqaalo uga helaan. Dadka waxaa keliya oo aamminsan yihiin xoolaha iyagana waxaa la oran karaa ku ma filna dadka. Dadku waxa ay col la yihiin labada xilli oo Ilaahay sameeyay oo kala ah; xilli roobaadka iyo xilli abaareedka oo micnaheedu yahay markii ay jiilaal tahayna biyaha ayey isku dilayaan, markii ay roob tahayna cawska ayey isku dilayaan. Sida aad ogsoontahay, wadaagidda khayraadku waa shay macruuf ka ah mujtamaca Soomaaliyeed. Arrinku si kastaba ha ahaadee, in kasta oo qeybsashada khayraadku yahay shey xaqiiqi ah, misane waxaa Bartamaha Soomaaliya caadi ka ah in uu dhaco khilaaf ku saleysan qaybsiga khayraadka, waaba haddii uu jiree. Waxaa la oran karaa waxa jiraa waa wax yar oo aan micno lahayn, waayo kheyraadka ballaaran ee ka buuxa dhulka Gobollada Dhexe dadku waqti xaadirkaan la ma soo bixi karaan, sida macdanta iyo shidaalka dekeddiina waa dhismi la'dahay, weliba meelaha laga helo cusbada oo iyana Galmudug hodanka ku tahayna waxay gacanta ugu jirtaa kooxaha xagjirka ah.

Marka waxyaabaha ugu daran waa waxa yar oo ay haystaan, markay haddana yaraadaan, sida khayraadka biyaha iyo daaqsinka. Tan ayaa waxaa ka dhasha isku dhacyo rabshado wata oo dhex mara beelaha iyo jilibyada hoose ee qabaa'illada Gobollada Dhexe. Waxaa kale oo iyana jirta in khilaafaadka Gobollada Dhexe ka dhaca ee ku saleysan qeybsiga khayraadka ay dhacaan markii ay xubno beel ka tirsan si ku meelgaar ah u soo dhaweeyaan beel kale, iyaga oo u oggolaada in ay ka faa'iideystaan biyaha, daaqa iyo deegaanka. Beeshii la soo dhaweyay ayaa sida badan ballanta u jebisa oo meeshii si rasmi ah u degta, iyaga oo goobtii ceelal iyo baraago ka qota. Ceel la qoto guud ahaan waxa uu caddeyn u yahay degenaansho rasmi ah, taas oo ay sida badan ka dhashaan isku dhacyo rabshado wata iyo in beeshii martida aheyd dhulkii laga ceyriyo.

5. Khilaafyada ka dhasha Aanooyinka qabiilka

Khilaafaadka ka dhasha aanooyinka qabiilka waa kuwa ugu badan ee Gobollada Dhexe caanka ku yihiin oo aanu marnaba ka dhammaanin ay qabiiladu qaadaan weerarro aargoosi ah, waxaana lagu tilmaamay in ay yihiin asbaabta ugu badan ee dagaallada keena, taas oo ah nasiib darro bulshada caado u noqotay. Cabashooyin qoto dheer oo ka dhashay dhacdooyin hore awgeed ayaa qaar ka mid ah bulshada, gaar ahaan xubnaha qoyska, sida wiilasha iyo walaalaha dhibbanayaasha ah, waxay sameeyaan falcelin ah in ay dadkii la dilay u soo aargudaan.

Beelaha qaarkood ceeb ayey u arkaan in qof la dilay loo soo aargudi waayo. Tan ayaa waxa ay dhiirrigelineysaa in dadkii qof laga dilay weerar qaadaan, taas oo horseedeysa in dilalka iyo isku dhacyadu joogto noqdaan. Maadaama khilaafka ugu daran ee rabshadaha wata oo ku saabsan dhulka iyo khayraadka uu yahay mid guud ahaan ka dhex dhaca bulshada xooladhaqatada ah ayaa haddana in arrinta xallinta khilaafaadka noqoto mid aad u adag.

Sida aan ogaaday intaan waday howsha Gobollada Dhexe in bulshadu ay dhiirrigeliso xubnaha reerka in ay u soo aargudaan dadkii ayaga ku abtirsanaayey ee dagaalladii dhacey sanado hore lagu dilay, lagu kufsaday ama lagu naafeyay: "...Dhibbanayaasha ayaa waxaa lagu dhiirrigeliyaa in ay u soo aargudaan aabbahood ama hooyadood ama walaalkood, kuwaas oo laga yaabo in la dilay 20 ama 30 sano ka hor, taas oo sababta in khilaafkii uu dib u soo noolaado."

Mararka qaar, bulshooyinka waxa ay sameeyaan wax loo yaqaanno dilka "la qiimeeyay", kaas oo uu micnahiisu yahay in ruuxii la dilay loogu aargudo qof aanan waxba galabsan oo "la qiimo ah" kii horay iyaga looga dilay. Tusaale ahaan, qof bulshada caan ka ah. Ogaanshahayga iyo garashadayda shaqsiyadeed waxa ay muujinayaan in weerarrada aargudashada ah ay deegaanka dhib weyn ku hayaan oo ay u baahanyihiin in laga foojignaado, maadaama mar kasta oo ay aargudasho dhacdo ay khilaafaadkii dib u soo laba-kacleeyaan.

Dilalka noocaan ah waxay bulshada ku leeyihiin saameyn dhimashada ka sii xeel dheer, maadaama dadka ku soo dhaca dabinkaas meertada ah aysan sameyn karin wax dhaqdhaqaaq ah ama aysan si xor ah u socon karin, sababtoo ah ma ogaan karaan goorta ay la kulmi doonaan weerar aargoosi ah. Dadku mararka ay jiraan aargoosiga ma awoodaan inay si xor ah magaalada ugu dhex socdaan, maxaa yeelay waxaa lagu bar-tilmaameedsanayaa dembi ay geysteen xubno ka mid ah beesha ay ka dhasheen. Sidaa darteed, waa in ay ka foojignaadaan jifo walba oo jifada kale ka qabta aano qabiil. Dilalka noocaan ah intaan joognay Gobollada Dhexe meelaha ugu badan oo ay ka dhaceen waxay ahayd magaalada Caabudwaaq iyaga oo markii hore siyaasado kale ku dhex jiraan ayey markii dambe isku beddeshay aanooyin qabiil, taas oo dhammaan wayday in muddo ah.

6. Khilaafaadyada ka dhasha Siyaasadda

Sideedaba asalka khilaafkaadka siyaasadda ee ka dhaca Gobollada Dhexe ma jirin waagii hore, waayo ma jirin wax siyaasad isku haystay, labadii jabhadood ee SSDF iyo USC-na waxay heshiiyeen 1993-kii. Laakiin waxyaabaha ka dhaca oo u badnaa waxa ay ahaayeen dagaallada baaddiyaha iyo dhaqaalaha ku saabsan, laakiin waxaa jiray, markii ay sanadkii 2006-da soo galeen Maxkamadaha Islaamiga ah dhulka oo ay qabsadeen ilaa Bandiiradley in maamulka Puntland gudaha u soo galay dhinacaan asaga oo Xabashi wata kana dagaallamay ilaa aaggaas, kaashanayana jeneraal Cabdi Qaybdiid oo ka mid ahaa dagaal-oogayaasha Soomaaliya oo markaa laga soo jebiyay Magaalada Muqdisho.

Markaa ka dib ayaa markay Maxkamadihii jabeen xabashadiina u soo dhaaftay dhankaa iyo Muqdisho, waxaay isku beddeleen ciidamadii maxkamadaha inay noqdaan Alshabaab oo Gobolka Galgaduud oo dhan qabsadaan iyaga oo saldhig ka dhigtay Dhuusamareeb iyo Guraceel oo hoggaamiyahoodii ugu sarreeyay, Aadan Cayroow, uu deggenaa meeshaa ilaa lagu dilo bishii April 2008-dii. Halkaa ayaa waxaa ka bilaabmay dagaallada siyaasadeed ee Gobollada Dhexe iyaga oo ay bilowdeen dhisiddii Ahlusunna Waljameeca (ASWJ), Galmudugtii Hore, Ximin iyo Xeeb iyo dhammaan maamullada kale oo ka dhismay Gobollada Dhexe. Waxaa kale oo iyana jiray oo bilowday khilaafaad rabshado wata oo ka dhacay Gaalkacyo iyo kuwii ka dhacay Dhuusamareeb iyo kuwo marar badan soo noqnoqday oo sidaan horay u sheegnay la xiriira aanooyinka iyo deegaanka. Hadda waxaa cad oo jirta in aysan marnaba fadhin siyaasadda Gobollada Dhexe, taas oo ah mid lagu kala raadinayo awood iyo dhaqaale ay mar walba siyaasiintu raadinayaan. Taas ayaa sabab u ah cadaawadda iyo kala qaybsanaanta badan ee dhex taalla bulshada Gobollada Dhexe.

Tani waxay sababtay in beel ama bulsho kasta ay tan kale eedda korka uga tuurto iyada oo tuhunsan in awooddii iyo khayraadkii intuba beelaha kale urursadeen. Dad badan ayaa ra'yigooda waxa uu ahaa in siyaasadda maamulka Gobollada Dhexe dib loogu noqdo muhiimna tahay in mar kale awood-qaybsiga laga heshiiyo iyada oo loo marayo dhinacyada maangalka ah, sida deegaanka oo la tira-koobo ama dadka oo la tira-koobo, waayo deegaankaas haddaan si sax ah looga heshiin awood-qaysigiisa waxaad mooddaa in dhismaha maamulka mar walba wax ka dhinnaanayaan.

Waxaa kale oo iyana jiray in dagaallada siyaasadeed oo aalaaba ka jiray deegaannada ay ahaayeen kuwo ay qayb ka tahay oo ay soo hurinaysay Ethiopia, iyada oo soo isticmaalaysay Puntland, ASWJ iyo dad wakiillo u ah oo ay ku dhex lahayd qabiillada oo iyada u shaqeeya una basaasi jiray dadka Soomaalida, weliba kuwooda ka soo jeeda deegaanka Soomaalida, iyaga oo ku tilmaami jiray inay yihiin jabhadda Ogaadeeniya ama ONLF isla markaana intay qabtaan u dhiibi jiray ciidammada Ethiopia, taana waxaa daliil u ah inta qof oo laga dhiibay magaalada Gaalkacyo oo u dhashay beesha Ogaadeen kana soo jeeda deegaannada ismaamulka Soomaalida oo Ethiopia ka tirsan.

Waxaan aamminsanahay in dadka Gobollada Dhexe u baahanyihiin dibuheshiisiin dhab ah, taas oo mudan in laga soo bilaabo geedka hoostiisa, lagana heshiiyo dhammaan qaybaha kala duwan ee dadku isku hayo sida dhulka, khayraadka, siyaasadda iwm. Haddii aan taa la heli waxaan is-leeyahay maamul walba oo la sameeyo wax wayn ka ma beddeli karo. Midda kale, waxaa loo baahanyahay wacyigelin sax ah oo ay helaan dadka reer Gobollada Dhexe si ay isu aamminaan oo u shaqayso caqliyadda dhabta ah ee jirta markaa.

7. Khilaafka Beelaha Wada dega Gaalkacyo

Burburkii dalka ka dib labada beelood ee wada dega Gaalkacyo waxa ay isku hayaan ma ahan wax sahlan ama si fudud lagu dhammeyn karo, waxayna isugu jirtaa dhowr arrimood oo kala duwan kalana ah mid siyaasadeed, mid dhaqaale iyo mid dhul intaba soona jiray muddo qarni ka badan.

Dhul ahaanta, dadka labada degaan waxay wadaagaan xuduud dheer, taas oo sababtay inay nabaddu si fudud ku imaan waydo. Mar walba colaadda deegaanka ayaa soo noqnoqota, taas oo ku saabsan daaqa iyo biyaha. Midda ku saabsan maamul deegaan-dhaqaale waxay soo jirtay muddo qarni ka badan, taas oo ay soohdimo u sameeyeen gumaystihii waqtigaa ka talinayay dalka.

Is qab-qabsiga ku saleysan dhulka ayaa waxa uu ka jiray gobolka Mudug ka hor xornimadii Soomaaliya iyo ka dib intaba. Gumeystihii Talyaaniga ayaa asteeyay soohdin beeleed loo yaqaanay "Diillinta Tomaselli" oo uu u sameeyay Talyaanigu in uu ku xalliyo is qabqabsiga ku saleysan dhulka. Dhammaan dowladihii Soomaaliya oo ay ku jirto dowladdii militariga ahayd waxa ay ku guul darreysteen xallinta colaadaha dhulka ka dhasha ee gobolka ka dhaca –

in kasta oo Gaalkacyo ay hal maamuli lahayd. Ka dib burburkii dowladdii millitariga iyo bilowgii Dagaalladii Sokeeye, colaadaha beelaha ee ka dhasha dhulka waxa uu aad ugu xoogeystay Gaalkacyo iyo nawaaxigeeda waxana dagaalladan ay galaafteen nolosha dad badan.

Sababta dagaalkaan keentay ayaa waxaa sabab u ah cuqdad soo jireen ah oo ka dhexeysa dadka, sida aan la soconno waqtigii gumaystaha Hobyo waxaa joogay boqor Cali Yuusuf. Ilaa waagaa colaaddu way socotay, ka dib markii Talyaanigu yimid oo loo sameeyay soohdinta ayey colaaddii yara istaagtay. Waqtigaa dhibka jiray waxaa daliil u ahaa hadalkii baxay ee ninkii gumaystaha Talyaaniga haystay bixiyay oo ahaa (Khalaf e Jalaf sono due pastardo) oo micnaheeda uu ahaa (Khalaf iyo Jafaf waa laba wecel) taas oo caddaynaysa sida ay u dhibeen oo isku layn jireen.

Markii dowladaha shibilkana sidaas oo kale ayey isku layn jireen, balse markii millatariga dalka qabsaday intii hore way roonayd balse markii laga soo noqday dagaalkii 1977-dii ayaa beesha waqooyi waxaay samaysteen Jabhad millatary ah oo Kacaanka la dagaasha, taas oo sababtay in la laayo oo millatariga dadka shacabkaa laayaan, iyada oo beesha koonfureedna ay xoojinayso dowladda Kacaanka, halkaas ayey haddana ku sii kala fogaadeen labada beelood. Isla waqtiyadii ayaa waxaa dhacday in haddana beesha waqooyi la heshiiso dowladdii Kacaanka beesha koonfureedna mucaarad noqoto, iyana sidii oo kale ayey intay ciidamadii u soo raaceen ayey laayeen, taasna waxay keentay in markii jabhaddii USC Xamar qabsatay ay ku duusho magaalada Gaalkacyo iyada oo ka aargoosanaysa kuna laysay dad ka badan boqol qof oo u badnaa odayaal.

Intaa ka dib ayaa waxaa bilowday dagaal kale oo rogaal elis ah oo jabhaddii SSDF oo kaashanaysa beelaha Marreexaan iyo Leelkase oo Daarood ay isla yihiin dib ugu soo rogaalcelisay magaaladii oo qabsatay. Markaa ayaa waxaa isku yimid oo wada hadal bilaabay odayaashii madaxda ahaa ee Caydiid iyo Cabdullaahi Yuusuf, iyaga oo ku heshiiskii 1993-dii ku heshiiyay in labada beelood magaalada ku wada noolaadaan oo wada maamulaan, taas oo dadka Gaalkacyo nabad u horseedday, ilaa iyo haddana nabadda Gaalkacyo waxaa gacanta ku haya odayaasha dhaqanka.

Waxaa hubaal ah in heshiiskii 1993-kii ay magaalada Gaalkacyo wax ku noqotey isla markaana uga soo baxdey burburkii dagaalka, ayna ahayd magaalada keliya ee dadkeedu ku heshiiyeen in ay nabad ku wada degaan oo cidna aan lagu xadgudbin. Dadka ay sida tooska ah u taabanayso labada dhinacba waxay kuu sheegayaan in nabad iyo walaalnimo ay Gaalkacyo dan u tahay, mar kastana lagu dayo wax kasta oo ay si nabdoon ugu beddelan karto.

Magaalada Gaalkacyo iyo guud ahaan Gobolka Mudug, mar walba waa meelaha ugu colaadda badan dalka Soomaaliya. Dadka Gaalkacyo iyo nawaaxigeeda ku nool waxay aad dhegta kor ugu hayaan soo noqnoqshada dagaallada sokeeye ee aan dhammaadka lahayn. Dagaalku waxa uu dhici karaa goor walba iyo goob walba, waxaa uu dagaal-ka u dhici karaa sabab iyo sabab la'aan. Arrintan waxaa u caalwaayey dad badan oo deegaanka magac iyo muuqaal ku leh. Nasiib darro, waxaa jirayin marka Gaalkacyo ay dhibaatada ka bilaabato ay ku dhammaato, dagaallo sokeeye iyo dilal badan oo halkaas ka dhacay ka dib ayay beeluhu waxa ay horay isku la garteen in si loo wada noolaado oo ay qasab tahay is aqbalaad la sameeyo; in xoogga meel la iska dhigo iyo in nabadda laga shaqeeyo, iyagga oo wada saxiixay heshiiskii caanka ahaa ee Gaalkacyo, kaas oo ay qalinka ku duugeen Allah ha u wada naxariistee kol. Cabdullaahi Yuusuf Axmed iyo jen. Maxamed Faarax Caydiid.

Heshiiskii Gaalkacyo: Heshiiskan waxaa la saxiixay Juun 4, 1993-dii, waxaana uu ka dhashay shirar dhinacyadu isugu yimaadeen Janawari 15 iyo Maarso 27, 1993, Magaalada Addis Ababa. Shirarkaa Ethiopia Soomaalida la isugu keenay ayaa waxaa lagu garawsaday in aanay Soomaali waxba ka la qaadi karin, muhiimna tahay in la wada hadlo, qolo walbana deegaankeeda maaraysato oo si qaas ah u heshiiso. Ka dib markii dagaalkii qabiilaysnaa ee 1991-kii iyo 1992-kii dadka meel gayn waayay laguna kala adkaan waayay ayaa qodabbadii lagu heshiiyay shirkii Muqdisho ka dhacayay oo ay kala hoggaaminayeen labada Janan ee jabhadihii SNDU, SSDF iyo USC waxay ahaayeen kuwaan hoos ku qoran.

1. In la mamnuuco xoogga iyo dagaalka.
2. In si nabad-galyo iyo wada hadal wax lagu xalliyo.
3. In qof kasta oo Soomaali ah uu degi karo kuna noolaan karo dhulkaas balse dhaqan ahaan beelaha ay mid weliba deegaankeeda leedahay.
4. In ciidammada hubka sita ay magaalada ka fogaadaan 70 KM oo la kala geeyo Wargalo, Buuryaqab, iyo Galdogob.
5. In magaalada Gaalkacyo noqoto mid ka caaggan hubka.
6. Waxaa la saaray guddiyo ka kala tirsanaa aqoonyahannada, culimmada, saraakiisha ciidammada, duqeyda, haweenka iyo dhallinyarada.

Heshiiskaas waxaa la sheegay xilligaas in uu u horseedi doono dadka deegaanka nabad, dib u heshiisiin, dib u dhis, caddaalad, dimoqoraadiyad, midnimo iyo hor-u-mar, taas oo noqotay mid rumowday runtii oo lagu negaaday dadka walaalaha ahna ay ku wada noolaayeen muddo 20 sano ah, iyadaoo aan wax dhib ah soo noqon. Dhibku wuxuu soo noqday markii nidaamka Federaalka ah dib loo bilaabay, waliba markii la saxiixay heshiiskii Galmudug lagu dhisaayay 30/07/2014. Sida laga bartay dagaalladii sokeeye, dagaal dhul lagu ma kala qaado e waxa keliya oo laga helaa waa in dhiig badan la daadiyo, dantuna waxay ku jirtaa in Gaalkacyo nabad lagu wada deggenaado meelna la iska dhigo damaca gurracan.

Maadaama Gobollada Dhexe caqabadihii hor yaallay ay aad uga mid ahayd magaalada Gaalkacyo iyo dhibka siyaasadeed ee Gobollada Dhexe kana dhaxeeya beelaha Waqooyiga iyo Koonfurta Mudug la xalliyo waxay noqotay waxa mar walba caqabadda ku ah dhismaha maamul loo dhanyahay oo uu yeesho Gobollada Dhexe.

8. Siyaasadda Ethiopia Ee Gobollada Dhexe

Ethiopia waa dowlad deris la ah Gobollada Dhexe lana leh xudduud dheer oo dhacda dhinaca Galbeedka. Ethiopia dhulka Gobollada Dhexe waxay qabsatay muddo hore, markii ay Soomaalidu ku soo jabtay dagaalkii 1977-dii ka mana aysan harin ee way soo raacday ilaa ay gacanta ku dhigtay degmooyinka Balanballe iyo Goldogob, kuwaas oo ay si sahlan ku qabsatay iyada oo ay u sahleen dad Soomaaliyeed oo ay ku soo gabbatay.

Dhanka kale waxay gudaha u soo gashay xudduudda oo ay si fiican isugu fidisay iyada oo dadka kala qaybisay laga soo bilaabo sanadkii 1981-dii ilaa burburkii. Waxaa markii hore la socday jabhaddii SSDF, haddana waxaa raacay oo ka mid noqday jabhaddii SSDF beesha Saleebaan Habargidir, haddana waxaa samaysmay oo xoog u sii raacay jabhaddii USC. Dhammaan intaas oo dhan waxay Itoobiyaanka ku laynayeen oo la dagaalayeen ciidammadii dowladda Soomaaliya iyo beesha Marreexaan oo iyadu dhulkaas deegaan ahaan u lahayd lagana soo bara kiciyay ila laga wada qaatay.

Taas waxay sababtay in dhulkaas, laga soo bilaabo 1981-kii ilaa 1991-kii, ay dadka Soomaaliyeed aad isugu layso kana faa'iidaysato oo xasuuqdo, iyada oo xudduudihii Soomaalida dhulkeeda ku dhex jirta, halkaas oo qabiilladu aad isugu layn jirtay, weliba Itoobiyaanku markii dambe kuwii nooc walba oo ay yihiin ay la jiray isku laysay, sida Majeerteen iyo Sacad, Saleebaan iyo Wagardhac, Cayr iyo Reer Diini, Habar-aji iyo Cali Madaxweyne, iwm. Heshiiskii dhex maray labada dowladood sanadkii 1988-kii waxa uu sababay in labadii degmo ee Balanballe iyo Goldogob ay ka baxaan xoogaana ay dib xudduudda uga noqdaan, walow aysan xudduudda ka fogaan dibna ugu soo noqdeen markii ay dowladdii Soomaaliyeed burburtay.

Halkaas Itoobiyaanku waxay ka bilaabeen in Gobollada Dhexe ka dhigtaan meel ay iska ilaaliyaan oo cadowgeeda kala dagaallamaan oo jabhadihii iyaga la dagaalayay isaga difaacaan, sida ONLF iyo Al-itixaadka, halkaana tuulo walba iyo degmo walba ay dabaqoodhi iyaga u shaqeeya oo u soo jaajuusa dadka Soomaalida ka qortaan ayna dadka ka dhigaan mid ay dilaan, mid ay dhacaan iyo mid ay kaxaystaan. Ilaa iyo haddana arrinkaasi waa sidii oo wuu socdaa.

9. Beelaha Waqooyiga iyo Dhexda ee Gobollada Dhexe

Sida aan horay meelo badan ugu caddeeyay, beesha Woqooyiga degta iyo midda Gobollada Dhexe degta waxaa ka dhaxeeya colaad aad u dheer oo muddo soo jiitimaysay inta badanna ku salaysan dhul iyo daaqsin, taas oo ilaa iyo hadda aanay jirin wax si dhab ah uga wada hadlay. Haddaan laga wada hadlinna colaaddu weligeed ma dhammaanaynso, waayo beesha woqooyigu waxay tirsanaysaa in deegannadii ay lahaydee degi jirtay laga qaaday oo hadda aanay laamiga u dhawayn oo aad looga fogeeyay, waayo waxay degi jireen dhammaan deegaannada laamiga, sida Dhuusamareeb, Galinsoor ilaa Gaalkacyo oo ilaa hadda guryahoodii ku yaallaan balse aysan weli soo noqon.

Waxaa dhacday markii Itoobiyaanka soo galeen Gobollada Dhexe oo ay jabhaduhu raaceen in colaaddii sii ballaaratay oo daaqsinkii dhaaftay, Beesha Waqooyi waxay taageertay dowlada, beelaha kalena waxay taageereen jabahadihii, taas oo keentay inay weeraraan oo Itoobiyaanka la socda aadna u laayaan dhibaato badan oo aan la soo koobi karinna u gaystaan.

Markii dowladdii dhexe meesha ka baxday, waxa ay soo weerareen magaalooyinka Dhuusamareeb iyo Galinsoor, iyaga oo ka qabsaday dad badanna laga laayay, ka dibna waxaa dhacday in ay ka hari waayeen ilaa ay marar badan soo weerareen Caabudwaaq iyo Balanballe balse ay qabsan waayeen oo ayagii ku jabeen. Markaana waxay ahaayeen jabhad ahaan oo qabiilo badan oo Soomaaliyeed oo aan deegaanka u dhalan baa la socday, iyada oo dhinaca kalena ay socoto islayntii reer baaddiyaha ee beelaha dhexdooda ahayd. Nasiib wanaag, waxaa lagu guulaystay in odayaal is abaabulay oo laba dhinac ah ay sanadkii 1997-kii dhex dhigeen heshiis beesha Cayr iyo Marrexaanka Balanbale, kaas oo lagu saxiixay tuullada Raamaale oo u dhaxaysa degmada Balanballe iyo Guriceel. Heshiiskaas waxa uu sababay in la isku soo dhawaado oo la is dhex galo ilaa muddo dhowna lagu soo gaaray. In kastoo colaaddaas aanay iska taagin dhinaca Wagardhacda iyo Saleebaanka iyo Sacadka, haddana waxaa dhacday in beelaha Habargidir ruuxooda isku calool fiyoobeyn oo is laynayeen, taas oo iyada ruuxeedu qayb ka qaadatay yaraynta colaadda maadaama isgaashaanbuuraysigii dhammaaday oo jabhaddii USC boqol u kala jajabtay.

Intaa ka dib, waxaa bilowday in siyaasaddii is bebeddalaysay awgeed cid waliba keligeed is maamusho. Gobollada Dhexe waxaa ka bilowday maamulo ay qolo walba keeda samaysatay, waxaana ugu horreeyay maamul loo bixiyay Galmudug oo u taagan Galgaduud iyo Mudug ayna samaysteen beesha Sacad Habargidir.

CUTUBKA 4

GALMUDUGTII HORE

Galmudugtii Hore waxaa aasaastay siyaasiin u dhalatay beesha Sacad Habargir oo uu hoggaaminayay, Allah ha u naxariistee, danjire Maxamed Cali Kiimiko iyo xubno ka mid ah qurbajoogta beesha Sacad, waxaana la aasaasay 14-kii Ogoosto, 2006. Magac ahaan, waxay u taagnayd labada gobol ee Galguduud iyo Mudug, laakiin awood ahaan ma jirin saxna ma ahayn. Maadaama Dastuurku dhigayo labo gobol iyo wixii ka badan ayaa maamul-goboleed noqon kara ayey qaateen magaca labadaas gobol oo ka mid ahaa siddeed iyo tobonkii gobol ee Soomaaliya. Ka dib markii Puntland iyo Somaliland dhismeen, Muqdishana wax ka soo naasa caddaan waayeen oo ay burburtay sannado badanna dayac ka jiray, ayna dhacday in shirkii Imbaghati Cabdullaahi Yuusuf madaxweyne ka noqday oo ahaa ninkii deegaanka iyo dalkaba isku hayeen, Muqdishana la wareegeen Maxkamdihii Islaamiga ahaa, ayaa aqoonyahanka iyo indheergaradka beesha Sacad waxa ay garowsadeen inay dhistaan maamulkaan. Tani waxa ay u suurtagrlisay beesha Sacad (oo ah beel ka mid ah beelweynta Habargidir) inay dhistaan dowlad-goboleed u gaar ah, iyadoo ay la dagaallamayaan qabiilooyinka kale ee ku saleysan xadka dhulka Soomaaliya.

Waxaa is diiday danihii beelaha dhexdooda oo carqalad ay ka dhaqaaqi waydo ku noqotay waagaa fidintii Galmudugtii hore, haddana xafiiltankii ka dhexeeyey Sacad iyo Saleebaan (oo ku sii ballaadhan Xarardheere, Hobyo iyo degaannada kale ee xeebta) ayaa weli taagan. Magac ahaan, Galmudug weligeed waxa ay ahayd nidaam beesha Sacad wadato laakiin waxay sheeganayaan dhul ku saleysan khadadka Mudug ee khariidadda gobolladii hore.

Calanka Galmudug-tii hore sida ku cad ayna sheeganayeen, waa maamul ka mid ah maamullada dalka ka jiray waagaas, waxaana sii xoojiyay markii Madaxweyne Cabdiraxmaan Faroole oo la dagaalaya dowladda dhexe uu madaxweynaha ku-meelgaarka ahaa, Madaxweyne Shiikh Shariif Axmed, uu ku daray iyaga iyo Ahlusunna Waljameeca saxiixayaashii Qariirada dowlad dhiska Soomaaliya. Balse sideeda kale waxa uu ahaa maamul aan baahsanayn oo ka jiray bartamaha Soomaaliya. Waxay qayb ka ahayd nidaamka federaaliga ah oo ka dhex jira jamhuuriyadda weyn ee federaalka ah ee Soomaaliya, sida lagu qeexay Axdigii Ku-meelgaarka ahaa ee TFG (2004).

Waxaa madaxweynayaal ka soo noqday Galmudugtii hore saddex madaxweyne oo kala ahaa: Maxamed Cali Kiimiko, Maxamed Axmed Caalin iyo Cabdi Xasan Cawaale Qaybdiid. Dhanka kale, waxa ay ka gaareen dadkii dhistay maamulkaan wax badan oo aad u fiican, weliba dhanka arrimaha bulshada ayay ka qabsadeen dadka deegaanka. Reer Galmudug waxay heleen inay is maamulaan, dhistaan ama samaystaan amni, ciidammo boolis iyo daraawiishba ka kooban, iskuullo, istibaallo, degmooyin, weliba jidka dheer ee isku xira Hobyo iyo Gaalkacyo, iyo weliba inay qayb ka noqdeen siyaasiyan saxiixayaashii 6-da ahaa ee Tubta dowlad dhisidda Soomaaliya (Rooad Map) ka shaqeeyay sanadkii 2011-2012 iyo weliba inay qayb ka noqdeen saxiixayaashii dhisay dowladda dhexe.

Sideedaba, Galmudug ayaa soo shaac baxday intii lagu jiray shirarkii Garoowe 1 (Diisambar 2011) iyo Garowe II (Febraayo 2012) kuna heshay magac balse iyada oo aan waayadaa hore ku guulaysan dhisidda dowlad loo dhanyahay.

10. Ahlusunna Waljameeca

ASWJ waa urur wata magac diimeed, balse kan aan doonayno in aan halkaan uga hadalno waa mid is huwan siyaasad ahaan iyo diin ahaan labadaba, waayo markii hore waxa ay u dagaallameen magac diineed balse waxaa isku beddelay magac siyaasad iyo beeleed.

Sida aan ka soo xigtay rag ay qaraabo yihiin hoggaamiyihii hore ee Alshabaab, Aadan Cayrow, intii uu noolaa ma uusan oggoleyn in la la dagaalo ururka Ahlusunna Waljameeca ee gobollada dhexe. Waxa ay ii sheegeen in Aadan Cayrow markii uu joogay Gobollada Dhexe uu difaaci jiray ASWJ-da ku nool Dhuusamareeb iyo nawaaxigeeda uuna diidi jiray in la la dagaalo, balse markii uu dhintay in nin lagu magacaabi jiray Timajilic oo ahaa dhalasho ahaan Beesha Murursade uu qabsaday Gobollada Dhexe asaga uu ku qaaday dagaalka niman culummo ah oo ku noolaa Magaalada Guriceel. Taa waxa ay kuu caddaynaysaa in Soomaalidu qabiil iska tahay oo urur walba uu ku jiro, diin walba oo uu watana qabiilku kala waynyahay, waayo ninkaa isaga oo dadka u sheegaya in uu afkaarta Alshabaab u yahay hoggaan ayuu haddana qabiil ugu hoos duugnaa, wallow uu markii dambe isaga ruuxiisa dagaalkii ku dhintay oo uusan waxba ka faa'iidin.

Markii nimankii culumada ahaa laga cayriyay Guraceel oo la la dagaalay waxa ay tageen tuulo lagu magacaabo Balli-howd, halkaas oo ay isku soo urursadeen dhammaan wixii Qaadiriyada ahaa oo ku noolaa aagagga Dhusamareeb, Guriceel, Balanballe, Xeraale iyo Caabudwaaq, iyaga oo dagaal rogaalcelin ah oo lamafilaan ah ku soo qaaday Shabaab kana qabsaday Guriceel iyo Dhuusamareeb si darnna u laayay. Taas waxa ay sababtay inay helaan caawimaad caalami ah iyo mid gudeedaba, taas oo keentay in qabiilada Dir iyo Marreexaan oo deris la ahaa islana ahaayeen Suufiya Qaadariya ay dagaalka wada galeen. Dhanka kale, waddammada daneeya arrimaha Soomaaliya, sida Ethiopia, Italy, USA iyo Dowladdii ku-meelgaarka ahayd ee cusbayd oo markaa uu Sheekh Shariif hoggaaminayay uu ku caawinay tababar ciidan, hub iyo dhaqaale intaba. Waxaa kale oo abuurmay kooxo kale oo la feker ah oo ka abuurmay gobollada Gedo iyo Banaadir oo iyagana sheeganaya magaca ASWJ, walow aysan noqon sidooda oo kale.

Markii ay heleen awooddaa waxa ay bilaabeen inay dano siyaasadeed yeeshaan oo caqabad ku noqdaan dowladdii tabarta yarayd ee markaa jirtay uuna hoggaaminayay Sheekh Shariif Sheekh Axmed, isaga oo ku sameeyay ASWJ beeshiisa ah oo Muqdisho joogta si uu u la isticmaalo magaca, Itoobiyaankana ku sameeyeen ASWJ Gedo joogta, si ay u la isticmaalaan magaca, laakiin labadaasba wax wayn ma noqon.

ASWJ waxay dowladdii Sheekh Shariif heshiiskii kowaad ku la gashay Addis Ababa isla markaana dowladda Ethiopia ay ka dhigatay usha ay ku la dagaasho ONLF, Alshabaab iyo Dowladda Soomaaliya. Waxaa la siiyay 5 wasiir, wasiir ku xigeenno, wasiiru-dowlayaal, taliyaal ciidan, qaramayn ciidan, lacag iyo xilal kale oo kala duwan. Laakiin intaas ku ma ay qancin u la mana shaqayn dowladda sidii la rabay. Waxay bilaabeen dhowr arrimood oo aad Qatar u ahaa, kuwaa oo keenay inay markii dambe meesha ka baxaan. Waxay noqotay barnaamij dad qaas ah leeyihiin, dadkii ku dhintay iyo kuwii ku wax yeelloobay ilaa Wabxo iyo Baladwayne waxa ay noqdeen loo ma ooyaan, barnaamijkiina waxaa yeeshay qoys gooni ah oo iyagu ku shaqaysta.

dambe2011-kii loo doortay in uu Raysalwasaare noqdo mudane Farmaajo ayaa Macallin Maxamuud oo markaa ahaa Hoggaamiyaha ASWJ waxaa laga codsaday, maadaama heshiis hore jiray, in uu wasiirro keensado. Halkii uu ka keeni lahaa wasiirro ASWJ ah ayuu waxa uu wasiirro ka soo dhigay, Allah ha u naxasriistee, Walaalkiis, Seeddigiis iyo Saaxiibkiis, taas oo shaki badan ku abaaurtay dadkii la waday howsha, beesha caalamka, iyo asaga oo wax badan ka dhammaan waayeen lagana waayay taageeradii dhabta ahayd oo dowladda ku-meelgaarka ahayd laga filaayay. Markii uu geeriyooday walaalkiis, waxa uu ku beddelay wiilkiisa, waxa uuna si toos ah uga hor yimid heshiisyadii ay wada galeen dowladdii ku-meelgaarka ahayd, taasna waxay sababtay in labadii urur ee kale oo kala joogay Banaadir iyo Gedo ay dhahaan 'annagana waanu ka madax bannaannahay ASWJ Galgaduud' oo qolo walba goonideed wax u raadsato.

Itoobiyaanka ayaa isku dayay inay shir kale isugu keenaan Addis Ababa oo ay ku heshiisiinayaan, balse waxaa diiday Macallin Maxamuud in uu howhshaa aqbalo, taana waxa ay sababtay in Itoobiyaankii ka aammin baxaan Macallin Maxamuud. Guddoomiyaha guud ee ASWJ waxay u doorteen Shiikh Ibraahin Xasan Guureeye, halka fulinta ay u doorteen Xeefow, Guddoomiyaha Taladana u doorteen Shiikh Cumar Cabdulqaadir, iyaga oo ku saleeyay awoodda saddexdii qabiil ee ururka soo bilowday. Balse Macallin Maxamuud arrinkaa ku ma qancin mana ka yeelin. Waxa uu iska aaday Sacuudi Carabiya oo uu deggenaa inta xaaladdu kala degayso doorashada Soomaaliyana is beddelayso, taas oo muddo qaadatay.

Shiikh Ibraahin Guureeye waxa uu sameeyay qalad oo ma adkaysan booskiisa ee waxaa lagu sasabay doorasho aan qabanno, Caabudwaaqna ku qabano, adiga ayaan ku dooranaynaa, isaguna si fudud ayuu ku aqbalay. Itoobiyaanka ayaa been u sheegay oo waxay ku dhaheen "adiga ayaan ku taageeraynaa", laakiin waxa uusan ogeyn in uu ahaa ninkii la dagaalay shiikhii waynaa ee barnaamijkaan waday, Macallin Maxamuud, dadkaanna yihiin ardaydiisa turubka. Miinada iyo siyaasadda waa isku mid mar haddii aad qaladdo waa kuu dhammaatay. Shiikh Ibraahin markii Caabudwaaq la isugu yimid oo doorashada la qabtay, labadii nin oo kale waa soo noqdeen oo waa la doortay, Shiikh Cumar Cabdulqaadir (Guddoomiyaha Talada), Xeefoow (Guddoomiyaha Fulinta) balse isaga waa laga guulaystay oo waxaa la doortay nin ay isku cid yihiin oo Australia laga keenay, si isaga loogu dilo, laguna magacaabo Labagarre. Halkaa waxaa ka dhacday in Shiikh Ibraahin daaqadda ka baxo Macallin Maxamuudna guul kale oo siyaasadeed u soo hoyato.

ASWJ waxaa markii ay doorashadaa qabteen oo hoggaanka cusub doorteen ka hor wareegay caqabad kale oo haysatay. Waxaa u soo noqday xiriirradii caalamka, sida Talyaaniga oo lacag joogto ah ku bixin jiray howlgalladooda iyo tababarrada ciidammadooda, Maraykanka, Ethiopia iyo Dowladdii Ku-meelgaarka ahayd. Waxaa lagu daray oo ay qayb ka noqdeen saxiixayaashii heshiiskii Road Map ee dhammaystirka ku-meelgaarka oo uu waday ergaygii Qarammada Midoobay u qaabbilsanaa Soomaaliya, Mr. Mahiga, taas oo u keentay mid ay guul siyaasadeed oo wayn ku gaaraan. Macallin Maxamuud waxaa howsha u waday oo u joogay wiilkiisa iyo seeddigiis, maadaama aanu isagu weli soo noqon. Dhanka kalena waxa uu ka takhallusay oo ka adkaaday ninkii caqabadda ku ahaa waxaana u joogay Xeefow, Shiikh Cumar iyo Labagarre oo isaga la shaqaynayay. Taas waxay keentay in awooddii wadaadku ay sii jirto ilaa iyo inta dowladda dambe la dooranayo.

Doorashada ASWJ markii ay meesha ka saartay Shiikh Ibraahim oo ahaa guddoomiyahooda waxaa shaki ka yimid sida ay u maamuli lahayd deegaannada beesha Marreexaan, waxaana dhacday in siyaasiin badan oo saddex nooc ah ay soo aadaan meesha, kuwaas oo dhammaantood aan isla socon oo dano kala duwan lahaa balse ka midaysnaa inay ka saaraan meesha awooda ASWJ, saddexdaa kooxood oo kala ahaa:

1. Xildhibaan Cabdi Sacdi oo saaxiib dhow la ahaa Madaxweyne Sheekh Shariif kana tirsanaa Maxkamadihii. Ujeeddadiisu waxay ahayd in uu awood ku yeesho meeshana joogo, balse ay ASWJ-dii ka soo jeeday beesha Marreexaan oo joogay Caabudwaaq ay sharaysteen kana cabsadeen in uu magaalada ka qabsado dagaalna kala horyimaadeen dadna ku dhinteen, walow ay ka adkaan waayeen magaaladana ka saari waayeen.
2. Waxaa yimid oo iyaduna soo galay magaalada iyaga oo aan la oggolayn kooxdeennii maamulka Bartamaha Soomaaliya oo aan anigu hoggaaminayay, wallow aysan dagaal iga la hor imaan, waayo waxaan soo galay magaalada iyaga oo dhaawac ah oo awooddoodii wiiqantay, anna dagaal la ma soo aadin, laakiin siyaasaddii iyo afkaartii aan wadnay oo aan faafinaynay marnaba raali ka ma ay ahayn, balse waan kaga guulaysannay in aan joogno dhulkii.

3. Waxaa kale oo iyaguna yimid koox xildhibaanno ah oo u dhashay beesha uuna hoggaaminayay, Alah ha u naxriistee, Cabdirisaaq Isaaq Biixi oo ay isku fikir ahaayeen Axmed Cabdisalaan. Iyaguna waxay rabeen in meesha ASWJ laga saaro, laakiin, nasiib darro, waxaa lagu qarxiyay Dhuusamareeb. Allah ha u naxariisto intii ka dhimatay.

Markii dowlad cusub dhalatay oo Xasan Sheekh la doortay, walow Xasan Sheekh uu ka soo jeedo ururka Damaljadiid oo afkaar ahaan waafaqsanaa Al-islaax oo aysan is jeclayn Suufiyada, ayaa haddana waxaa Raysalwasaare loo doortay Cabdi Faarax Shirdoon oo asagu ka tirsanaa ururka ASWJ kana mid ahaa dadka aad u taageersanaa siyaasad ahaan muddadii ay dagaalka ku jireen. Xataa waxay dhowr jeer u raadiyeen in uu Raysalwasaare noqdo balse kuma aysan guulaysan, walow raysalwasaaraha markaan loo doortayin in ay ku lug lahaayeen aan la hubin. Waxa uu la bilaabay wada hadal, isaga oo ugu tagay Dhuusamareeb lana galay heshiiskii ay horay u la galeen Shiikh Shariif oo kale, laakiin ay markaan lacagta banaanka soo dhigeen oo sheegeen tiradeeda iyo qarash galay una baahanyihiin magdhow, iyaguna magaalooyinka ku wareejiyaan. Arrinkaas raysalwasaare Saacid waa qaatay waana soo dhaweeyay, iyaguna waxay ku wareejiyaan magaalooyinkii iyo ciidankii, ka dibna dowladdu waxay magacowday Guddoomiye Gobol iyo Degmooyin dhammaan gobolka Galgaduud, marka laga reebo magaalada Cadaado.

Ka dib, waxaa dhacday in Raysalwasaare Saacid meesha ka baxay, lacagtiina ASWJ iyada oo qaar uun la siiyay qaarna aan la siin in uu geeriyooday guddoomiyhii fulinta ASWJ, Xeefoow, in ASWJ awooddoodii daciiftay oo la kala dhex galay, gobolkii in ciidammada dowladdu la wareegeen iyo maamul uu guddoomiye u yahay mudane Xuseen Weheliye Cirfo oo shaqooyin badan oo fiican qabtay. Si walba xaalku ha noqdee, ASWJ waa kala jabtay waxaana is-magacaabay nin la dhaho Cabdi Cali Fiidow. Waxaa bilowday dadaalkii dowladda ee dhismaha Maamulka Galmudug. Garab kale ayaa waxa ay u doorteen Macallin Maxamed Alif Gudoomiyaha Fulinta ASWJ. Waxaa tagay Dhuusamareeb xildhibaano ka socda Dowladda Federaalka ah, sida Mahad Salaad iyo Allah ha u naxariistee Jawaahir. Waa la kala qaybsamay oo garab ASWJ ah ayaa diiday inay dowladda la heshiiyaan. Waxaa bilowday howlahii dib u heshiisiinta la rabay in lagu dhiso maamul Gobollada Dhexe ay leeyihiin. Waxaa la yimid Xamar, si Maamulkii loogu heshiiyo. Macallin Maxamuud waa diiday heshiiska, ka dibna waxaa dhacay in Maamulladii dowladda oo dhan iyo kuwii ASWJ in yar mooyee ay dowladda raacaan heshiiskana qaataan.

ASWJ waxaay bilowday oo markale ka faa'iidaysatay khilaaf ku salaysan qabiil oo u dhaxeeya Cayr iyo Saleebaan kuna saabsanaa halka lagu qabanayo shirka maamul u samaynta Gobollada Dhexe. ASWJ waxay ka faa'iidaysatay oo mar kale taageero ka heshay odayaal qabiili ah oo qaba in aan Cadaado la aadin. Reer Cadaado waxay qabeen colaad ka la dhaxaysay ASWJ, taas oo ahayd in hadda ka hor ASWJ ay weerar dad ku dhinteen ku qaadday degmada Cadaado, ayaguna ay diideen inay aadaan. Waxaa ilaa saddex jeer tagay Dhuusamareeb madaxweyne Xasan Shiikh, si uu ugu qanciyo reer Dhuusamareeb odayaasha iyo ASWJ labadaba in ay aadaan Cadaado oo shirka lagu qabanayo balse waa uu ku guuldaraystay madaxweynuhu in uu dadka qanciyo walow markii dambe qaar aqbaleen.

11. Ximin iyo Xeeb

Ximan iyo Xeeb waa maamul-goboleed ka mid ah maamul-goboleedyada Soomaaliya oo ka jira bartamaha Soomaaliya, gaar ahaan gobollada Galgaduud iyo Mudug. Waa maamul ay leeyihiin Beesha Reer Xaaji Saleebaan oo ka tirsan beelwaynta Habargidir maamulkana u samaysatay deegaannada ay ka degto labadaa gobol. Waa maamul aad u deggan oo nabad ka dhaliyay dhulka uu ka taliyo. Waa maamul hoos laga soo dhisay oo dadkiisu ay dhisteen. Horumar weyn ayuu ku tallaabsaday intii uu dhisnaa, waxaana caasimad u ah magaalada Cadaado oo ka tirsan Gobolka Galgaduud. Waxaa markii hore aasaasay dhallinyaro qurbajoog ah oo dadka deegaanka u yimid lana tashaday, waxaana madaxweyne ka noqday Maxamed Aadan Tiicey, halka uu ku xigeem ka noqday Cabdiraxmaan Shaaticadde. Waxaa madaxweynihii hore markii dambe beddelay Maxamed Cabdulahi Baarleex iyo, Allah ha u naxariistee, Cabdi Maxamed Axmed (Cabdi Kuus). Cadaado waxay soo martay marxalado kala geddisan, iyada oo gaartay heerkeedii ugu sarreeyey. Magaalada Cadaado ayaa ahayd sanadihii ugu dambeeyay magaalooyinka Soomaaliya ugu nabdoon, ka dib markii dadkeedu ka shaqeeyeen. Ka dib muddo uu maamulka shaqaynayay oo soo jiray waxaa ay markii dambe qayb ka noqotay dhismihii Galmudug loo dhanyahay sanadkii 2014-kii. Taas oo lagu guulaystay.

Dadka Cadaado ayaa ku heshiiyay in qof walba afkaartuu rabo ha aamminsanaado e mar haddii uu reer Cadaado yahay uu si nabad ah Cadaado ugu noolaan karo, taas oo keentay in Shabaab, ASWJ, Burcadbadeed iyo qof caadi ahba ay ku wada noolaan karaan, wallow mar ay soo weerartay ASWJ oo dagaal culus ka dhacay. Isku-duubnaantu waxa ay keentay iyada oo Beesha Cadaado oo ku jirta dhexda oo afarta dhinacba beelaha ka jira ay waqtigaa is dagaalsanaayeen in dadkeedu ay ayagu gacanta is qabsadaan.

12. Maamulka Bartamaha Soomaaliya

Maamulka Bartamaha Soomaaliya waxa uu ka mid ahaa maamulladii ka jiray Gobollada Dhexe tan iyo bishii Oktoober 2010-kii, loona aasaasay sidii maamul loo dhanyahay looga dhisi lahaa Gobollada dhexe, balse markii dambe si fiican loogu guulaystay. Maamulkaan waxaa aasaasay qurbajoog u dhalatay beesha Marreexaan oo degta waqooyiga gobolka Galgaduud, iyaga oo u aasaasay maamulkaan saddex hadaf oo kala ahaa:

a. In maamul iyo kala-dambayn loogu sameeyo dadka dega waqooyiga Galgaduud iyo Mudug.
b. In la isu raadiyo oo maamul loo dhanyahay loogu sameeyo dadka dega Gobollada Dhexe.
c. In la isu raadiyo dadka Soomaaliyeed oo maamul Soomaaliweyn u dhantahay la sameeyo Soomaal.

Maamulkii bartamaha Soomaaliya waxaa markii ugu horraysayba madaxwayne ka noqday Maxamed Xaashi Cabdi Carrabey iyo Maxamed Xayir Nuur oo Madaxweyne ku xigeen ka noqday. Rutii waxaa la dhihi karaa saddexdaa hadaf oo loo aasaasay waa lagu guulaystay mar haddii maamulka iyo madaxdiisu ay qayb ka ahaayeen dhismaha Galmudug loo dhanyahay oo ay wax ka dhiseen haddana ay wax ka wadaan sidii Soomaali la isugu keeni lahaa oo looga wada shaqayn lahaa hal maamul oo Soomaali oo dhan ka dhexeeya.

13. Beesha Xeraale iyo Huurshe

Xeraale iyo Huurshe waa labo magaalo oo ka mid ah Galgaduud, waxaana dega beesha Surre ee Dir. Beeshaan oo deegaannadaan deggenayd balse culumo ahaa ayaa sanadihii bilowgii 2003-dii la galay dagaallo aad u culus beesha Marreexaan oo ay culumo u ahaayeen derisna ahaayeen. Wallow markii dambe iyaga dhexdoodu is laayeen oo ay mashaariic diin ku saabsan isku laayeen iskana dileen in ka badan 70 qof, barakicin badan iyo dhaawacna wuu jiray. Marka waxaa muhiim ah in maadaama aan ka hadlayno Galmudug oo dhan inaan ka hadalno dhammaan deegaannada iyo wixii ka dhacay, taas ayaana keentay inaan wax ka xusno mashruucii Huurshe iyo Xeraale isku diray oo ku saabsanaa arrimaha diinta.

Dadka dhulkaan deggan waa dad walaallo ah. Waxay ahaayeen markii hore dad culummo ah oo ku nool deegaanka, waxaana shiikh u ahaa caalimka wayn ee Soomaaliyeed, Shiikh Yuusuf Direed, ee ku abtirsada Ahlusunna Waljameeca, Shaaficiya – Qaadariya. Balse waxaa dhacday markii dagaalladii sokeeya iyo burburka uu dalka ka dhacay laguna kala baxi waayay in dowladdu soo faragaliso arrimaha Galmudug oo dhan oo heshiis ka dhex samayso, taas oo keentay in magtii la kala qabay ay bixiso dowladda Madaxweyne Farmaajo, iyada oo calaa qof bixisay lacag dhan $5,000 (shan kun oo dollar) oo laga magay dhammaan dadkii ku geeriyooday halkaas. Taas waa midda sababtay maanta in ay wada nooleyihiin dadkaas oo nabadda iyo barwaaqada u horseedday, walow aysan isku ahayn sidii ay markii hore isku ahaayeen.

14. Maamulladii Kale ee ka Jiray Deegaanka

Waxaa jiray maamullo kale oo badan oo ka jiray deegaanka, balse badi ay dhulkooda haysteen Alshabaab oo aan la tagi karin, waxaana ka mid ahaa Ceelbuur State iyo Mareeg State iyo kuwa kale oo badan. Dhammaan maamulladaas waxaa waday dhalinyaro rag iyo dumar leh oo qurbojoog ah balse aan deegaanadooda tagi karin ama ka shaqayn karin daruufo markaa haystay awgood. Nasiib wanaag, markii dambe waxay ku guulaysteen inay qayb ka noqdaan dhismihii maamulka Galmudug loo dhanyahay, taas oo iyagana guul wayn u ahayd.

Waxaan marnaba si sax ah u dhicin in dhulkaas sidii la rabay loo xoreeyo ama looga fekero in loo xoreeyo, waayo isku day walba oo la isku dayo waa fashilmayey la mana garan karin waxa keenaya arrinkaas mar walba! Balse aniga iyo dad badan oo aan ka mid ahay waxay ku micneeyaan in cilladdu tahay 'dadkii deegaankaas lahaa oo aan baahi badan u qabin maadaama ay intooda badan Muqdisho joogaan, kuna fekerayaan inay halkaan ku noolaadaan oo iyagu Muqdisho leeyihiin, dhulkaana gebi ahaanba ka maarmaan. Taas ayaa waxay keentay in dadka u dhashay beelaha loo yaqaan 4G ama Murursade, Wacaysle, Duduble iyo Saruur aanay u qalab qaadan xoreynta deegaannadaas, walow xitaa iyaga dhexdoodu ku kala fikir duwanyihiin.

15. Alshabaab

Xarakada Al-Shabaab waa dhaqdhaqaaq ku salaysan Diin oo ay wadaan dad dhalinyaro Soomaaliyeed iyo Ajanabi isugu jira. Waxa ay aamminsanyihiin feker Al-Qaacida iyo Osama Bin Laden ka soo jeeda. Al-Shabaab waa argagixiso, waana koox xagjir ah oo saldhiggooda yahay Soomaaliya.

Waxaa hoggaamin jiray niman badan, laakiin waxaa ugu horreeyay Adan Cayrow iyo Axmed Cabdi Godane. Waxay ka soo if baxeen ururkii Itixaad Al-Islaami oo markii uu kala jajabay kooxdiisii xagjirka aheyd oo aamminsanayd jihaadka ay la baxeen magaca Alshabaab. waxa ay isa soo magacaabeen oo ururkooda ku dhawaaqeen bartamihii sanadkii 2008-dii, balse waxay ciidan ahaan qabsadeen Gobollada Dhexe markii ciidamada Ethiopia qabsadeen Muqdisho, gaar ahaan ayaga oo qabsaday Dhuusamareeb iyo Guriceel, halkaas oo saldhig u ahayd Aadan Cayrow ilaa markii dambe sanadkii 2008-dii lagu dilay magaalada Dhuusamareeb.

Waxaa dagaal kala hor yimid oo iska diiday ASWJ iyo dadkii shacabka ahaa, iyada oo uu halkaa uu ka dhacay dagaal weyn oo dhiig ku daaday muddana socday oo si fiican la isugu riiqmay aakhirkiina halkaa ay ku guulaysatay ASWJ, deegaannadiina laga saaray Alshabaab. Laakiin waxaysan weli ka dhammaan dhinaca bariga Gobollada Dhexe, iyaga oo ilaa maanta jooga haystana afar degmo oo ka mid ah labo iyo tobanka degmo ee Gobollada Dhexe, kuwaas oo kala ah Ceelbuur, Galhareeri, Ceeldheere iyo Xarardheere.

Horraantii Agoosto 2011-kii, Dowladdii Ku-meelgaarka ahayd ee uu madaxweynaha ka ahaa Shariif Sheekh Axmed iyo AMISOM waxay ku guuleysteen inay Muqdisho oo dhan ka qabsadaan xagjirrada al-Shabaab. Asalkooda kooxda oo ah Wahaabiyada awgeed, Al-Shabaab waxay cadow ku tahay dhaqamada Suufiyada, waxayna badanaa isku dhacaan maleeshiyada Suufiyada ee Ahlusunna Waljameeca. Kooxdaa ayaa xiriir la lahaa Al-Qaacidada Magrib iyo Boko Haram Nayjeeriya. Waxay soo jiidatay xubno ka socda waddamada reer Galbeedka oo ay ku jiraan Samantha Lewthwaite iyo Abu Mansoor Al-Amriiki. Kooxdu waa koox aamminsan in adduunka gaalada looga xoreyn karo oo keliya nidaamka Jihaadka. Waxay aad uga shaqeeyaan la dagaallanka Dowladda Federaalka Soomaaliya iyo Howlgalka Midowga Afrika ee Soomaaliya (AMISOM/ATMIS). Al-Shabaab waxaa urur argagixiso looga aqoonsaday dhammaan caalamka oo idil ka dib markii la ogaaday inay yihiin xubin firfircoon oo Al-qaacida ka tirsan.

Sannadkii 2012, Al-Shabaab waxay ballanqaaddayinay daacad u noqonayso ururka Islaamiyiinta xagjirka ah ee Al-Qaacida iyo hoggaamiyahooda, Ayman al-Zawaahiri. Bishii Febraayo 2012-kii, qaar ka mid ah hoggaamiyeyaasha kooxda ayaa Al-Qaacida ku la murmay midowga, isla markaana si dhakhso leh ayey ku lumiyeen awooddii ciidan ee ay ku lahaayeen Shabaabka dhexdiisa. Awoodda ciidan ee Al-Shabaab waxaa lagu qiyaasay markaa 7,000 ilaa 9,000 oo maleeshiyo ah sanadkii 2014.

Bishii Agoosto 2014-kii, Howlgalka Badweynta Hindiya ee ay hoggaamiso dowladda Soomaaliya ayaa la bilaabay, si loo nadiifiyo kooxaha ku harsan miyiga ee ay haystaan xagjirku. 1dii Septeember 2014-kii, duqeyn diyaaradaha aan duuliyaha lahayn ee Mareykanku fuliyeen oo qayb ka ah howlgalka ballaaran ayaa lagu diley hoggaamiyihii al-Shabaab, Axmed Cabdi Godane, oo sidoo kale loo yaqaanay Mukhtar Abu Zubayr. Mas'uuliyiinta Mareykanku waxay ku bogaadiyeen weerarkaas in uu ahaa mid weyn oo astaan iyo hawlgalka ka dhanka ah Al-Shabaab, dowladda Soomaaliyana waxay u fidisay cafis 45 maalmood ah dhammaan xubnaha qunyarsocodka ah ee kooxda xagjirka ah. Laga soo bilaabo 2015-kii, kooxdu waxa ay dib uga gurteen magaalooyinka waaweyn, hase yeeshee Al-Shabaab weli waxa ay joogtaa qaybo ka mid ah dhulka miyiga ah.

Ahlusunna Waljamaaca (ASWJ) ayaa si xoog ah u la dagaashay Al-Shabaab oo ah koox argagixiso ah oo fadhigeedu yahay Soomaaliya, balse ASWJ waa koox Suufiyo dhexdhexaad ah kana soo horjeedda kooxaha Salafiyiinta xagjirka ah, sida Al-Shabaab. Waxay u la dagaallamayaan sidii looga hortegi lahaa in lagu soo rogo caqiidada Wahaabiyada dalka Soomaaliya, lagana takhalluso midda Suufiyada, iyaga oo ilaalinaya dhaqanka Sunni Suufiga ah ee maxalliga ah iyo guud ahaan aragtida diineed ee dhexdhexaadka ah. Intii lagu gudajiray Dagaalkii Sokeeye, ururku waxa uu la shaqeynayay iskaashina la lahaa culummada qunyarsocodka ah. Kooxdu waxay sidoo kale taageero ka heshay dawladda Itoobiya, dadka qaarna waxay u haysteen inay yihiin aalad lagu saadaaliyo awoodda iyo saamaynta siyaasadeed ee Itoobiya ku leedahay Soomaaliya.

16. Burcad-badeedda

Burburka dowlnimada Soomaalida ma sababin in Soomaali is-leeyso oo keliya ee waxaa dhacday in dalkii oo dhan dhinac waliba la bililiqaysto. Balse

20-kii sano ee la soo dhaafay, markii kalluumeysatada Soomaaliyeed maraakiib iyo kalluumaysto shisheeye ah u diideen inay dalkooda ka kalluumaystaan ayaa waxay bilaabeen in kalluumaystada deggan Gobollada Dhexe iyo Bari ay doomahooda saartaan hub si ay isaga celiyaan maraakiibta waawayn oo bada Soomaaliya sida sharci darrada ah uga kalluumaysanaysa; iyada oo kaluumaysatadaas hubeysan ee Soomaalida ah ay bilaabeen in ay xoog ku raacaan maraakiibta ganacsiga iyo kuwa tuugnimada uga kalluumaysanaya badda Soomaaliya.

Burcad-badeedda ayaa badda Bariga Afrika u rogtay biyaha ugu khatarta badan caalamka. Sannadkii 2008-dii oo keliya, badmaaxiinta Soomaaliyeed ee aan sharciga lahayn waxay Gacanka Cadmeed ku qabteen in ka badan 40 markab oo waaweyn, waana marin gaaban oo u dhexeeya Aasiya iyo Yurub oo muhiim u ah dhaqaalaha adduunka. Ma fududayn in la tirtiro burcad-badeedda oo way ka caqli badanaayeen, si fiicanna way u abaabulanaayeen.

Waddamada deriska ah waxay bilaabeen inay si sharci darro ah uga kalluumaystaan badda Soomaaliya. Burcad-badeeddii ugu horraysay waxay ahaayeen kalluumaysato caraysan oo fuulay maraakiibtan shisheeye, waxayna ka dalbadeen "lacag". Laakiin kalluumeysiga sharci darrada ah wuu sii socday. Qaar ka mid ah burcad-badeeddii hore ayaa isku soo ururay oo isku magacaabay "ilaaliyayaasha xeebaha." Waxay ku andacoodeen inay ilaalinayaan midnimada dhuleed ee Soomaaliya ilaa dowlad Soomaaliyeed laga helayo.

Waqtigaas burcad-badeednimadu waxay ku fidday meelo ka fog xeebaha Soomaaliya, waxayna isu beddeshay ganacsi malaayiin doollar ah. Markaa, burcad-badeeddu way ka weynyihiin ujeeddooyinkii ay markii hore ku bilowdeen, ka dib markii koox burcad-badeed ah ay qabteen markab laga leeyahay dalka Ukraine oo hub ka buuxay, waxayna dalbadeen lacag dhan 25 milyan oo doolar si loo sii daayo. Sugulle Cali oo xubin ka ah burcad-badeedda ayaa u sheegay wariye, "Waxaan rabnaa lacagta oo keliya."

Burcad-badeednimadu waa mid aad u fudud oo qof kastaa wuu samayn karaa. Waxa keliya ee aad u baahantahay waa qori, sallaan ama jaranjar aluminium ah (si aad u miisaamiso ama u fuusho maraakiibta kale), iyo doon mooto ah. Markaa waa inaad ku sugtaa oo keliya meelaha maraakiibta ganacsigu soo maraan. U ma baahnid inaad ka walwasho waxyaabo kale iyo baqdin badan ku gasho, waayo maraakiibta ganacsiga loo ma oggala inay hub qaataan, sidaa awgeed qorigaaga ayaa kugu filan, sababtoo ah dawladuhu ma rabaan maraakiib hubaysan oo ku soo xirta dekedahooda. "Markii ay burcad-badeeddu fuuleen markabka, waxay heleen gacanta sare," ayuu yidhi Martin

Murphy, khabiir burcad-badeed oo ka tirsan Xarunta Corbett ee Daraasaadka Siyaasadda Badaha. Difaaca ugu fiican ee burcad-badeedu waa xawaaraha, laakiin inta badan maraakiibta ganacsiga loo ma samaynin in ay si degdeg ah ku socdaan, burcad-badeedduna dhib ka la ma kulmaan inay hoos u dhigaan. Burcad-badeedda ugu casrisan ayaa adeegsada qoryaha darandoorriga u dhaca iyo nidaamka GPS-ka, laakiin burcad-badeed badan ayaa weli ah kalluumaysato tegnoolajiyaddeedu hooseyso. Ka dib marka ay fuulaan markabka, waxa keliya ee ay tahay inay sameeyaan waa inay xadaan ama soo furtaan alaabta iyo maxaabiista. Shixnadda markabka ganacsi ee caadiga ah waxa ay madax furasho ku bixisaa ilaa 1 milyan oo doollar.

Qof kastaa wuu ogyahay burcad-badeednimadu in ay qaldan tahay, laakiin sharci-darro ma tahay? Runtu waxa ay tahay in meelaha ay burcad-badeeddu ka hawlgalaan ay yihiin kuwo aan sharci ahayn. Dhulka Soomaalida, ma jirin waqtigaas dowlad shaqaynaysa oo samaysa ama fulisa xeerar, sababta oo ah ummaduhu ma maamulaan in badan oo ka mid ah badda. Ma jiraan sharciyo ku saabsan badaha sare, sidoo kale. Taariikhda oo dhan, dowladuhu waxa ay si wadajir ah u dejiyeen habab sharciyeed, si burcad-badeedda loo hor keeno caddaaladda, laakiin marna degdeg iyo fudayd ma aha. Burcad-badeedda xitaa kuwa ay soo qabtaan mid ka mid ah ciidamada badda iyo kuwa kaleba waxaa inta badan si fudud lagu sii daayaa xeebta ugu dhow ee Soomaalida, iyaga oo aan wax dharbaaxo ah ka dhicin gacanta.

Kuwaani ma ahayn kuwa keliya ee ka feejigan goobta, si kastaba ha ahaatee. Burcad-badeed kale ayaa markii ugu horraysay dhac u geystay maraakiibta Qaramada Midoobay ee raashinka u rarnaa xeryaha qaxootiga ee Soomaaliya. Burcaddaasi waxa ay ku doodeen in haddii aysan qaadan lahayn raashiinkaas ay qabqablayaal dagaal ku qabsan lahaayeen dhulka. Hoggaamiye kooxeedyadii waxay burburiyeen wax badan oo ka mid ah cunnada gargaarka ee Soomaaliya 1990-meeyadii.

Iyada oo ay sii kordhayaan falalka burcad-badeednimada ah ee Soomaalida ayaa dunidu waxa ay ciyaareysaa hab sharci ah. Bishii Nofeembar 2008-dii, Boqortooyada Ingiriiska ayaa saxiixday heshiis lagu maxkamadeynayo burcadbadeedda ay soo qabtaan ciidamada badda ee Royal Navy ee Kenya; dalal kalena waxa ay raaceen hoggaanka Britain, iyadoo waddamo ay ka mid yihiin Mareykanka, Singapore, iyo Turkiga ay saxiixeen heshiisyo la mid ah. Laakiin Kenya, in kasta oo ay haysato dimoqraadiyadda ugu awoodda badan Bariga Afrika, u ma muuqato in ay leedahay nidaam maxkamadeed oo wax ku ool ah. Markii dufcaddii ugu horreysay oo 8 nin oo burcad-badeed ah oo la qabtay lagu maxkamadeeyay Mombasa bishii Diseembar, difaaca ayaa ku dooday in Kenya aysan awood u lahayn inay xukunto, waxayna ku guuleysteen inay garsooraha ku qanciyaan in uu dib u dhigo maxkamadda.

Xalka fog ee burcad-badeednimadu waxa ay ahayd in la helo dowlad Soomaaliyeed oo xasilloon oo leh garsoor shaqeynaya, balse taasi waxa ay u baahantahay nabad dhex marta beelaha dalka isku haya. Madaxweynaha cusub ee Soomaaliya oo la doortay Febraayo 2009-kii, ayaa bilaabay in uu helo kooxo ay wada hadlaan. Way adagtahay in burcad-badeedda loo sheego kalluumaysatada, ilaa ay markab kale fuulaan oo ay kala soo baxaan AK-47-ka. Marka, ma jiraan wax badan oo Ciidanka Badda Mareykanka iyo ciidamada kale ee militariga ay sameyn karaan sidii wax looga celin lahaa, marka laga reebo in ay ku wareegaan oo ay eegaan khatarta.

Ka dib markii ay burcad-badeeddu gacanta ku dhigaan markab, ciidamada baddu marar dhif ah ayay isku dayaan in ay dib u qabsadaan, sababtoo ah la haystayaasha way ku dhaawacmi karaan hawshaas. Waxaa jiray in ka badan 100 weerar oo burcad-badeed ah oo la diiwaan galiyay 2008-dii, kuwaas oo sababay in la afduubo in ka badan 40 markab. Mid ka mid ah kabtanka markab la afduubtay ayaa u dhintay sababo dabiici ah, kuwo kalena waxa ay u dhinteen is-rasaasayn dhex martay dhawr maleeshiyo oo isku dayey inay maxaabbiista soo furtaan.

Burcad-badeeddu waxaa kale oo ay door bidaan inay maxaabbiistooda ku hayaan caafimaad wanaagsan. Ma ahan oo keliya in dadka rayidka ah ay boqollaal kun oo doollar ka helaan madaxfurasho, balse sumcadda burcad-badeedda ee ah in aysan waxyeello u geysan dadka ay qafaashaan ayaa ka dhigtay in dowlaaduhu ka gaabsadaan in ay wax ka qabtaan magaca shirkadaha maraakiibta.

Sideedaba, burcadbadeeddu inta badan waa dad hunguri raadinaya laakiin iyagu wax ma dilaan, balse waxaa iyaga dila oo haddii ay qabtaan ama arkaan aan cafinayn waa ciidammada ilaalinaya biyaha Bariga Afrika. Tusaale ahaan, ciidamada badda Hindiya waxay burburiyeen hal doon oo burcad-badeed ah, waxayna ogaadeen in burcadbadeedda ay la haysteen dad Thai ah. Ugu yaraan darsin dhibbanayaal ah oo aan waxba galabsan ayaa dhintay.

Burcad-badeeddu waxa ay maraan ilaa 2 milyan oo mayl labajibbaaran oo badda ah. Taasi waa biyo aad u badan oo xitaa kumannaan maraakiib ah oo ku jira badda sare waxaa suurtagal ah in la shiraacdo maalmo iyada oo aan la arkin markab kale. Haddaba, sidee ayay burcad-badeeddu u garanayaan meelaha ay wax ka eegaan iyo maraakiibta ay weeraraan? Basaasiinta kooxaha burcadda ah ee ugu waaweyn ayaa waxay xog-ogaal u yihiin magaalada Mombasa, oo ah dekedda weyn ee gobolka, halkaas oo maraakiibtu ay ku xareeyaan waraaqaha ay ku qoranyihiin waxa ay wataan iyo halka ay u socdaan.

Sida laga soo xigtay mid ka mid ah hoggaamiyeyaasha ganacsiga Mombasa, basaasiinta ku sugan gudaha hay'adaha badda ee Kenya waxay macluumaadkan u gudbiyaan madaxda burcad-badeedda. Burcad-badeeddu waxa kale oo ay isku xiran yihiin wiishlayaasha waaweyn ee maxaliga ah ee waqooyiga Soomaaliya.

Waxay ahayd meelaha ugu badan oo burcad-badeeddu ka jirto deegaanda Puntland iyo Galmudug oo aan markaa wali la dhisin. Marka waxaan caddayd in maamulka Puntland oo markaa jiray dowladdooda iyo madaxdooda aysan u diyaarsanayn inay la dagaalaan burcad-badeedda, iyaga oo waxyaabo kale u arkayay una diyaarsanayn inay qabtaan oo cirib tiraan.

Badmaaxayaashu way yaqaanniin waxa ay galayaan marka ay u jihaysanayaan biyaha Bariga Afrika, sababta oo ah shaqaalahoodu ma qaadan karaan qoryo. Waxay heleen habab kale oo ay ku la dagaallamaan burcad-badeedda. Waqti hore, waxaa jiray hal markab oo Shiineys ah oo isticmaalay xeelado uu toos uga soo amaahday go'doomintii qalcaddii dhexe oo uu markaa isku difaacay ugana badbaaday burcad-badeedda.

Markii ay burcad-badeeddu isku qabteen dhinaca Zhenhua 4, shaqaaluhu waxay koreen sagxad sare oo ay kor u qaadeen sallaanka. Ka dibna waxa ay shideen tuubooyinka dab-demiska oo cadaadiskiisu sarreeyo, waxayna cagta saareen burcad-badeedda. Laakiin shaqaalihii halkaas ku ma ay joogsan. Markii ay meel wanaagsan gaadheen, badmaaxiintii Shiinaha waxay bilaabeen inay hoos u dhigaan Molotov cocktails oo laga sameeyay dhalooyin biir ah oo ay ka buuxaan shidaal.

Afar boqol oo cocktails ka dib, burcad-badeeddii dib ayey u gurteen. Mid ka mid ah burcad-badeedda oo aan xirnayn wax kabo ah ayaa arkay isaga oo ku sigtay in uu ka gudbo sagxad ay ka samaysan yihiin muraayado burbursan si uu ugu noqdo markabkiisii. Waxa uu u yeeray difaacyadii markabka wuxuuna ka baryay wax cagihiisa qariya.

Burcadbadeedda Soomaalida ayaa sii xoogaysanaysay. Muddo sanado ah waxa ay eryanayeen kalluumaysatada Kenya, kuwa xammuulka qaada ee yar yar ee xeebaha, iyo maraakiibta cuntada ee Qaramada Midoobay, iyaga oo wata doomo dheereeya, hub ka wanaagsan, iyo xog sax ah oo laga helayo basaasiintooda, waxa ay raacayaan maraakiibta xammuulka qaadda ee waaweyn, booyadaha waaweyn, iyo xitaa kuwa rakaabka qaada.

Bishii Sebtembar, burcadbadeeddu waxa ay qabsadeen markab laga leeyahay Ukraine oo lagu magacaabo Faina, kaasoo siday gaadiid gaashaaman, gantaallo iyo hub kale. Waxay daba socdeen markabkaas cajiibka ah iyaga oo dul maray markabkii shidaalka qaadayey ee Sirius Star, kaasoo siday saliid ceyriin ah oo lagu qiimeeyay $100 milyan. (Labada markab waxaa la sii daayay horraantii sanadkaas, ka dib markii madaxfurasho la bixiyay.

Burcad-badeeddu waxa ay inta badan wax ku weeraraan koox ilaa 10 ah, waxayna qabteen maraakiib ay la socdaan 20 ama wax ku dhow. Saamigaas maxaabbiista ayaa u oggolaanaysa burcad-badeedda inay gacanta ku hayaan. Laakin maraakiibta dalxiiska ee sidda dad gaaraya 2,000 oo qof ma jirto qaab ay burcad-badeeddu awood ugu yeelan karaan in ay si habsami leh u qabtaan. Waxaa laga yaabaa in arrimuhu ay gacanta ka baxaan taasina ayay saraakiishu sheegeen waa marka ay dadku dhaawacmaan.

Dhibanayaasha ugu badan ee burcad-badeedda Soomaalida waa Soomaalida laftooda. Ku dhawaad 4 milyan oo qof oo halkaas ku nool (kala bar dadka) ayaa ku tiirsan deeq cunto si ay u noolaadaan. Balse weerarrada ay burcad-badeeddu ku qaadaan maraakiibta raashinka ah ayaa waxay ku adkeeyeen Qaramada Midoobay in ay sii waddo dirista sahayda. Dalab quus ah oo lagu doonayo in sahayda loo sii wado, UN-ta waxay soo saartay codsi ay u dirtay ciidamada badda ee adduunka 2007-dii. Ilaa Maarso 2009-kii, ma jirin markab cunto sida oo ka soo shiraacda Mombasa isaga oo aan wadan ciidamo iyo maraakiib ilaalisa oo ah Dutch, Canadian, French, German, Italian, ama Greek iyo markab dagaal oo uu saaranyahay qori rasaas leh. "Haddii aadan haysan qof ku weheliya, halkaas u ma rari kartaan cunto," ayuu yiri sarkaal ka tirsan Qarammada Midoobay, Lemma Jembere. Laakin keenista badda waa qaali, waxaana laga yaabaa in maraakiibta dagaalka aan la heli karin weligood. Tani waxay la macno noqon kartaa inay malaayiin gaajo u dhintaan, dhammaanna waxaa sabab u ah dhawr kun oo burcad-badeed ah oo danayste ah.

Xitaa iyada oo ciidammada badda ee dunidu ay ku degdegayaan ilaalinta maraakiibta Bariga Afrika, baaxadda badda ee tirada badan ee maraakiibtu maraan waxay ka dhigantahay in maraakiibta dagaalku ay naadir ku yihiin goobta saxda ah ee ku habboon. Jawiga Mombasa oo ay ku suganyihiin milkiilayaasha maraakiibta iyo badmaaxyada ayaa ah mid xun. Kariim Kudrati oo ah maamulaha afar markab oo dhammaantood la qafaashay ugu yaraan hal mar ayaa sheegay in la joogo waqtigii caalamka uu soo abaabuli lahaa ciidan iyo duulaanka Soomaaliya. "Qof walba wuu garanayaa halka la geeyo maraakiibta la soo qabto, dhinacaasna waxba laga ma qaban."

Qarammada Midoobay ayaa markaas soo saartay qaraar oggolaanaya in la soo duulo, balse millitariga Mareykanka ayaa hakiyay ka qeybqaadashada howlgal kasta. Waxaa laga yaabaa in ay ka labalabeynayaan waayo-aragnimadoodii ugu dambeysay oo ay ciidamo u direen Soomaaliya sannadkii 1993-kii. 18 Maraykan ah ayaa xilligaa lagu dilay weerar ay ciidammadu qaadeen si ay u soo qabtaan Jeneraal Caydiid balse ay ku guuldarraysteen. Waxaa aad iyo aad u caddaatay in haddii aanay jirin faragelin caalami ah ay burcad-badeednimadu sii socon doonto. Iyada oo faa'iidooyinka laga helayo ay aad uga badanyihiin khataraha, burcad-badeeddu ma haysan dhiirigelin ay ku joojiyaan tuuganimada.

Ugu dambayntii, burcad-badeeddii waa ay yaraadeen sababtoo ah waxaa loo sameeyay sharci lagu xukumo oo meel lagu saaro, iyada oo lagu xirxiray oo xabsiyo looga dhisay waddamo badan oo deriska ah, sida Kenya iyo Shiijalis, iyaga oo aakhirkiina loo soo wareejiyey xabsiyo ku yaalla maamullada dalka, sida Somaliland iyo Puntland. Haddana waxaaba dhacday inay heshiis la galeen dowladda dhexe markii ay dowladnimada Soomaaliya dhalatay, taas oo keentay in iyaga oo dhammi baabba'aan.

CUTUBKA 5

BILLOWGII BARNAAMIJKA MAAMUL U SAMAYNTA BARTAMAHA SOOMAALIYA

Dib U Milicsiga Beesha Sade ee Deegaannada Galgaduud iyo Mudug

Beesha Sade deegaankeedu waxa uu soo maray waqtiyo kala duwan, iyada oo deegaankeedu ahaa markii hore dhulka Xeeb ilaa Ximin, sida haddaba laga arki karo raadadkii odayaashii hore, sida Ugaas Diini iyo kuwii la midka ahaa. Markii dambe waxa ay deegaan ahaan dhici jirtay deegaankooda laga bilaabo laamiga dheer ee Baladweyne ilaa Gaalkacyo dhanka Galbeed, ilaa iyo gudaha dhulka hadda loo yaqaan Ceelgaabta oo ka tirsan deegaanka Soomaalida ee Ethiopia, sida ilaa Shilaabo, Feerfeer, Lababaar, Baarmagoog, Gallaaddi iyo meelaha la midka ah oo dhan.

Haddaba, waxaa soo baxday in dagaallo badan dhaceen oo ay ugu badnaayeen kuwo dhexdooda ah, kuwo qabaa'illada deriska ah iyo kuwii

Sayidka ay lagaleen intaba. Markaa ayaa waxaa dhacday in awooddoodii qaybsantay oo deegaano badan oo ay deggenaayeen ay ka guureen, qaar badana ay aadeen dhankaa iyo gobollada Jubbooyinka iyo Gedo oo ahayd meel markii horeba uga horreeyeen dad kale oo Mareexaan ah.

Waxaa kale oo dhacday markii Kacaankii dalka isku furay oo qofka Soomaaliga ah loo oggolaaday meesha uu degi karo in uu dego in dhul badan oo dhaca soohdinta Ethiopia oo ay degi jireen in ay ku soo siqeen Soomaalida kale, gaar ahaan dadka u dhashay qabiilada Hawiyaha, sida Habargidir, Xawaadle iyo weliba Udeejeen. Waxaa kale oo iyduana dhacay in markii jabhaddii SSDF oo hoggaaminaysay Amxaarada ay ku soo duushay dhulkaa ay soo barakicisay qabiilka Marreexaanka, iyada oo ka soo saartay dhammaan xudduudka oo ay deggenaayeena kuna wareejisay qabiillada Habargidirta ahaa oo ku soo siqayay, sida Cayrka oo kale. Mareexaanka inta badan ayaa u soo qaxay gudaha Soomaaliya ilaa Muqdisho iyaga oo markii dambe ugu timid Balanbal iyo aaggeeda oo ay qabsatay Xabashidii iyo jabhaddii la socotay.

Beesha Sade waa qabiil ka mid ah qabiillada Soomaaliyeed, gaar ahaan kuwa Daaroodka. Waxaa dhacday in waqtiyadii Gumaysigu dalka haystay iyo waqtigii Sayidku la dagaalayay Talyaanigaba ay u wareegeen dhulal kale oo dhinaca koonfureed ee Soomaaliya ah, sida Gobollada Jubbooyinka, halkaa oo dad badan oo ka qaxay deegaankaan Mudug ay dhinacaa u guureen duruufo iyo dagaallo waqtigu sababay awgood. Waxaa loo aqoon jiray dadka halkaa iyo Gedo ama Jubbooyinka oo idil gaaray Furumo Cad, halkaas oo ay uga sii horreeyeen dad isla beesha Sade ah oo horay ugu noolaan jiray loona yaqaanay "Reer Guri", marka kuwii yimidna waxaa loo bixiyay "Galti".

Si walba ha noqotee, arrinkaa waxa uu keenay in Marreexaankii deegaan ahaan, bulsho ahaan iyo awood ahaanba u qaybsamaan ilaa saddex meelood oo kala ah: deegaanka Soomaalida Ethiopia oo waliba kala dega ilaa saddex gobol ee kala ah Shabeelle, Doollo iyo Liibaan, dhanka Soomaaliyana labada maamul ee kala ah Galmudug iyo Jubaland, horayna u ahaan jiray shan gobol. Shantaas gobolba waa ay degtaa beeshu waxayna kala yihiin Gedo, Jubbada Dhexe iyo Jubbada Hoose oo ah Jubaland iyo Galmudug oo ah Galgaduud iyo Mudug.

Waxaa kale oo qabiilka ku soo siyaaday, maadaama ay kala degeen meelo kala duwan, inay dhaqan, dhaqaale iyo siyaasad ahaanba kala beddelmeen oo dhaqankoodii wax iska beddelay aadna moodayso in aysan waxba isku aheyn, iyaga oo ficilkii markii hore lagu yaqaannay ama sidii ay ahaan jireen iska beddelay oo aan sinaba isugu gurmanayn, waxna is tarayn, bal ka darane iyaga ruuxoodu is-laynayaan.

Haddaba, qormada buuggaan waxaan rabaa in aan ku eego bal dhibkii ay soo mareen dadka reer Sade ee dega dhulka hadda loo yaqaan Galmudug oo markaa loo aqoon jiray Gobollada Dhexe. Talyaanigii oo gumaystay Koonfurta Soomaaliya waxaa uu sameeyey soohdimo geela u kala xadeeya dadka Soomaaliyeed muddadii uu dalka maamulayay, isaga oo ka soo bilaabay badda dhanka Garacad ee Gobolka Mudug iyo Hobyo iyo Laamiga dheer, min Baladweyne ilaa Gaalkacyo, soohdintaana u bxixiyay magac la dhaho "Lineo Tomaselli".

Waqtiyadaas dadku isku ma gudbi jirin, markii dowladdii shibilka aheyd jirtayna sidoo kale ayey ahayd ilaa doorashadii u dambaysay oo dalka ka dhacday. Magaalada Dhuusamareeb waxaa laga soo dooran jiray mar walba Marreexaan oo ay deegaan u ahayd dhammaan doorashooyinkii dalka ka dhacay, iyada oo saddexdii kursi ee taallay markii u dambaysana saddexdaba laga soo doortay Marreexaan. Taasi waxay caddeyn u tahay in waqtigaa dadka oo dhan ay kala xirxirnaayeen oo qof walba meeshiisa joogi jiray. Waxay kala ahaayeen seddexdii nin ee la kala doortay 1) Cali Shire Warsame, 2) Aadan Shire Jaamac (Low), iyo 3) Mahad Dirir Guuleed. Allah ha u naxariisto dhammaantood.

Maadaama dadka Soomaaliyeed deegaan ahaan iyo dhul ahaan ay sidaa u deggenaayeen ayaa waxaa dhacday markii Kacaanku dhashay in dhammaan dadkii is dhex galeen oo la yiri, 'waxaa la aasay qabiilkii', taasna ay keentay in uu qof walba meeshii uu doono dego. Dhammaan Soomaalidii xoola-dhaqatada ahayd waxay xoolahooda la gaareen ilaa iyo meesha ay iyagu rabaan, soohdimihii Talyaanigu sameeyay oo dadka loo kala sameeyayna meeshaas ayey ku baabba'een.

Beelaha Soomaaliyeed ee waqtigaas deggenaa gobolkii la oran jiray 'Mudug' ama Gobollada Dhexe ee Soomaaliya ayaa waxaa degi jiray oo keliya qabiillada Daaroodka, Hawiyaha, Dirta iyo dadka laga tiro badanyahay. Taasna waxay sahashay in Talyaanigu si fudud ugu sameeyo soohdintaa oo dadka iyo xoolahooda ugu kala xadeeyo, maadaama waxa la isku dilayo inta badan ay ahaayeen daaqsin ama biyo, walow qabiilka Dirtu isagu uu dhex degi jiray labada dhinacba, waayo waxaa uu ku kala xoogganaa beelaha Daarood iyo Hawiye.

Gumaystihii Talyaaniga waxaa uu qabiillada u sameeyay ma aheyn xudduuda oo keliya ee xitaa waxa uu u sameeyay hab ay wax u qaybsadaan beeluhu, taas oo ah qabiil walba in uu afar ama saddex waaxood u qaybiyay dhammaan beelaha dega gobolka. Tusaale ahaan, beesha Sade waxa uu u qaybiyay afar waaxood oo aan ahayn dhalasho ee ah nooc isbahaysi camal, sida Wagardhac, Bah Hawiye, Bah Ogaadeen iyo Ilmo Adeero, taas oo ilaa iyo maanta ay Marreexaanka Mudug wax u qaybsadaan, iyaga oo kala ah:

1. Wagardhac waa caadi oo waa sida ilaa iyo hadda loo yaqaan, mana jirto jifo kale oo ku jirta.
2. Bah-Hawiye waxaa laga wadaa laba bahood oo reer Diini ah oo hooyadood Hawiye ahayd kalana ah Bah-Daarandoolle iyo Bah Xawaadle. Waxaa kale oo lagu daray Celi Dheere iyo reer Guuleed Faarax.
3. Bah-Ogaadeen iyaduna waa jifo reer Diini ah oo hooyadood ay tahay Ogaadeen waxaana lagu daray Howraarsame, Fiqi Yacquub iyo Sharmaake Rooble.
4. Ilmo Adeero waxaa loo la jeedaa Reer Siyaad Xuseen, Celi, Awmidig iyo Reer Cismaan.

Markii afartaa uu u qaybiyay, Marreexaanka waxa uu u qaybiyay dhammaan qabiillada deegaanka xargo. Xargahaasna wax lagu kala qaybsado; tusaale ahaan, beelaha Habargidir oo deriska la ah Marreexaanka, sida Sacad, waa saddex Xarig; Saleebaan waa afar Xarig; Cayr waa saddex Xarig; Saruurna waa saddex Xarig.

Dhalashadii dowladdii Kacaanka waxaa dhacday in dadkii oo dhan is-dhex galaan qabiillada Habargidirta ah oo aan horay u gudbi jirin laamiga dhinaca Galbeedka ay u gudbaan ilaa ay gaaraan xudduudka Ethiopia ama ay dhex galaan dowlad deegaanka Soomaalida ee Ethiopia, taas oo keentay in beesha deegaankeedii uu aad u soo koombo, iyada oo dhinac walba laga cariiriyay. Waliba waxaa dhacday in iyaga oo dhul durugsigaa ku socda uu haddana dhacay dagaalkii Ethiopia iyo Soomaaliya, iyaga oo noqday qabiilka keliya oo loo weeraro ama loo laayo nacaybka dowladda, waayo waxaa ka soo jeeday madaxweynihii dowladda Soomaaliya ee waqtigaa oo iyagu ay u ahaayeen ehel aadna u taageeri jireen.

Waxaa ka hor yimid dowladdii oo bilowday markaa kooxo iyagu kursiga ku haystay ugana hor yimid hab qabyaaladaysan. Kacdoonkoodu ku ma salaysnayn Soomaalinimo ee waxa uu ku salaysnaa in kursiga ay hab qabiili ah uga degsadaan. Madaxweynihii markaa xukunka hayay isagana waxa uu isku dayey wax kasta oo uu xukunka ku difaacdo, taasna waxa ay keentay in jabkii dagaalka 77-dii ka dib dhulkii beesha Sade ay ka degganayd xadka Ethiopia ay soo galaan jabhado qabiilaysan iyo ciidamadii Xabashida oo wada socda sameeyaana barakac, dil iyo kufsi ay u gaysanayaan dadka beesha oo reer baaddiyaha ahaa kuna noolaa deegaannada teedsan xudduudda. Taasi waxa ay ku kalliftay inay is difaacaan oo qabiil ahaan isku difaacaan soona galaan gudaha Soomaaliya, iyaga oo ku biiray ciidamadii dalka iyo jabhado ay sameysteen, si ay isaga difaacaan dadka ku soo duulay oo cadowga u soo kaxaystay.

Jabhadahaa iyo ciidamada Itoobiya oo is wata waxa ay gumaad ka geysteen meelo badan oo deegannadaa ka mid ah. Walow ay badanyihiin, deegannadaa inta aan hadda ka xusi karo waxaana ka mid ahaa Tuulo Eelaay, Ceel Habreed iyo meelo kale oo badan oo dadkii ku jiray xadduudda gudaha degganaana dhulkii Ceelgaabta ee u dhashay beesha Sade dhammaantood uga soo qaxaan gudaha Soomaaliya, soona degaan xeryo qaxooti oo laga sameeyay Baladweyne, Buulabarde iyo Jalalaqsi.

Dadkii beesha Sade ee ku noolaa gobolka Galgaduud iyo Mudug waxaa ku dhacay dhib weyn. Waxaa markii kowaad ku dhacday inay deegaannadii ay ka degganaayeen Itoobiya soo banneeyaan oo dhinacii dowladda soo aadaan, ka dibna intoodii badnayd soo galaan Muqdisho. Dagaalkii markii uu ku qasbay ay dhinaca Jubbooyinka iyo Gedo aadaan ama qurbaha aadaan, taas oo kalliftay badi dadkii in aysan dib ugu soo noqon deegaanadaas oo ilaa maanta ay sidaa uga maqanyihiin. Midda kale waa in dadkii ku haray Gobollada Dhexe aysan helin hoggaankii siyaasadeed iyo ciidan ee ay u baahnaayeen ee saxa ahaa.

Haddaba, markii Dagaallada Sokeeye dhaceen, waxaa ku dhacday iyagoo aan ka fekerin sidii ay u difaacan lahaayeen degaannadooda inay isaga guureen deegannadii laamiga ay ka degganaayeen oo dhan iskuna uruuriyaan Caabudwaaq iyo Balanballe, halkaas oo markii dambe noqotay in iyagii looga daba tago oo manta aad arkayso halka colaaduhu ay marayaan ka socda deegaannadooda ayagoo beelaha kale ay ku wareegsanyihiin dhammaan degmooyinka ay ka degaan Gobollada Dhexe.

Haddaba, waxaa muuqata in beesha Sade Bari deegaan ahaan aad loo xakeemeeyay, haddii ay noqon lahayd gudaha Soomaaliya ama Ethiopia labadaba dhulka ay ka joogaana uu aad u yaryahay Ethiopia dhexdeeda. Sidoo kale, waxaa kala jira dhanka Soomaaliya marka la dhaho saddex aag oo ku kala aaddan deegaannada beesha oo aan wali waxba la iska dhihin una baahan in si fiican looga wada hadlo loona baahanyahay in laga heshiiyo waxna la iska waydiiyo.

Haddii aan ku bilaabo dhanka Dhabbad oo ku aaddan laba dhinac oo ah aagga Galinsoor, Cadaado iyo aagga Doollo oo Ethiopia ah, iyaga oo beelaha Sacad iyo Saleebaan ee Habargidir ay gudaha u soo galaan dhammaan dhulalkaa oo dhan ilaa iyo Kaxandhaale iyo aagaggaas oo dhan dagaalladuna ku soo noqnoqday mar walba oo ay isku dagaalaan labadaa beelood iyo Beesha Wagardhac ee Marreexaan dhulkaa iyo deegaannadaa oo ilaa hadda wax ka hadlay ama nabad ka dhacday aanay jirin. Sababtu waa in beesha Wagardhac ay tirsanaysaa in labada meeloodba ay wax ka deggaanaayeen, Galinsoor iyo Cadaadaba, wallow Sacadku Galinsoor oggolyahay in laga wada hadlo balse Cadaado aan wali la isku soo qaadin.

Waxaa kale oo iyaguna jira dagaallo culus oo Gobolka Doollo ku dhex mara mar walba beesha Celi Marreexaan iyo beelaha Reer Baciidyahan iyo Reer Khalaf ee Majeerteen, taas oo iyaduna ku saabsan dhul la rabo in laga kiciyo beesha oo ay deegaan ahaan u lahayd oo aan ilaa iyo hadda laga heshiin la iskuna haysto oo baahan in si fiican looga wada hadlo loogana heshiiyo.

Dhanka Caabudwaaq ilaa iyo Dhuusamareeb, wali ma jiraan wax ka wada hadlay iyada oo beesha Cayr ay isku soo fidisay dhammaan deegaannadii beesha ee u dhexeeyay Caabudwaaq iyo Dhuusamareeb, laga soo bilaabo sanadkii 1991-kii markii dalku burburay, iyada oo ilaa maanta aan la is waydiin. Labada dhinacba ma jirto wax isku hawlay in dadkaa loo qabto dib u heshiisiin dhab ah ama isla xisaabtansiiyo, iyada oo maalin walba ay dad badan isaga dhintaan macno la'aan. Marka halkaa waxaa ka jira dhib aad u badan oo aan marnaba la soo koobi karin.

Isla aaggaas waxaa kale oo jira dhibkaa mid ka daran oo ka jira inta u dhaxeysa Cadaado iyo Caabudwaaq oo u dhaxeeya beesha Saleebaan iyo Reer Siyaad Xuseen, kaas oo ayadana ay ka dhaceen dagaallo aad u badan oo aan ilaa hadda aan waxba laga qaban dad badanna ku dhinteen, welina aan xataa magihii loo kala qaadin. Intaan joogay Galmudug oo aan ka shaqeynayay arrinkaa, waxay ahayd mid aad u soo noqnoqday, iyada oo dadku isku dilayeen baraago la qodayo taas oo ah cilladaha ugu badan ee soo noqnqday. Waxaa wada arrinkaa oo mar walba ka shaqeeya hay'adaha la shaqaysta UN-ka ama deeqbixiyayaasha kale oo soo qaata mashaariic baraago lagu qadoyo ayagoo dadka isku dira oo meelo aan dadkaa markaa dhulkooda ahayn uga qodaya.

Waxaa kale oo ayaduna xusid mudan oo ka dhacay halkaa in Beesha Sade ay la dagaaleen dad la degganaa oo iyaga culummo u ahaa dhib badanna aan ku ahayn oo ah Beesha Dir oo la degta, iyada oo dagaalladii halkaa ka dhacayna ay sababeen in Beesha Dir ay xirato aagga dhexe oo dhan oo xitaa sababtay in uu go'o dariiqii la isaga gudbi jiray Balanaballe iyo Caabudwaaq. Dagaalkaas oo noqday midkii ugu badnaa oo muddo socday labada dhinacna dad badan uga dhinteen ayaan haddana beesha Marreexaan waxba ka faa'idin oo sidii ay moodayeen si aan ahayn ku noqday.

Runtii, waxaa sax ah oo jirta in dhulka Ilaahay aan la kala lahayn, haddana Alle dadka qofba meel buu ku beeray, waana muhiim qof walba meesha uu Alle ku beeray in uu ku ekaado. Dagaallada soo noqnoqday ee aagga Balanballe ayaa waxaa laga heshiiyay sanadkii 1997, iyada oo dib u heshiisiintaa uu bilaabay, Ilaahay ajar ka siiyo una naxariisto e, Awoowe Ayaxle Jaamac Afgiir, markaana lagu heshiiyay in labada deegaan dhexdooda u tahay xuddud labada beelood meesha la dhaho Raamoole oo ahayd meesha shirku ka dhacayay oo ah meel min 30 km ujirta labada magaalo ee Balanballe iyo Guriceel, taas oo markii dambe ay heshiiskaa jabisay beesha Cayr. Sida muuqata oo maanta la wada arkaayo, iyaga ayaa sii dhaafay xadkii lagu heshiiyay waqtigaa, walow heshiiskaas uu faa'iido keenay oo muddo dheer nabad lagu helay, sida muuqata hadda arrinkaa ma jiro.

Caabudwaaq, in kasta oo aan waxba lagu heshiin haddana inta la isu jiro waa wax aad u yar, dhanka Saaxo iyo Dhabbad waxaaba la is ku la jiraa gudaha. Marka waxaan is leeyahay, beelaha Surre, Marreexaan iyo Habargidir oo wada dega aagaggaa ayaa waxa ay u baahanyihiin dib u heshiisiin dhab ah in loo sameeyo, si dhulalka, deegaanka iyo daaqaba ay ugu heshiiyaan. Barnaamijkaan dhul-durugsiga ah xitaa Habargidirta dhexdeeda wuu ka jiraa oo Sacadka, Saleebaanka iyo Cayrka seddexdaba waxa ay isku haystaan dhul badan oo daaqsin ah iyo waliba Qubayska oo iyaga la dega. Marka, si dhulkaa loogu wada noolaado nabad waa in qolo walba loo xaddido meel sax ah oo deegaan u ah ayna ka helaan deegaan iyo daaqsinba.

Waxay u baahanyihiin dadkaas aan soo sheegay:
- Dib u heshiisiin dhab ah in loo sameeyo
- In deegaanka loo kala xaddido
- In la amro in aan deegaan cusub la samayn karin baraagana la qodi karin
- Iyo in ceelal loo qodo, si biyo la'aanta looga baxo.

Qabiillada ku nool Gobollada Dhexe waxa ay ku loollamayaan awoodda Galmudug, iyada oo weli sidii loogu heshiiyayna aad moodo in muran ka jiro, laakiin haddana sidii aan u soo dhisnay markaan ahayn Guddiga Farsamada dhib walba oo aan ka soo marnay waa ku guulaysanay in aan dadkii isu keenno maamulna u sameyno. Waxa dhimman oo ay ugu horrayso dib u heshiisiinta waxaa loo baahanyahay in Maamulka loo dhammaystiro.

Beesha Sade ee mudug waxa ay uga fiicantahay ayaa la dhihi karaa, walow haddana dhinaca kale la dhihi karo colaadda iyo dhibka ku wareegsan ayaa u sabab ah is layn la'aanta ayaga dhexdooda. Dagaallada ka dhacay Gedo oo kale ka ma dhicin amaba ka ma jiro is nacayb weyn oo ka dhexeeya sida Sadaha Gedo, kuwa Mudug iyagu weli waa isla gurmadaan oo dagaalka ku ma kala haraan waana dad ehel ah oo dhaqan ahaan aad isku jecel. Sida dhabta ah, wallow bulsho meel ku wada nool aan laga waayeyn inay wax uun dhib ah dhexdooda kala tirsadaan.

Haddaba, dhisiddii Galmudug ka dib, beesha waxaa haysta waxyaabo aysan ka fakarin laakiin loo baahanyahay aqoonyahankooda iyo dadkooda xikmadda saaxiibka u ah inay fiiriyaan. Nidaamkii Soomaaliya waxa uu noqday Federaal, waxa lagu xisaabtamayana waa dhul iyo dad, marka qabaa'illada leh Maamulka Galmudugna ma aha qabiillo wax u oggol ama asalkuba dadku waxba isu ma oggala. Sidaas awgeed, wixii la helo ma soo dhaafayaan Dhuusamareeb oo ah Caasimadda maamulka, qabiil ahaana ma soo dhaafayaan Madaxweynaha ciddiisa. Marka, si wax loola qaybsado, waxaan ku talinayaa in arrimahaan soo socda ay sameeyaan:

1. In shirwayne la isugu yimaado dhammaan bulshada qaybaheeda kala duwan la isna waraysto.
2. Dhulka beesha ee maqan sida laga yeelayo, dhinaca Ethiopia iyo Soomaaliyaba, sida dhammaan waxa galbeedka ka soo xiga Laamiga Dheer ee Gaalkacyo, Galinsoor, Cadaado, Guriceel, Gerijir iyo Dhuusamareeb. Dhammaan deegaannadaas waxa ay u baahanyihiin in laga hadlo oo wax la isaga sheego.
3. Dhulka hadda la joogo, sida Caabudwaaq, Dhabbad, Saaxo, Bangeelle iyo Balanballe sida laga yeelayo, waana muhiim ka hadalka kan maqan iyo kan hadda la haysto labadaba.
4. Awood qaybsiga Galmudug sida laga yeelayo iyo dhammaan waxyaabaha kale nooc walba oo ay yihiin sida siyaasadda, shaqaalaha, ciidanka, hubka, horumarinta deegaannada iwm.
5. Sida loo la dhaqmayo qabiillada deriska ah in laga wada hadlo oo nabad lagu wada noolaado.
6. Sidii loo magaalayn lahaa dhammaan tuulooyinka yaryar ee deegaanka ku yaal, beel walbana loogu qasbi lahaa sidii ay tuuladeeda ay degmo u gaarsiin lahayd.
7. Sidii looga hirgelin lahaa deegaannada ceelal biyood, waayo haddii dadku helaan ugu yaraan in jifo walba heshaa ilaa saddex ceel biyood

meesha ceelashaa laga qodaa waxa ay noqonaysaa deegaan aan dib dambe looga guurin dadkuna ku negaadaan.
8. Waa muhiim in dhammaan beelaha Galmudug loo sameeyo arrinkaan oo kale, waayo meel meel dhaanta ma jirto, cid iyo jifo aan iyada is hayna ma jirto.

Arrimahaas waa muhiim inta aan nidaamkaan Federaalka ah xoogaysan oo aan lagu kala hormarin in wax la iska waydiiyo si berri dadka loo la mid ahaado oo looga harin.

Sida kale, beesha Sade waxa ay ahayd beel aad u nasiib badan, waayo inqilaab aan dhiig ku daadan oo ay hoggaaminayeen ayaa dhashay sanadkii 1969-kii, kaas oo Soomaali oo dhan u dhashay baa haddana sidii aan kor ku soo sheegay maadaamaa awoodda la isku haysto ay tahay in hadba ninka maamulka hoggaaminaya loo tiiriyo dowladda in uu isagu leeyahay ama loo fahmo in uu qabiilkiisa leeyahay, sida daakhiliyaddii loo oran jiray Governo Sacad, taas oo loo tiiriyey hoggaanka oo ahaa beesha Sacad ee Habargidir.

Sade hoggaankii ay hayeen isquursi ka dhex yimid iyaga ayay u suuroobi wayday inay 1991-dii difaacdaan dowladdii markaa jirtay, iyaga oo aan u wada dagaallamin iskana dhaadhiciyay badidood in loo jeedo dad qaas ah, ama Allah ha u naxariistee Madaxweyne Maxamed Siyaad Barre keliya in la ugaarsanayo. Taa waxa ay keentay in qabiil walba oo Soomaaliyeed Jabhad Samaysto, iyaguna waxa ay ka mid noqdeen Soomaalidii jabhadaha samaystay. Haddaba, dhibaatooyinka iyaga haystay ayaa waxaa ka mid ahaa Deegaan ahaan ama dhibaato dhuleed, waayo waxa ay degaan seddex deegaan oo kala duwan oo aan isku gurman karin, balse seddexda dhinac oo ay degaanba intii Soomaali qori ku dagaalamaysay Sade waxa ay ahaayeen dad ka dhex muuqda Jubbada Hoose, Jubada Dhexe, Gedo, Galgaduud iyo Mudug oo ay deegaan. Saddexdaba way difaacdeen iyaga oo lahaa jabhaddii Somali National Front iyo Isbahaysigii Dooxada Jubba.

Gobolka Gedo oo halkii ay beeshu xoogga ku lahayd ahaa waxaa ka dhashay ururkii Al-Itixaad Al-islaami oo ahaa urur caalami ah, kaas oo si fudud Gedo ku qabsaday ka dibna dagaal lagu hoobtay ku dhex maray sanadkii 1996-kii isaga iyo ururkii SNF, taas oo markii lagu kala guulaysan waayay ay SNF ayaa laba garab u kala jabtay, labadii Garabna mid ka mid ah uu la heshiiyay Alitixaad, halkaana uu kii kale ku la dagaalamay. Ka dib, iyada oo halkaa joogta, markii la aasaasay dowladdii Carta oo jabhadihii baabba'een ayay ka mid noqdeen urur la oran jiray SSRC oo iyaga oo laba garab ah oo ay kala hoggaaminayaan

Maxamuud Sayid Aadan iyo Cabdirisaaq Isaaq Biixi kala galeen, halka Dooxada Jubba ay ka mid noqotay G8 oo iyaduna markaa samaysantay, iyaga oo waqtigii Maxkamadaha Islaamiga ay Kismaayo qabsadeen isbahaysigii baabba'ay. Intaa ka dib, dagaalkii siyaasadda Soomaaliya ka socday waa is beddelay oo waxa uu noqday qalin iyo diin in la isku adeegsado. Waa midka aan is leeyahay Soomaaliya waa lagu kala harayaa, kaas oo u muuqda in beesha sade sidii la rabay aysan noqon.

Haddaba, markii aan waxaas oo dhan ogaaday ama aan dareemay, waa waxyaabaha igu kallifay in aan sameeyo maamul la yiraahdo Maamulka Bartamaha Soomaaliya. Taas oo aan ku fekerayay in aan dadkeena wax badan ugu qaban karo soona gaarsiin karo meel loogu talo galay, balse nasiib darro waxaa iga horyimid caqabado tira badan oo runtii markii hore aanan filayn oo aanan ka fiirsan balse gadaal aan ka ogaaday.

Beesha Sade waxaa haysta arrin Rabbaani ah oo ay kala mid yihiin beelo kale oo Soomaaliyeed, kaas oo ah hoggaan la'aan aysan lahayn qof ay isku raacsanyihiin oo hoggaamiya, xitaa hadda sanadahaan u dambeeyay waxa ay ku kala tagsanyihiin dhaqankii. Balse waxaa jirta duco ay sheegaan in awowgood ugu duceeyay oo ahayd **"maalintii laguu yaabo Allah ah kuu yasiro"**, taas oo beesha Hawiye ay dhowr jeer ugu hiillisay inay Raysalwasaaraha siiso ama hoggaanka Daarood u dhiibto. Labadii madaxweyne, Shiikh Shariif iyo Xasan Shiikh, ayaa labadaba waxaa lagula taliyay inay Raysalwasaaraha Marreexaan siiyaan.

Waxaa jirtay in aan anigu siyaasadda ka soo bilaabay aniga oo aan markaygii horeba ka maqnayn ayaan haddana waxaan toos u soo galay ka dib markii ciidmada Ethiopia 2006-dii soo galeen Muqdisho oo ay la dagaaleen Maxkamadihii Islaamiga ahaa oo markaa haystay Soomaaliya ayna ka qabsadeen. Annagoo koox reer Leicester ah oo qurbajoog ah ayaannu ku qabanay shir Leicester oo isugu keennay Soomaalida Qurbajoogta ah, ka dibna halkaa laga bilaabay dhismihii ururka Dib U Xoraynta Soomaaliyeed. Sidaa ayaan ku tagay Asmara, Eretriya, kuna bartay waxyaabo badan oo iga daahsoonaa lana xiriiray siyaasadda dalka. Markii aan halkaa ka soo noqday ayaa ka mid ahayd wixii aan ku soo arkay inay igu dhalato in aan maamul u dhiso dadka deegaanka aan ka soo jeedo. Isku-dayo la isku dayay in beesha maamul loogu sameeyo oo dedaalo dheer loo galay ayaa ku soo dhammaaday dhammaan deegaannada beesha inay ka kala mid noqdaan maamullada Galmudug iyo Jubbaland.

Maamulka Jubbaland ayaa markii la dhisayay ay beeshu ku kala qaybsantay inta badanna diidday, halkaana ka dhaceen dagaallo dhiig ku daatay oo aad u cuslaa, kuwaa oo dhex maray beesha oo uu hoggaaminayay Jeneraal Barre Aadan Shire iyo Axmed Madoobe oo hoggaaminayay Jubaland. Haddaba, maamulkaas ayaa hadda dhismay, walow uu nin si xoog ah isaga haysto oo uu diiddanyahay mar walba in tartan la la galo ama caddaalad wax loo qaybsado, iyada oo ay meesha ka maqantahay caddaaladdii. Galmudug iyada ruuxeeda dadka qaar ka soo jeeda beesha wax qaybsiga ayay wax ka sheeganayaan laakiin haddana way ka fiicantahay Jubaland oo la ma mid ah Dastuur ahaan iyo sida wax loo qaybsado intaba dhanka Galmudug, iyadaaba beelaha qaar sadbursi ka tirsanayaan.

Beesha Sade iyo Siyaasiinteeda Guud Ahaan

Beesha waxaa soo maray siyaasiin badan oo runtii aan halkaan lagu soo koobi karin laakiin waxaa mahad leh oo waqtigoodii aan oran karaa intii looga baahnaa way soo gaarsiiyeen beesha, Allah ha u naxariistee, Maxamed Siyaad Barre, Cumar Xaaji Mohamed, Axmed Warsame iyo Barre Aadan Shire. Afartaa nin ayaa waqtigii ay iyagu joogeen beesha ay Soomaali ka dhex muuqatay wallow ay kala duwanaayeen doorarka ay ku lahaayeen mid guud iyo mid gaar ahba. Waxaa kale oo iyaguna jira, sida la wada ogyahay, in beesha ilaa Axmed Guray ay ka mid ahayd hoggaanka dadka Soomaaliyeed, taas oo cayn u ah in Amiir Nuur uu ahaa ninkii kala wareegay xukunka markii uu dhintay Amiir Axmed Guray. Taariikhda beesha waxaa kale oo iyaduna jirtay kala qaybsanaantii beesha dhexdeeda ah, rag hoggaan qabtay, haddii ay ahaan lahaayeen kuwo diimeed ama siyaasi. Marka iyaga ma qorayo, waayo waxaan is-leeyahay ammaa la dhibsadaa. Waxaa kale oo iyaguna ilaa iyo hadda soo maray saddex raysalwasaare.

Raysalwasaare Maxamed Cabdullaahi Farmaajo ayaa waxa uu joogay jagada muddo yar oo lix bilood ahayd, taas oo uu dagaal ku jiray helinna fursad uu wax ku qabto guud ahaan dalka ama mid beesha quseeya markaa. Raysalwasaare Cabdi Faarax Shirdoon ayaa asagu hayay muddo dhowr iyo toban bilood ah nasiibna u yeeshay in uu tago saddexda deegaan oo beeshu degto, fursadna u helay, maamullana u dhisay Galgaduud iyo Gedo, walow kan Gedo dad badan ka daba qaylinayeen haddana waxaa la dhihi karaa waxa ay ahayd guul. Raysalwasaare Cabdiwali Sh. Axmed ayaa isagu joogay muddo yar oo aan wax badan oo la taaban karo qaban, maadaama markiiba dagaal qabsaday, laakiin haddana bilowgii dhismaha Galmudug waxa uu ka qaatay qaybtiisa, walow uusan markii wax la qaybsanayay joogin.

Midda kale, waxaa soo kordhay laba madaxweyne ku-xigeen oo ka kala yimid Jubbaland, Cabdullaahi Shiikh Ismaaciil Fartaag iyo Maxamuud Sayid Aadan, iyo Galmudug, Maxamed Xaashi Cabdi Carrabey iyo Cali Daahir Ciid, iyo Madaxweynaha Soomaaliya oo isagana uu ku guulaystay Madaxweynaha Jamhuuriyadda Federaalka Soomaaliya, Maxamed Cabdullaahi Farmaajo.

Soomaaliyada cusub inta ay xornimada qaadatay ayaa beesha Sade waxa ay ka ahayd door fiican, iyada oo laba jeer ay kala hoggaamiyeen dalka labo nin oo u dhashay beesha oo midna 21 sano xukumayay midna 5 sano, runtii taas oo u dhiganta qiyaasta waqtiga hadda la joogo 50% inta ay Soomaalidu xorta ahayd. Runtii, Soomaaliya oo dhan siyaasaddeedu waa wax aad u wareersan waqtigaa hadda la joogo oo adduunka dhan uu yahay hal awood la iskuna haysto khayraadka dhulka hoostiisa ku jira, sida Shidaalka iyo Macdanta.

Beeshu waxa ay ku jirtaa beelaha xuddudda la leh Kenya iyo Itoobiya, haddana, nasiibdarro, siyaasaddii wada noolaashada iyo saaxiibtinimada waddamada deriska ah beesha waa looga dheereeyay oo ku ma guulaysan. Siyaasiinta iyo dhaqanka beesha Sade midna u ma hirgelin in uu xiriir dhow oo saaxiibtinimo ah la yeesho dowladaha deriska ah. Saddex meelood oo beeshu degtaba midna xiriir sax ah oo saaxiibtinimo iyo iskaashi ku ma haynno, taas oo micnaheedu yahay in dadka Sade ay waddaniyadda iyo Soomaalinimadu ku wayntahay oo aad ugu dhintaan arrinkaa oo aysan oggolayn inay gumaysi raacaan. Raacidda iyo saaxiibtinimada dowladda shisheeyana waa gumaysi raac uun ee wax kale ma aha. Ethiopia iyo Kenya ayaa xudduud dheer la leh deegaannada beesha, balse dowladahaa iyo beeshu is ma fahmin waxaana ugu wacan oo ugu weyn waa in beesha mar walba waddaniyaddu ku weyntahay dadka iyaga hoggaamiyana mar walba qab leeyihiin, taas oo sababta is fahmi waaga beesha iyo dowladaha dariska ah.

Beelaha Soomaalida oo waligood tartan ka dhexeeyay ayaa haddana kuwa isku kooxda ah waxaa ka dhexeya tartan qaas ah; bal eeg sida ay u tartamaan Habargidir iyo Abgaal oo isugu haystaan hoggaanka beelwaynta Hawiye. Taa mid la mid ah ayaa ka dhex jirta beelwaynta Daarood oo u dhexeeysa beelaha Kablalax oo ay hormuud u tahay beesha Majeerteen iyo beesha Sade Marreexaan ciddii hoggaanka u qaban lahayd ama Soomaali u matali lahayd. Beesha Majeerteen waxa ay ku guulaysatay, Ilaahay ha u saa'idiyee, inay dhulkeedii dhisatay oo maamul iyo kala-dambayn ka samaysatay, walow ay saacidday halka meel ee isku xiran oo ay wada degaan. Jubbooyinkana waxa ay ka samaysatay maamul ay awood badan ku leedahay oo ay ku ilaashato beesha Ogaadeen iyo Kenya, taas oo micnaheedu tahay Ogaadeenka oo Soomaaliya looga badanyahay oo Marreexaan uga badanyahay ayay Marreexaankii ka ilaalinaysaa kursiga Jubbaland oo waxa ay doonaysaa in uu Ogaadeen hayo, si mar walba siyaasadda Daarood ee Soomaaliya ay iyadu u hoggaamiso.

Waxaa jirta haddii qofka isaga alle awooddiisa ka qariyo waa dhibaato wallow dhaqanka Soomaalida uusan jirin qabiil isagu isla xun ama is oggol oo qabiil walba isagu isla fiicanyahay islana xoog badan yahay, laakiin haddana dhaqanka beesha Sade waxaa waaye inaysan is qaddarin oo aysan qiimayn hoggaamiyaashooda u dhashay, taas oo aad ka garanayso Sayidkii mar uu ka hadlaayay waxa uu sheegay in uu beesha sade ku soo arkay dad wada hadlaya oo aan is dhagaysanayn, midda kalena aan la is tusin dhiigooda, halkaa waxaa ka cad inay isku hiiliyaan, laakiin isxukumin. balse waxaan is leeyahay waqtiga uunbaa sixi, mana laha hadda wax la dhihi karo qabaa'ilada Soomaalida ayay uga duwan yihiin, weliba waxaa iyaga lagu amaani karaa xaga waddaniyada oo intooda badan dhaqan ahaan aysan u lahayn inay u shaqeeyaan cadowga Soomaalida iyo inay ay yihiin dad aan waranka hodin oo dagaalama markii loo baahdo.

Waxaa kale oo iyana jirta oo muhiim ah in la ogaado lana iftiimiyo saddex qabiil oo Soomaalida ka mid ah oo dowladdii Kacaankana aad u la shaqaysay in dhib ka soo gaaray xagga dhaqanka ah saddexdaa qabiil oo la isku dhihi jiray Marreexaan, Ogaadeen iyo Dhulbahante (MOD). Marka saddexdaa qabiilba ma laha dhaqan la sheego, dhaqankoodiina waa baabba'ay, laakiin Ogaadeenku waxa uu ku badbaaday waxa uu degganyahay dowlado kale, sida Ethiopia iyo Kenya. Marka, waxaa ilaaliya dhaqankooda dowladahaas, halka Dhulbahante uusan lahayn dhaqan la 'ogyahay oo ay isku halleyn karaan, Marreexaankuna ka daran oo badi nabaddoonnada Marreexaanka iyo Dhulbahantuhu waxa ay u badanyihiin oo maanta joogaan shaqaalihii ama saraakiishii waqtigii Kacaanka joogay, kuwaa oo iyagu is-dhowranaya. Waxa ay ayagu si qaas ah u kala tirsanayaan ayay dadka iyo qabiilka dhexdiisa ku dhibaataynayaan.

Bilowgii Riyadeyda Maamul U Samaynta Bartamaha Soomaaliya

Ma aheyn wax fudud in qof inta uu seexdo ama soo-jeed ku fekero uu dal burbursanaa muddo ka badan 20 sano isku dayo in uu wax ka beddelo, haddana Ilaahay ku guuleeyo in uu beddelo. Waxa ay ahayd mid ay dad badan i la yaabbanaayeen oo lahaayeen sidee wax u jiraan? Waxaan aad sheegaysid waa maxay? Inteese ka keentay? Balse ilaa maalinkaa iyo maanta oo aan buuggaan qorayo waa ii kala duwantahay waana arkaa.

Waxaan ahaa ganacsade ku nool dalka Ingiriiska, magaalada Leicester. Waxaan ka mid ahaa dadka daneeya mar walba arrimaha Soomaaliya iyo inay la socdaan waxa waddankii hooyo ka jira, maadaama aanan fursad u helin in aan waqtigayga ku soo qaato si fiican. Soomaaliya waxaa loo dooratay Madaxweyne Cabdullaahi Yuusuf. Waxaa abuurmay Maxkamadihii Islaamiga ahaa, waxaana dalka soo galay Ciidamadii Itoobiya. Waxaa bilowday dagaal muqaawamo ah, waxaana la isugu tagay Asmara. Halkaa waxaa ka abuurmay ururkii Isbahaysiga Dib U Xoraynta. Waxaa dhacay Heshiiskii Jabuuti, waxaana madaxweyne noqday Madaxweyne Shariif Shiikh Axmed.

Waxay ahayd dhammaadkii sanadkii 2009-kii, mar aan nasiib u helay ka mid ahaanshaheeyga Isbahaysiga Dib U Xoraynta Soomaaliya, kaas oo aan ka tirsanaa muddo labo sanadood ahayd oo aan la shaqaynayay oo aan la kulmay ama bartay habdhaqankii dadkii bulshada Soomaaliyeed magaca ku dhex lahaa, sida culummo, saraakiil, siyaasiin iyo rag kale oo badan. Ka dib waxaan ka qayb galay dhismihii dowladdii midnimo qaran oo uu hoggaaminayay Madaxweyne Shariif Shiikh Ahmed iyo Raysalwasaare Cumar Cabdirashiid Cali Sharmaake oo aanan anigu nasiib u yeelan in aan ka mid noqdo daruufo gaar ii ahaa markaa iyo ku qancid la'aanta habka ay wax u socdeen awgeed.

Maadaama ay dad badan oo asxaabtayda ah nasiib u yeesheen inay ka mid noqdaan ayaa anigu waxa aan ka mid ahaa koox Asmara ku hartay oo ka soo hor jeedday iyaga, balse nasiib darro Sheekh Xasan Daahir oo ka mid ahaa dadkii aan isku la harnay magaalada Asmara ayaa annaga oo aan ogayn inta uu Muqdisho soo galay bartamihii sannadkii 2009-kii waxa uu ku dhawaaqay dagaal ka dhan ah dowladda. Culummadii iyo waxgaradkii Soomaaliyeedna wuu ka diiday wax wada-hadal ah in uu la galo ama uu taageero dowladdii Midnimo Qaran ee Soomaaliyeed. Aniga iyo koox kale oo qurbajoog aheyd iyo odayaal ku kala noolaa dibedda waa la isaga kala tagay, waxaana la go'aansaday in nin walba qabto wixii u fudud oo uu qaban karo. Feker dheer oo aan galay ka dib, waxaa ii soo baxday baahida maamul ee ay qabaan dadkayga iyo deegaannadii aan ka soo jeeday, taas oo muhiim u ahayd in aan xoog, maal, caqli iyo waqti wixii aan hayaba geliyo dadkaas iyo deegaankaas.

Markaa ayaa waxaan ku bilaabay In aan ku hammiyo haddana aan sameeyo Hay'ad Samafal ah oo aan dadka ku caawiyo kana howlgasha gudaha Ingiriiska iyo Soomaaliyaba oo aan bixiyay Hay'adda Horumarinta Balanballe (Balanbal Developement Association), taas oo aan ka diiwaangeliyay Dalka Ingiriiska xaafiiskiisa qaabbilsan arrimaha Samafalka. Midda kale oo iyaduna jirtay waxa ay ahayd, ka dib markii aan hayay muddo dheer hay'ad caawisa dadka oo ka shaqayn jirtay magaalada Balanballe oo ku taal bartamaha Soomaaliya kana qaban jirtay labo shaqo oo kala ahayd Mother & Child Health (MCH) oo micnaheedu yahay caafimaadka hooyada iyo dhallaanka, oo iyaduna gacanta ku haysay iyo agoon aan caawin jirnay annaga oo ah dhalinyaro badan oo qurbaha ku nooleyd, taas oo aan ku ogaaday runtii baahida ay qabaan dadka ku nool deegaanka aan ehelka nahay. Markii aan arkay baahida ay ii qabaan ayaan mar kale jeclaaday ama ku fekeray in waqtigayga, dhaqaalahayga iyo naftaydaba u huro dadkaas oo si aad ah iigu baahan uguna hagar baxo.

Soomaalida tan iyo xorriyaddii ama ka horba marna ma jirin siyaasiyiin ama hoggaamiyaal xor ka ah taariikhda Soomaalida waxa la yiraahdo 'qabiilka' ama 'qabyaaladda', sida xubnihii ugu sarreeyay ee xornimadoonka ahaa ee Soomaaliya oo ahaa shanta wasiir iyo raysalwasaaraha waqtigii ku-meelgaarka ayaa waxa ay u qaybsameen qabiilo. Xornimadii ka dibna dowladihii shibilka ahaa oo muddada sagaalka sano ahaa ka talinayay dalka ayaa qabiil iyo axsaab ku dhisan qabyaalad iyo musuqmaasuq la burburtay, taasna waxa ay keentay in waddanka uu la wareego millitary xoog ku dhisan, isaga oo aakhirkii dalka gacantiisa ku burburay iyo Soomaali oo idil oo isku haysata qabyaalad una qaybsan qabiil oo aanu ninna nin bixinayn.

Waxay ahayd dhammaadkii sanadkii 2009-kii. Goobtu waa Xaashi Centre oo ku taal magaalada Leicester ee waddanka UK. Waxaa soo baxay fekerkii ay Maraykanku wadeen oo ahaa "waddanka wax ha loo qabto" "Dual Track", waliba deegaannadii iyagu is maamula oo isku tashada in wax badan la la qabanayo, maalgalin iyo samayn lacageed labadaba. Waxaa soo xoogaystay Maamulkii Puntland oo cabbaar jiray, waxaana bilowday dhisidda maamulo loo baahanyahay in dadka loo dhiso. Waxaa gobollada dhexe ka dhismay maamuladii Galmudug iyo Ximin iyo Xeeb oo kala matalayay magaalooyinka Gaalkacyo iyo Cadaado. Waxaan ku fekeray inay muhiim tahay in Maamul Goboleed la dhisto, weliba markaan aan ka dhisno deegaannada ay dadkaygu degaan. Waxaan ku fekeray in aan abbaaro deegaannada Jubbooyinka, Gedo iyo Galgaduud. Waan ka cabsaday Gedo iyo Jubooyinka maadaama ay markaas haysteen ururka Al shabaab. Waxa aan u arkay inay adag tahay iyo weliba aniga oo ku xisaabtamay in aqoonta iyo taageerada aan ka heli karo in ka xoog badantahay midda aan Galgaduud ka heli karo, markaa waxaan go'aansaday in aan barnaamijkaa ka bilaabo Galgaduud iyo Mudug. Waxaan ku bilaabay dhowr dhinac oo wada tashi ah oo is garab socda, sida bilaabwadatashi aan la yeeshay dadkii magaalada i la deggenaa, gudaha Soomaaliya inaan soo waco oo aan odayaal iyo dhallinyaro halkaa jooga aan la hadlo, gaar ahaan magaalooyinka Balanballe iyo Caabudwaaq iyo weliba dadka qurbajoogta ah ee aan is naqaannay oo ku kala noolaa qaaradaha Yurub iyo Ameerika.

Arirnkaa ma noqon mid sidii aan rabay markiiba u dhacay. Dadkii aan isla joognay magaalada Leicester barnaamijkii markii aan u bandhigay badankood waa ay soo dhaweeyeen, walow qaarkood ay diideen. Waxaa jiray fikrado qaldan iyo isku quuri-waa dadka iska haysta ah oo aanay waxba u oggolayn in qof kale fikir keeni karo ama ka fiicnaan karo, amaba caadiyan waxaa jirta dad markii aad ka hor marto dagaal badan oo aadan ku talo galin kala kulmeysid amaba, sidii aan horay idiin ku soo sheeagay, waxaa jirta wax isku quuri-waaga beeshaan. Qolyihii dibeddana sidoo kale ayey ayana qaarkood nooga hor yimaadeen, walow kuwii aan gudaha kala hadlay ay soo dhaweeyeen arrinkaa iyaga oo diidmadooda ku saleenayey oo kaliya inay ka soo horjeedaan nidaamka maamul goboleedka ama federaalka. Waa diidmo ay u qabeen una arkayeen in aan waqtigaan loo baahnayn amaba qabiil ahaan ay iyagu aamminsanyihiin in Soomaali aysan federaal noqon karin.

Si walba ha noqotee, waxaan bilaabay in aan barnaamijkaan dadka ku qancino aniga iyo intii ila qaadatay. Dadkii deggenaa magaalada Leicester qaar baa naga hor yimid sabab qabyaaladeed awgeed, taas oo meel xun oo jifo jifo ay ka gaartay. Dadka qaar, qabiilladu way kala qaybsan yihiin, haddana waxba isu ma oggala. Kuwii taleefoonnada aan ku la hadlaynay oo dibedda joogayna qaarbaa sidaas ahaa oo waxyaabaha aan waqtigaa bilowgiiba ogaaday ayaa waxaa ka mid ahaa in asalkaba qabyaaladda waddanka rogtay inay badi ka imaanayso dadka qurbajoogta ah.

Waxaan arrinka u sheegay oo ku qanciyay ina taageeray laba nin oo ragga odayaasha magaalada ka mid ahaa markaana ila deggenaa Xaashi Centre, kuwaas oo kala ahaa Maxamed Nuur Yaryare iyo Cabdiraxmaan Xaashi Jaamac (Afwayne). Waxay ii soo jeediyeen in aan dadka si tartiib ah u la kulanno kana bilowno Reer Faarax Ugaaska magaalada deggan. Arrinkaas aniga i ma qancin, maadaama fekerkaygu ahaa Marreexaan oo dhan, Gedo iyo Mudugba, haddana waa ka aqbalay waxaana habeen shir ugu qabannay maqaayad ku taalla magaalada Leiceter, iyada oo aan shirka u qabannay reer Faarax Ugaas, balse shirkii waxaa ka soo qayb galay rag badan oo akhyaar ah. Markii aan wada hadalnay, sidii aan rabnay ku ma dhammaan, waayo iyagu waxa ay ka fekerayeen wax Leicester ku eg iyo sida dadka Leicester la isugu keeni lahaa loogana bilaabi lahaa reer Faarax Ugaas oo shir la isugu keenayo. Waxaa shirkaa joogay rag badan oo ikhyaar ah uu ka mid ahaa garyaqaan-xildhibaan Cabdirashiid Shiikh Saciid, laakiin arrinkaa anigu ku ma qancin, waana ka gudbay. Waxaan isku dayay dhalliyarada Magaalada in aan dad ka helo u dhashay beesha, waxaana helay 7 qof oo ka mid ah oo aan isugu keenay shir anigoo guddi ka dhigay ayna ka mid ahaayeen dadkaas dadkii u horreeyay oo iga la shaqeeyay dhisidda Maamulka Bartamaha Soomaaliya fekerkaasna ila qaatay. Waxay ka la ahaayeen:

1. Maxamed Xaashi Cabdi Carrabey
2. Ibraahin Aadan Xaaji
3. Garaad Cali Nuur
4. Cumar Maxamed Jaamac
5. Maxamed Nuur Yaryare
6. Qaali Guuleed Aadan
7. Cabdi Diiriye Cigaal
8. Farxiyo Xaaji Dabcasar

Waxaa shirar joogto ah iyo shaqo kala qaybsasho bilaabay toddobadeenaa oo ku heshiinnay in aan shirar bilowno kana bilowno Leicester gudaheeda iyo magaalooyinka kale ee Ingiriiska. Laakiin waxaannu shirkii u horreeyay ku qabannay magaalada Leicester bishii Janawari 2010-kii oo u qabannay bulshada Sade ka soojeeday oo deggenaa magaalada Leicester, intii na diidday mooyee inteenna kale waxaan isla qaadanay in shir weyn oo arrinkaas looga hadlayo aan ku qabanno magaalada bisha May ee sanadkii 2010-kii, ujeeddada shirkaasna uusan noqon mid wax kale ku saabsan ee uu noqdaa kaliya mid maamul loogu samaynayo deegaanadaas, iyo waliba in aan tagno magaalooyinka London iyo Birmigham oo aan dadka dhan ku qancinno inay na la qaataan ra'yigaa. Wallow isla halkaa ay ka soo baxday kala feker duwaanaansho ku saabsan habka wax loo wadi karo iyo sida loo wajahayo oo dadka qaar markiiba caddaynayaan in aysan muhiin ahayn in maamul loo sameeyo deegaannadaas taas oo ku salaysnayd in dadka beeshu badi aamminsnayn fekerkaan kalagoynta dalka oo federaalka la qaadanayo.

Waxaan bilownay ka dib iibintii fekerkeenna iyo la kulanka dadka wax galka ah oo beesha ka soo jeeda oo ku kala nool dalka Ingiriiska iyo dibeddiisa. Aniga oo ka bilaabay Magaalada Birmigham ayaa waxaa i raacay laba nin oo odayaal ah oo kala ahaa Maxamed Nuur Yaryare iyo Cabdiraxmaan Xaashi Jaamac. Waxaan la kulannay rag badan oo odayaal ah oo reer Birmigham ahaa iyaga oo maqaayad gooni ah oo ku taallay waddada Coventry Road ee Xaafada Small Heath qado noogu sameeyay. Raggaan inta aan ka xusuusto waxaa ka mid ahaa Adeer Biixi, Maxamed Cumar Cilmi Dhagawayne, Cabdi Cismaan Nuur, Cabdullaahi Goonwayn, Cali Cabdul Isxaaq, Cabdiraxmaan Odawaa, Allah ha u naxariiste Xasan Cadde, Cali Jaamac Cali Dheere iyo rag kale, kuwaas oo aad u soo dhaweeyeen ra'yigii, islana qaadanay in aan Birmigham shirwayne dadka ugu qabano ka dibna halkaas ka raadinno taageerada shirka wayn ee Leicester. Waxaa kale oo aan tagnay saddexdeennii London oo la kulannay urur beesha loo dhisayay markaa dadkii waday oo aan iyagana ka codsanay arrinkaas oo kale. Way na la qaateen sidii Birmigham markii aan u soo sheegnay una sharraxnay wixii aan Birmigham kala soo kulannay. Dadkii aan ku la kulannay London waxaa ka mid ahaa Axmed Lugay Garaad Ayjeex, Aammino Cali Carkow, Sahro Maxamed Maxamuud Yuube, Cadar Aadan Guud, Kayf Aadan Cilmi, Cabdullaahi Xasan Alankay, Cabdullaahi Cabdisalaan Garoon iyo Maxamed Cabdi Cumar Gacamay, kuwaas oo iyaguna na la qaatay in aan shir London ku qabanno, dadkana isugu yeerayno ka dibna ku qancinaynno shirwayne Leicester ka dhaci doona Bisha May 2010-ka. Waxaan kale oo arrintaas ku garab wadnay in aan teleconference qabanno oo aan daafaha iyo dacallada adduunka la hadalno, oo aan weliba dadkii gudaha waddanka joogay ku soo xirno taleefoonka, si looga dhaadhiciyo arrinka.

Shirarkii labaad ayaan u tagnay magaalooyinka Birmigham iyo London, waxaana dadka ka codsanaynay oo u sheeganay sida ay muhiimka u tahay in loo baahanyahay in deegaankii maamul loo dhiso. Halkudhiggii aan isticmaalaynay waxa uu ahaa (***Tasho inta aan laguu talin, haddii aadan tashanna waa laguu talin***) waxaan si aad ah dhammaan dadkii noo yimid ku qancinayay inay na la qaataan in aan shirwayne ku qabanaynno bisha may 2010-ka magaalada Leicester ay naga la soo qayb galaan, runtiina halkaas waxaa na la qaatay dad badan, walow dadka qaar ay si kale u arkayeen.

17. Talooyinkii aan ka helnay Odayaasha

Wixii aan samaynnay oo bilownay waxaa ka mid ahaa in odayaasha qabiilka magaca ku dhex leh oo deggan dhammaan UK aan isku dayno in aan la xiriirno ama u tagno si aan talo uga qaadanno, walow aanu talooyin badan oo kala duwan aanu ka helaynay. Odayaasha aan la hadlay waxaa ka mid ahaa qaar hadda dhintay iyo kuwo weli nool, runtiina waxa ay ii soo jeediyeen talooyin waxgal ah, qaarkoodna muhiim ahayd in aan qaato balse aanan qaadan, waxaana odayaashaas ka mid ahaa:

1. Allah ha u naxariistee, danjire Jaamac Dirir Guuleed. Waxa uu igu la taliyay markaan la wadaagay fekerka ah in aan rabo in aan maamul u sameeyo beesha Sade Bari; talada uu ii sheegay waxa ay aheyd:

   Fekerkaa waa wax fiican muhiimna ah in la sameeyo maamul, laakiin waxaan kuu sheegayaa oo hubaal ah in haddii aad halkaan ku sheegto aad dhib badan la kulmi doonto, marka in aadan halkaan ku sheegin ee aad dalkii la aaddo oo halkaa ku soo bandhigto ayaan kugu la talinayaa.

2. Maxamed Xaashi Cigaal ayaan isaguna u soo bandhigay waxa uu igu la taliyay:

   In aan waxaa iska daayo oo aanan samayn karin, carruurteydana korsado, dukaankaygana haysto, dadkaana asalkaba ahayn dad wax loo samayn karo oo kan dad kuugu xiga kuugu daranyahay, aamminsan yihiina adiga oo dhan in aad lacag tahay.

   Waxaa kale oo uu iiga sheekeeyay waxyaabo ku soo dhacay hadda ka hor markii maamulka Puntland la dhisayay oo uu isku dayay in uu ku daro halkaas oo maamulkaas ka qayb qaataan dhibaato ka soo raacday.

3. Maxamed Maxamuud Jaango'an ayaa isaguna si cad iigu yiri:

   Caqabado badan oo jira awgood, ma awooddid in aad dhulkaas maamul u samaysid adiga oo kaligaa ah. Isaga oo ku micneeyay caqabadaha ka jira Marreexaanka ama reer Diiniga dhexdiisa awgeed.

4. Allah ha u naxariistee, adeer Cabdulaahi Xalane Nuur ayaa asaguna ii sheegay waxaas in aanay suuragal ahayn muhiimna ahayn in aan dhaqaalahayga iyo waqtigayga ku bixiyo ee arrinkaa aan iska daayo.

5. Faarax Diiriye Awal oo aanu isla deggeneyn oo saaxiib isku feker dhowna ahayn ayaa igu yiri: *Deegaankaan sida wax loo qaybsado ma taqaannid mana samayn kartid maamul ee ka joog*, isaga oo markaa ujeeddadiisu uun ahayd in uu u arkaayay in aanan aqoon fiican u lahayn dhulkaas, waxa ayna ahayd runtiis inta badan.

6. Adeer Biixi ayaa isagana igu la taliyay in aan wado ayna tahay talo aan marnaba la heli karin oo muhiim ah, iguna garab istaagnaa ilaa iyo maalinka maanta ah oo aan howshaa ku jiro.

7. Cali Cabdul Isxaaq ayaa isaguna ii sheegay arrinkaa in uu muhiim yahay iguna garab taaganyahay har iyo habeen, horayna u socdo oo aan wax samayn karo ilaa maantana i taageerayay.

Talooyinkaas badidood ma qaadan, balse waxaa ku jira talooyin badan oo aan is iri markii dambe haddii aad qaadan lahayd guul ayaad ka gaari lahayd arrinkii aad wadday, taas oo ay u horayso talada adeer Jaamac Dirir.

Waxaan kale oo arrinkaas aannu ku garab wadnay laba arrimood oo kale oo ahaa in aan samaynno maalin walba oo Sabti ah in aan taleefoon isku xir ah dhammaan caalamka oo aan dadka uga dhaadhicinayno sidii ay shirkaa uga soo wada qaybgeli lahaayeen ama wafdi uga qaybgala ugu soo dirsan lahaayeen. Magaalooyinka iyo meelaha ugu fiicnaa oo teleefoonka laga soo gali jiray waxa ay ahaayeen magaalooyinka USA, sida Virginia, Seattle, Minneapolis, Columbus Ohio, Boston, Chicago iyo magaalooyin kale oo yar yar; Denmark, Sweden, Norway, Canada, Finland, Germany, Netherland, France iyo Britain.

Waxaa kale oo aan samaynnay in aan la tashanno dadyow waxgal ah oo u dhashay beesha oo aan is lahaa taladoodu waa lagamamaarmaan, iga lana talinayey meeshii aan mari lahaa iyo weliba khibraddooda, si aan uga faa'iidaysto.

18. Bilowgii Caqabadaha

Waxaa dhacday markii qurbajoogta North America ee ka soo jeeda beeshaan ay maqleen dhaqdhaqaaqeenna oo aad u socda ay ku dhawaaqeen shir ka dhacaya Ohio oo keenna ka soo horreeya kana soo horjeeda, kaas oo markii ay iyagu ku micneeyeen 'isku xirka qurbajoogta', balse ay ujeeddadoodu ka duwaynayd, taas oo ahayd inay lahaayeen han siyaasadeed oo qarsoonaa, kaas oo aan annagu is niri 'adinka ayaa la idiin ka soo hor jeedaa'. Waxa ay Yurub uga yeerteen dadka qaybgala shirkooda. Shirkii markii uu dhacay, waxa ay la baxeen magac la dhaho SDSI, waxa ayna doorteen Gudoomiye iyo Gudoomiye ku xigeen. Balse annagu ka ma aannaan diidin ee waxaan samaynnay in aan la xiriirnay oo aan isku daynay in aan kala tashanno arrinka ururkooda ee beesha loo sameeyay.

Isla sanadkii 2010-kii, intaan howsheenna wadnay, ururkii loo bixiyey SDSI Guddoomiyena uu u ahaa Cabdinuur, ku-xigeena kol. Cumar Yare, ujeedkii loo aasaasayna uu ahaa in uu mideeyo qurbajoogta beesha oo markaa loo arkayay inay kala daadsanaayeen ayaa bilaabay hawshii loo igmaday mid aan ahayn. Si walba ha ahaatee, dad ka mid ahaa madaxdii ururkaas, aqoonyahanno iyo siyaasiin u dhashay beesha iyo dadkayagii waday barnaamijka ah in aan shir ku qabanno magaalada Leicester oo looga tashan lahaa sidii maamul goboleed loogu samayn lahaa deegaanka beesha' ayaa shirar kala duwan isugu yimid, annagoo isu imatinkaas aan lagu guulaysan kala duwaanasho aragtiyeed oo meeshaa ka soo baxday owgeed.

Sababta keentay kala aragti duwanaanta waxa ay ahayd in hoggaankii ururka iyo ujeedooyinkii loo aasaasay ay kala duwanaayeen, waayo waxaan u sheegnay inay iyaga qurbaha isku xirkiisa ka shaqeeyaan annagana nagu taageeraan dhisidda maamulka iyo shirwaynaha aan qabanayno, balse si cad bay u diideen, iyaga oo nagu yiri "joojiya dhammaan dhaqdhaqaaqa aad waddaan". Waxaan xusuustaa in aan isugu nimid ilaa dhowr taleconference oo isku xir ah balse ay wax walba oo wanaag ah oo annagu markaa u arkaynay naga diideen, waliba ragga qaar habeen anagoo Teleconfrence ku jirna ayey si toos ah u dhaheen "awood u ma lahidin in aad maamul u dhistaan dhulkaas ee ka jooga" waxa arrinkaa watayna waxa ay ahaayeen dhowr qof oo iyagu is fahamsanaa isku kooxna ahaa oo ka dhex arkayay halkaas dano siyaasadeed. Markii ay arkeen in aan isku fahmaynin arrinkaa ayay sameeyeen laba arrimood oo kala ahaa:

1. In ay la hadleen gudihii dalka naguna direen saraakiil Marreexaan ah oo ka tirsanaa ururkii ASWJ oo markaa iyagu deegaanka joogay kana dhaadhiciyeen oo ku yiraahdeen raggaan Asmara ayaa laga soo diray ee iska ilaaliya waxayna u shaqeeynayaan ragga idin la dagaalaya.
2. Iyaga oo guddoomiyahooda Yurub u soo diray oo ku soo aaddiyay waqtigii annagu aan shirka qabanaynay 3 maalmood ka hor, si bulshada reer Sade oo ka qaybgeli lahayd shirka loo kala jebiyo.

Ogow oo arrimahaas waxaa inta badan waday rag kale, laakiin ninka Guddoomiyaha ah keligiis haddii ay ahaan lahayd talada waxaan is leeyahay sidaas ma noqoteen. Labadaa isku dayna waa ku fashilmeen, waayo waxaa dhacday in shirkeenniina uu si caadi ah noogu qabsoomay, dadkii ay la hadleenna aan annaguna la hadalnay oo u sheegnay waxa loo sheegayna inay been yihiin, walow aysan naga qancin, waayo waxaa iyaga ka mid ahaa rag ay aamminsanyihiin.

Waxaan mar walba soo xusuustaa in aan aad u ogaataan ummaddu isku mid ma aha, weliba bulsho qabiilku dilooday oo burburtay in ka badan 20 sano is kala qaybinaysayna in la saxo ama waqti yar lagu saxo ma fududa. Iyagana markii aan ku jirnay xiriirka taleconference ee qurbajoogta, waxaan kala kulannay dhib badan oo dad aadan garanayn waxay ka hadlayaan ama rabaan oo uun teleconference u soo galaya kaliya inay carqaladeeyaan barnaamijka aad waddo iyo waxa aad ka hadlayso ayaa badnaa. Balse dhinaca kale waxaa jira dad aqoonyahan ah oo wanaagsan, doonayana inay markiiba wanaagga ka qayb qaataan, kuwaas oo grag iyo dumarba leh. Gabdho ka mid ah gabdhahaas ayaa noo soo tabin jireen waxyaabo badan oo runtii aan mahad uga hayo, shaqooyinkii ay waagaa na la qabteen oo aan halkaan lagu soo koobi karin.

Waxaa dhacday oo la-yaab lahayd in markii la arkay in si kale na loo joojin karin oo howshaan socoto ayaa waxaa dhacday in koox dhallinyaro ah oo markaa annaga na diiddan iskana dhigaya inay na la jiraan, balse annagu aannaan fahansanahay micnahooda iyo in aysan na la jirin shirarka ay galaana aan heli jirnay wararkooda iyo waxay noogu tashadaan, inay soo tashadeen kuna tashadeen inay been been arrinkaan naga la wareegaan, iyaga oo soo jeedinaya in aan guddi odayaal ah samayno. Balse ma aysan fahansaneyn hadafka aan ka fekeraayay iyo howsha sida aan u wadnay dabadeedna way i soo waceen iyaga oo dhahaya "nimanyahow annaga dhalinyaro ayaan nahay, howshaanna ma wadi karno ee aan odayaal guddi ah samayno, ka dibna howsha odayaasha ku wareejinno". Waxaan u sheegay "in aan sabtida marka la isku yimaado aan dadka u soo bandhigayo arrinkaas, markaan u soo bandhigo ka dibna aan go'aan ka qaadan doonno, arrinkaasna ay dadwaynaha u taalo ee aysan ahayn wax iyaga iyo annaga noo yaal." Intaa markii ay dhacday ayaa habeenkii dambe waxaa i soo wacay gabar iyaga la socotay markii ay ila hadlayeen oo taladooda iyo tashigoodana wax ka ogayd, waxayna ii sharraxday wixii ay damacsanaayeen iyo waxa ay ku soo heshiiyeen oo dhan aadna aan u soo dhaweeyay warbixintaas una sheegay in aan go'aan ka qaadanayo si fiicana u fahan sanahay waxa ay rabaan ayadana ku mahadsantahay warbixinta ay ii soo gudbisay, marka dhagarta ay wateen qolyahaa oo isa soo aruursaday oo reer Maraykan iyo Yurubta kale ahaa ayaa jiray.

Halkaas waa meesha dhabta ah oo dagaalku ka bilowday, anigana aan mar labaad go'aanka ku qaatay in aan arrinkaan ka miradhaliyo, si walba oo ay noqoto. Sabtigii markii la gaaray oo Teleconference-gii gabdho iyo wiilal dhammaan iyo hooyooyinkii u xiisa qabay arrinka qadka la soo wada galay ayaa waxa ay soo galiyeen laba nin oo odayaal ah ahaana culumo ASWJ ah, kuna noolaa magaalada Ohio ee dalka Maraykanka. Waxay dhaheen raggaan odayaasha ah oo deegaankana ka warqaba aan ku wareejino howsha, waxaana soo jeediyay arrinkaas nin dhallinyaro ah oo ka mid ahaa raggii aan ka soo xiriirinay USA oo asagana deggenaa Seattle, laakiin raggaan odayaasha ah waxa ay deggenaayeen Ohio. Markaan qaatay taleefoonka ayaan si fudud waxaan ku dhahay "horta maxaan haynaa annaga reer Leicetser ah oo raggaan ku wareejinnaa waa maxay, waayo waxaan hayno waa in uun aan shir ku dhawaaqnay oo aan niri shirkaa ha la isugu yimaado, shirkiina uusan weli qabsoomin, marka fadlan shirka ka soo qayb gala oo noo imaada wixii halkaas ka soo baxana markaa idinku la wareega haddii aad rabtaan." oo taladaa odayaal ka noqda. Balse arrinkaas iyaga u ma cuntamin, waana meesha ay ka bilaabatay dagaalka ah in Wahaabiyo na lagu sheego ASWJ-na meel walba oo ay joogto dagaal nagu bilowdo, halkaas oo na loo adeegsaday website taageeri jiray ASWJ lana oran jiray MUSTAQIIM uuna qori jiray nin Axmed Dheere la dhaho oo joogay Chicago, cay iyo aflagaaddana noo dhaadhaamin jiray har iyo habeen, lana bilaabay in la waco gudaha waddanka iyo culummadii joogtay, na la kuna diray, been iyo dacaayadna na loo ka sheegay, noona arkeen in aan nahay cadowgooda koowaad.

Runtii shaqsigii ila wadaagay arrinkaas mar walba oo aan maqlo magaceeda aad ayaan ugu farxaa, waayo waxaan u hayaa abaal weyn oo aan mar walba xusuusnaan doono ilaa iyo inta nolashayda ka dhiman, balse waxaa laga yaabaa qofkaasina uu maanta dareensanayn arrinkaas isaga laf ahaantiisa.

Waxyaabaha la yaabka ah waxaa ka mid ahaa in reer Birmingham markii aan shirka u qabannay ay si fiican u soo dhaweeyeen na lana qaateen. Maalinkii aan shirka Birmingham ku qabannay, odayaasha dhan waa noo yimaadeen, wayna na taageereen rag iyo dumarba dadka ku nool magaalada iyaga oo an kala harin. Balse waxaa dhacday markii aan ka tagnay, haddana waxaan shir kale ku qabannay London oo isagana taageero ugu raadinaynay shirka Leicester, kaas oo asaguna si fiican noogu qabsoomay nana taageereen dhammaan ka soo qaybgalayaashii naga la soo qayb galay shirkaa isaga ah.

Haddaba, markiiba reer Birmingham arrinka aan keennay way isku qilaafeen una kala jabeen laba dhinac, taas oo saamayn ku yeelatay fekerkeennii, waayo waxaa jiray arrimo badan oo ay ka mid ahaayeen in reer Birmingham iyaga dhexdooda si hoose isku hayeen ama shirkii Ohio lagu qabanayay oo ku lahaa feker dadka qaar carqalad noo arkaayeen, balse aan inagu aamminsanayn in aan shirkaa ka horreynay annaga ka mudnayn in na la taageero oo na la la shaqeeyo.

Waxaa jirtay iyana in reer Birmingham horay qilaaf uga dhaxeeyay oo ay u kala qaybsanaayeen laba kooxood oo kala taageersanaa laba nin oo ka mid ah odayaasha magaalada deggenaa, markaana ay dadkii sidaa u kala jabeen. Waxaa dhacday markaa in shirkeennii uu saamayn weyn ku yeeshay khilaafka reer Birmigham oo aad u waynaa. Waxaa iyana jirtay in odayaasha mid ka mid ah uu ka mid noqday dadkii aaday Ohio oo ka soo qayb galay shirkii lagu dhisay ururkii Sade ee SDSI, ka dibna annaga noo arkay si kale oo ahaa labadaan arrimood oo kala ahaa:

1. In aan dhinaca ka soo horjeeda ee la dagaalsan la jirno.

2. Iyo in ururkii uu ka tirsanaa aan ka soo horjeedno oo aannaan isku feker ahayn.

Taas waxay keentay in dadkii isaga ku xirnaa oo reer Birmingham ahaa ay halkaa nooga haraan. Dadkii dibedda joogay oo ka maseyray fekerkaa oo isku dayay in gudihii ay afkaar xun xun u gudbiyaan dadkana been u sheegaan iyo weliba isla ururkii SDSI oo u fahmay shaqadaan qabanayno toodii oo caqabad noo arkay oo iyagana dhankooda aanu dhib kala kulannay nagana reebaan dhamaan taageerayaashoodii iyo dadkii ku xirnaa.

Waxyaabahaas oo dhan waxa ay ahaayeen waxyaabo qofkii hadaf iyo dan leh niyad jebinaya, laakiin annaga na ma niyad jebin waxaana ka qaadnay dhiirrrigalin iyo horumar, balse dhanka kale waxaa nagu bilowday:

1. In taleefoonnadeennii aannu wadnay ee dadka ku kicinaynay laga garab furto kuwa kale oo annaga na la ku carqaladeynayo, balse taas waxba noo ma dhimin.
2. In dadkeedii reer Birmingham laba kooxood oo waawayn noqdaan oo kala qaybsan.
3. In reer London odayaashii qaar na diidaan, laakiin waxaa si xoog ah noo taageeray odayaasha qaar ka mid ah, sida Jeneraal Xuseen Shuqul, Ugaas Axmed Shiikh Xuseen iyo Jen. Culujoog.

Intaa ka dib, kooxdii naga soo horjeedday waxa ay taleefoon u direen oo aad u la hadleen gudihii dalka. Waxaa na la ku diray nimankii markaa deegaannada haystay ee ASWJ ahaa, iyada oo na la ku shaabbadeeyey oo lagu yiri; "nimankaan waxaay taageersanyihiin Wahaabiyada"m iyagiina halkaa dagaal naga la qaadeen. Waxaa na la ku diray xitaa siyaasiintii Cayr ee gudaha dalka joogtay oo qaar badan oo siyaasiintaas ka mid ahna ka shaqeeyeen in fikirkeenna mira dhalin oo dagaal wayn naga la hor yimid.

ASWJ waxaa hoggaaminayay beesha Cayr, iyada oo Beelaha Dir iyo Marreexaanna ay la dhisteen oo kala tirsanaayeen. Marka fekerka la gadayo ayaa waxa uu ahaa in dadkaas aan la kala jabin, annagana waxaa na loo arkay dhallinyaro aqoonyahan ah oo la yimid dardar iyo feker cusub una muuqata mid baabi'in doona fikirka ASWJ iyo isku xirka saddexdaa qabiil.

Qabashada Shirkii Leicester ee 28 -30 May, 2010-kii

Waxaa lagu guulaystay qabashadii shirka Leicester. Maalinku waa 28 May, 2010-kii. Waxaa isu yimid dhammaan ergadii la filayay oo loogu tala galay inay shirka ka soo qaybgasho iyo waliba dad ka badan.

Shirkaas oo ahaa mid aad loo sugayay ayaa waxaa ka soo qaybgalay dad aad u badan korna u dhaafaya ilaa 300 oo qof una badnaa dadkii deggenaa dalka Ingiriska, gaar ahaan magaalada Birmingham, iyaga oo aad ugu mahadsanaa, gaar ahaan ganacsade Maxamed Cumar Cilmi Dhagawayne iyo adeer Biixi oo arrinkaa aad uga soo shaqeeyay kuna bixiyay dhaqaale, xoog iyo caqli intaba. Waxaa uu socday shirku muddo saddex maalmood ah. Dood dheer ka dib, waxaa ka soo baxay qodobbo muhiim ah oo la isku waafaqay, kuwaas oo la oran karo waxa ay ahaayeen kuwo miradhalkoodii ilaa iyo maanta uu so cdo.

Waxaa ka soo qaybgalay bahda warbaahinta iyo dad magac ku dhex leh bulshada kana kala yimid waddamada North Ameerika, gaar ahaan Kanada, Maraykanka, iyo Yurub oo ahaa dadkii aan sugaynay inta badan, walow dadka qaarkiisna aanay u suuro gelin xaga dhaqaalaha owgeed.

Markii aan qabanqaabinaynay shirka, qorshuhu ma ahayn in siyaasadda oo keliya lagu lafo guro ee waxaan ugu talo galnay xitaa in looga doodo arrimaha bulshada iyo sidii wax loogu qaban lahaa. Marka shirkaas socday seddexda maalmood ayaa waxa uu ahaa mid koox koox looga doodayo sidii dadka iyo deegaannada ay degto beesha Sade ee Soomaaliya wax looga qaban lahaa, horumar fiican ayaana laga sameeyay wixii halkaa looga dooday. Shirka macnihiisu ma aheyn mid xambaarsan deegaan ee waxa uu ahaa mid watay magac qabiil, mana ahayn oo kaliya in looga hadlayay arrinka Galgaduud iyo Mudug oo keliya ee xataa waxaa ku jirtay deegaannada Jubbooyinka iyo Gedo oo beeshu degto.

Waxaa maalmihii uu socday shirweynahaan ay ergada madasha shirku hawshooda ka bilaabeen aqoon-isweydaarsi, waxa ayna ku lafagureen qodobbo aad mihiim u ahaa shirka, sida siyaasadda, amniga, dibu-hishiisiinta, maamulka, waxbarashada, caafimaadka, iwm.

Dhowr maalmood oo dood socotay ka dib ayaa waxa ay guddiyadii loo xilsaaray arrimaha qolo walba soo bandhigtay wixii dhinaceeda jiray. Waxaa ugu horreyntiiba halkaa ka hadlay Cabdullaahi Yuusuf Xasan (Allankeey), kaasoo u hadlayay guddiga dibuhishiisiinta, waxaana uu sharraxaad ka bixiyay qaabka ugu habboon ee loo wajihi karo Dibuhishiinsiinta. Waxaa sidoo kale halkaas isna ka hadlay Axmed Cismaan garaad (Eeyjeex) oo ku hadlayay magaca guddiga Amniga iyo Siyaasadda, waxaana Eeyjeex oo aad uga faallooday sida ugu habboon ee lagu sugi karo Amniga iyo qaabka loo marayo siyaasadda lagu hagayo. Cabdulaahi Maxamed Cali (Giigiile) oo ku hadlayay magaca guddiga Waxbarashada iyo Caafimaadka waxa uu sharraxaad heer-sare ah ka bixiyay sida loo heli karo Waxbarasho iyo caafimaad tayo leh, waxa uuna yiri; "Anigu waxaan qabaa in marka hore la helo maamul si loo haqabtiro adeegyada bulshada noloshooda aasaaska u ah, sida Waxbarashada iyo caafimaadka.

Waxaa Sidoo kale halkaa ka hadlay qaar ka mid ah jaaliyadda gabdhaha ee beesha Sade, waxaana ka mid ahaa Keyf Aadan Cilmi, Farxiyo Dabcasar, Khadiijo Cabdi Xasan (Afrika) iyo Aammino Cali Maxamed (Carkow). Keyf Aadan Cilmi oo ku hadleysay magaca jaaliyadda gabdhaha ayaa sharraxaad ka bixisay doorka gabdhuhu ay ka qaadan karaan adeegyada bulshada. Waxa ay Keyf halkaas ka sheegtay farriin ay ka sidday jaaliyadda gabdhaha ee madasha shirkaas, fariintaas oo ahayd in jaaliyadda beesha Sade meel kasta oo ay joogaanba ay la mid yihiin geed weyn, waxaana gabdhuhu fariintooda ay ku sheegeen in ay yihiin xididdada geedka, la'aantoodna aanay marnaba waxba suurtageli karin.

Ugu dambeyntii, waxaa halkaa ka hadlay Cabdullaahi Cabdisalaan Ashkir (Garoon) oo ku hadlayay magaca guddiga Maamulka, waxaa uuna sharraxaad ka bixiyay sidii maamul loogu heli lahaa goballada ay beesha Sade degto. Waxaa uu aad ugu fogaaday baahida loo qabo in la helo maamul-goboleed xaqiijiya dhammaan adeegyada bulshada. Iyada oo aan qoraal lagu soo koobi karin waxyaabaha aad loogu lafagurey aqoon isweydaarsigaas ayaa waxaa xusid mudan in uu u dhacay qaab aad u qurux badan oo cilmiyaysan, isla markaana ay ka soo baxeen qodobbo mihiim ah oo laga duuli karo, si loo gaaro natiijada saxda ah ee Shirweynahaan.

Maalintii Saddexaad ee Shirweynaha ayaa waxaa ugu horreyntii sidii caadada ahayd aayado Quraanka Kariimka ah shirka ku furay Sheekh Ibraahim Aadan Xaaji. Intaas ka dib, waxaa shirka maalinkiisii seddaxaad furay wakiilka ugaaska beesha Sade, Axmed Sheekh Xuseen, waxaana wakiilku uu halkaas ka soo jeedeyay hadallo isugu jiray mahadnaq iyo baaraarujin iyo duco intaba. Waxaa isna hadalka qaatay, Allah ha u naxariistee, Dr. Xasan Sheekh Cali (Xasan Cadde) oo ka mid ahaa odayaasha beesha Sade ee jaaliyadda UK. Xasan Cadde waxa uu mahadnaq iyo bogaadin u soo jeediyay dhammaan ergooyinka beesha Sade ee u dhabar adeygay Shirweynahaan. Waxa uu ugu baaqay oo ku baraarujiyay dhammaan Jaaliyada Beesha Sade ee madasha shirweynahaan in sida ay tahay loo qaato ama looga miradhaliyo natiijada ka soo baxda shirweynahaan.

Waxaa shirka qadka taleefoonka uga qayb qaatay Culumaa'udiinka Ahlusunna Waljameeca oo ku sugnaa magaalada Caabudwaaq oo uu hoggaaminayay Shiikh Ibraahim Xasan Guureeye iyo weliba odayaal-dhaqameed, iyaga oo bogaadiyay barnaamijka, taageerayna sida shirku u dhacay soona dhaweeyay.

Waxaa ugu dambeyntii halkaas ka hadlay Jawaahir Daahir Yuusuf oo ahaan jirtay suxuufiyad caan ah oo ka hadli jiray Telefishinkii Qaranka Soomaaliya xilligii Berisamaadka, haddana ah gabadh ku dayasho mudan oo ku nool magaalada Leicester ee waddanka Ingiriiska ahna Guddoomiyaha Qurbajoogta Soomaaliyeed iyo Guddoomiyaha Jaaliyadda Soomaaliyeed ee Magaalada Leicester. Waxa ay aad uga faallootay doorka ay haweenku ku leeyihiin horumarinta bulshada, waxayna xustay in gabdhuhu ay yihiin kuwa mar kasta u taagan danta iyo adeegga bulshada., haddana burburkii dhacay uu gabdhaha aad u saameeyay. Ugu dambeyn, waxay jawaahir xustay in loo baahanyahay in maamul loo sameeyo dadka deegaanka, si loo xaqiijiyo adeegyadooda.

Waxaa xusid mudan in shirkaan intii uu socday uu aad uga qayb qaatay adeer Axmed Warsame Biixi iyo Maxamed Cumar Cilmi Dhagawayne oo qayb ka ahaa isku-dubbaridka, qabanqaabada iyo xariirrada. Waxay runtii u fuliyeen si aan innaba hagar lahayn, taas oo marnaba aan la hilmaami karin garab istaagii ay ii muujiyeen muddadii aan waday howshaan, bilow ilaa dhammaad. Iyada oo dhinaca saxaafadda uu qaabbilsanaa Daahir Faarax Afdheere oo aan seexan seddexdii maalmood oo uu shirku socday, halkaas oo aad iyo aad uga shaqaynayay ahaana nin dhalinyaro ah oo wax badan qabtay. Waxaan marnaba la illoobi karin doorkii ay ku lahaayeen gabdhihii ka kala yimid Birmingham, London iyo weliba Leicester oo door fiican ka qaatay, aniga oo gabdhahaas dhammantood aad iyo aad ugu mahadcelinaya,

Ugu Dambeyntii, waxaa la soo gaaray geba-gabadii shirweynaha, kaasoo socday muddada saddexda maalmood ah, waxaana hadalka qaatay Axmed Sheekh Cabdi si uu ugu dhawaaqo natiijada Shirka Waxaana ay ahayd sidatan:

Go'aamada ka soo baxay Shirweynaha Leicester, UK

Sida la wada ogsoon yahay, waxaa seddex maalmood ka socday (laga soo bilaabo May, 28-30, 2010) magaalada Leicester, UK, Shirweyne Qurbajoogta Jaalliyadda Beesha SADE ee ka soo jeedda Gobollada Dhexe, iyo Gobollada

Jubbooyinka. Shirweynahaas oo looga wada hadlay arrimo badan ayaa 30/05/2010 gebagebdii shirka looga dhawaaqay qodobbadaan soo socda:

1. Maamul u sameynta Degaannada kor ku xusan
2. Nabadeynta, Dib-u-heshiisiinta, iyo Mideynta Bulshada
3. Hirgelinta Mashaariicda horumarinta sida:
   i. Daryeelka Caafimaad Bulshada
   ii. Abuurista iyo Kobcinta Waxbarashada
4. In la doorto Guddi iyo Hawl-wadeeno.
5. Iyo in si buuxda looga wada shaqeeyo midnimada Ummada Soomaaliyeed, Beeshuna uga qeyb qaadato si buuxda Dib-u-heshiisiinta, lana ixtiraamo Nidaamka Federaaliga ah.

Waxaa Shirweynuhu go'aansaday qodobbada hoos ku qoran:

1. In la dhiso Maamulgoboleed, lagana dhiso Gobollada Dhexe ee Soomaaliya.
2. In Shirweynaha lagu dhisayo Dowlad Goboleedka lagu qabto gudaha Dalka, gaar ahaan Degaannada Gobollada Dhexe ee Maamulka loo sameynayo.
3. Waxa uu Shirweynuhu u doortay magaca Maamulkaasi in uu noqdo, **"Dowlad-goboleedka Bartamaha Soomaaliya" (Somali Central State).**
4. Waxaa la doortay si ku-meel-gaar ah Guddiga qabanqaabada iyo Gogolxaarka dhismaha Dowlad-goboleedka Bartamaha Soomaaliya. Guddigu waxa uu ka koobanyahay 57 xubnood.
5. Shirweynuhu waxa uu si ku-meel-gaar ah u doortay Guddoomiye, 2 G/Ku-xigeen, Xoghaye Guud, Xoghayaha Maaliyadda iyo Kaaliyihiisa iyo Afhayeenka Guddiga Qabanqaabada qabashada Shirweynaha, waxayna kala yihiin:
   i. Maxamed Xaashi Cabdi Carrabey (Guddoomiye)
   ii. Maxamed Xayir Nuur (Guddoomiye Ku-xigeenka 1aad)
   iii. Cabdiwahaab Sheekh Maxamed Xaaji (Gudd. Ku-xigeenka 2aad)
   iv. Cabdullaahi Abdisalaan Ashkir (Garoon) (Xoghaye Guud)
   v. Maxamed Ibraahim Muuse (Maxamed Amiin) (Xogh. Maaliyadda)
   vi. Cuuleed Cakood Warsame (Jiijiile) (Kaaliye)
   vii. Axmed Sheikh Cabdi Dahir (Afhayeen).

6. Degaannada seddexda Gobol ee Jubbooyinka, bacdamaa ay socdaan wadahadallo u dhexeeya Beesha Sade iyo Beelaha walaalaha Soomaaliyeed ee Deegaanadaasi, waxa uu Shirku isla gartay in laga warsugo dadaallada Nabadda iyo Dib-u-heshiisiinta ee horay u socday.

7. Iyo in si buuxda looga wada shaqeeyo midnimada Ummada Soomaaliyeed, Beeshuna uga qeyb qaadato si buuxda Dib-u-heshiisiinta, iyo in la ixtiraamo Nidaamka Federaaliga ah.

Ka dib, waxaa halkaa lagu guda galay in shaqadii maamulka iyo dardar-galintiisa la wado. Waxaa dhacay shirkii ugu horreeyay oo la isugu yimaado. Maalinimadii Axadda ahayd ee 6-da bisha Juun 2010-ka magaalada Leicester ka dhacay, kalfadhigii ugu horreeyay oo ay yeesheen guddiga qabanqaabada Dawladgoboleedka bartamaha Soomaaliya.

Kalfadhigaan oo ahaa mid si heer sare ah loo soo agaasimay ayaa waxaa ka soo qaybgalay dhammaan guddiga qabanqaabada dawladgobaleedka bartamaha Soomaaliya. Waxaan ugu horreyntiiba halkaa ka hadlay aniga oo ahaa Guddoomiya Guddiga qabanqaabada Dawladgoboleedka Bartamaha Soomaaliya. Isla markaana aan shir guddoominayay kalfadhigaas. Waxaan mahadnaq u soo jeediyay dhammaan xubnihii ka qayb galay kalfadhigaas, aniga oo ku boorriyay inay la yimaadaan wax qabad dhab ah.

Run ahaantii xubnihii halkaa isugu yimid waxaan u sheegay inay na hor taallo hawl aad u adag oo u baahan in la isagu geeyo Muruq, Maal, iyo Maskaxba, sidaa awgeedna loo baahanyahay in qof walba uu kaalintiisa xil adag iska saaro oo ka soo dhalaalo.

Ugu dambeyn, waxaan halkaas ku soo bandhigay qodobbo u baahan in laga doodo iyo qaar kale oo iyagana u baahan in la dhammeystiro, waxaana qodobbada aan soo bandhigay ka mid ahaa kuwaan:

1). In la dhammeystiro guddigii 57-da xubnood ahaa ee horey qaar ka mid ah loo magacaabay inta ka dhimanna la magacaabo.

2). Sidii dhaqaale loogu abuuri lahaa dawlad-gobaleedka Bartamaha Soomaaliya.

3). Sidii xafiisyo loogu sameyn lahaa guddiga iyo hawlwadeenada Dowlad-goboleedka.

Waxaa sidoo kale isna halkaa ka hadlay guddoomiye ku-xigeenka guddiga qabanqaabada dowladgoboleedka, Maxamed Xayir, kaasoo isaguna halkaas ka soo jeediyay talooyin iyo fikrado waxgal ah.

Aamina Cali Maxamed (Carkow) oo ka mid ahayd guddigii ka qayb galay kalfadhigaas, kaalin lama-illaawaan ahna ku lahayd howsha socotay ayaa iyana soo bandhigtay fikrado macquul ah oo si aad ah loogu riyaaqay badidoodna la qaatay. Waxay soo jeedisay in la sameeyo wacyigelin, si dad farabadan oo aan ogeyn looga dhaadhiciyo ujeeddada dowlad-gobaleedkaan loo aasaasay.

Waxaa kale oo halkaa ka hadley Maxamed Cumar Cilmi (Dhegaweyne) waxaana uu dhammaan ergada kalfadhigaas ku baraarujiyay in ay la yimaadaan karti iyo wax qabad dhab ah.

Geba-gebadii kalfadhigaas ayaa waxaa ka soo baxay natiijooyin wax-ku-ool ah oo dhammaantood waxtar u leh dowlad-goboleedka Bartamaha Soomaaliya oo ay ka mid ahaayeen in shirar kale lagu qabto dalka Ingiriiska gudihiisa oo lacag loogu ururinayo maamulka.

Ma aha wax qoraal lagu soo wada koobi karo dhammaan magacyada ergadii halkaas fikradahooda ku soo bandhigay, waxaanse ka xusi karaa:

1). Cabdulwahaab Sh. Maxamed Xaaji
2). Cabdullaahi Yuusuf Xasan (Alankey)
3). Col: Axmed Warsame Cabdulle (Biixi)
4) Cali Jaamac Xuseen (Calidheere)
5). Cabdullaahi Aadan Nuurre (Xuubey)
6). Keyf Aadan Cilmi
7). Ismaaciil Cali Naasir
8). Shiine Baluugle
9). Ibraahim Aadan Xaaji
10). Cabdi Ciise Cabdi (Cabdi-gahayr)
11). Khadiija Cabdi Xasan (Afrika).
12). Guuleed Cakood (Jiijiile)
13). Farxiyo Xaaji Dabcasar.

Waxaa halkaa ka bilowday hawlgalkii iyo shaqadii maamulkii la magac baxay Bartamaha Soomaaliya (Central State), kaas oo kulankii ugu horreeyay oo dhaqaale loogu uruurinayo lagu qabtay magaalada Birmingham maalin Axad ah 13-ka bishii Juun, 2010-kii. Kulankaan oo ahaa mid si heer sare ah loo soo qabanqaabiyey oo gogoshiisana ay fidiyeen urur weynaha Sade ee European Community (SECO) oo ah urur ay ku midaysanyihiin Jaaliyadda Qurbajoogta ah ee beesha Sade ee Birmingham, kaas oo magaalada Birmingham looga dhawaaqay bishii Maajo ee hore. Ururkaan ayaa waxa uu ahaa urur ay si qaas ah u samaysteen beesha Sade ee Birmingham. Maadaama dadka dhan aanay isku meel deggenayn, magaalooyin kala duwanna la degganyahay, dhibaatana qurbaha ka jirta ayaa waxa ay ku talo galeen inay danahooda ku difaacdaan oo wax isugu taraan. Waxaa ugu horreyntii halkaas ka hadlay oo shirka furay guddoomiyaha ururka SECO, Cali jaamac Xuseen (Cali Dheere).

Goddoomiye Cali dheere waxa uu mahadnaq u soo jeediyay dhammaan jaaliyadda beesha Sade ee isugu timid kulankaas, intaas ka dibna waxa uu sharaaxaad ka bixiyay sababta loo aasaasay ururkaan SECO iyo tallaabooyinkii uu qaaday intii uu jiray; waxa uu sheegay inay mardhaw gudagali doonaan hawlihii ama ujeeddooyinkii loo aasaasay haddii uu Eebbe idmo, waxa uuna yiri; "Waxaan soo dhaweynaynaa oo ka qayb qaadanaynaa wax kasta oo ay ku jirto danta beesha sade, Sida kulankaan dhaqaale uruurinta ah ee maanta halkaan ka socda".

Waxaa isna halkaas wacdi diini ah ka soo jeediyay Sheekh Xasan Maxamed Xayle oo ka mid ah culumaa'udiinka jaaliyadda Sade ee Birmingham isla markaana ahaa wakiilka beesha Sade ee kulankaas.

Intaa ka dib, waxaa hadlay Mowliid Cabdiqaadir Faarax oo xiriirinayey kulanka, kaas oo igu soo dhaweeyay aniga, waxaana ugu horreyntii aan ammaan iyo mahadnaq u soo jeediyay dhammaan ka qaybgalayaashii kulankaas, khaasatan ururka SECO oo gogashaas fidiyay. Waxaan halkaas ka sheegay "in ilaa hadda hurumar laga gaarray oo la qaaday tallaabooyin wax ku ool ah. Waxaannu sameynnay magacii Dowlad gobaleedka kaas oo ah **Dawlad-Gobaleedka Bartamaha Soomaaliya (Somali Central State)**. Waxaannu sameynnay guddi 57 xubnood ah. Waxaannu sameynnay xafiisyo. Waxaa farxad iyo guulba ah in aannu maanta ku guda jirno hawshii dhaqaale uruurinta ahayd ee ugu horreysay. Waxaa keliya oo noo haray in aan diyaarinno guddigii aadi lahaa gudaha Soomaaliya" ayaa ka mid ahaa hadalladii aan halkaas ka iri.

Intaas ka dib, waxaan halkaas ka sheegay in aan ballanqaadayo waxqabad dhab ah intii karaan ah kana soo dhalaali doono hawshaan culus ee na loo xilsaaray.

Waxaa kale oo halkaa la soo bandhigay oo lagu qaatay Calanka, Loogada iyo Mapka maamulka Bartamaha Soomaaliya (Somali Central State/SCS).

Waxaa sii socday hadalkii uu watay. Iyada oo aan qoraal lagu soo wada koobi karin waxyaabihii halkaas ka dhacay iyo dhammaan dadkii ka hadlayba, ayaa waxaa xusid mudan in kulankaas dhaqaale uruurinta ahaa ay ka soo baxeen natiijooyin wax ku ool ah, kaasoo ah: in jaaliyaddii ka qayb gashey kulankaas ay ugu deeqeen dowlad-gobaleedka bartamaha Soomaaliya $33,000 kun oo doollarka Mareykanka ah. Waxaa isla goobtaas ay jaaliyadda Birmingham kaliya ballanqaadday inay bixin doonto $50,000 kun oo doollarka Mareykanka ah. Waxaa kale oo la isku afgartey in hawshaan dhaqaale ururinta ah la ballaariyo oo la gaarsiiyo dhammaan daafaha dunida.

Waxaa hawshaan dhaqaale uruurinta ah si khaas ah isugu hawlay oo kaalin libaax ka qaatey qaar ka mid ah culumaa'udiinka beesha Sade ee jaaliyadda Barmingham kuwaasoo kala ah:

1). SheekhCabdaraxmaan (Tajwiid)
2). Sheekh Maxamed Aadan
3). Sheekh Yaasiin Goonweyn
4). Sheekh Xasan Xayle.

Sidoo kale, iyada oo aan qoraal lagu soo wada koobi karin dhammaan waxgaradkii iyo aqoonyahannadii, iyo cuqaashii ka hadashay kulankaas iyo wixii ay ka yiraahdeen ayaa waxaan ka xusi karaa:

1). Dr. Xasan Cadde (Allah ha u naxaraiistee)
2). Maxamed Cumar Cilmi (Dhagawayne)
3). Malaaq Cali Cabdul Isxaaq
4). Kol. Axmed Cabdulle Warsame (Biixi)
5). Dr. Maxamed Jaamac
6). Gen. Xuseen Shuqul
7). Maxamed Ow Libaax
8). Cabduwahaab Sheekh Maxamed Xaaji
9). Cabdullaahi Aadan Nuurre (Xuubey)
10). Aammino Cali Maxamed (Carkow)
11). Cabdullaahi Cabdisalaan Ashkir (Garoon)
12). Cabdixaafid Ciise Cabdi (Cabdi-gahayr)
13). Ismaaciil Cali Naasir
14). Xaliimo Aadan Maxamed (Xaliimo Caddey)
15). Dr. Cabdiweli Xasan Maxamed
16). Khadiijo Abdi Xasan (Afrika)
17). Safiyo Sh. Daahir Cabdi Geelle
18). Maxamed Xuseen Xirsi
19). Kayf Aadan Cilmi
20). Guuleed Cakood Jiijiile
21). Gini Cabdi Saytuun.

Sidoo kale, waxaannu halkii ka sii wadnay taleefoonnadii la isku xirxirayay, waxaana jiray shirar dhowr ah oo aan galnay oo aan ku samaynnay wacyigelin badan. Waxaa jiray shir taleefoon oo dhacay habeenkii 22/06/2010-kii, kaas oo ay ka soo qayb galeen dhowr qof. Markii aayaadka Quraanka shirka lagu furay ka dib waxaa laga hadlay warbxin guud oo ay soo jeediyeen dhammaan xubnihii oo ay ugu badnayd middii uu soo jeediyay Adeer Axmed Warsame Biixi, taas oo u badnayd xariirka Caabudwaaq iyo Balanbal.

Intaa ka dib, waxaa laga dooday sidii dhaqaale loogu heli lahaa dadka na la shaqeeya oo gudaha jooga, sidii xaafiisyo gudaha looga furi lahaa, iyo sidii xariirka loogu dari lahaa Xildhibaanada Soomaaliya iyo Nairobi oo ayagana horay loo la xariiray, iyo in London dadka jooga la raadiyo, si baraamijka looga qaybgeliyo.

Intaa ka dib, haddana waxaa la isla gartay:

1. In caawa marka ay kulmaan guddiga dhaqaalaha ay ka doodaan arrinkaa oo ka wada hadlaan wixii soo xarooday iyo waxa la sugayo, iyo weliba sidii dadka gudaha jooga loogu diri lahaa dhaqaale.
2. In xaafiiska Ugaaska, midka uu isagu hadda leeyahay oo dhawaan Caabudwaaq looga furay aan ku ogaanno in uu ku shaqeeyo kana codsanno in uu noo shiriyo dhammaan guurtida Marreexaan ee deegaanka joogta.
3. In la raadiyo dhammaan dadka Marreexaan oo ay u horreeyaan xildhibaannada iyo kuwa kaleba, iyo in aannu London tagno 26-ka bisha, markaana aan ka tashanno sida aan ka yeelayno.
4. Waxaa laga yaabaa in dad guddiga ka mid ah ay Nayroobi safar u aadaan, marka in aannu ku aaddino waqtigaa shaqada aan ka qabanayno.

Jawiga shirku habeenkaa ku socday waxa uu ahaa mid aad u fiican, asaga oo socday muddo dhan 2 saacadood oo dhammaan dadkii oo wada qanacsan ay ka tageen meesha. Intaa ka dib, waxaan ku qabannay magaalada London shirwayne ay ka soo qayb galeen dad badan oo u dhashay beesha Sade, 26/06/2010-kii.

Shirkaa waxyaabihii looga hadlay waxaa ka mid ahaa habkii dhaqaale loogu ururin lahaa maamulka iyo weliba sidii loo bixi lahaa oo loo aadi lahaa waddankii loona sii mari lahaa Nairobi, Kenya. Arrimahaa waxa ay ahaayeen kuwo lagu guulaystay, si fiicanna meel wax la isku la dhigay, kuwaas oo runtii ahaa kuwa muujinayay guulihii ugu horreeyay ee uu gaaray Maamulkii Bartamaha Soomaaliya.

Shirkaa waxaa nagu taageeray odayaal badan oo beesha dhexdeeda magac ku lahaa oo aan halkaan lagu soo koobi karin ayna ka mid ahaayeen:

1. Jen. Xuseen Shuqul
2. Jen. Xasan Nuur Culujoog
3. Jen. Maxamed Tahliil Biixi

Waxaa Ilaahay mahaddii ah in 23/07/2010-kii lagu guulaystay in la soo bandhigo khariidaddii, Calankii iyo Astaantii uu yeelan lahaa maamulku, kaas oo ay ka doodeen guddigu. Markaa ka dibna ayay si fiican isku la qaateen una arkeen arrinkaas mid muhiim ah oo aan la hayn meel looga noqdo, sidaa awgeedna mudan in la qaato. Intaa ka dib, waxaa sii socday shirar badan oo si fiican looga wada hadlay looganatashaday sidii loogu anbabaxi lahaa Nairobi, ka dibna halkaa looga gudbi lahaa waddankii looguna heshiin lahaa in laga wada shaqeeyo inay muhiim tahay si barnaamijkaan loo geeyo meeshii loogu talo galay. Marnaba qorshaha ku ma jirin amaba la isku ma soo qaadin in meel aan ahayn meeshii barnaamijkaan loogu talo galay ama waddankii dhexdiisaan ahayn wax looga dhawaaqo, walow ay jireen cillado badan oo ay ka mid ahaayeen Al-shabaab oo waddanka meelo badan haystay oo koontoroolayay iyo dagaallo ka socday isla markaana ay socotay duufaan ah in maamullo looga dhawaaqo Nairobi iyagu dibad joog ahaa, kuwaas oo aan ka xasuusto sida labadii maamul ee la magac baxay Hiiraan State iyo Sool Sanaag iyo Cayn (SSC).

Bartamihii bishii September 2010-kii ayaa waxaan isugu nimid magaalada Leicester - hoolkii Hashi Centre - dad badan oo ka mid ah guddigii maamulka iyo taageerayaashii qaar ka mid ah, annaga oo ku heshiinnay in aan u ambabaxno magaalada Nairobi, si aan gudihii u sii aadno. Waxaa la qoondeeyay in aan ku baxno ilaa 13 ruux, 29 Sebteember, 2010-kii. Waxaa xusid mudan in dadkaasoo tigidhadooda iyagu iska bixinayeen, si isxilqaan ahna ay ahayd in uu qof walba u huro waqtigiisa iyo dhaqaalihiisa in dadkii qaar cudurdaarteen oo codsadeen in ilaa bilowga Oktoobar la sugo, balse haddana ay dib u dhaceen oo sheegeen in aysan bixi karin.

Runtii, dadka maalinkaa halkaa isugu yimid waxa ay ahaayeen dad badan oo go'aankaa wada qaatay kana mid ahaa guddigii Maamulka oo ka kala yimid magaalooyinka Birmingham, London iyo Leicester, dhammaantoodna go'aankaas na la qaateen, haddana iyagii cudurdaarteen oo na raaci waayeen! Nasiibdarro, waxaa dhacday in markii aan soo baxnay oo isxilqaan dhaqaalaheena iyo xoogeenna ku bixinnay annaga oo 12 qof ah oo dumar iyo rag ah shaqooyinna soo qabannay ay haddana qaarkood shaqadeennii ka hor yimaadeen oo na qilaafeen. Waa nasiibdarrada Soomaali haysata iyo "loo ma dhama!" Halkaas ayey ahayd meeshii saddexaad oo khilaafka maamulku ka bilowday.

Waxaan horey idiin ku soo sheegay:
1. In qoladii reer Maraykan oo aheyd kooxdii taleefannada naga daba waday ay ahaayeen qoladii kowaad ee fekerkeena diidday si qaldanna u fasirtay.
2. In qoladii qurbajoogta ee samaystay ururkii SDSI ay ahaayeen qoladii labaad oo fekerkeenna si kale u qaadatay.
3. Iyo qoladaan oo ka tirsanayd guddigeena oo markii aan soo baxaynnay iyagu daruufahooda qaaska ah nooga haray ay naga hor yimaadeen markii aan Nairobi tagnay oo maamulka dhisnay, ka dib markii aan qiimaynnay dhibka gudaha ka jiray.

Saddexdaa kooxoodba waxay nagu direen ururukii ASWJ oo ka talinayay Galgaduud, gaar ahaan meelo ay ka mid yihiin Caabudwaaq iyo Balanbal, iyaga oo danahooda qaaska ah ka leh ururkana u tusaya in aan duullaan ku nahay ayaguna halkaas naga la dagaaleen. Waxaa xusid nudan in dalka Soomaaliya uu markaa burbursanaa muddo dhan 20 sanadood ah, qadiyadda qabiilkana ay mar walba xoog lahayd waxna la isku oggolayn. Midda kale, dad badan baa fahmaya nolosha qurbaha, waana wax aad u adag oo qofku inta uu ka tago shaqadiisii oo uu qabto shaqo uusan wax kharash ah ka faa'iidayn waa mid aad u adag oo aan marnaba fududayn. Midda kale, dadkii na la dagaalayey oo barnaamijkeenna ka soo horjeeday marnaba ka ma harin inay na kala daadiyaan, halkaana waa meesha ay naga gali doonaan oo dadkii intii aan isku la soconnay ayaa waxa ay ku guulaysteen inay na kala jebiyaan oo galabkii aannu halkaa ku shiraynay kuna heshiinaynay raallina ku ahaa in qofkii diyaar ah asagu uu baxo ayaa na diiday ka dibna na la dagaalay. Laakiin waxba naga ma beddelin hadafkeennii iyo meeshii aan u soconnay.

Safarkii Koowaad Ee Nairobi October 2010-kii

Waxaan la xiriirnay magaalada Nairobi Jaaliyadda Beesha Sade ee deggenayd halkaa, nooc walba ee ay yihiin, waxaana u sheegnay in aan u soo soconno oo ay muhiim tahay inay na soo dhaweeyaan. Qabanqaabadayadii iyo soo dhaweyntii ayaa waxa ay u xilsaareen dhallinyaro u badan gabdho iyo wiilal kana tirsanaa ururkii Sade Youth Organisation (SYO), iyaga oo soo abaabulay dadkii magaalada aadna noo soo dhaweeyay.

Ugu dambayntii, waxaan go'aansannay in aan ku baxno,waana ku baxnay 6/10/2010-kii. Waxaan ku aadnay magaalada Nairobi 12 qof oo kala ahaa 7 rag ah iyo 5 dumar ah, dadkaas oo kala ahaa:

1. Maxamed Xaashi Cabdi Carrabey
2. Axmed Warsame (Biixi)
3. Cabdullaahi Xasan (Alankey)
4. Maxamed Xayir Nuur
5. Cabdiwali Maxamed Guuleed
6. Maxamed Cali (Barako Imbili)
7. Maxamed Xasan (Stateman)
8. Aamino Cali Maxamed
9. Cadar Aadan Jaamac
10. Kayf Aadan Cilmi
11. Sahro Maxamed Maxamuud
12. Safiyo Sh. Daahir Cabdi.

Waqtigu waa fiid, goobtu waa Heatrow Airoprt, bishu waa 6 october 2010-kii. Waxaa isugu yimid goobtaas 10 ka mid ah 12 kayagii. Diyaaraddu waa Virgin Airline. Waxaan u soconnaa Nairobi, waxaan u faraxsanahay si aad u weyn, waxaan shaqo iyo hawl u soo qabanaynaa dadkayagii. Soo dhawayn fiican baan ka filaynnaa kuwaan u soconno. Markii aan ka degnay subaxii Airporka Jomo Kenyata waxaa nagu soo dhaweeyay dhalinyaro aad u badan oo ay soo abaabuleen dhalinayaro aan horay u la xiriirnay oo ahaa urur dhallinyaro oo ka jiray Nairobi lana oran jiray Sade Youth Organisation (SYO). Dhalinyaradaasi waxa ay xirnaayeen dhar aad u qurxoon, waxa ayna wateen calammo, funaanadaha ay siteenna waxaa ku xardhanaa astaanta maamulka.

Dadka na soo dhaweynayey waxaa hoggaaminayay dhalinayaro ay ka mid ahaayeen Guddoomiye Faarax , Xabiib Birmad Cigaal, Cumar Maxamed Muuse Garcade, Cabdullaahi Fanax, iyo waliba Nuuro Muuse Taray, Bishaaro iyo gabdho kale. Waxaa kale oo la socday dhallinyaro kale, hooyooyin, odayaal iyo dad aad u wanaagsan. Markii ay na soo dhaweeyeen waxaan sii aadnay magaalada, waxa ay na geeyeen Hotel Andulus oo ahaa halkii ay noogu talo galeen inay na dejiyaan oo ku yaal bartamaha Islii, waddada 12. Maarkii aan soo galnay hoteelkaa, dadkii way yaabeen. Waxaa hoteellii qabsaday dadka tiradiisa iyo quruxdiisa, halkaana waxaan ka bilownay howshii aan u nimid Nairobi. Waxaa dhacday dhowr qiso oo yaab leh maalinkaas! Waxa ay wateen dhalinyarada na soo dhawaynayay funaanado ay ku buufsantahay calan bulug ah oo bil iyo xiddig dhexda ku leh . Waxaa dhacday marka laba qiso:

1. Jeneraal Maxamed Nuur Galaal (Allah ha u naxariistee) oo hoteelka deggenaa ayaa arkay gabdhahaan yar yar iyo dhaliyaradaan quruxda badan oo calanka Soomaaliya wata, dabadeedna inta meeshii uu fadhiyay ka soo kacay oo qaar gabdhaha ka mid ah u yimid ayuu ku yiri, "Adeer maxaad ahaydeen?" Waxay u sheegeen inay abaabulyaan maamul laga hirgalin doono bartamaha Soomaaliya lana yiraahdo Somali Central State, isaguna waxa uu ka mid ahaa taageerayaasha ASWJ. Inta uu yaabay ayuu ku yiri **"Walee waa yaab iyo riyo cusub!"**
2. Gabadh BBC-da u shaqaysa oo la yiraahdo Mary Harper ayaa waxa ay nagu la kulantay wiishka hoteelka aniga iyo 2 gabdhood oo calanka ku libbasan, si qurqurux badanna u labbisan. Way na waraysatay, waxaana u sheegnay in aan UK ka nimid oo aan wadno maamul u samayn Gobollada Dhexe ah. Ka dib, waxa ay ku soo qortay sheekadii na dhex martay buugga ay Soomaliya ka qortay iyo sidii ay u la yaabtay fikirkeena iyo hadafka aan u higsanayno.

Waxaan subaxii dambe bilownay wada-tashi, waxaana ka bilownay in ururkii dhallinyarada aannu ku la kulanno xaafiiskooda. Waxaa nagu soo dhaweeyay Guddoomiyahoodii, Faarax, halkaa ayaana ku qaabbilnay. Waxay noo sharraxeen magaalada waxa ka jira iyo qabiilka sida uu yahay oo bulshada u qaybsantahay, waxayna noo sheegeen in bulshada magaalada joogta ay kala yihiin Odayaasha oo u qaybsan saddex koox oo kala ah odayaal, dumar iyo koox ganacsato ah. Waxay na nagu la taliyeen in aan dhammaan dadkaa qolo walba la kulanno waxna u sheegno lana talo wadaagno.

Waxaan la kulannay dhammaan dadkii oo dhan, waxayna nagu la taliyeen inay muhiim tahay in aan halkaan barnaamijka (Maamul U Samaynta) uga dhawaaqno, iyaga oo ku macneynayay sababo jira awgeed oo ay ka mid ahaayeen in halkaan ay wada degganyihiin dhammaan hay'adihii caalamiga ahaa, sidaa awgeedna ay muhiim tahay in Maamulka looga dhawaaqo Nairobi, iyo in gudihii dad aan hadda lagu degdegi karin oo uu urur kale ah ka taliyo. Dadkii odayaasha ahaa oo talooyinkaa na siinayay waxaa ka mid ahaa:

1. Yuusuf Garre
2. Axmed Xaashi Jacuur (Faray)
3. Faray Golcase

4. Maxamed Cabdi
5. Carrabey Celi
6. Qamaan
7. Cabdicasiis Cumar Daad (Bayle)
8. Axmed Cali Magan

Iyo odayaashii kale oo guddiga ka tirsanaa.

Midda kale, gabdhihii waxa ay nagu la taliyeen in loo duceeyo cidda, halkaana maalin ayay noogu xoolo qaleen oo noogu duceeyen. Arrimahaa iyo la tashiyada waxaan wadnay ilaa 16-kii october 2010-kii oo dadka la hadlaynnay, halkaas ayaana markaa uga dhawaaqnay maamulkii.

Waxaa kale oo iyana jiray oo talooyinkaa keenay oo xoojinayay in maalinkii aan nimid Nairobi ay ka hadleen idaacadaha iyo TV-yada uruka Ahlusunna Waljameeca oo iyagu ka talinayay deegaanka oo noo arkayay in aan dhib ku nahay sheegayna haddaan deegaanka nimaadno inay dhici doonto dagaal, iyaga oo weliba soo hormariyay dadkii ay is lahaayeen waxa ay qaraabo la' ahaayeen iyaga. Waxaa kale oo jirtay iyana in isla Nairobi dad iyaga taageersan ay shir ku qabteen, kaas oo ay sheegayeen inay annaga nooga soo horjeedaan.

Waxaan kale oo aan iyagana la kulannay oo aragnay hay'adaha caalamiga, sida UN-ka, safaaradaha Canada iyo Ethiopia oo dhammaantood nagu la taliyay inay muhiim tahay in aan ku dhawaaqno maamul, mar haddaan u baahanahay saaxiibo joogta ah taageero iyo aqoonsi.

Intii aannu halkaa joognay waxaa na martiqaaday oo aan la kulanay rag magac ku dhex lahaa Soomaaliya oo rag waawayn ahaa, sida Maslax Maxamed Siyaad Barre, Cabdi Xirsi oo ahaa abaabulihii shirka iyo rag kale oo markaa xisbi samaysanayay; sida Raysalwasaarihii hore, Cumar Cabdirashiid Cali Sharma'rake oo asna ku sugnaa markaa Nairobi. Dhammaan odayaashaa iyo siyaasiintaa waxa ay noo muujiyeen taageero iyo soo dhawayn aan marnaba la heli karin.

Si walba ha noqotee, annaga oo rabna in aan diyaarad kiraysanno oo aadno gudihii ayaa carqaladahaas yimaadeen, ka dibna wadatashiyadaa waxaa ka soo baxay in aan ku dhawaaqno maamulka, iyada oo waliba odayaashii dhiirrigelinta lahaa ay ka mid ahaayeen Suldaan Bayle, Axmed Xaashi Jacuur, Qamaan, Axmed Cali Magan, Maxamed Cabdi iyo Carrabey oo ka mid ahaa odayaashii dhaqanka beesha ee deggenaa Nairobi.

16/10/2010-kii ayaannu magaalada Nairobi ee dalka Kenya uga dhawaaqnay Maamul-goboleed lagu magacaabay **Maamulka Bartamaha Soomaaliya (Somali Central State).** Markaa ka dib, wada-tashiyadii aan wadnay ayaa waxaa ka soo baxay in Madaxweynaha Maamul-goboleedka looga dhawaaqo munaasabad ka dhacday Hoteelka Andulus ee Magaalada Nairobi. Madaxweynaha Dowlad-goboleedka Bartamaha Soomaaliya ayaa loo doortay Maxamed Xaashi Cabdi. Sidoo kale, Madaxweyne ku-xigeenka Maamulkaasi ayaa loo magacaabay Maxamed Xayir Nuur, iyada oo uu ku dhawaaqay natiijada xiriiriyihii shirka, Maxamed Stateman, taas oo ahayd midaan muddo dadaal ugu jirnay sidii barnaamijkaan u hirgrli lahaa. Waxaan si aad ah uga mahadceliney dhammaan dadkii xilkaas noo dhiibay annaga oo soo bandhignay hammiga ku aaddanaa waxqabadkeenna siyaasadeed oo dhan.

Goobta Maamul-goboleedka Bartamaha Soomaaliya looga dhawaaqay ayaa waxaa ku xardhanaa astaanka Maamulkaasi uu yeelanayo, sidoo kale ayaa waxaa la soo bandhigay astaanta, khariidada iyo calanka uu yeelanayo Maamulka Bartamaha Soomaaliya oo ka kooban deegaanada Caabudwaaq, Dhabbad, Dhusamareeb, Xeraale iyo Degmada Balamballe.

Waxaa xusid mudan koox aad noo taageertay oo ay hoggaaminayeen Abwaan Xasan Bulxan iyo Xalwo Bulxan oo runtii ahaa dad aad u wanaagsan oo heeso noo allifay.

Maalmo ka dib ayaa waxaannu abaabulnay munaasabad weyn oo aan ugu talo galnay caleemo-saar aan isugu yeernay bulshada oo dhan, taas oo aan ku qabannay hoteelka 680 oo ku yaal bartamaha magaalada Nairobi ee dalka Kenya.

Munaasabadda ayaa waxaa ka soo qayb galay siyaasiyiin, odayaal dhaqameed, ganacsato, ururrada haweenka, ururrada dhallinyarada, abwaano, fannaaniin, xubno ka socday maamullada kala duwan ee ka dhisan dalka Soomaaliya iyo dhammaan qeybaha kala duwan ee bulshada Soomaliyeed ee ku nool magaalada Nairobi.

Ugu horreyn, halkaasi waxa hadal dheer ka jeediyay Qunsulkii Safaaradda Soomaalida u fadhiyay dalka Kenya, Allah ha u naxariistee, Maxamed Cismaan Aadan (Edsan), isaga oo si weyn u soo dhaweeyay maamul-goboleedka Bartamaha Soomaaliya,

waxaana uu madaxda cusub ee maamul Goboleedkaasi ku la dardaarmay in ay si daacad ah waajibkooda u gutaan.

Munaasabadda waxa lagu soo bandhigay heeso dhawaan loo sameeyay Maamul-goboleedka Bartamaha Soomaaliya, kuwasoo ay qaadayeen faanniinta reer Nairobi ah oo isugu yimid munaasabadda caleemasaarka Madaxda Dowlad-goboleedka Bartamaha Soomaaliya. Waxaa heestaas noo sameeyay abwaan lagu magacaabo Xasan Bulxan Cali Kulan oo reer Nairobi ahaa, haddana ah reer Australia:

Miraha heestu waa sidan:

Centeral state of Somalia
Rabbi weyne ducadii
Ducadii wax-yeelkii
Sabannadii la soo maray
Siiro iyo sheekaba
Sadar heyntu waa tahay
Waqti waliba taagtii
Sucaad iyo wax-yeelkii
Sabannadii la soo maray
Siiro iyo Sheekaba
Sadar heyntu waa tahay
Soomaali jecel iyo
Central State baa
Sara joogsadoo yimi
 Central State baa
Sara joogsadoo yimi

Soomaali jecel iyo
Central State baa
Sara joogsadoo yimi
Central state baa
Sara joogsadoo yimi.

Aqoontiyo sinnaantiyo
Cadliga u sacyinayoo
Kala sooc baabbi'inaayoo
Anaa kaa sarreeyiyo
Sida soorya quureed

Umadduna u simantahay
Aqoontiyo sinnaantiyo
Cadliga u sacyinayoo
Kala sooc baabbi 'inayoo
Anaa kaa sarreeyiyo
Sida soorya quureed
Ummadduna u simantahay
Salka dhigo barwaaqada
Barwaaqada.....
Subagga iyo caanaha
Caanaha ....
Saddex nooc adduunyada
Hooygii looga saba dhigay
Central state iyo
Samaan guud u daayoo
Nagu manneystay guulaha
Salka dhigo barwaaqada
Barwaaqada.....
Subagga iyo Caanaha
Caanaha......
Saddex nooc adduunyada
Hooygii looga saba dhigay
Central state iyo
Samaan guud u daayoo
Nagu manneystay guulaha
Lagu raacay saxaniyo
Sheeriyo dulmaantiyo
Soohdinteydu waa caan
Laamiga ka soo rogan
Inta ay saftaaniyo
Towraddii saxaaniyo
Sheeriyo dulmaantiyo
Soohdinteydu waa caan
Laamiga ka soo rogan
Inta ay saftaaniyo.

Dhuusamareeb waa sabo

Galinsoor sidoo kale
Summaddeydii baa taal
Galinsoor, Galinsoor sidoo kale
Summaddeydii baa taal
Dhuusamareb waa sabo
Galinsoor sidoo kale
Summaddeydii baa taal
Galinsoor, Galinsoor sidoo kale
Saxadii Ban-geelliyo
Aqbal doog ku simanyahay
Prof. Axmed Caabudwaaq salkeediyo
Kaalay Balanbal soo arag
Aminiguna sifeeysuye
Saxadii Ban-geelliyo
Aqbal doog ku simanyahay
Prof. Axmed Caabudwaaq salkeediyo
Kaalay Balanbal soo arag
Aminiguna sifeeysuye
Salka dhigo barwaaqada
Barwaaqada ...
Subagga iyo Caanaha
Caanaha....
Saddex nooc adduunyada
Hooygii- looga saba dhigay
Central state iyo
Samman guud u daayoo
Nagu manneystay guulaha.

Intaa waxaan kale oo aannu la kulmeynnay ganacsatada iyo siyaasiinta beesha ee joogay Nairobi, si aannu ugu sharraxno hadafkeenna, siyaasiinta aan la kulannayna waxaa ka mid ahaa Maslax Maxamed Siyaad iyo Raysalwasaarihii hore ee Soomaaliya Cumar Cabdirashiid Cali Sharma'arke.

Muddo laba bilood ah oo aan shirarkaa wadnay ka dib, waxaan u soo noqonay Ingiriska oo aannu markii hore ka baxnay, waayo waxaa jiray oo naga hor yimid carqalado muujinayay in aan deegaankii si fudud lagu tagi karin, iyada oo waliba dadkii aan ka tagnay qaarkood ka xanaaqeen in aannu maamulka kaga dhawaaqnay Nairobi. Si aan markaa u samaynno la-tashiyo ayaan waxaan is tusnay in aan dib ugu soo laabanno magaalada London oo aan markii hore ka ambabaxnay.

Soo noqoshadeennaa ka dib, waxaa dhacday laba arrimood oo aad muhiim u ahaa:

1. Dad ka mid ah saaxiibbadeen oo leh waa ka harnay samaynta maamulka, iyaga oo ku saleeyay na la gama tashan.
2. Iyo annaga oo sii laba-jibbaarnay barnaamijkii aan wadnay, kuna soo darnay rag odayaal ah ama madax hore ahaa, si ay nooga la qayb qaataan arrinka, sida:

Allah ha u xaxariistee, Kol. Cabdi Yuusuf Faadaco iyo Kol. Axmed Goonyare.

Waxaan sii wadnay wacyigelintii dadka, waliba qurbaha iyo gudaha. Waxaan xaafiisyo ka furnnay Caabudwaaq iyo Balanballe, waxaana ku yeelannay dad na la shaqeeya oo barnaamijkeenna si fiican u aamminsan. Waxaan isku daynay in aan la xiriirno oo aan dad ku yeelanno Ahlusunna oo ay qaarkood na soo dhaweeyeen, walow sidii aan rabnay aanay noqon. Waxaan xiriir la samaynnay safaaradda Ethiopia ee London iyo Wasaaradda Arrimaha Dibadda ee Ingiriiska oo labadooduba soo dhaweeyey Maamulka Cusub nagana ballanqaadaay inay na la shaqeeyaan.

Waxyaabihii dhacay muddadaas aan safarka ku jirnay ama hawsha aan qabannay inay badnaayeen oo dad badan oo cadow ah aan yeelannay, sababtoo ah dad badan ayaa waxa ay moodayeen wixii aan wadnay inay ahaayeen wax riwaayad ama riyo ah oo aan meel gaareyn. Balse markii ay arkeen tallaabooyinka aan qaadnay ayay malaysan waayeen, sida kuwii joogay Maraykanka oo bilaabay taleefoonno inay u soo diraan Nairobi, iyaga oo dadka nagu kiciniya oo leh ka hor imaada, iyo kuwo dhallinyaro ah oo iyagana maadaama aan annagu meesha ka maqannahay bilaabay telefoonno inay isku xirtaan oo qurbajoogtii nagu diraan, iyo kuwo websiteyo darteen u furtay inay annaga nagu caayaan oo keliya. Intaa waxaa sii dheeraa in kuwo qurbajoog ah oo iyaguna ASWJ ah ay website furtaan oo annaga nagu aflagaaddeeyaan iyo weliba ASWJ-dii gudaha joogtay oo nagu kacay.

Waxaa kale oo jiray in Xilidhibaannadii Federaalka iyo rag siyaasiin ah oo ka soo jeeda isla deegaanka balse aanan isku beel ahayn ay u arkaan qatar ku soo socota, halkaasna ay xulafaysi ka bilaabeen iskuna dayeen inay nooga hor yimaadaan. Waxyaabahaas oo dhan waa wixii aan la kulannay oo dhacay muddadaas. Laakiin dhowr qof oo guddiggii ka mid ah ayna hoggaaminayeen Guddoomiye ku-xigeenkii labaad ee guddiga, Xoghayihii iyo weliba nin kale oo oday ah kana mid ahaa saaxiibbadii hawsha na la waday ayaa iyaguna shir ku qabtay hoteel ku yaal Leicester, sheegayna inay ka soo horjeedaan maamulkaa ayna kabaxeen, iyaga oo ku dooday in aan laga la tashan waxa Nairobi Kenya lagu sameeyay.

Waxaas oo dhan annaga waxay noo ahayd dhiirrigelin iyo horusocod. Marnaba nagu ma keenin niyad jab. Weliba waxaan u arkaynnay in aan dhaqdhaqaaq fiican wadno oo meel fiican gaarnay. Waxaa runtii garab weyn ii ahaa dad aad u fiican oo xil kas ah, una badnaa gabdho sida Keyf Aadan Cilmi, Aammino Cali Maxamed Carkow, Sahro Maxamed Maxamuud Yuube, Cadar Aadan Guud, Safiyo Shiikh Daahir, Afriko, Cadar Daahir Mataan, Qaali Guuleed Aadan, Indhadeeq Qodob Buraale, Adeer Axmed Warsame Biixi, Maxamed Cumar, Cali Cabdul Isxaaq, Axmed Lugay Garaad Ayjeex, Jeneraal Xasan Colujoog, Jeneraal Xuseen Shuqul, iyo waliba rag iyo gabdho kale oo badan.

Safarkii Labaad ee Nairobi Maarso 2011-kii

Muddadii aan joognay UK, markii aan soo noqonnay waxaan sii wadnay xiriirradii dalka iyo dibeddaba annaga oo aad u sii wadnay teleconference-yadii aan uga shaqaynaynay, taas oo runtii mar walba aanu ka gaaraynnay guulo la taaban karo, walow caqabadana badanna ay jireen.

21 Feebarwari, 2011-kii, ayaa waxaan go'aan ku gaarnay in la baxo oo la tago gudihii waddanka. Waxaa la diyaariyay dhaqaale lagu dhoofiyo dad Nairobi joogay iyo kuwo kaleba, go'aankuna waxa uu ahaa in gudaha la galo cabsi iyo shaki la'aan si walba wax ha u dhaceene oo dadkii loogu talo galay mar uun loo geeyo Maamulka. Arrinkaan ruuxiisu ma aheyn mid fudud ee waxa uu ahaa mid ka yimid dhammaan bulshada qurbajoogta ah oo taageersanayd maamulka iyo weliba kuwa gudaha joogay, iyaga oo dad badan u arkayeen maamulkaan in uu yahay fursad dahabi ah oo dadkaan looga faa'iidayn karo waxna loogu qaban karo, iyada oo ay dadka u muqatay kala dambeynta maamullada Ximin iyo Xeeb iyo Galmudug ku tallaabsanayaan amaba guulaha iyo kala dambeynta ay gaareen Punland iyo Somaliland in mar uun dadkaanu gaaro.

Waxaa dhacday aniga iyo Kol. Axmed Maxamed Goonyare in aan ka soo baxno London 21 February, 2011, soona aadno Nairobi, halka aan Axmed Daahir Guulle iyo, Allah ha u naxariistee, Jeneraal Cabdi Yuusuf Faadaco u dirnay Addis Ababa, Ethiopia. Markii aan kala gaarnay meelahaas waxaan ka wada tashannay sidii gudaha waddanka lagu tagi lahaa.

Waxaa nagu soo dhaweeyay magaalada Nairobi odayaal, siyaasiin, dhallinyaro iyo dad badan oo kala duwan kana tirsanaa ururkii SYDC. Dadkaas ayaannu ugu nimid Nairobi ahaana dadkii taageersanaa Maamulka oo sida ay tahay u la dhacsanaa, garabna u ahaa inay qaadaan barnaamijkaan oo u geeyaan dadkooda. Odayaasha hoggaaminayay barnaamijka ayaa waxaa ka mid ahaa Faray Golcase oo isagu ahaa oday si aad ah u la socday Maamulka. Waxaan markaa wadatashi la samaynnay odayaashii aannu ugu nimid Nairobi, waxaana ka wada hadalnay sidii lagu diri lahaa dadka aadaya gudihii waddanka.

Waxaan isla garannay inay dadka qaar ka degaan Gaalkacyo, halka kuwa kale Addis Ababa joogeen oo la rabay inay soo maraan dhulka oo Kililka Shanaad ka soo galaan Caabudwaaq iyo Balanballe, balse arrimahaas sidii loogu talo galay u ma dhicin.

Wadatashi dheer ka dib oo aniga iyo Kol. Axmed Goonyare ka wadnay Nairobi maalmo badan ayaa go'aankii waxa uu noqday in aan sii hormarinno dhowr qof oo kala ahaa:
1. Xabiib Birmad Cigaal
2. Cadar Axmed Jaamac Waandaa
3. Cumar Maxamed Muuse Garcadde
4. Yaasiin Yuusuf Jaamac Kirkir
5. Cabdirashiid Cali Gaas
6. Saacid Cabdi Gaas Jaamac

Lixdaa qof ayaan dhoofinnay oo iyagu ka degay Gaalkacyo, halka aniga iyo Kol. Axmed Goonyare ay dood dheer na dhex martay; Axmed Daahir iyo Jen. Cabdi Faadaco oo iyagu ku adkaystay in aan aniga iyo Axmed Goonyare soo aadno Addis Ababa, waayo waxa ay yiraahdaan haddaan toos halkaa u aadno dhibaato ayaan kala kulmaynnaa Itoobiya, sidaa awgeedna waxaa qasab ah in ay halkaa soo aadaan.

Markii ay lixdaa qof tageen magaalada Gaalkacyo way is qilaafeen. Yaasiin iyo Cabdirashiid waxa ay diideen inay ka tagaan Gaalkacyo, halka Saacid, Cadar, Xabiib iyo Garcadde ay gaareen Caabudwaaq iyo Balanballe. Markii ay tageen halkaa ayaa waxaa ka warhelay ururkii ASWJ oo ka talinayay deegaanka, kaas oo u soo sheegayeen ama websityada ku soo qorayeen dadka naga soo horjeeday ayaa keentay in Caabudwaaq markiiba lagu xiro labada nin oo kala ahaa Garcadde iyo Saacid, halka Cadar Waandaa markii la isku dayay in la xiro, maadaama ay gabar ahayd ay u doodeen dadkeeda lana xiri waayay. Xabiib isna markii uu tagay Balanballe waa lagu xiray. Dhammaantood markii ay xirnaayeen labo ilaa saddex maalmood ayaa la soo wada daayay. Labadii oday ee hoggaaminaysay kooxda oo kala ahaa Cabdirashiid Cali Gaas iyo Yaasiin Jaamac Kirkir ma aysan tagin Caabudwaaq oo way ka cabsadeen, ka dibna waxa ay dib ugu soo noqdeen xeryaha qaxootiga ee Dhadhaab oo markii hore ay ka tageen.

Waxaa kale oo ayana jirtay dood kale oo ay qabeen Jeneraal Cabdi Faadaco iyo Axmed Daahir oo ahayd in aniga iyo Goonyare aan safarkeenna ka dhigno Ethiopia oo xagga iska raacno, balse annaga arrinku sidaa noogu ma muuqan, waana ka diidnay. Balse waa meel Ilaahay wax ka wado e, waxaan samaynnay wadatashi badan annagoo la tashanayna dadkii dibedda aan uga soo tagnay iyo kuwii gudaha joogayba. Markaa waxaa la isla gartay in aan taladooda qaadanno, maadaama ay iyagu ku doodeen inay la kulmeen saraakiil ka tirsan wasaaradda Arrimaha Dibedda Itoobiya ayna isla garteen in aan imaanno oo aan soo marno, iyo iyaga oo moodayay ama ku doodayay in aan aniga wax ka cabsanayo ayaan ugu dambayntii waxaan go'aansaday in aan tago Asdis Ababa.

Waxaa kale oo xitaa arrinkaa qasbaayay dhowr jiho oo kale oo raggii iyo gabdhahii aan uga soo tagnay Ingiriiska ayaa aad iyo aad ugu doodaayay in aan warka maqalno, waayo waxa ay ku doodeen Axmed Daahir iyo Cabdi Faadaco in haddii aan Caabudwaaq iyo Balanbal iska aadno dhimasho iyo gacan ka-hadal dhici karo, taas oo ah mid aan loo baahnayn, muhiimna tahay in aan Addis Ababa tagno oo halkaa iska raacno, ugu dambeynna waxaan go'aansaday in aan qaadanno talada dadka.

Waqtigaa waxaa Nairobi ku sugnaa hoggaankii ASWJ oo uu hoggaaminayay Xeefow iyo Bashiir Cabdi Colaad. Waxaa kale oo la joogay Nairobi rag siyaasadda iyaga ku taageersanaa oo la shaqaynayay, sida rag waawayn oo aad iyo aad siyaasad ahaan iyo qabiil ahaanba u taageersanaa, maadama ASWJ loo arkaayay in uu ahaa urur qabiil hoggaaminayay. Waxaa jiray iyana rag Marreexaan ah oo noo kala dab qaadayay oo uu ka mid ahaa, Allah ha u naxariistee, Cabdi Daahir Xareed oo asna ka mid ahaa taageerayaashooda balse wadahadalkaas ayaan noqon mid lagu guulaystay oo mira dhala.

Markaa ayaa waxaan bilownay in aan raadinno tikidkii aannu ku aadi lahayn Itoobiya aniga iyo Axmed, balse diyaaraddii Ethiopia Airline ayaa baasaboorka Duch-ka ah oo aan watay waxa ay tiri;"waxaa looga baahanyahay visa in loo helo." Waxaa kale oo i soo raadiyay Gudoomiye Cali Cabdi Guure oo ahaa nin sheekh ah, ahaana guddoomiyaha ururka Iskaashatooyinka Soomaaliyeed, iiguna yimid hoteelkii aan deggenaa oo igu yiri; "waxaan kuugu imid, waxaan maqlay inaad Ethiopia u socoto. Hadday dhacdo inaad Ethiopia aaddo, waxaan kuu sheegayaa in lagu xirayo. Meel laguugu tashanayay ayaan ogaa ee ha aadin Addis Ababa." Balse ka ma yeelin arrinkaa odayga, waayo waa meel maqaaddiir Ilaahay ka socoto.

Aniga oo jooga Nairobi ayaan go'aansaday in aan Addis Ababa aado. Waxaan u tagay safaaradda Ethiopia, waxaan la kulmay qunsulkii safaaradda Mr. Shawaal oo aan u sheegay in aan Addis Ababa u socdo. W axaa uu igu la taliyay in aanan aadin wax iiga xiranna jirin, meesha wax iga jiraanna ay tahay in dhulkeeygii iyo dadkaygii u tago, waayo iyaga ayaan wax u qabanaysaa ayuu igu yiri, weliba waxa kale oo aan hadalkiisa ka dhadhaminayay oo uu ii carabbaababay, walow aanu wax cad ii sheegin, in la i xiri karo haddaan tago Addis Ababa, waxaa kale oo ii yimid ilaa dhowr qof oo kala duwan oo aan ehel ahayn, iina sheegay in aanan Addis Ababa aadin, waxayna igu yiraahdeen; "haddii aad aaddo dhib ayaad kala kulmaysaa", xitaa waxaa ka mid ahaa rag kale oo odayaal ah oo ragga Ahlusunna ka tirsanaa oo igu yiri; "ha aadin halkaas, waxaan maqalnay inaad halkaa u socotee!"

Intaan joognay Nairobi waxaan wadnay xiriirro aan la samaynnay maamullada ka jira deegaanka, waxaana la kulannay madaxda Maamulka Ximin iyo Xeeb, madaxweyne Tiicey, iyo Afahayeenkiisa, Maxamed Cumar, aniga oo ay ila socdeen rag odayaal ah oo ay ka mid ahaayeen Jeneraal Axmed Goonyare, Suldaan Cabdicasiis Cumar Daad Bayle iyo Suldaan Axmed Xaashi (Faray), waxaana runtii ku mahadsan oo kulankaas ka soo shaqeeyay Kol. Cabdi Kuus oo markii dambe noqday Madaxweyne ku-xigeenka Ximin iyo Xeeb balse markaa ka mid ahaa odayaasha reer Xaaji Saleebaan ee deggan Nairobi. Waxaan kale oo waqtigaan intaan joognay Nayroobi aan la kulannay Raysalwasaare Maxamed Cabdullaahi Farmaajo oo isaguna ku cusbaa dowladda. Markii aan kulannay waxa ay ahayd waqti uu safar ugu socday shirkii ka dhacayay Newyork ee UN-ka. Si fiican ayuu noo soo dhaweeyay oo noo qaabbilay, waxaana aan guddoonsiiyay dokumenti aan ka qornay maamulka iyo baahidiisa. Waxa uu u dhiibtay Abuukar Baalle oo markaa barotakoolka u qaabbilsanaa, waxa uuna naga codsaday in aan Muqdisho ugu nimaadno, waana ka aqbalnay, balse nasiib darro annaga oo aan kulmin ayaa xilkii laga qaaday.

Runtii rajadii safarkaas Labaad ku-talagalkii iyo sidii uu xaalku noqday waxaa uun la dhihi karaa 'waa wax iska xaal adduun ah,' balse waxyaabaha aan ogaaday waxaa ka mid ah in wax walba oo wanaag ah oo aad damacsantahay iyo isbeddelka inaad samayso in aysan ahayn wax fudud. Bulshada aan doonayay in aan wax u qabto waa bulsho ku jirtay burbur muddo 20 sanadood ah oo kala qaybsan kuna jirin qof qof wax u oggol, waa kuwii oo haddana intay qurbojoog yimaadeen fursad helay.

Si walba ha noqtee, 14/3/2011-kii ayey ahayd habeenkaan ka dhoofay magaalada Nairobi, aniga oo ku sii jeeda Magaalada Addis Ababa ee dalka EItoobiya, halkaas oo ay si fiican iigu soo dhaweeyeen Axmed Daahir, Kol. Faadaco iyo laba nin oo kale oo la socday laguna kala magacaabi jiray Cali iyo Axmed. Balse Kol. Goonyare ayaa isagu iiga haray Nairobi oo iga daba yimid 16/03/2011-kii, halkaa oo dhowrkii maalmood ee aan joogay ka sii waday wadatashagii aan la sameeynaynay dadka reer Addis Ababa ee Sade. Meel walba oo aan joogno waxaan ku baranay rag fiican oo si fiican noo soo dhaweeyay.

Itoobiya waxaa ka jira dad luqadda Amxaariga intay barteen been ku qaraabta, Soomaalidana jaajuusa oo been ka sheega. Kuwaas qaar ka mid ah ayaa helay Cabdi Faadaco iyo Axmed Daahir, waliba nin la oran jiray Cali oo ahaa Amxaar Soomaali, waxa uuna isaga dhigay in uu madax sare ku xiranyahay, balse run ma aheyn. Midda kale, Itoobiya waxa ay ahayd halkii ASWJ lagu aasaasay ama ay u shaqaynaysay, iyada oo hadafkii loo aasaasay ahaa uun inay u ahaato kuwo xadduuda Ethiopia lagu difaaco lagu lana dagaalo Jabhaddii ONLF iyo Alshabaab. Annaga waxaa na loo arkaayay ujeeddada ay rabaan rag kala dhantaalaya awooda ASWJ oo ka koobnayd Dir, Cayr iyo Marreexaan oo la soo adeegsaday, waxaana naga soo horjeeday rag siyaasiin waawayn ah una dhashay saddexdaa qabiil, dowladda Soomaaliyana xilal sare ka soo qabtay, kuwaa oo dhaqdhaqaaqeenna la socday naguna dacweenayay Itoobiya. Sidii aan horayba u soo sheegay, dagaalku waxa uu ka soo bilwoday curintii fikirka aan keenay, taas oo ay igu bilaabeen dad wax ma-garato ah oo u dhashay beesha kana lahaa dano kala duwan oo badan.

Waxaa jiray websityo iyo qadad taleefoon oo abaabulan oo annaga na loo ka soo horjeeday, wax badan oo dhalleeceyn ahna na loo ka qori jiray, ayna ka mid ahaayeen websityada kala ah www.mustaqiim.com iyo www.allgalgaduud.com. Halka annagana ay na difaaci jireen websityo kale iyo dad kale oo ka shaqeeya idaacadaha Soomaalida, sida,: www.allgedo.com, www.saadaalnews.com iyo www.gedonet.com. Aadan culujoog, Abdirisaaq Jeesteeye, Maxamed Bashiir Aw-maxamuud, Daahir Faarax Afdheere, Maxamed Cibaar, Yaxye Jucfe, Maxamed Maxamud Saxardiid, Maxamed Jaamac Faarax, Prof. Bashiir Nuur Bidaar, Cabdikariin Axmed Bulxan oo ka shaqaynayay Radio Caabudwaaq iyo Xasan Bulxan, dhammaan dadkaas ayaa ka mid ahaa dadkii dhinaca saxaafadda aad naga la shaqeeyay oo runtii wax weyn na taray. Waan u mahadcelinaynaa dhamaantood, waxayna maanta markhaati ka yihiin waxa ay ka shaqaynayeen in guushoodii la gaaray nooc walba oo ay tahay.

Ethiopia iyo Xabsigeedii 18/03/2011 ilaa 24/06/2011

Qaladaadka aan markii hore galnay oo aan ka shallaynay markii dambe oo ay qaladkeeda lahaayeen raggii iiga horreeyay Ethiopia, in kastoo ay qaddar uun ahayd, waxaa ka mid ahaa in aan degnay hoteel ku yaala xaafadda Bole ee Addis Ababa oo ay Soomaalida u badantahay, taas oo sababtay inay na arkaan ama na la kulmaan dad aan ahayn in aan la kulanno ama aan aragno oo aan annaga na la mustawa ahayn. Waxaan aamminsanahay ilaa hadda labo nin oo hawsheenna garwadeen ka ahaa inay la shaqeynayeen sirdoonka Itoobiya. Labadaa nin oo ahaa labadii nin ee baabuurka aan u raaci lahayn hoteelka aan tagayno markaan magaalada aadayno mar walba na la soconayay, waana labada nin ee aan ogaannay inay ahaayeen kuwa naga shaqaynaya oo aan caadi ahayn.

Sida aan markii dambe ogaaday, waxaa loo soo qoray nin la yiraahdo Yamani oo isagu ka tirsanaa sirdoonka Itoobiya lana shaqeeynayay ASWJ waraaq ah in uu na xiro. Warqaddaa waan helay markii dambe oo waa la i siiyay, waxaana ku saxiixnaa labo nin oo Marreexaan ah iyo nin Cayr ah oo hadda ku nool Caabudwaaq intii aan madaxweyne ku-xigeenka ahaana aan muddo badan kulannay oo imaan jiray , balse aanan marna cuqdad u qaadin ama aanan tusin in aan ogahay, ay moodaanna ilaa hadda in aan ogayn, balse aan cafiyay marba haddii sidii ay iyagu ila rabeen aanu Alle ka dhigin. Sideedaba, xariga na la xiray waxaa iska kaashanayay dhammaan qolooyinkaa iyo qurbajoog iyaga siinayey wararka ay naga helayeen hadba halka aan joogno iyo halka aan u soconno. Warqaddaa waxaa ii keenay oo markii dambe ii soo diray nin aannu isku beel nahay oo ka mid ahaa hoggaanka ASWJ, kaas oo aad uga xumaaday habka na loo la dhaqmay, walibana la yaabbanaa sida ragga qaar u dhaqmayaan iyo waxa ay damacsanyihiin.

Annagu ma aannaan ogayn laakiin dhaqdhaqaaqeenna ayaa la la socday oo ragga na la jooga ayaa warbixinta bixinayay. Ka dib waxaan ku tashannay oo aan go'aan ku gaarnay in aan baxno, waxaana ka fekernay in aan diyaarad toos ahu raacno Shilaabo iyo in kale. Waxaanse go'aan ku gaarnay in aannu baabuur u raacno jigjiga, si aan halkaa uga sii gudubno u lana sii kulanno maamulka Kililka ee uu hoggaaminayay Madaxweyne Cabdi Cumar.

Markii aan ku tashannay in aan baxno galabka Sabtida haddii Alle idmo ayaa galabnimidii Jimcaha 3 pm waxaa Addis Ababa hoteel ku yaal oo aan deggenaa qolkii aan ka deggena aniga oo yara nasanayay albaabka laygu soo garaacay! "Waa ayo?" markii aan iri af Ingiriis baa la igu la hadlay. Aniga oo aan hubin ayaan iska furay, mise waa laba nin iyo naag! Waxa ay igu yiraahdeen, "soo bax dacwo ayaa laguu qabaa e!" Waxaan iri, "maxaa dhacay, maxaase tihiin?" Waxay i tuseen teesarayaashooda, ka dibna si fudud ayaan u raacay. Gaari ayay wateen, balse ka hor ayaan Axmed Daahir oo qolka igu dhaggan jiifay ku garaacay oo isna soo baxay ina i soo raacay. Ka dibna waxaa na la geeyay saldhig boolis oo ku yaal magaalada dhexdeeda, waxaana na la weydiiyay 'waxa na la socday?' Waxaanna u sheegnay inay na la socdeen labo nin oo kale, wayna soo raadiyeen, wayna soo heleen ayagiina oo soo kaxeeyeen. Waxay ahaayeen labadaa nin Jeneraal Axmed Goonyare iyo Jeneraal Cabdi Faadaco.

Markii afarteenna la isku kaaya keenay waxaa na la joogay askar yar yar iyo hal sargaal. Waxay na waydiiyeen dhowr su'aalood oo u badnaa magacyadeenna iyo halkaan ka nimid. Waxaan waydiinnay waxa ay yihiin, waxayna noo sheegeen inay ayagu police yihiin, meeshaan joognana saldhigga qabaliyada ama xaafadda uu yahay. Laakiin amarkaan in kor laga soo siiyay ayna soo siiyeen Nabadsugidda dalka ayna nageyn doonaan xabsi kale, halkaana waxa aan xaq u yeelanno ka heli doono.

Waa na la kaxeeyay ilaa iyo xarun kale oo sida aan markii dambe ogaaday aheyd Xabsiga weynee Ethiopia, laguna magacaabo Makalaawi. Halkaa oo na la ku yara waraystay sababtaan u nimid iyo ujeedkeenna, markaan sheegnayna waxaa na loo sheegay in aan halkaa joogayno oo aan xirannahay ilaa amar dambe. Markii aan waydiinnay waxaa na loo sheegay in aan nahay siyaasiin Soomaaliyeed, balse aan na la k a warqabin oo dalka aan ku soo galnay si aan sharci iyo casuumaad sax ah ahayn toona, sida aniga oo kale aan ahay Madaxweyne Maamul Goboleed ayna ahayd in aan ku imaado casuumaad oo aan iska soo galay dalka.

Habeenkii baan seexanay, Afarteennii midba qol ayaa na la geeyay oo lagu xiray, meesha waa xabsi, ma aynaan garanayn markii hore, laakiin dib ayaan ka ogaanay, halkaa ayaa quraac na loo ku keenay subaxii, isla subaxiina waxaa na la geeyay sida aan filayo meel inay ahayd maxakamad si loo xalaalaysto oo nalo sii hayn karo, waxaa na loo sheegay in na la soo dacweeyay inta baaritaanku socdana xaq loo leeyahay in halkaa na la ku hayo oo aan na loo qaban wax muddo ah, aan na la waraysan, ka dib waxaa na la ku soo celiyay xaruntii iyo qolalkii na la ka qaaday, kaaga darane waa Maalmahii fasaxa ahaa; sida sabti iyo Axad oo shaqo majirto!!.

Afartii qol ayaa na la ku soo celiayay oo aan ku kala dhunnay, oo aynaan iskarkeyn markii mid uun musqul loo soo bixiyo uu kuwa kale salaamayo mooyaane, kaaga darane General Goonyare waxa uu ahaa nin oday ah oo sonkor qabay, runtii dhib aad u weyn ayey ku ahayd umana adkaysan karin, askartuna awood u ma lahayn inay wax u qabtaan, wax madax ahna meesha ma joogin. Subaxnimadii Isniinta ayay dhinacaa naga soo wareejiyeen oo na loo soo wareejiyay dhinaca kale oo caadi ah, anna waxay i geeyeen qol gooni ah oo meel kale ku yaal. saddexdooda isku meel ayaa lageeyay oo qol ayaa la isla dejiyay.

Walow ay muddadu dheerayd, haddana runtii waxaa na loo la dhaqmay si aad u fiican oo aan marnaba caadi ahayn. Intii aan halkaa ku jirnay afartayadii qof waxa ay ahayd, anigoo ku jiray 18 Maarso 2011-kii ilaa 24 Juun 20110kii. Muddadaa aan meesha joogay waxaa dhacday marka hore in aan wax haba yaraatee dhib shaqsiyan ah na loO gaysan, balse waxaa jirtay Maxkamadayn in ilaa saddex jeer na la ku celiyay, mar walbana ay dalbanayeen in dib loogu dhigo oo baaritaan u socdo.

Iyada oo aysan jirin wax na la hadlay oo qolkayga iska jooga muddo ugu yaraan 10 casho ah ayaa maalin waxaa la ii kaxeeyay xaafiiska taliyaha oo ahaa nin Gaashaale ah. Waxa uu iga qaaday 'interview' aad u dheer una badan taariikh-nololeedkayga iyo waxa aan soo qabtay, ka dibna ninkaas ayaa ii sheegay in aan u xirnahay nin Yamani la dhaho oo dowladda u qaabbilsan arrimaha ASWJ, uuna ii imaan doono ina waraysan doono, ka dibna la isii dayn doono ama go'aan kale la iga qaadan doono. Ka dib, muddo asbuucyo ah oo aan meeshii iska joogay ayaa haddana xaafiiska la ii kaxeeyay, mise waxaa fadhiya Yamani. Waaba nin i yaqaan oo si aan caadi ahayn ii yaqaan! Waxaa uu hadal iiga bilaabay in uu magacayga iigu yeero, isaga oo ii raaciyay "Madaxweyne ii warran!" Anigoo yaabban ayaan u jawaabay, wadahadal dheer iyo sheekaysi na dhax maray oo qaatay in ka badan 6 saac uuna iiga sheekeeyay wax walba iyo sababta aan halkaan u joogo ayuu hadalkii ku soo gabagabeeyay, "ninyahow annagu waa fahansannahay in haddii aad qurbajoog tihiin aad rabtaan inaad dalkiinna wax u qabataan, laakiin annaga adinku waxaad ka soo horjeeddaan danaheenna, waayo ka soo horjeedka danahaas weeyaan waxa adigana halkaan kuugu haynno, adeerkaa Barre Hiiraalena ugu xiranyahay Doolow Adow. Marka waa lagu sii daynayaa laakiin waa inaad Ingiriiska ku noqotaa oo arrimaha ASWJ iyo Galgaduud faraha ka qaaddaa." Aniguna waxaan ku iri, "dhib ma leh, dib sidii ay ka noqotaba e, horta mar i sii daa aan carruurtaydii iyo xaaskaygii u noqdee."

Ka dib maalinkii xorriyadda Ethiopia (Gimbot 7) ayaa waxaa ii yimid oo halkaan deggenaa igu soo booqday taliyihii xabsiga oo isagu ahaa Oromo lana dhihi jiray Tadhase. Waxa uu i waydiiyay sababta aan weli u joogo, waxana aan u sheegay in aanan garanayn, ka dibna waxa uu ii sheegay in maalmo ka dib la i sii dayn doono, sidii ayayna noqotay.

Intaan joognay xabsigaa dhacdooyinkii ugu darnaa ee aan arkay waxay ahaayeen; Waxaa ku xirnaa meesha dad maxaabbiis ah oo u badnaa Oromo laguna soo xiray siyaasad iyo kacdoon. Waxay ahaayeen arday bannaanbax ka sameeyay Addis Ababa iyo gobollada Oromiya. Waxay ahayd waqtigii uu socday Arab Spring ee Masar iyo Liibiya bannaanbaxyadu ka socdeen. Waxaan u soo joogay oo aan marqaati ka ahaa tacaddiga iyo dilka iyo dhibaatada loo gaysanayo ardaydaa oo ahayd mid aad u xun, walow aan maqlay in qaar badan oo iyaga ka mid ahaa lagu xukumay xabsiyo dhaadheer. Balse saaxiibadaydii ila xirnaa; Faadaco, Goonyare iyo Axmed, halkaa ayey joogeen muddo laba bilood ah, ka dib markii iyaga la soo daayayna waxa ay gabagabeeyeen safarkoodii. Maadaama la hakiyay, waxay dib ugu noqdeen Denmark iyo Ingiriiska, balse aniga markii ay ii soo dhammaatay arrinkayga waxaa la ii sheegay oo la igu raalligaliyay in macnaha ugu weyn ee la igu xiray uu ahaa 'fiisihii aan ku soo galnay waddanka oo ahaa mid caadi ah iyo annaga oo siyaasiyiin ah, marka taas ay ugu waynayd sababta dib u dhaca na loo ku sameeyay, aniguna markii la i soo daayay waxaan dib ugu noqday dalka Ingiriiska.

Waxaa jira dad badan oo warar been-abuur ah ka sameeyay arrinkaa, sida iyaga oo ku doodayay in na loo xiray arrin ku saabsan tagitaankaygii Asmara, balse taa beddelkeeda waxaa jiray dad iyaga dacwo naga gudbiyay, balse aan loo qiimayn iyo dad u arkayay in aan dhib ku nahay qaarkood waraaqo ay naga qoreenna aan haynon. Waxaa jiray inay noo dacwoodeen dad aad u fara badan kana shaqeeyeen sidii na loo soo dayn lahaa. Dadkaa runtii waxaa ka mid ahaa oo aan mahad ballaaran ugu haynnaa Wasiirkii Gaashaandhigga ee xukuumaddii Maxamed Cabdullaahi Farmaajo ka ahaa Raysalwasaaraha, mudane Cabdixakiin Fiqi, oo in ka badan bil iyo bar u fadhiyay dacwadeenna magaalada Addis Ababa, annaga iyo rag ku xirnaa Doolow oo uu ka mid ahaa Barre Hiiraale iyo Abdifitaax Geesey oo ahaa guddoomiyihii gobolka Bay.

Waxaa kale oo iyaguna jiray Shiikh Ibraahim Xasan Guureeye oo loo doortay markaa guddoomiyaha Ahlusunna oo ku-meel-gaar ah. Isaguna soo daynteenna waxa uu ka qaatay qayb libaax, isaga oo caddeynayay in annaan wax dembi ah lahayn. Waxaa kale oo jiray odayaal Marreexaan ah oo joogay meesha oo uu ka mid ahaa ku-simaha Ugaaska, Axmed Barre, iyo oday Hirre oo isaguna ahaa nabaddoonka Reer Kooshin kana qayb qaatay oo la socday arrinkaa. Xitaa waxaa isaguna joogay Jeneraal Fartaag oo arrinkaa ka shaqaynayay kana qayb qaatay soo-daynteenna. Sidoo kale, Jeneraal Cali Madoobe ayaa ka qayb qaatay. Raysalwasaare Maxamed Cabdullaahi Farmaajo ayaa isna qayb libaax ka qaatay arrinkeena, isaga oo si toos ah u la hadlay raysalwasaare Melez Zenawi, marna soo diray wasiirkiisa. Waxaa kale oo isna mudan in aan xusno Prof. Liibaan Cabdullaahi Cigaal oo ay aad saaxiib u ahaayeen Fiqi kana mid ahaa raggii intaa la hadlayay isaga waxna ka waday barnaamijka.

Waxaa jira dad badan oo naga walwalsanaa oo arrimaheenna walaac ka muujinayay, waxaana ka mid ahaa dadkaa qoyskayga oo ay ugu horrayso Xaaskayga oo aad iiga walwashay, aananna seexan hal marna runtii intii aan xirnaa iskuna dayday meel walba oo la xiriiraysay dhammaan qof walba oo ay tuhmayso in uu arrinkaa wax ka qaban karo. Walaashay iyo Hooyadey oo markii ay maqleen in la i xiray ka yimid Buulo Xaawo iiguna yimid halkaa, walow aanay i arag oo loo diiday. Walaashay kale, Saciido Aadan Diiriye, oo meesha horay u joogtay aadna nooga warqabtay intii aannu meesha ku xirnayn noona keeni jirtay cuntada markii na la ogaaday meesha aan joogno. Dad badan oo iyaguna ehelkay ah oo ku noolaa qurbaha oo aan ka bixin taleefoonada habeen iyo maalinna soo jeeday oo ay ka mid ahaayeen Sahro Xirsi, Aamino Carkow, Cabdixakiin Caydiid, Adeer Biixi, Sahra Yuube, Kayf Aadan Cilmi, iyo dad badan oo kale kana mid ahaa asxaabtii maamulka naga la shaqaynaysay, iyo waliba Abwaan Durraan Shirwac oo isagu hees noo allifay la magac baxday **Xaashaa Lillaah** oo ay ku luqeeyeen Aammino Dhool iyo Mustaf Dufle, laxankeedana uu lahaa Mustaf Dufle. Runtii Abwaanku waxa uu ka mid ahaa dadkii na la dhisay maamulka, aadna waxaan ugu hayaa abaalkaas ah in uu heestaa noo allifay, iyo waliba taageeradii uu na la garab taagnaa muddadii aan shaqadaa wadnay.

HEESTA *XAASHAA LILLEE DAA!*

Xilkas iyo aqoonyahan
Xurmo iyo qaddarin mudan
Xarig iyo xadgudub iyo
Xayiraad la saaraa

Xeer dhigaa la waa taa.

Waa Xaashi ruuxaad
Xannibteen dhawaanoo
Xubno qaaliyoo
Xadka teedsan baa
Bartamuhu xil saartee.

Xilkas iyo aqoonyahan
Xurmo iyo qaddarin mudan
Xarig iyo xadgudub
Xayiraad la saaraa
Xeer dhiga la waa taa.

Waa Xaashi ruuxaad
Xanibteen dhawaanoo
Xubno qaaliyoo
Xadka teedsan baa
Bartamuhu xil saartee.

Duul riixan iyo been
Oo sidii xaasidkii
Xeeladeyste caan baxay
Xal u hayn dalkiisii
Xag xago ma fiicnee.

Haddaad, haddaad
Qolo Xudduud loo
Xurguf xurguf
Aan dhex ooloo
Catab iyo xaldoon tahay
Xubnihii SCS
U soo celi xurriyaddoo
Xaashaa Lillee daa!

Danta xaaladdaan baa
Xarbi iyo dagaallada

Xasillooni li 'idiyo
Deris oo xal loo helin
Adna yaanan lagu xaman
Boon yare xasaradiyo
Xaashi iyo Geellaba
Xiisad iyo Colaad iyo
Xag-jir ma ahan Faagacee
Maxaa lagu xir-xirayaa?

Duul riixan iyo been
Oo sidii xaasidkii
Xeeladeyste caan baxay
Xal u heyn dalkiisii
Xag-xago ma fiicnee.

Haddaad, haddaad
Qolo Xuduud loo
Xurguf-Xurguf
Aan dhex ooloo
Catab iyo xal doontahay
Xubnihii SCS
U soo Celi Xuriyaddoo
Xaashaa Lillee daa!

Sideedaba wax fudud ma aha in xorriyaddaada lagaa qaado, laakiin meeshaas waxaan ku soo yeeshay saaxiibbo si fiican ii la soo shaqeeyay ka dibna aan aad u xiriirnay. Waxaa ka mid ahaa ninkii faylkayga gacanta ku hayay oo la oran jiray Yamani, kana tirsanaa sirdoonka Itoobiya, una qaabbilsanaa Soomaaliya, gaar ahaan ASWJ. Waxyaabaha la-yaabka leh waxa ay ahaayeen; sidii uu ii yaqaannay, waxaan ahaa iyo waxaan u socday iyo hadafkeenna. Waxaa kale oo ka darnayd markii uu siyaasiyiinta beesha Marreexaan hal hal ii waydiiyay, markaan u sheegaynayna uu mid walba u sii sharraxayay laakiin aannu aakhirkii isla qaadannay go'aanka ah in aan baxayo, uuna ii sheegay in aan baxayo, laakiin barnaamijka aad waddo in uu caqabad ku yahay dowladda Itoobiya, waayo annagu waxaan ka shaqaynaynaa isku xirnaanta seddexdaa qabiil ee kala ah Cayr, Dir iyo Marreexaan, adna waxaad wax u raadinaysaa oo keliya maamul uu yeesho Marreexaan.

Intii aanu meesha ku xirnayn waxaa dhacay shir lagu heshiisiinayo ASWJ dhexdeeda oo madmadow soo kala dhex galay, laakiin shirkaas laga ma gaarin guul weyn. Waxyaabaha la-yaabka leh ee Ilaahay qaddaray waxaa ka mid ahaa; meeshaa aan joogay, maadaama aan ahaa madaxweynihii Maamulka Bartamaha Soomaaliya, dadku waxa ay iigu yeeri jireen 'Madaxweyne.' Waxaa na la la soo xiray dad badan oo u xiran siyaasad una badnaa Oromo. Nin ka mid ahaa maxaabbiista oo sargaal sare ahaa ayaa waxa uu aad iigu dhiirrigelin jiray in aan ka harin hammigayga. Maalin aniga iyo isaga aan is arki doonno aniga oo madaxweyne ah. Ka dib markii aan noqday Madaxweynaha ayaan mar walba ku xiriiri jirnay taleefoonka, aniga oo u sheegay in aan gaaray hammigaygii dadkaygiina wax u qabtay. Waxaa dhacday mar haddii annagii hawsha hoggaaminayay na la xirxiray in dadkii aan u dirnay gudaha Soomaaliya ay iska soo noqdeen oo Nairobi ku soo noqdeen iyaga oo niyad jaban, weliba qaarkood xitaa maalmo xirnaayeen. Nimankii saaxiibbadey ahaa oo ila xirnaa ayaa ayaga horay loo sii daayay, waayo ayaga markii horeba isku kiis ma aannaan ahayn dhanka awooda oo qofka la arkayay inuu yahay mashiinka waxaan ka dambeeyo, sidaas ayaana keentay inay markii horeba laba meelood nagu kala hayaan.

15/06/2011-kii ayaa waxaa la ii soo wareejiyay qayb kale oo sugitaan ah, dadkuna iigu imaan karaan, taas oo aan joogay muddo 9 casho ah, ka dibn la i soo daayay. 24/06/2011-kii ayaan ka soo ambabaxay, mahaddaa Eebbaa lehe, oo soo raacay diyaarad toos ugu socota Nairobi oo aan ka soo raacay airport-ka Bole, halkaa oo airportiga Nairobi igu sugaayeen dad badan oo asxaab iyo ehel ah oo aan halkaan ku soo koobi karin, ka dibna aan toos ugu soo gudbay Heathrow Airport, London. Runtii maalintaa waxa ay ka mid ahayd maalmihii farxaddayda mana filayo wax maalinkaa iiga waynaa oo iiga farxad badnaa in aan arkay, waayo waxaan ka soo noqday god afkiis.

Noqoshadii United Kingdom Xabsiga ka dib ee Juun 2011-kii

26/06/2011-kii waxay ahayd maalin Axad ah, goor galab ah ayaan ka soo degay Heathrow International Airoprt. Waxaa i soo dhaweeyay dad muddo i sugayay, qaar badanna taleefoonka ayey ku jireen. Waxaa ka mid ahaa dadka i soo dhaweeyey Aamino Cali Maxamed (Carkow), Kayf Aadan Cilmi, Sahra Maxamed Maxamuud iyo Safiyo Daahir Cabdi iyo dad badan oo kale oo kala joogay USA iyo Yurub oo iyaguna qadka ku jiray, sida Sahro Xirsi Muuse, si ay ii soo dhaweeyaan. Is-araggeennii dambe waxay ahayd runtii farxad aan marnaba la malaysan karin.

Waxaan u sharraxay dadka in caafimadkaygu wanaagsanyahay wax dhib ahna aanan la kulmin, ujeedkeennuna yahay in aan si fiican u qabanno hawlaha aan rabno. Waxaan u sii caddaynnay dadka in aan hawsheenna sii wadayno oo aan gaarsiinayno meeshii loogu talo galay oo aannaan marnaba ka leexan doonin dariiqii aan ku soconnay. Waxaan runtii u mahadceliyay dhammaan dadkii iga murugooday iyo kuwii ka qayb qaatay soo-dayntayda intaba. Waxa ay ii caddeeyeen xubnihii aan ugu imid meesha in aysan hawshoodii wax hoos u dhac ah ku imaan ayna meesheedii ka sii wadeen oo ay socoto ilaa hadda, anna taa waa ugu bishaareeyay.

Waxaan halkaa ka sii waday shirarkii iyo hawshii na loo igmaday, taas oo runtii ahayd mid aad u dhib badan, waayo waxay ahayd hawl aan nafteenna u hurnay una baahan dhaqaale badan iyo waqti badan. Waxaan qabannay xiriirro kala duwan oo ay ka mid ahaayeen:

1. In aan sii wadnay taleefoonnadii isku-xirka ahaa.
2. In aan sii wadnay shirarkii UK dhexdeeda ahaa.
3. In aan xiriir la samynnay safaaradaha Ethiopia iyo Wasaaradda Arimaha Dibedda UK oo aan ka dhaadhicinaynay barnaamijka, si fiicanna uga gadnay.
4. Waxaan la kulannay Madaxweynaha Dowlad-Deegaanka Soomaalida Itoobiya oo aan ku la kulannay London una sharraxnay barnaamijkeenna, isaga oo na la qaatay balse noo sheegay inay muhiim tahay in xiriirka aan ka soo bilowno Wasaaradda Arrimaha Dibedda ee Itoobiya, maadaama waxa aan ka hadlaynno ay Soomaaliya tahay.
5. Waxaan kale oo aan la kulanay oo barnaamijka ka iibinnay safaaradda Turkiga ee ku taal magaalada London.
6. Intaa ka dib, waxaa nooga soo baxay halkaa in aan markaa hawshii sidaa u sii wadno, ayna mudan tahay in aan mar kale dib ugu noqonno gudihii waddanka, annaga oo markaan si toos ah Muqdisho uga bilaabayna howsha, maadaama ay markaa soo noqonaysay nabadda Muqdisho.

Waxaan soo diray oo Nairobi soo aaday Madaxweyne k-xuxigeenkii, Maxamed Xayir Nuur, isaga oo halkaa ka sii waday howsha iyo wadatashiyo. Waxaa waqtigaa soo xoogaystay sidii maamul loogu samayn lahaa Gobollada Dhexe, waxaana la isugu yeeray shir ka dhacaya Nayroobi dhammaan Maamullada ka jira Gobollada dhexe, kaas oo uu ka qayb ahaa Maamulka Bartamaha Soomaaliya uuna ka qayb galay Madaxweyne ku-xigeenku.

Waxaa ahaayeen toban maamul-goboleed oo ka soo jeeda Gobollada Dhexe, kulana shiray xaruntii UN-ka, iyaga oo ka tashanayay sidii ay hal maamul u wada dhisi lahaayeen. Waxay ku heshiiyeen oo go'aan ku gaareen in ay aadaan gudihii waddanka oo shirna ku qabtaan magaalada Cadaado oo xarun u ahayd Maamulkii Ximin iyo Xeeb, halkaa oo ay ka soo aadeen magaalada Muqdisho.

Safarkii Saddexaad ee Nairobi ilaa Soomaaliya ee December 2011-kii

Waxaa la gaaray waqtigii aan anigu soo bixi lahaa. Waxaan soo maray dalka Imaaraadka Cararbta, gaar ahaan magaalada Dubai, aniga oo ku la shiray qaar ka mid ah qurbajoogta beesha oo Maamulka la socday. Ka dibna waxaan soo maray Nairobi, waxaana ku la soo kulmay dadkii horay u joogay halkaa. Waxaan isla soo qaadannay si loo helo maamul sal ballaaran oo ka dhisan dhammaan Gobollada Dhexe in aan soo aadno Muqdisho ka dibna uga sii ambabaxno magaalada Cadaado oo markaa la qabanqaabinayay in lagu qabto shirwayne dhammaan maamullada yar yar ee ka jira deegaanada Galgaduud, Hiiraan, Shabeellada Dhexe iyo Mudug lagu sameeyo, kaas oo ujeedkiisu ahaa sidii horumar dhulkaa loo gaarsiin lahaa looguna qaban lahaa magaalada Cadaado.

Markii aan soo gaaray Magaalada Muqdisho waxaan ugu imid oo iga soo horreeyay madaxweyne ku–xigeenkaygii, Maxamed Xayir Nuur, iyo Suldaan Cabdicasiis Cumar Daad (Bayle) oo isagu barnaamijka wax badan ila waday iga lana shaqaynayay sidii uu u miradhali lahaa. Runtii waa nin oday ah oo geesi ah lehna qaddiyad aan marnaba caadi ahayn oo markii aan maamulka Nairobi uga dhawaaqeynnay waxa uu ahaa ninkii nagu dhiirrigaliyay.

Markii aan soo gaaray Muqdisho waxaan la kulmay madaxdii Maamulka Ximin iyo Xeeb oo halkaa ka arriminayay horayna aan isugu soo aragnay magaalooyinka London iyo Nairobi oo kala ahaa Madaxweyne Maxamed Cabdullaahi Tiicay iyo, Allah ha u naxariistee, Afahayeen Maxamed Cumar Hagafey, ka dibna waxaan go'aansannay in la aado Cadaado oo halkaa laga baxo, si shir loogu qabto, dhammaan madaxda kala duwan oo maamulladuna ay baxaan. Waxaa diyaarad noo keenay oo qarashkeeda bixiyay Maxamed Cabdi Afwayne oo ahaa ganacsade reer Cadaado ah iyo dadka reer Cadaado oo iyagu is-xilqaan sameeyay.

Safarkii Cadaado iyo Bartamaha Soomaaliya December 2011

Wadahal dheer ka dib waxa ay igu wargaliyeen inay tahay in aan aadno Cadaado annaga oo ah 11 maamul-goboleed oo yar yar, mid walbana qabiil gooni ah leeyahay, muhiimna tahay in aan dhisno maamul-goboleed ka dhaxeeya Gobollada Dhexe, laga bilaabo Jawhar ilaa iyo koonfurta Gaalkacyo. Waxaa kale oo ay ii sheegeen in maamulka Galmudug oo markaa uu madaxweyne ka ahaa Maxamed Axmed Caalin oo diiday in uu shirkaa ka soo qayb galo, iyo waliba Ahlusunna Waljameeca oo markaa joogtay Dhuusamareeb oo iyaguna diiday inay ka soo qaybgalaan, waayo waxaa dagaal ka la dhexeeyay Maamulka Ximin iyo Xeeb. Asalkaba waxaa jiray oo aan marnaba qarsoonayn dagaalladii sokeeye inay dadka kala irdheeyeen oo dhibaato xoog leh u dhexaysay, taas oo ahayd in Beelaha Sacadka oo lahaa maamulka Galmudug, tii Hore iyo Ximin Xeeb oo ay lahaayeen beesha Saleebaan uu dagaal xooggan ka dhexeeyay iyo aanooyin aan laga heshiin iyo weliba dhul la kala haysto ama la isku haysto, taas oo ay sabab u ahayd iyadoo aan dib u heshiisiin la helin in aan si fudud loo imaan karin Cadaado. Dhanka kalena ASWJ iyo maamulka Ximin iyo Xeeb dagaal xooggan ayaa ka dhex dhacay waqtiyadaa mar u dhow, iyada oo ASWJ ay doonayeen inay Cadaado qabsadaan oo dhulkaa la wareegaan.

Intaa ka dib ayaa shirkaan oo ay martigalineyso maamulka Ximin iyo Xeeb ayaa magaaladda Cadaado ee Gobolka Galgaduud ka furmay, kaas oo ay yeelanayeen Maamul-goboleedyada ka dhisan gudaha dalka Soomaaliya, gaar ahaan afarta Gobol oo kala ah Galgaduud, Mudug, Hiiraan iyo Shabeellada Dhexe. Shirkaan ayaa waxaa ka soo qaybgalay wakiillo iyo madax ka la matalaya maamul-goboleedyadaa badan oo ka jira Gobollada Dhexe, dhanka kale maamulladaan waxa ay ahaayeen kuwo qabiil ahaan u samaysan waxayna kala ahaayeen:

1. Dooxo State oo ay lahaayeen **Beesha Duduble** oo uu horkacayay ku-simaha madaxweynaha maamulkaasi, Maxamuud Shiddo.
2. Dooxada Cagaaran State oo ka dhisan Shabeellada Hoose oo ay lahaayeen **Beesha Shiikhaal Gandarshe** oo ay horkacayeen Madaxwayne-kuxigeenka Cabdiraxakiin Sheekh Cusmaan iyo Marwo Maano Sheekh Abuukar.
3. Hiiraan and Midland State; Madaxwayne-kuxigeen ahna Ku-simaha Madaxweynaha, Abuukaate, Allah ha u naxariisto e, Cabdulqafaar Axmed Cismaan ee **Beesha Reer Awxasan**.

4. Ceelbuur State; Madaxweyne Candullaahi Maalin Gaafow ee **Beesha Murursade**.
5. Hiiraan Sate; Madaxweyne Maxamuud Cabdi Gaab ee **Beesha Xawaadle**.
6. Maamulka Bartamaha Soomaaliya (Central State); Madaxweyne Maxamed Xaashi Cabdi Carrabey ee **Beesha Marreexaan**.
7. Jiinwabi State oo ka dhisan Shabeellada Dhexe; Ku-simaha Wasiirka Arrimaha Gudaha, Maxamud Axmed Maxamed (Miiraaq) ee **Beesha Jareer Wayne**.
8. Mareeg State; Wasiirka Caafimaadka, Maxamed Cali Faydheer ee **Beesha Wacaysle**.
9. Shabeellada Dhexe State; Madaxweyne Ku-xigeen, ahna Guddoomiyaha Baarlammaanka, Dr. Cabdullaahi Sheekh Xasan Adoow (Ashaddu) ee **Beesha Abgaal**.
10. Ximan iyo Xeeb oo shirka martigalinaysa ayaa waxaa shirka uga qaybgalay madax sar sare oo badan oo uu hoggaaminayay Madaxweyne Maxamed Cabdullaahi Tiicay ee **Beesha Saleebaan**.

Waxaa xusid mudan, sidii aan horay u soo sheegay, in shirkaan ay ka maqnaayeen maamullo kale oo ka jiray Gobollada Dhexe oo inta aan hadda ka garanayo ahaa ilaa afar maamul oo kala ahaa:

- Galmudugtii hore oo ay lahaayeen **Beesha Sacad**.
- ASWJ oo ahayd koox wadaaddo ah oo isku mabda' ahaa balse ay hoggaaminayeen **Beesha Cayr**.
- Gal-Hiiraan oo ay lahaayeen **Beesha Cayr**.
- Dooxada –Cagaaran oo ay lahaayeen **Beesha Xawaadle**.
- Harardheere State oo laba garab ahaa, labadooduba waa maqnaayeen. Waxaana lahaa **Beesha Saruur**.

Muhiimadda kulankan ayaa ahayd sidii ay wax u wada qabsan lahaayeen maamulladan oo ay awooddooda u midayn lahaayeen. Runtii waxay ahayd markii iigu horraysay oo Gobollada Dhexe lagu fekero in loo sameeyo maamul lagu midaysanyahay, taas oo lagu qabtay Cadaado, waxaana bilaabay fekerkaa reer Cadaado oo si aan marnaba caadi ahayn na loo ku soo dhaweeyay, dadkeedana ay ahaayeen dad aad iyo aad u macaan, runtiina lahaa habdhaqankooda iyo waxaan ku arkay wax aad iyo aad loogu farxo.

Isla markii aan tagnay magaalada Cadaado, waxaan qabannay guddi uu guddoomiye u yahay madaxweynihii Ximan iyo Xeeb, Maxamed Tiicay, aniguna aan u ahay ku-xigeen, si aan hawsha u wadno arrinkaana uga miro dhalinno. Shirkaa waxa uu qalqal galiyay dhammaan ummada Soomaaliyeed, gaar ahaan inta danaynaysa siyaasadda Soomaaliya oo ay ugu horreeyeen madaxdii dowladda ku-meelgaarka ahayd, Maamulkii Galmudugtii hore iyo ASWJ oo iyagu qayb ka ahaa barnaamjikii Road Map-ka uu hoggaaminayay Ambassador Mahiiga, iyaga oo dhammaantood ka shaqeeyay inay fashiliyaan.

1. Waxaa naga hor yimid caqabado dhowr ah oo ay ugu horraysay tii ka imaanaysay dowladdii ku-meelgaarka ahayd oo uu hoggaaminayey madaxweyne Shariif Shiikh Axmed. Waxa ay nagu soo qaadday weerar, iyada oo diiddan in uu shirku mira dhalo, waxa uuna madaxweyne Sh. Shariif la soo hadlay Madaxweynihii Ximin iyo Xeeb, Maxamed Cabdullaahi Tiicey, si shirkaa loo fashiliyo, isaga oo ballanqaad u sameeyay uguna yeeray in uu Muqdisho yimaado. Walibana wuxuu la soo hadlay raggii kale ee shirka dhaqaalaha ku bixinayay, isga oo ballanqaadkaas u sameeyay maamulka Xibin iyo Xeeb oo markay magaalada muqdisho ku soo noqdeen u sheegay in wixii ay u baahanyihiin uu siinayo waydiiyayna 'maxaad u baahan tihiin?' waxaan idin siinayaa bishii lacag ah $50,000 oo budget support ah marka faraha ka qaada waxaan hana igu dhisina maamul ka hanaqaada Gobollada Dhexe inta la gaarayo doorashada, waayo waxa uu carqalad ku noqonayaa soo laabashadayda.

2. Dowladda Itoobiya waxa ay soo samaysay maamul ay iyadu soo abaabushay oo uu hoggaaminayo Cabdifitaax, kaas oo magaalada Baladwayne qabsaday oo ay ku wareejisay.

3. Ahlusunna Waljameeca oo dagaal ka bilowday Caabudwaaq, iyaga oo weeraray xildhibaan ka tirsanaa Dowladda Federaalka Soomaaliya laguna magacaabo Cabdixafiid Sacdi Jaamac.

4. Iyada oo tashuush na la soo dhex galshay inteennii meesha joogtay oo isna la la soo hadlay Madaxweynihii Hiiraan State, Maxamuud Cabdi Gaab, in uu shirka fashiliyo, taas oo ka imaanaysay Muqdisho iyo dowladdii federaalka ahayd, iyo waliba Puntland.

5. Alshabaab oo xitaa ku lug lahayd oo dadka deegaanka qaar la soo hadlaysay si shirka loo fashiliyo. Dhammaan waxyaabahaas oo dhan waxa ay ahaayeen waxyaabihii shirka fashilanayay.

6. Markaa ka dib ayaan si boobsiis ah u soo saarnay is-afgarad aan ku talagalnay in aan arrinka ku soo gabagabeyno, kaas oo aanay jirin wax ka dhaqan galay, haba yaraatee.

Warsaxaafadeedkii ka soo Baxay Shirkii Cadaado

1. In la dhiso Maamul-goboleed ka dhaxeeya Maamullada ka dhisan Gobollada Dhexe oo hadda beel-beel u samaysan kuna dhaqma Shareecada Islaamka.
2. Waxaa la go'aamiyay in la xoojiyo dalladda ay ku midaysanyihiin maamullada ka jira Gobollada Dhexe.
3. Waxaa lagu heshiiyay in la sameeyo 3 guddi-hoosaad oo hoos tagaya dalladda sare, kuwaas oo kala ah Dibuheshiinta, Wacyigalinta, Arimaha Gudaha, Xallinta Khilaafaadka iyo Dastuurka.
4. Xubnaha oo noqon doona min hal xubin oo laga soo xulayo xubnaha dalladda ku jira.
5. Qaabka awoodqaybsiga waxaa lagu salaynayaa heer degmo iyo degaan.
6. Marjaca dalladdu waa madaxweynayaasha ku jira dalladda.
7. Maamul-goboleed kasta waa inuu ka qayb qaato dhaqaalaha howsha lagu wadayo, iyada oo dhaqaalahaa lagu shubayo sanduuq dhaqaale oo la isla ogyahay.
8. Maamul walba oo dalladda ku jira waa inuu wacyigaliyaa bulshada oo diyaariyaa dadka uga qayb galaya shirwaynaha maamulka lagu dhisayo, sida odayaasha, dhallinyarada, culumada iyo haweenka.
9. Waxaa lagu heshiiyay in 1/4/2012 shirwayne lagu qabto gudaha Gobollada Dhexe, kaa oo lagu dhisayo maamul lagu midaysanyahay.

Tegitaankii Caabudwaaq iyo Balanballe Markii Kowaad ee Deseembar 2011-kii

Markii ay noo dhammaadeen shirarkii Cadaado, waxaan go'aansaday in aan aado magaalada Caabudwaaq aniga iyo wafdigii aan hoggaaminayay, waxaa iiga horreeyay Caabudwaaq Axmed Daahir Geelle oo isagu ii ahaa gogol xaar maadaama uu meesha dadkeeda si fiican u yaqaanay, maxaa yeelay waxaa meesha ka socday dagaal, waxaana taageersanaa qayb ka mid ah bulshada, waxaan aad uga xusi karo oo si fiican noo taageersanaa waxaa ka mid ahaa Afahayeenkii Beesha Sade Cabdisalaan Barre iyo Wariye Cabdikariin Axmed Bulxan oo idaacadda kaliya ee markaa ka jirtay Caabudwaaq si fiican nooga taageeri jiray, isaga oo wararkeennii iyo shirarkii Cadaado aan ka wadnay aad u soo dayn jiray, midda kale dagaalka ayaa waxa uu u dhaxeeyay ururkii ASWJ iyo xildhibaan Cabdixafiid Sacdi Jaamac, iyaga oo xildhibaanka ka awood roonaan waayay ka dib markii dadwaynuhu u hiilliyeen, qaar badan oo bulshada magaalada ka mid ah ayaa aad noo soo wacayay, kuwaas oo na lahaa "imaada deegaanku waa deegaankiiniiye, waxbana haka cabsanina".

Haddii aan ka baxno Cadaado awood umaaynaan lahayn in aan toos u aadno Caabudwaaq, waayo waxaa jirtay cabsi aan ka baqaynay in jidka dhexe ay noo galaan ASWJ oo halkaa nagu qabsadaan, marka waxaan ku hormarnay Magaalada Gaalkacyo oo aan joognay muddo laba maalmood ah; waxaan halkaa ku qabanay shir aan isugu keenay bulshada Sade ee deggan Gaalkacyo, kuwaas oo aan ugu sharraxnay hawsha aan wadno iyo hawlaheena oo dhan, ka dibna waxaan soo aadnay Magaalada caabudwaaq, dadkii aad noo soo dhaweeyay oo halkaa nagu qaabbilay waxaa ka mid ahaa, Allah ha u naxariistee, Saciid Shoobaro iyo Xasan Low, waxaa kale oo ka mid ahaa, Allah ha u naxariistee, Gaashaale Cabdiqani Maxamed Adan. Gaalkacyo waxaa naga soo qaaday gaari ay wadeen 2 Nin oo dhalinyaro ah oo naga soo doonay Caabudwaaq, kuwaas oo kala ahaa adeer Xasan Awfaarax gaaray iyo Allah ha u naxariistee Cabdisalaan Maxamed Muuse Faruurdheer, waxa ayna soo qaadeen aniga iyo wafdigaygii, wafdiga waxaa Gaalkacyo nooga haray Suldaan Bayle, halka Cadar Waandaa iyo aniguna Caabudwaaq isku raacnay.

Intii aan jidka soo soconay wax dhib ah ma aanaan arag, balse waxay ahayd cabsi, sida markii aan maraynay Galinsoor oo gaariga god nooga dhacay oo cabbaar nooga jiray, ka dibna ka soo baxay, Caabudwaaq markii aan soo galaynay waxaa yaallay koontarool, laakiin si reer magaalnimo ah oo ayan garaneyn ayaan ku soo dhaafnay.

Tagiddayda caabudwaaq runtii waxay ii ahayd mid farxadeed oo aan marnaba la heli Karin, waxay ahayd magaalo aan ka soo jeedo oo dadkayga degaan u ahayd, balse aanan weligay arag, waxa ay ahayd markii iigu horaysay Caabudwaaq. Caabudwaaq waa meel macaan, inkastoo dhaqankii aan aqaanay oo deegaankii aan yaraantaydii ku soo koray ama aan ka qaxay markii dambe ay aad u ahayd meel ka duwan.

Dadku dhammaan waa ay jecel yihiin inaad la noolaato waxna la qabsato, balse cilladdu waxay ahayd wixii aan waday iyo waxa ay rabeen oo kala duwanaa, waayo dadku waxa ay aad u rabeen dowladda ku-meel gaarka ah iyo nidaamka dowladda dhexe, halka aniga iyo asxaabtayda aan rabnay in aanu deegaanka ka fulino nidaamka Federaalismka, taas oo beesha aan ka dhashay meel walba oo ay joogaan aysan u bislayn.

Dhaqaaluhu waxa uu ahaa mid aad noogu yar, waayo waxaan ahayn dad iyagu isxilqaamay oo aan meelna ku tiirsanayn, dadku waxa ay moodayeen in aanu lacag ku soo qaadanay oo hay'ado nagu fan garaynayaan barnaamijka iyo dowlado kale balse xaqiiqdu taa waa ka fogayd.

Dadku waxa ay jeclaan lahaayeen in aanu qoryo waaweyn iyo baabuur hub saaranyahay wadanno ama soo gadanno, oo qof aan hub wadan waxaa la aamminsanyahay in uusan waxba qaban karin, annana waanu ka duwaynayn taa iyada ah oo hubka waxaan u arkaynay wax xun oo aan marna fiicnayn.

Waxa ay ahayd meel uu urur ka talinayo oo si xor ah ku ma aynaan imaan oo ciidan iyo xoog iyo qabiil ahaan baan ku nimid, oo jifada aan ka dhashay iyo taageerayaasheyda ayaa keeneen Gaadiid iyo hub fara badan oo igu ilaalinayeen, aad ayeyna u fiicnayd awoodda ay tuseen ASWJ oo iyadu ka cabsatay inay nagu soo degdegto.

Waxaa kale oo jiray dagaal u dhexeeyay Xildhibaan Cabdi Sacdi iyo ASWJ, kaas oo ka socday Shiikh Shariif, ujeedkiisuna ahaa in uu fashiliyo ASWJ, in kasta oo uu markii hore isaga yimid si caadi ah, haddana markii dambe ayey isku dayeen inay xaddidaan dhaqdhaqaaqiisa, waxayna isku beddeshay arrintu gacan ka hadal ay ku dhinteen ilaa 5 qof, dhaawac badanna wuu jiray, runtii dagalka waa lagu kala adkaan waayay halkaas ayeyna ku fashilantay awoodii ASWJ.

Muddadii aan meesha joognay waxaan la kulanay caqabado badan oo runtii nooga imaanayay dadka gudaha jooga iyo kuwo dibedda joogayba una badnaa fahan la'aanta ay ka haysteen maamul samaynta ama federaalka.

Markii aan nimid Caabudwaaq waxaan billownay kulamadii dadka aan la yeelaneynay, innaga oo ka billownay Hooyooyinka, Dhalinyarada, odayaasha, culumada ASWJ, iyo dhammaan bulshada qaybaheeda kala duwan, kulamdaas oo aanu dadka ugu sharraxaynay hadafkayaga iyo ujeeddada aan ka leenahay iyo sida aan doonayno in aanu maamul ugu dhisno dadka ku nool deegaannadaan ay degaan bulshadayada, xitaa dadkii aan habeennadaa la kulmaayay waxaa ka mid ahaa hoggaanka ASWJ oo iyagu markaa magaalada xukumayey, welibana ay ku jireen kuwii I dacweeyay qaarkood, laakiin aanan marnaba u muujin arrinkaa isaga ah.

Waxay ahayd baahi weyn mar loo qabay in dadkaan ay yeeshaan maamul ay iyagu u madax bannaan yihiin, balse beesha Marreexaan oo ay ka soo jeedaan dadkaan waxa ay aamminsanaayeen Soomaaliweyn, iyaga oo u arkayay in nidaamka Federaalka uusan ahayn mid u fiican Soomaaliya.

Runtii waxa ay ii ahayd guul iyo dalbarasho socdaalkaygaa aan ku baranayay dhulkayga iyo dadkayga, waxay ahayd markii iigu horaysay oo aan deegaanadaa tago tan iyo dhalashashadayda.

Sharaxaadda aan bixinay oo aan ka bixinayay qaabdhismeedka maamulka iyo wanaaggiisa oo aan ku qancinayay dadka muddo 3 bilood ah oo aan joogay deegaannada Caabudwaaq, Balanballe iyo Dhabbad, waxa ay aheyd mid dadka looga dhaadhicinayay sidii ay u taageeri laheeyaan Maamulka Bartamaha Soomaaliya.

Dhammaan dadkii aanu ku la kulanay Caabudwaaq waxa ay ahaayeen dhowr nooc oo kala duwan, hal maalin waxaan shir fagaare ah ku qabanay meel magaalada ka mid ah, iyada oo uu ka soo qayb galay Abwaankii waynaa ee Marreexaan Allah ha u naxariistee Cabdi Maxamuud Owmagan Cabdi Galayax. Dadkii aanu la kulanayn sida; Xildhibaan Cabdixafiid Sacdi Jaamac, ASWJ iyo dhammaan Bulshada waanu is fahanay, ka dibna waxaan go'aansaday in aan aado Balanbale.

31/12/2011-kii ayaan u gudbay Balanballe oo dhacda xadka u dhexeeya Soomaaliya iyo Itoobiya, waxaa nasoo dhaweeyay dad badan oo u ciil qaba aragtidayda iyo fikirka aan xambaarsanahay, aadna u jecel inay wax ila qabtaan. Caabudwaaq iyo Balanballe way kala duwan tahay, waayo Caabudwaaq waa magaalo weyn oo siyaasad dhex yaacayso ayna ka shaqeeyaan fikrado badan oo kala duwan, sida; kuwa Puntland, Federaalka, Kilinka 5aad iyo ASWJ. Halka Balanballe ay deggan yihiin dad yar oo walaalo ah, aadna isku jecel, colaadna dhinac walba ay ka haysato oo aan kala maarmin, sidaa awgeedna aysan suuragal ahayn inay ka shaqayso afkaarta siyaasadeed ee kala duwan ee ka jirta deegaanka.

Waxaan la qaatay bulshada Balanballe oo aan la joogay muddo afar maalmood ah, runtiina dadka oo dhan waan arkay, waan bartay, waana la sheekaystay si aan marnaba caadi ahaynaway ii soo dhaweeyeen.

Balanaballe waa magaalada dadka ka soo jeeda ay aad ugu badan yihiin qurbaha balse aysan waxba u qaban dadkooda dhan walba oo ku saabsan arrimaha bulshada. Markii ay hadda Galmudug dhisantay waxaa laga qabtay wax badan, balse markii aan ku noqday Ingiriiska dadka waxaan aad ugu guubaabiyay inay deegaanka dhistaan oo dadka wax u qabtaan.

Ka dib waxaan ku soo noqday Caabudwaaq oo aan ka bilaabay hawlihii aan waday, taas oo dad badan soo dhaweeyeen maamulka aan waday weliba Odayaasha iyo Waxgaradka oo uu horkacayo ku-simaha Ugaaska Beesha Sade bari Ugaas Axmed Bari Cali Ugaas Taakoy ayaa na soo dhaweeyay, aniga iyo wafdigii ila socday; Islamarkaana ugu baaqay in wixii ay wax ka qaban karaan oo hormarka deegaanka ah ay wax ka qabtaan.

Waxaa kale oo uu ugu baaqay in deegaannada Bartamaha Soomaaliya dadka ku nool ay la shaqeeyaan maamulkaan, iyaga oo ilaalinaya nabad galyada iyo amniga islamarkaana aanay wax u dhimin nabadda markaa jirtay deegaanadaas.

Odayaasha deegaanka kuwooda ku xiran ku-simaha Ugaaska xor u ma ahayn fikirkooda oo waxa ay aad uga baqayeen ama doonayeen inay mar walba raalligeliyaan ASWJ iyo dowladda Ethiopia, iyaga oo intii aan joogay Caabudwaaq ugaaska iyo odayaal kale uu sargaal Ethiopiyaan ah oo jooga Guraceel u yeeray laba jeer lana kulmay, isaga oo kala hadlayay arrinkeena iyo sababta aan meesha u joogno aniga iyo cabdixafiid, waayo waxaa nagu dacweynayay mar walba ASWJ, sargaalkuna ma doonayn in uu nagu soo degdego annaga oo Caabudwaaq joogna.

Kulamada aan la qaadanaynay qaybaha kala geddisan ee bulasha ayaa ahaa kuwo aan taageero kaga raadinayno dadka, ugana dhaadhicinayno sababta aan halkaan u nimid iyo waxa aan doonayno oo bulsha-weynta ku nool bartamaha Soomaaliya kaga dhaadhicinayno.

Waxay ahayd waqti adag oo magaalada uu ka dhacay dagaal u dhaxeeya maamulkii Ahlusunna iyo xildhibaanka dowladda federaalka ka tirsan, kaas oo ay dad ku dhinteen, dadna ku dhaawacmeen hantina ku burburtay.

Haddaba, intii aan joognay halkaa waxaa na hor yaallay caqabado badan oo deegaanka naga heystay, kana soo horjeeday dadaalka aan wadnay oo ka socday meelo badan oo kala duwan, sida dowladda deriska ah, maamulka Ahlusunna wajamaaca, Dowladdii Ku-meelgaarka ahayd ee markaa jirtay iyo weliba qurbajoogta ka soo jeedda degaanka oo dhammaantood isku raacsanaa hal fikrad oo ah in degaankaan uusan ka hirgalin Maamul dadku ay sameeystaan.

Dhinaca kale waxaa jiray dad qurbajoog ah oo si aad iyo aad ah noo taageerayey oo na la shaqeynayay, kuna qancsanaa sidii aanu hawsha u wadnay aniga iyo hawl wadeennadii ila shaqaynayey. Intii aanu wadnay wadahadalada waxaan qaban jirnay habeen walba shir ay isugu imaanayeen odayaasha iyo annaga, oo dood ayaa na dhex mari jirtay, annaga oo dooddaa u qaban jirnay waax-waax marna jifo jifo.

Odayaashii iyo dhammaan bulshadii waxaan isugu keenay madal wayn oo ahayd meeshii aan degganaa. Wadahadalladii iyo shirarkii socday muddo ka dib waxa ay ku soo gebagebooobeen guul, ka dibna xaflad weyn ayaan u qabtay taas oo an ku shaaciyay magacyada xubnihii golaha wasiirrada oo maamulka igala shaqayn lahaa iyo aniga oo deegaannada qaar u magacaabay Gobol, waxaan dhisnay Xildhibaano ka kooban 44 xubnood oo lagu soo qaybiyay afar waaxood.

Waxaana ka soo qayb galay kulankaa oo goobjoog ka ahaa odayaal uu hoggaaminayay Ugaaska beesha Axmed Barre cali, Xasan cilmi xasan Xasan yare oo markaas ahaa suldaanka beesha Wagardhaceed haddase ah Gudoomiyaha Golaha Guurtida beesha Sade, Muuse Geelle Bulxan oo ahaa Nabaddoonka beesha Dalal Ugaas, iyo odayaal kale, ururka hooyooyinka Degmada Caabudwaaq oo ay hoggaaminayso Marwo Muxubo Yuusuf Jaamac Kirkir iyo Saciido Dhagabadan oo runtii aad ii la shaqayeeyay,iyaga iyo gabdho kale oo la socday.

Markaa ka dib waxaan magacownay
1. Degmooyin cusub sida bangeele iyo Dhabdad.
2. Waxaan samaynay Maamul degmo oo aan u samaynay Caabduwaaq annaga oo u magacownay guddi ka kooban 21 xubnood oo lagu soo qaybiyay afar waaxood; ka dibna iska soo dhex doortay Guddoomiye iyo Guddoomiye ku-xigeen una kala doortay Aadan C/salaam Ashkir iyo ku-xigeenkiisa oo ah Axmed jaamac Barre (Shuluc),
3. Waxaa Magacwonay Gole wasiirro oo ka kooban 11 xubnood oo iyagana aan ku qaybinay hab qaybsi sax ah.
4. Waxaan la soo xulay 44 xubnood oo xildhibaano ah, iyagana waxaa lagu soo qaybsaday afar waaxood.

Wax aad loo la yaabo ayey aheyd in dadka dhib intaa la'eg lagu haayo, waxaase nasiib ii ahayd intii aan joogay in hal marna aanan caqabad dagaal la kulmin, taas oo ay weliba jirtay in qaar badan oo ka mid ah dadka reer caabudwaaq la shaqaynayeen Ethiopianka oo ay ka mid ahaayeen odayaasha qaarkood.

Waxaa dhacday maalin in sarkaalka Ethiopianka xukuma aagga oo joogay Guraceel uu u yeeray kusimaha ugaaska uuna ka waraystay caabudwaaq iyo waxa ka socda iyo dadka jooga, isaga oo u sheegay in barnaamijka aan wadno uu qalad yahay lana oggolayn, ugaaskuna taageeri karin, isna u sheegay in uu noo yimaado oo na la hadlo, ka dibna maalinkii dambe uu noogu yimid Caabudwaaq uuna la shiray odayaashii, Cabdi Sacdi iyo anigaba, isaga oo ka hadlaya amaanka magaalada iyo xuduudka balse ujeeddadiisa aad fahmaysid in uu u shaqaynayo Ahlusunna waljameeca.

Waxay ahayd markii ugu horaysay oo aan maamul ka dhisno deegaannada aan ka talino tan iyo wixii ka dambeeyay bishii December ee sanadkii 2011-kii, waqtigaas oo aan soo gaarnay degmada Caabudwaaq iyo deegaanada kale ee aan maamulno.

Runtii maaheyn arrin fudud in bulsho aan u diyaarsanayn amaba aan rabin yar iyo waynba inay maamul noocaas ah yeeshaan, aad ka dhaadhiciso in maamul loo dhiso, waxaase kale oo ka darnaa, iyada oo bulshadu qabtay dhibka ay qabaan Soomaalida kale, taas oo ah dhammaan dadku inay u qaybsan yihiin qabiillo aan is arki karin ama is dilayay muddo dheer, taas oo ahayd aniga ruuxayga mowjad igu cusub oo markaan soo dhex galay aan bartay.

Noqodkaygii Leicester ee Maarso 2012-kii

Markii aan intaa joogay ka dib waxaan u soo noqday dalka Ingiriiska aniga oo casuumad ka helay shir ka dhacayey London oo loo qabtay Soomaaliya sanadkii 2012-kii, ayna igu casuuntay wasaaradda Arrimaha Dibedda Ingiriiska. Taas ayaa waxa ay igu kalliftay in aan soo baxo oo London soo aado, laakiin shiikh shariif iyo xukuumaddiisu marna raalli ka ma aheyn in maamul ka dhismo Gobollada dhexe, waxayna isku dayday inay fashiliso, dhinaca kale ASWJ iyo taageerayaashoodu marnaba ma rabin in barnaamijka aan wadno uu hirgalo, ayaga oo ka dagaalamayay in dadka deegaanku helaan afkaar ka madax bannaan.

1. Waxaa jiray sanadihii 2010/11-kii isku day ay dowladda Ethiopia wadday oo ay rabtay in ururka ASWJ uu qabsado gobollada Galgaduud, Mudug, Hiiraan iyo Shabeellada Dhexe, iyada oo ciidan u samaysay, laakiin arrinkaa waxaa diiday Sheekh Shariif oo ahaa madaxweynaha Soomaaliya, isaga oo ka baqayey in awood kale ku soo baxdo.
2. Shirkii aan ku qabannay Cadaado oo loogu dhisi lahaa maamulka Gobollada Dhexe oo ay taageerayeen USA iyo UN-ka waxaa fashiliyay Sheekh Shariif oo maamulka ximin iyo xeeb si qaas ah ugu ballan qaaday aqoonsi iyo lacag in uu siinayo oo shaqadoodana ay wataan, iyagana taas ayey doorbideen.
3. Tegiddii Xildhibaan Cabdi Sacdi ee Caabudwaaq iyana waxa ay qayb ka ahayd fashilaadda maamul halkaa ka hanaqaada oo Gobollada Dhexe yeeshaan.
4. Waxaa iyagana Caabudwaaq tagay wafdi isugu jira xildhibaanno iyo siyaasiin oo uu hoggaaminayay Axmed Cabdisalaan. Laakiin iyagu waxa ay taageerayeen afkaarta Ethiopia iyo ASWJ, waxayna fashilinayeen barnaamijkii aannu wadnay, iyaga oo Cabdi Sacdi ka dabaaqtamayay oo isna fashilinayay, waxa ayna lahaayeen "Maamul ayaan u samaynaynaa

Gobollada Dhexe", walow uu dhib ku dhacay oo arrinkoodii fashilmay ka dib markii ay Shabaab Dhuusamareeb ku qarxiyeen, Allah ha u naxariisto intii ku dhimatay oo uu ka mid ahaayeen Xildhibaan Cabdiwali iyo Xildhibaan Seeraar oo aannu saaxiibbo ahayn, intii dhaawacantayna Allah ha u yasiro. Aamiin.

Waxyaabahaas oo dhan waxay ka mid ahaayeen caqabadihii mar walba na loo dhigaayay intii aanu maamulkaa wadnay, runtiina maaheyn wax fudud. Dhisidda Maamul dadkii loo dhisaayey miyi iyo magaalaba ay si kale u arkayaan waa xaalad aad u adag oo ay kuu dheer tahay dhaqaale la'aan, cid kugu taageeraysana aanay jirin markii laga reebo dad yar ehel ama saaxiibo kuu ah oo si kale kugu taageeraysa.

Markii aan ka soo tagay deegaankii waxaa soo kordhay isbeddel kale oo ka yimid dhowr dhinac.

- Nimankii Ahlusunna oo aan weli quusan maadaama ay deegaanka xoog ku lahaayeen, taageerana ku haysteen, dhaqaalena ka eheli jireen.
- Qurbajoogtii ma deyn dhibkii iyo caqabadihii ay nagu hayeen ee ay nooga soo horjeedeen, waxa ayna sii wadeen sidii ay iskugu dayi lahaayeen inay na fashiliyaan, balse way gaari waayeen taas.

Waxaas oo dhan ma ahayn wax na niyad jabiyey, kooxdeennii hawsha waddayna waxaan ka sii qaadnay firfircooni iyo dhiirranaan, waana ku faa'iidnay.

Waxaan xiriir siyaasadeed la sameeyay xaafiiska arrimaha dibedda dowladda Ingriiska iyo safaaradaha UK ku yaala iyo hay'adaha deeq-bixiyayaasha ah, oo aan ugu talo galay in aan indhahooda u soo jeediyo ama baro deegaanka, taas oo runtii iyana si fiican iskula qaadanay, ayna ii fureen ilo badan oo xiriir ah, iyoin aan helo meelo aan wax uga qaban karo dadkayga.

Waxaa arrimahaas si aad ah isku la wadnay runtii laba gabdhood oo aan marna ka harsan wax u qabashada dadkooda iyo garab istaagayga oo kala ahaa; aammina Ali Mohamed iyo Sahra Mohamed Mohamud Yuube.

Waxaa kale oo soo dhawaaday waqtigii doorashada dalka loo dareeri lahaa, taas oo dhammaan deeq-bixiyaashii iyo siyaasiintii Soomaalidaba ay ku mashquuleen arrinkaa soona aadeen Muqdisho.

Markii aan Leicester u soo noqday waxaa na soo daba maray oo yimid Caabudwaaq Faarax Aaran oo ah nin oday ah oo laga yaqaan Caabudwaaq, ahaana Wasiirka arrimaha Gudaha Maamulka si aad ahna loogu soo dhaweeyay magaalada, kana qabtay shaqo badan bulshada dhexdeeda, taas oo runtii magaalada uu ka dhacay jawi isbeddelay oo aan aan caadi ahayn oo caabudwaaqna aad looga wada qaatay maamulka, dadkana si fiican uga dhaadhiciyay,iyada oo ay shiiqeen dad badan oo na la dagaalayay una badnaa qurbajoogta, annaga iyo dadkii gudaha joogayna si fiican ayaanu isku baranay oo isku fahanay.

Soo Noqoshadaydii Muqdisho ee Juun 2012-kii

Waxaan mar kale bishii Afraad ku soo noqday dalka; markii ay abaartu ku habsatay sanadkii 2011-kii dhammaan dalka Soomaaliya. Waxaan xiriir la sameeyay dowladihii ka qayb qaadanayay caawinta dalka Soomaaliya, gaar ahaan dowladda Ingiriiska iyo Turkiga, iyaga oo runtii codsiyadii aan u soo jeediyay uga soo jawaabay siyaasiyan iyo dhaqaale ahaan labadaba, taageerayna deegaanada Galmudug oo aan markaa wax la rabay una qabtay waxyaabo badan oo bani'aadanimo ku saabsan. Runtii dowladda Turkigu waxa ay noo soo dirtay ani iyo kooxdayda safiirkii Turkiga ee Muqdisho joogay magaciisana la oran jiray Gemalatin Kani Torunsi uu noo caawiyo, kaas oo isna nagu xiray Hay'adihii Turkiga oo ka shaqaynayay dalka qaar ka mid ah oo caawiyay dadkii deggenaa markaa Caabudwaaq iyo Balanbal, wixii awoodooda ah, iyaga oo kafaalo qaaday Agoon gaaraysa ilaa boqol, bixiyayna raashin iyo xoolo intaba, waxa ayna ahayd wax aad iyo aad loogu farxo. Hay'addaas waxaaoo la oran jiray HESSENE TURKEY waxa ay naga mudantahay mahadnaq ballaaran. Waxaa kale oo ayagana la kulannay Wasiirrada iyo Xildhibaannada Beesha Sade oo si buuxda noo taageeray iyo waliba Raysalwasaare Cabdiwali Cali Gaas. Waxaa markaa wasiirka Marreexaan ahaa oo si fiican noo soo dhaweeyay Wasiirka Maaliyadda, Cabdinaasir Cabdulle Garjeex iyo Dr Cabdi Cali Xasan oo ahaa Wasiirudowlaha Wasaaradda Arrimaha Gudaha, asagoo waliba na siiyay markaa Warqad Aqoonsi Maamulka taas oo ahayd mid aan ku shaqynaynay ilaa iyo 2014 kii.

Intii u dhexaysay 2012 Ilaa 2014

Waxaan ku guulaystay laga bilaabo bartimihii 2012 ilaa 2014 in aan dhiso xiriirka caalamiga iyo midka dowliga ahba oo ku saabsan shaqadii aan u hayay maamulkii bartamaha Soomaaliya, kaas oo dadkii oo dhan igu barteen sidii aan doodaha uga qaybgali jiray fagaarayaasha soomalidu isugu timaaddo ama looga hadlo siyaasadda Soomaaliya, waxaan noqday nin loo aqoonsan yahay in uu Madaxweyne ka yahay maamul la yiraahdo Bartamaha Soomaaliya, balse aan sidii la rabay uga shaqayn deegaannada uu matalayay.

Caqabadaha Na haystay waxaa ka mid ahaa in dowladdii cusubeyd ee Soomaaliya ka dhalatay waqtigaa in xidhlibaannadii matalayay beesha aan ka soo jeedo kuna jiray dowladdii Sheekh Shariif intooda badan aanay ku qanacsanayn maamulka, iyaga oo ka fiirinayay arrimo siyaasadeed, iskuna dayayey inay tagaan dhulkii, balse iyagana xitaa ay la kulmeen caqabadihii na haystay oo kale.

Midda kale waxaa jiray in bilowgii dowladdii Madaxweyne Xasan Shiikh uu Raysalwasaare ka noqday mudane Cabdi Faarax Shirdoon, isagana markaa u ma suuroobin in uu maamulkeena bartamaha Soomaaliya uu u taageero sidii maamulladii kale ee markaa jiray oo kale, sida; Ximin iyo Xeeb iyo Galmudugtii hore, taas beddelkeedana waxaa dhacday in uu tagay deegaanadii una sameeyay maamul hoos yimaada dowladda dhexe. Mar walba dhibaatooyinka Soomaaliya ka jira oo dhan ayaa waxaa ay yihiin in qof walba oo siyaasi ah isku qabiilna tihiin uu u arko inaad isaga lid ku tahay, maadaama nidaamku 4.5 yahay, walow raysalwasaare Saacid markii horeba uu ku jiray dadka aan la dhacsan ururkii ASWJ ama Dowladnimada Soomaaliya.

Caqabadaha ugu adag ee maamulka haystay ayaa ahaa sidii Siyaasiinta, odayaasha dhaqanka iyo bulshadaba loogu ku qancin lahaa in loo dhiso deegaanadaas maamul, iyaga oo ku doodayay kooxaha dibedda jooga iyo kuwa gudaha Joogaba in Soomaaliya federal noqon karin midda kalena labo Degmo maamul noqon karin.

Markii uu Raysalwasaare Saacid tagay Caabudwaaq iyo Dhuusamareeb heshiiskana la soo galay ururkii ASWJ waxa uu Caabudwaaq iyo Balanballe u soo sameeyay Maamuul dowladda dhexe hoos taga, balse annaga ahaan arrinkaa saamayn wayn naguma yeelan, mana aanaan jeclaysan, waayo waxaan doonaynay in deegaannada si toos ah maamulkeenna uga shaqo galo, sababta mar walba arrinkaa hor taagnaydna waxay ahayd iyada oo ururkii ASWJ uu aamminsanaa in uu ka taliyo deegaanadaas, mar walbana uu ahaa caqabadda ugu weyn oo annaga na hor taagan oo dad badanna arrinkau arkayeen diin ahaan.

Waxaan kale oon sii wadnay shaqada Maamulka, taas oo aan gaarsiinay runtii meel weyn, waxaa muhiim ahayd in aan ogaado in aan ahay nin wax qaban kara kana soo bixi kara shaqadiisa, waxaan la shaqeeyay maamulkii

Madaxweyne Xasan Shiikh iyo hay'ado caalami ah, kuwaas oo runtii aan wax badanna ka bartay, waxbadanna dadka uga qabtay, waxaan dhowr jeer oo kala duwan deegaanada geeyay raashin caawimaad ah, waxaan ka qoray agoomo gaaraya ilaa 100 cunug oo biil joogto ah helayay, dhammaan hawlahaas oo dhan waxa ay ahaayeen shaqooyinkii aan qabtay mudadaas.

Isla Mudadaas waxaan ka qayb galnay laba shir oo waaweyn oo Dowladda Federaalka Soomaaliya iyo UN-ku qabteen oo ka kala dhacay Nairobi iyo Muqdisho, la isuguna keenayay dadka dega Gobollada Dhexe iyo Hiiraan, kuwaas oo ah meelaha guulaha la gaaray ka soo bilowdeen.

Runtii Hay'ada HASSENE oo fadhigeedu yahay dalka Jarmalka, balse ay leeyihiin dad Turki asalkoodu yahay ayaa waxa ay ahayd hay'ad si weyn noola shaqeysay oo na caawiyay, taas waxa ay noo dhashay dhowr waxyaabood oo ay ka mid yihiin; u dhawaashaha dadka, waxqabad muuqda, iyo arrimo kale oo aad u badan.

Waxyaabaha kale oo aan is leeyahay waad qabateen waxaa ka mid ah;in aan siyaasiyiintii iyo dadkaleba aanu si fiican isku baranay oo aan ka mid noqday dadka laga waraysto ama laga dhagaysto xaaladda Gobollada Dhexe ilaa markii dambe aan ka mid noqday dadkii ka qayb qaatay dhisiddii maamulka Galmudug ilaa aan qayb ka noqday guddigii dhismaha Galmudug.

CUTUBKA 6

SABABTA KEENTAY DHISIDDA MAAMULKA GALMUDUG

Bartamihii sanadkii 2014-kii waxa ay ahayd mar dowladii waqtigaa jirtay oo uu hoggaaminayay Madaxweyne Xasan Shiikh si xoog ah looga faramaroojiyay Maamulkii Jubbaland loona sheegay inuu aqoonsado kaasoo uu muddo hortaagnaa, diidanaana in uu dhismo, balse dowladaha deriska ah ee Ethiopia iyo Kenya oo markaa awood ku lahaa waddanka dhexdiisa ayaa ku qasbay Madaxweynaha in uu aqoonsado maamulkii Jubbaland, waxaa kale oo jiray maamul barbar socday oo ahaa koonfur Galbeed, kaas oo ka koobnaa lix gobol, haseyeeshee waxaa diiddanaa oo hortaagna isna Ethiopia oo doonaysay in saddex gobol laga dhigo, si ay fikirka iyaga iyo kenya oo jubbaland u hirgalo awgeed.

Halkaa isbeddeka yimid waxay ahayd iyada oo is beddeshay siyaasaddii Soomaaliya oo awood-qaybsigeedii si kale noqday maadaama Daarood laba maamul Goboleed heleen halka Hawiye waxba lahayn, Digil iyo Miriflena isku haystaan Lix iyo Saddex Gobol, dadkii Digil iyo Miriflena sidoo kale waxaa qasab looga dhigay oo loogu dhisay maamulkii saddexda Gobol ahaa waxaana lagu qasbay madaxweynaha iyo Raysalwasaare Cabdiwali Shiikh Axmed aqoonsadaan maamuladaa dhismaya oo dowladaha dariskaa wadaan, waxaana dabada ka riixayay dowladda Ethiopia.

Markii hore waxaa dad badan oo waxgarad Hawiyuha ah rabay in ay sameeyaan Maamul weyn oo ugu yaraan Gobollada Dhexe ilaa Hiiraan ama Shabeellada Dhexe soo gaara iyo mid kale oo Banaadir ah. lixdaa gobol oo koonfureedna hal maamul noqdo taas oo ahayd mid Soomaali u fiicnayd laakiin siyaasadda dowladaha deriska way ka duwanayd taas, sababtoo ah iyagu waxa ay lahaayeen dano u qaas ah oo marnaba aan fadhin lana malaysan karin, taas oo aakhirka ujeeddada u danbaysa tahay kala dirka iyo waddan la'aanta Soomaaliya.

Laga bilaabo halkaa waqtigaa madaxweyne Xasan Shiikh waxaa lagula taliyay oo dowladaha deriska ah dadkii wakiilka ka ahaa oo uu ugu horeeyay Col Gabre iyo Safiir Jamaladiin oo markaa ahaa Safiirka dowladda Ethiopia ee u fadhiya Soomaaliya qabiil ahaana ahaa nin ka soo jeedo beesha Hawiyaha oo ahaa karinle, ayaa maadaama ay adagtahay in Muqdisho laga dhigo maamul gooni ah oo taagan iyada oo la diidayo laba dhinacba; midda koowaad oo ah iyada oo aan Soomaali ku heshiin Caasimaddu in ay maamul gooni ah noqoto iyo iyada oo aan dhamayn laba gobol; ayaa Gabre iyo Jamaaladiin waxa ay madaxweyne Xasan Shiikh u soo jediyeen in maadaama la dhisayo laba maamul oo kala ah Jubaland iyo Koonfur Gabeed, la sameeyo laba maamul oo kale kalana ah Galmudug iyo Hirshabeele. dowladda Ethiopiana waxa ay u ballan qadday inay ku taageerayso, maadaama iyada labadii hore ku qasabtay siyaasadda wadankana faragalin weyn ku leedahay, markaa ayaa madaxweynuhu waxa uu ka fekeray maadaama labadaa maamul oo kale la dhisayo, Banaadir na la wali dhawayn inay qasab tahay in labadaan maamul la dhiso, markaa ayuu aqbalay in Galgaduud iyo mudug barkeed hal maamul ka dhigo loona bixiyo Galmudug, taas oo Ethiopianka sheegeen in Puntland aanay ka hadli karin oo qasbayaan kuna qasbayaan waxa ay rabaan, taas oo iyana markii dambe hirgashay oo markii uu isku dayay dhismihii Maamulka Galmudug inay Puntland mucaaraddo waxaa la hadlay Ethiopianka oo u sheegay inay arrinkaa ka joogaan halka Hiiraan iyo Shabeellada Dhexena hal maamul laga dhigo loona bixiyo Hirshabeele.

Dowladdu markaa waxa ay bilowday inay taageerto oo shirar u qabato dadka Gobollada Dhexe, waxaana la qabtay labo shir oo ay wada qabteen hay'ada FCA, CRD Iyo wasaaradda arrimaha gudaha DFS, kuwaas oo la doonayay in barnaamijka lagu bilaabo dib u heshiisiin, kaas oo loogu talo galay in uu noqdo seddex weji: dhaqaalihiisana ay bixinaysay Hay'ad laga leeyahay dalka Filand, laguna magacaabo Finish Churh Aid (FCA), kaas oo ay maalgalinaysay Hay'adda Somali Stability Fund (SSF), kuna baxay shirarkaa ilaa dhismihii Galmudug qarash aad u badan oo dhan qiyaas ahaa 5 Milyan oo dollar. Iyada oo dadka iyo deegaanadana loo kala qaybiyay saddex qaybood oo kala ah.

1. In la heshiisiiyo dadka dega xeebta oo loo bixiyay G4 kana koobnaa qabiilada kala ahaa; Saruur, Duduble, Murursade iyo Wacaysle
2. Midka labaad oo asna ahaa beelaha dega laamiga oo ka koobnaa Habargidir kaliya oona kala ahaa; Saleebaan, Sacad iyo Cayr.
3. Midka saddexaad waxa uu ahaa qabiillada dega waqooyiga galgaduud oo ahaa Marreexaan iyo Dir.
4. Beelaha Shiikhaal iyo beesha 5aad ayaan dib u heshiisaanta ku jirin maadaama aan iyaga qolana dagaal kala dhaxayn midda kalena aysan jirin degmo ay gooni u leeyihiin.

Si kastabaha ahaatee, seddexdaa shir ayaa la doonayay in lagu kala qabto. Kan G4 ayaa lagu qaban lahaa Muqdisho, halka kan mareexaanka iyo Dirta lagu qaban lahaa Balanballe, labadaa waa la isla oggolaa. Balse waxaan marna la isla oggolaan kii lagu qaban lahaa Cadado oo Habargidir, kaas oo si aad ah loogu kala qaybsamay. Khilaafkii halkaa ka bilowdayna waxa uu taagnaa ilaa dhismihii Galmudug oo meel looga baxo la garan waayay. Arrinka ka dhexeeya beesha Habargidir waa midka ugu daran oo ka jira beeshaa dhexdeeda, ragaadiyayna dhisme maamul oo ka dhisma bartamaha Soomaaliya. Iyada oo halkaa xaal marayo ayaa dowladdii dhexe ee uu hoggaaminayay Madaxweyne Xasan Shiikh iyo Raysalwasaare Cabdiwali Shiikh Axmed waxa ay go'aansatay inay muhiim tahay in la hirgeliyo maamul-goboleed uu yeesho Bartamaha Soomaaliya ayna muhiim tahay in kor laga bilaabo si dhaqso ahna arrinkaa loo fuliyo.

Raysalwasaare Cabdiwali Shiikh Axmed waxa uu ku guulaystay in uu horay u sii wado heshiiskii Jubba, kuna guulaysto inuu heshiis is-afgarad ah u sameeyo maamulladii lixda iyo saddexda ahaa ee South West, Madaxweynaha JFS ayaa u yeeray Raysalwasaarihii, asaga oo u sheegay maadaama la dhisay maamulladii Jubba iyo guddigii Southwest oo halkaa wada hadal ka socda in haddana loo baahanyahay in ladhiso maamulkii Bartamaha Soomaaliya, una yeero Maamullada Ximin iyo Xeeb, Galmudug, Ahlusunna Waljameeca iyo Maamulka Gobolka Galgaduud. Arrinkaa Raysalwasaare Cabdiwali u ma cuntamin, waxa uuna madaxweynaha ka codsaday in uu isaga u daayo si uu ugala tashto wasiirrada ka soo jeeda deegaanada Bartamaha Soomaaliya, taas oo uu Madaxweyne Xasan Shiiqna Ka aqbalay.

Raysalwasaare Cabdiwali markii uu u soo bandhigay qaar ka mid ah saaxiibadii u dhawaa oo ahaa Wasiiradiisa kana soo jeeday Bartamaha Soomaaliya aad ayey uga xanaaqeen arrinkaas, waxayna ku yiraahdeen Raysalwasaaraha; "inta maamul ee aad sheegtay waxaa leh hal qabiil oo ka mid ah qabiilada dega deegaanadaas, marka waa muhiim in loo dhammaado oo dhammaan qabiillada wada dega waa in ay ku jiraan wixii laga dhisayo Gobollada Dhexe; Waayo Gobollada dhexe la mid ma aha Jubba iyo South West". Taas oo uu ka aqbalay Raysalwasaaruhu ayna u sheegeen in qabiil walba oo dega deegaankaa uu leeyahay maamul uu isagu dhistay, sida Somali Central State, Mareeg State iyo Ceelbuur State, taas oo uu ka codsaday Raysalwasaaruhuin loo yeero madaxdii dhammaan maamulladaas hoggaaminayay arrinkaasna la isla qaatay.

Bartamihii Bishii Juun sanadkii 2014-kii, Aniga oo ku sugan markaa magaalada Caabudwaaq ayaa waxaa la ii soo diray Taleefoon la igana codsaday in aan soo galo Muqdisho, iyada oo uu taleefoon ii soo diray oo uu u i soo wacay Wasiirkii Warfaafinta Dowladda Federaalka Soomaaliya ee dowladdii Raysalwasaare Cabdiwali Shiikh Axmed, Mustaf Dhuxulow iina sheegay in uu arrinkaa jiro si aan arrinkaa uga qayb qaato maadaama aan ahaa madaxweynihii Maamulka Bartamaha Soomaaliya, oo aan imaado magaalada Muqdisho, iyada oo dhammaan loo yeeray qabiilo badan oo deegaankaa ka soo jeeda dadkii matali lahaa. Ka dib markii aan nimid Muqdisho waxaa billowday khilaaf ku saabsan cidda saxiixaysa heshiiska lagu dhisayo maamulka; siyaasitiintaas oo ka socotay meelo badan oo kala duwan oo ay ka mid ahaayeen siyaasiin u badnaa Xildhibaano oo diidanaa in ay matalaan dadka maamullada wata markaa oo aan anigu ka mid ahaa.

Si walba ha noqotee, arrinkaas waxaa xoog uga horyimid kuna guulaystay hoggaamiyihii maamulka Ahlusunna Waljameeca Macallin Maxamuud, kaas oo ku dooday; "haddii Gobolka Galgaduud qof kale lagala hadlaayo in uu heshiiska wax ka galaynin oo isaga kaliya ay tahay in Galgaduud wax laga waydiiyo kana jirin wax kale oo maamul ah ama qabiil kale oo Galgaduud lagala hadli karo", waxaa uuna si toos ah u diiday maamulladii heshiiska wax ka saxiixi lahaa iyo Guddoomiyihii Gobolka Galgaduud, asaga oo ku doodayain gobolka Galgaduud ay ka taliso ASWJ, aysana jirinna cid kale oo wax laga waydiinayo. Arrinkaa oo ahaa runtii mid xaqiiqda ka fog, waayo waxaa jiray maamulladii Ximin iyo Xoob, qabiiladana deegaanadooda iyagaa haystay annagana deegaanadaan ayaan masuul ka ahayn. Si kastaba ha ahaatee,

Macallin Maxamuud waxaa gacan siiyay Labadii maamul ee kale ahaa Ximin iyo Xeeb iyo Galmudug, balse arrinkaa waxaa si toos ah asna uga horyimid wasiirradii ka soo jeeday deegaanka, waxayba u sheegeen inaysan marnaba macquul ahayn in seddexdaa maamul keliya wax saxiixaan ayna muhiim tahay in la helo wax loo dhan yahay.

Dhanka kale waxaa iyana diiday in uu Macalim Maxamuud keligii wax saxiixo IGAD, waayo waxa ay ogaayeen in uu hadda ka hor uga baxay dhowr ballamood. IGAD oo ay hoggaaminayso Ethiopia wakiilna uga ahaa Coll Gabre ayaa waxa ay u soo jeedisay in Ahlusunna waljameeca u saxiixo Sh Ibrahim Xasan Guureeye oo ka soo jeeda beesha Marreexaan iyo labada maamul oo kale halka markaa lagu daray oo dowladu ku dartay in Afar wasiir oo kale oo ka soo jeeda qabiilada deegaanka ay wax ka saxiixaan aakhirkiina waxaa la isla qaatay arrinkaa asaga ah.

Waxaa jiray doodo kale oo badan oo xildhibaanada ka soo jeeda deegaanka gaar ahaan kuwa mareexaanka ay ku diidanaayeen in aan anigu heshiiskaa wax ka saxiixo, iyaga oo taageerayay oo soo dhaweeynayay dadka kale, waxaa la qabtay guddi-hooseedyo soo diyaariya waxa shirka looga hadlayo, kaas oo aan matalaynay aniga iyo Wasiir Axmed Taako oo markaa ahaa wasiirka Marreexaan in xildhibaannadii Marreexaan qaar xoog noola dagaaleen, waliba maruu safar aaday Wasiir Taako oo ani howsha aan sii waday ayey laba xildhibaan isku dayeen inay meesha iga saaraan oo iyagu galaan anna si xoog leh ayaan isaga dhiciyey ilaa aan iskula tagnay Raysalwasaare Cabdiwali, oo uu asna si cad ugu sheegay in aan aniga meesha ku jirayo oo matalayo beesha inta uu wasiirku ka soo noqonayo.

30/07/2014-kii maalinkii ayey ahayd markii la saxiixay heshiiskii Gobollada Dhexe oo ay wada saxiixeen seddexdii maamul, kaas oo waqti dheer qaatay in heshiiskaa la saxiixo laba ciladood awgeed. 1. In maamulkii ximin iyo xeeb uu diiday oo uusana ku qancin. 2. Iyada oo la isku haystay qofka Ahlusunna u saxiixaya, waxaana markii dambe isaga tagay goobta shirka Guddoomiyaha ASWJ Macalim Maxamuud ka dibna waxaa halkaa u saxiixay ASWJ Sheikh Ibrahin Guureeye.

Waxyaabaha maalinkaa la xasuusto oo aad u adkaa waxaa ka mid ahaa in Jeneraal Gabre oo asagu IGAD matalayay shirkana garwadeen ka ahaa uu aad u diiddanaa in Macallin Maxamuud wax saxiixo, balse uu rabay in uu meesha fadhiyo. Halka macalinkuna ka diiday in uu arrinkaa qayb ka ahaado mar haddii uusan isagu saxiixeyn oo uu markhaati beenaale ahaanayo., halka madaxweynihii Ximin iyo Xeeb uu rabay in heshiiska lagu caddeeyo Meesha shirka lagu qabanayo, taas oo laga diiday, ka dibna maamulkii Ximin iyo Xeeb ay shirka isaga baxeen.

Sawirkaan Hoose Waxa uu Muujinayaa Gabre oo Macallin Maxamuud Celinaya maalinkaa.

Dood dheer ka dib ayey markaa heshiiskaan wada saxiixdeen qaybahaan soo socda wallow maalmo ka dib la qanciyay Ximin iyo Xeeb ayna isla heshiiskii wax ka saxiixday.

Heshiiskii Lagu Saxiixay Madaxtooyada Soomaaliya (Villa Ugaandha) 30/07/2014 ee Mudug iyo Galgaduud

Hordhac

Xukuumadda Federaalka Soomaaliya (XFS) waxa ay horraantii bishan Luuliyo Muqdisho ku martiqaadday wafdiyo ka kala socday Dawlad-Goboledka Galmudug, Maamulka Ximan & Xeeb, Maamulka Ahlsunna Wal Jamaaca. Ujeeddada XFS martiqaadka u fidisay waxa ay ahayd in fursad loo sameeyo dadka deggan gobollada Galgaduud iyo Mudug sidii ay si wadajir ah ugu Samaysan lahaayeen maamul goboleed loo dhan yahay. Xukuumaddu waxa ay u xilsaartay hoggaaminta dhismaha maamulkan guddika tirsan Golaha Wasiirada XFS oo kala ah:

1. Cabdullaahi Goodax Barre: Wasiirka Wasaaradda Arrimaha Gudaha iyo Federaalka.
2. Mustafa Sheekh Cali Dhuxulow: Wasiirka Wasaaradda Warfaafinfa.
3. Ducaale Aadan Maxamed: Wasiirka Wasaaradda Hiddaha & Tacliinta Sare.
4. Mahad Maxamed Salaad: Wasiir ku-xigeenka Wasaaradda Arrimaha Dibadda & Dhiirrigelinta Maalgashiga.
5. Axmed Cali Salaad: Wasiir ku-xigeenka Wasaaradda Boostada & Isgaarsiinta.

Kulammada ay Xukuumadda Federaalka la yeelatay dhinacyadan kor kuxusan iyo beelaha deegaanka, waxa ay billowdeen 2dii Luuliyo 2014. Waxayna si gaar gaar ah oo is xig-xigta kulamo la tashi ah ula yeelatay dhinacyada kor kuxusan, kuwaas oo ugu dambayn ku heshiiyay mabaadii'da asaasiga ah ee lagu dhisaayo maamulka Gobollada Galgaduud iyo Mudug.

Haddaba Dhinacyada kor ku xusan:

- Iyada oo la garwaaqsaday, baahida loo qabo qorshe siyaasadeed oo cad oo lagu gaarayo dhismaha nidaam Maamul oo rasmi ah oo ku saleysan rabitaanka dadka, waafaqsanna Dastuurka Ku-Meel Gaarka ahee J.F. Soomaliya, taasoo ay muuqato in dadku u hiyi qabaan.
- Iyada oo la ayidaayo, muhiimadda ay leedahay in la dhiirrigeliyo heshiis loo dhanyahay oo horseedaya sharci iyo kala-dambeyn, bixinta adeegyada asaasiga ah iyo xoojinta maamulka heer degmo, gobol, iyo kanfederaalka intaba.
- Iyada oo si buuxda loo ixtiraamayo, midnimada, madax-bannaanida iyo israacsanaanta dhul ahaaneed ee Jamhuuriyadda Federaalka Soomaaliya.
- Iyada oo ay lagamamaarmaan tahay doorka hoggaaminta XFS ee iskudubaridka hannaanka iyo geeddi-socodka maamul u sameynta Gobollada Mudug iyo Galgaduud.

Waxyaabihii ay isku of garteen:

1. In la dhiso maamul ay yeeshaan Gobollada Mudug iyo Galgaduud.
2. In dhismaha maamulka ay ka qeyb qaataan dhammaan beelaha Soomaaliyeed ee wada dega Gobollada Mudug iyo Golgaduud.
3. In la dhiso guddi farsamo oo ka kooban 25 xubnood oo ka socda dhammaan beelaha dega gobolladaas. Guddigaas farsamo waxaa lagu soo magacaabayaa toban maalmood gudahood marka la saxiixo heshiiskaan.
4. Maamulka la dhisayo isaga oo matalaya dhammaan beelaha dega labadaas gobol waxa uu u hawlgalayaa si wadajir ahna ula dagaalamayaa nabad-diidka, si gobolladaasna lagu soo dabaalo nabad iyo xasilooni.
5. Geeddi-socodka dhismaha maamulka waxaa lagu dhameystirayaa muddo ku siman 60 maalmood, waxaana fududeynayana XFS.

6   In la qabto shirweyne ay u dhan yihiin dhammaan beelaha degdan gobollada Mudug iyo Galgaduud si loo dhiso maamul-gobooleed ka kooban labadaas gobol.
7   XFS ayaa mas'uul ka ah xaqiijinta, meelmarinta iyo taabbogelinta heshiiskan, siinayana wixii tas-hiilaad ah.
8   Shaqada iyo waajibaadka guddiga farsamada waxaa soo diyaarinaya XFS, kuna soo celinaysa saxiixayaasha.
9   Ciddii carqaladeysa hannaanka geeddi-socodkaan waxaa loo aqoonsanayaa qaswade, iyada oo laga qaadaayo tallaabada ku habboon.
10 Heshiiskaan waxa uu dhaqan galayaa laga bilaabo maalinta la saxiixo.
11 Heshiiskan waxaa si wada jir ah u saxiixaya Dawlad Goboledka Galmudug, Maamulka Alusunna Wal Jamaaca, Maamulka Ximan & Xeeb, iyo 4 xubnood oo Golaha Wasiirrada ka tirsan kana soo jeeda Gobolladaas. Saxiixayashu waxa ay dhammaantood saxiixooda ku caddaynayaan waafaqsanaantooda dhismaha maamul-gobooleed ay yeeshaa gobollada Galgaduud iyo Mudug oo loo dhanyahay.

Magacyada Saxiixayaashu waa kuwan:

Maamulka Galmudug:	Cabdi Xasan Cawaale Qaybdiid
Maamulka Alsunna Waljameeca:	Sheekh Ibraahim Sheekh Xasan Guureeye
Maamulka Ximin iyo Xeeb:	Cabdullaahi Maxamed Cali (Baarleex) iyo
	Mustafa Sheekh Cali Dhuxulow
	Ducaale Aadam Maxamed
	Axmed Cali Salaad (Taako)
	Mahad Maxamed Salaad
	Dammaanad-qaade:
	Xukuumadda Federaalka Soomaaliya
	Cabdullaahi Goodax Barre

Goobjoogayaal ama Marqaati

Ergeyga Gaarka ah ee Midowga Yurub:	Michele Cervone

Ergeyga Gaarka ah ee Urur-goboleedko IGAD: Mohamed Afey

Wakiilka Gaarka ah ee Xoghayaha Guud ee Q. M.   Nicholes Key

Sii-hayaha Wakiilka Gaarka ah ee Guddoomiyaha Komishanka Midowga Afrika, Marwo Lydie Wenyoto Mutende.
Xafiiska Qarammada Midoobay ee Soomaaliya.
30th July, 2014.

Mashruucii Dib U Heshiisiinta Gobollada Dhexe ee FCA iyo CRD

Waxaa jiray Mashruuc loogu talagalay markii hore in Dib-u–heshiisiin loogu sameeyo dadka dega deegaannada Galmudug oo loo qaybiyay saddex qaybood oo kala ah: Dirta iyo Mareexaanka oo dhinac ah, Sacad, Saleebaan iyo Cayr oo dhinac ah iyo G4 oo dhinac ah, kuwaas oo kala ah Duduble, Murursade, Saruur iyo Wacaysle ayaa Hay'adda Somalia Stability Fund (SSF) waxa ay $ 5,001,504 oo maaliyad ah siisay Finn Church Aid (FCA) si loogu fududeeyo hawlaha dib-u-heshiisiinta iyo wadahadalka maamulka ee gobollada dhexe ee Soomaaliya. Barnaamijku waxa uu ku bilaabmayaa iyada oo diiradda la saarayo fududeynta dib-u-heshiisiinta beelaha, ka dibna u gudbaya geedi-socodka wadahadalka ee ku saabsan dowlad-goboleedyada iyo horumarinta maamulka.

Gobollada dhexe ee Soomaaliya waxa ay leeyihiin taariikh dheer oo ah dagaal beeleedyo. Hannaanka wax looga qabanayo khilaafaadka qabaa'ilka ayaa lagamamaarmaan u ah in loo oggolaado wadahadallo wax-ku-ool ah oo sinnaan iyo is-afgarad leh oo ku saabsan dowlad-goboleedka iyo maamulka. Nidaamka FCA waxa uu ujeedkiisu ahaa wax ka qabashada arrimahan u dhexeeya beelaha, si loo diyaariyo marxaladda wada-hadallada loo dhanyahay oo waara ee ku saabsan horumarinta maamulka dowladda.

FCA waxa ay mashruucan ka fulineysaa la-hawlgalayaasha maxalliga ah, Xarunta Cilmibaarista iyo Wadahadalka (CRD). CRD waxa ay barnaamijka keentaa dib-u-heshiisiin ballaaran iyo khibrad dhisidda nabadda ee koonfurta iyo bartamaha Soomaaliya. Kaqeybqaadashadooda fududeynta hawlahaan waxa ay u saamaxaysaa barnaamijka in uu ilaaliyo firfircoonaan gaar ah oo ay Soomaalidu hoggaamiso.

Shirarkaas walow sidii la rabay aanu u wada dhicin oo siyaasadi soo dhex gashay, haddana wax baa la qabtay waxna waa la faa'iday oo ay ugu horayso in meeshii maamul ku dhismay, taas oo ay sahashay fududayntii FCA iyo CRD ay dadka u fududeeyeen inay isu keenaan oo ahayd arrin aad muhiim u ahayd loona baahnaa. Waxyaabaha kale oo barnaamijkaan ku guulaystay waxaa ka mid ahaa faragalin la'aanta IGAD oo Ethiopia hoggaaminayso, taas oo ahayd midda dalka siyaasaddiisa aad ugu lug lahayd. Nasiib wanaag, Galmudug dhismaheedii iyo dib-u-heshiisiinteedii waxba lug ku ma yeelan IGAD iyo Ethiopia toona, waana midda keentay natiijadii Galmudug inay ku dhammaato Galmudug qaybsan oo laba maamul ah dowladda Ethiopiana iyada oo saacidaysa ASWJ u qabatay Dhuusamareeb ugana dhawaaqday maalmo ka hor dhisiddii Galmudug maamul kale iyo Madaxweyne ASWJ, balse si walba ha noqotee shirarkii ay wadeen FCA iyo CRD waxaa ka soo baxay natiijooyinkaan oo ahaa kuwo aad muhiim u ah:

- Yareynta khilaafaadka u dhexeeya beelaha wada dega gobollada dhexe ee Soomaaliya.
- Kor u qaadidda iskaashiga, iskuduwida, iyo wada xiriirka u dhexeeya hoggaanka qabiilka, hoggaanka jufooyinka, hoggaanka bulshada deegaanka, iyo maamullada gobollada iyo federaalka.
- Sameynta maamul loo dhanyahay (dhammaan qabaa'illada gobollada ka qaybgalaya) oo waara awoodna u leh iska caabbinta khilaafaadka iyo isbeddellada siyaasadeed, dhaqaale iyo bulshaba ee gobollada dhexe.
- Aasaasidda hab-dhaqannada loo dhanyahay ee dib-u-heshiisiinta, dhisidda kalsoonida, iyo xoojinta guud ee bulshada.
- In la sameeyo habab xallinta khilaafaadka gobolka, si wax looga qabto khilaafaadka mustaqbalka.

Dhisiddii Guddiga Farsamada Maamul u Samaynta Gobollada Dhexe

Intaa ka dib, xalku waxa uu noqday inay bilowdaan shirarkii iyo habkii loo samayn lahaa maamul loo dhan yahay, laakiin caqabadaha ku saabsan arrimahaan maamul u smaynta ma yarayn, balse markaa ayaa gacanta loo galiyay dadka ku shaqada leh oo la rabo inay maamul u sameeyaan dalka, hadday ahaan lahaayeen Wasaaradda arrimaha Gudaha, Finsih Church Aid,

Somali Satability Fund, Hay'ada CRD, Baarlamaanka, Dowladaha Deriska ah iyo Beesha Caalamka.

Waxa ay bilaabeen inay arrimahooda galaan, waxaana iska garab furmay labo shir oo lagu kala qabanayay Dhuusamareeb iyo Cadaado, labada magaalo oo u kala tartamayay qabashada shirka iyo midda caasimadda noqonaysa. Waxaa meesha ka baxay barnaamijkii dib u heshiisiinta, waxaana la yiri ha loo gudbo maamul u samayn, taas oo ahayd siyaasadda dowladda, halka dadka Dhuusmareeb tagayay ay danaynayeen in dib u heshiisiin la sameeyo ayna isku keeneen qabiillo badan.

Waxaan meesha ka marnayn siyaasiyiin iyo ganacsato aad u kala danaynaya arrimaha, kuwaba ayaga oo dan nooc ah ka leh, dhaqaale ama awood midkii ay doontaba ha ahaatee.

Waxaa dhacday in lagu wareero jihada wax u socdaan oo dadyowga kale oo dhan iska noqdaan hayiraac, markii laga reebo beesha Habargidir oo ayagu isku haystay wax badan oo ka mid ah habka wax u socdaan. Qaarkood waxa ay rabaan caasimada, qaarna xukunka, qaarna shirka, halka magaalooyinka kale iyo dadkooda marti ahaayeen aysanna jiri wax Allaale iyo waxay rabaan.

Waxaa hubaal ahayd dadka ku nool Bartmaha Soomaaliya inay ahaayeen dad fiican oo diyaar u ahaa in la maamulo oo ay helaan cid ay hoggaankooda addeecaan, balse waxaa loo baahnaa hoggaamiyaashoodu inay la yimaadaan aragti sax ah oo ay dadkooda ku hoggaamiyaan; ogowna inay ka dambeeyaan gobollada kale ee dalka.

Runtii saxiixa heshiiska ka dib, waxaa soo baxay khilaaf ku saabsan halka uu u jihaysan doono maamulku iyo sida uu noqon doono iyo weliba halka uu sal dhiganayo. Waxaa markiiba ka hor yimid oo aan la gabban Maamulka Puntland oo ku doodayay in maamulkaan yahay gobol iyo bar, sidaa owgeedna aanu dastuurka buuxin karin. Waxaa lagu heshiin waayay oo muddo bil iyo bar socday habka loo qaybsan lahaa guddi loo dhisayay Maamulka inay soo dhisaan oo guddi farsamo ahaa.

Markii la saxiixay heshiiska, waxaa kale oo iyaguna bilowday shirar hoose oo looga arrinsanayo in guddi farsamo la sameeyo, kaas oo ka imaanaya qabiillada, ayna wadeen xaafiisyada sare ee dowladda iyo xildhibaannada iyo wasiirrada dowladda. Waxaa jiray in beesha aan ka soo jeedo oo aan matalayay oo heshiiska saxiixiisa aniga ka maamul ahaan ay ii diideen dad ka mid ah xildhibaanada beesha iyo Macallin Maxamuud ruuxiisa oo diiday in aan saxiixa qayb ka ahaado; waxaa saxiixa wax ku yeeshay wasiir Axmed Taako oo dowladda matalayay iyo Shiikh Ibraahin Guureeye oo ASWJ matalayay. Aniga ahaan waxaa igu bilowday laga bilaabo halkaa caqabado ku saabsan is-riixriix iyo in aniga meesha la iga saaro oo la isku dayo in dadkii kale oo aan la midka ahaa la iga reebo, laakiin arrinkaa ma aanan yeelin waxa uuna noqday mid aad u adag.

Labo xildhibaan oo kuwa fedaaralka ah oo beeshayda ah ayaa aad waxa ay isugu dayeen inay i riixaan, anna waxaan la heshiiyay wasiirka oo runtii aad ii taageeray waqtigaa. Waxaa kale oo garab fiican aan ka haystay dhanka xaafiiska raysalwasaaraha oo rag aan saaxiibbo nahay joogeen.

Waxaa la isku dayay in guddiga la iga reebo iyada oo laba dhinac la ii marayo, dhinac in la yiraahdo wixii Marreexaan ah ASWJ ayaa soo qoranaysa iyo dhinac kale in la yiraahdo annaga xildhibaannada ah ayaa keensanayna wixii Marreexaan ah. Waxaa safar degdeg ah oo shaqo dibedda ah u aaday wasiirka, waxaana uu ii sameeyay markii uu baxayay in uu igu wareejiyo raggii hawsha waday una sheego in aan anigu ahay qofka booskiisa matalaya muddada uu maqanyahay. Arrinkaa waxa uu dhabarjab ku noqotay xildhibaannadii. Waxaan helay fursad aan shirarka uga qayb galo taladana wax ka yeesho; waxaa i soo dhaweeyay oo si fiican ii la dhaqmay madaxdii kale oo Soomaalida ahayd iina arkay in aan ahay nin bisil oo wax la qaybsan kara. Xildhibaannadii iyo kuwa kale oo la socda ayaa waxa ay isku dayeen inay abaabulaan shirar magaalada lagu qabanayo oo badidood aniga iga soo horjeeda, balse hiil aan ka helay xaafiiska raysalwasaare Cabdiwali iyo Allah ha u naxariistee Ugaas Ciise Ugaas Cabdulle waxaan ku guulaystay in aan ka mid noqdo guddigii farsamada ee Maamul u samaynta Gobollada Dhexe.

26/08/2014 ayaa lagu dhawaaqay guddiga farsamada Maamul samaynta Galgaduud iyo Mudug oo ka kooban 27 xubnood oo ka kala yimid qabiillada Galmudug ay ku dhisantahay, kaas oo la siiyay Beesha Habargidir 8 xubnood, Beesha Marreexaan 4 xubnood, Beesha Murursade 4 xubnood, Beesha Duduble 3 xubnood, beesha 5aad 1 xubin, Beesha Shiikhaal 1 xubin, Beesha Dir 3 xubnood iyo Beesha Wacaysle 3 Xubnood. Laakiin arrinkaa waxaa ka biyo diiday beesha Marreexaan oo diidday inay ka soo qayb galaan shirarkii guddiga ilaa iyo muddo labo bilood ah. Ka dib ayaa madaxweyne Xasan Shiikh waxa uu ku daray guddigii labo xubnood oo midna ugu daray beesha Marreexaan midna beesha Shiikhaal halkaas oo Guddigu uu ku noqday 29 xubnood.

Magacyada xubnaha ayaa kala ahaa sidan soo socota:
01. Cismaan Ciise Nuur
02. Xaliima Ismaaciil Ibraahim
03. Daahir Xasan Guutaale

04. Cabdi Faarax Jaamac
05. Dr. Khaliif Xirsi Cali
06. Iimaan Xasan Jiirow
07. Daahir Weheliye Siyaad
08. Maryan Cabdi Geeddi
09. Cabdullaahi Cabdi Cabdulle
10. Maxamed Axmed Maxamuud
11. Cabdullaahi Maalin Gaafow
12. Axmed Dubbad Cali
13. Cumar Maxamuud Mahad-Alle
13. Cabdiraxmaan Maxamuud Macalin
14. Cumar Cali Rooble
15. Maxamuud Aadan Cusmaan
16. Cabdullaahi Muuse Maxamed
17. Maxamed Xaashi Cabdi (Garabey)
18. Cabdi Daahir Maxamed Xareed
19. Durraan Cali Farey
20. Farxiyo Afweyne Sheekhdoon
21. Xareed Cali Xareed
22. Cabdinuur Macallin Maxamuud
23. Cowke Xaaji Cabdiraxmaan
24. Khadiijo Caddaan Cusmaan
25. Juneyd Ismaaciil Cigalle
26. Cabdullaahi Xuseen Cali.

Laba kale oo mid yahay Marreexaan midna Shiikhaal ayaa dib looga daray.

Markaa ka dib waxaa dhacday guddigii in uu hawlihiisa bilaabay shaqo uuna doortay Guddoomiye, Guddoomiye ku-xigeen, Xoghaye iyo Afhayeen, halkaa shaqada sidii loogu talagalay uga waday. Markii caqabaddaa dhammaatay laakiin uu madaxweynuhuna sheegay in Cadaado lagu dhiso maamulka ayaa waxaa bilowday dood kale oo ah Dhuusamareeb iyo Cadaado. Markaa ayaa madaxweyne Xasan Shiikh uu saaray guddi ka kooban labada qabiil ee isku haysatay Goobta shirka lagu qabanayo iyo caasimadda, kuwaas oo kala ahaa Cayr iyo Saleebaan, balse wax uun ay isku afgaran waayeen, xitaa haddii ay soo saarteen min toban xubnood iyo labada wasiir oo kala ahaa Mahad Salaad iyo Wasiir Cabdiraxmaan Odawaa.

Shirkoodii waxaa ka soo baxay oo kaliya in tirada la yareeyo oo min seddex xubnood iska soo saaraan, ka dib markii ay Saleebaanku ku doodeen in caasimadda si ku-meelgaar ah looga dhigo Cadaado 2 sano ama haddii kale Dhuusamareeb in la siiyo ku-meelgaarka. Talooyinkaa waa lagu heshiin waayay laguna kala tagay. Go'aankiina waxa uu noqday inay dowladdu go'aan qaadato halka labada qolaba iyaga go'aankoodu ahaa in laba shir la kala qabto oo labo Madaxweyne ka soo baxdo.

Dhanka kale, ma caddayn siyaasadda Itoobiya oo ciidammadeedu joogeen deegaanka kuna aaddanayd maamul samaynta, waayo way labalabaynaysay, waxaayna arrintoodu u ekeyd in aysan isla socon millitarigooda iyo siyaasiintooda, waayo kuwooda siyaasadda waxa ay taageersanaayeen barnaamkijka maamul-sameynta, halka millitariga uu la dhacsanaa qolyaha diiddan dhisidda maamulka, sida ASWJ.

Markii hore dhaqdhaqaaqyada maamul u samaynta gobollada dhexe waxa ay ka socdeen magaalada Cadaado, iyada oo reer Dhuusamareeb ay ku dhawaaqeen shir dib-u heshiineed oo ay uga soo horjeedaan dhaqdhaqaaqa dowladda, kaas oo lagu qabtay Muqdisho ka dibna loo raray Dhuusamareeb, halkaa oo qabiillo badan isugu tageen si looga hadlo aayaha iyo dhibka ka jira dadka dhexdiisa. Arrinkaa intii uu socday waxaa laba jeer booqday Madaxweyne Xasan Shiikh iyo wafuud badan oo dowladda ka socotay waxaana garwadeen ka ahaa arrinkaa wasiir Mahad Salaad, Allah ha u naxariistee xilddhibaan Jawaahir Daahir iyo Ganacsatada beesha Cayr, iyaga oo jeclaa in halkaa wax walba ka dhacaan maadaama Dhuusamareeb tahay magaalomadaxdii gobolka, balse ma suuroobin, waayo madaxweynuhu waxa uu doonayay in uu dadka ku qanciyo in shirka ka dhaco Cadaado, caasimaddana Dhuusamareeb ahaato ilaa markii dambe uu digreeto ku soo saaro balse dadkii ku ma qancin.

Dhanka kale, beesha aan ka soo jeedo ee Sade Mareexaan shirkii Dhuusamareeb waxaa ka qayb galay dad badan oo markaa aamminsanaa in aniga iyo inteenna guddiga ku jirtay ka sadbursanay, odayaashana Dhuusmareeb geeyay, balse waxay ka keeneen barnaamij ilaa hadda beeshu ka cabato oo ah kow iyo toban beelood, kaas oo lagu go'aamiyay shirkii Dhuusamareeb, beeshana iyaga oo aan ka fiirsan loo hoos galiyay, dhowr jeerna wax ku qaybsatay, balse halkaa qofna ka ma joogin inteennii Guddiga ku jirtay.

Iyada oo xalku halkaas taaganyahay ayaa waxaa saraakiil ciidan oo isku beel ah laga diray Muqdisho iyo Shabeelada Hoose, waxaana hoggaaminayay Allah ha u naxariistee Allah ha u naxariistee Jeneraal Goobaale. Raggan saraakiisha ah ayaa markii ay tageen gobolka Galgaduud waxaa ka biyo diiday oo soo weeraray magaalada Dhuusamareeb ASWJ oo markaa joogtay tuulada Balli Howd oo saldhig u ahayd waxayna galeen dagaal qaraar, ayadoo doodda dagaalka ahayd gacan ku haynta gobolka Galgaduud, gaar ahaan magaalooyinka Dhuusamareeb iyo Guriceel.

Halkaas waxaa ka dhacay dagaal khadhaadh oo dhaliyay dhimasho, dhaawac iyo barakac. Natiijadii ka dhalatay dagaalladii gobolka Galgaduud waxa ay noqotay in labadii magaalo ee Dhuusamareeb iyo Guriceel la kala qabsado. Dhuusamareeb waxaa qabsaday ciidammadii ka socday dhanka dowladda halka Guriceel ay Ahlu Sunno qabsatay.

Odayaal iyo ganacsato is abaabulay oo u dhashay beesha Cayr ayaa bilaabay dadaal ay isku dayayaan inay ku maquuniyaan ama ku yareeyaan waxa Cadaado isku dayayso oo shirka daah furay Dhuusamareeb, iyaga oo isku keenay dhammaan beelaha dega Gobolka, markii laga reebo Saleebaan, una qabtay shirwayne dibuheshiineed.

Madaxweynaha Dawladda Federaalka Soomaaliya, Xasan Sheekh Maxamuud, oo uu weheliyo Cabdikariin Guuleed oo u ahaa markaa La-taliye, ahaana musharraxa Maamulka ee dowladda ayaa tagay Dhuusareeb, waxa uuna halkaas ka furay shir dibuheshiisiineed oo u dhexeeya beelaha gobollada dhexe, waxa uuna khudbaddii furitaanka ka sheegay in caasimadda maamulka la dhisi doono ay noqon doonto Dhuusamareeb, dhismaha shirkana lagu qaban doono magaalada Cadaado.

Dhawr maalmood ka hor ayey ergadii ku shirsanayd Dhuusamareeb soo saareen warmurtiyeed ay ku sheegeen in shirkii dib u heshiisiinta la soo gabagabeeyay, shirkii dhismaha maamul goboleedkana lagu qaban doono isla magaalada Dhuusamreeb, arrintaas oo ka hor imaanaysa hadalkii madaxweynaha iyo heshiisyadii horay loogu gaadhay Muqdisho. Haddaba maxaa khaldan oo xaggee bay salaaddu iska qaban la'dahay?

Waxaa la yidhaahdaa Soomaalidu been way sheegtaa laakiinse ku ma maahmaahdo, Soomaalidu marka ay arkaan wax la jiha bixin waayo ayay ku maahmaahdaa maahmaahyo dhawr ah, sida; "hashu maankeyga gaddaye ma masaar bay liqday" iyo "timir laf baa ku jirta" oo fasiraadyo kala duwan qaadan karta. Bal aynu isku dayno in aynu dib u jalleecno dhacdooyinkii ka dhacay gobolka Galgaduud;

Saraakiil ka tagay Muqdisho, dagaal dhacay, magaalooyin la kala qabsaday, shir furmay, madaxweyne Xasan iyo Cabdikariin Guuleed oo Dhuusamareeb tagay shirkiina furay, ciidammo ka socda Jabuuti oo la sheegay in la gayn doono Cadaado, Axmed Cabdisalaan oo Dhuusamreeb tagay lana kulmay dadkii deegaanka, RW Cumar Cabdirashiid oo Dhuusamreeb tagay ka dibna

Itoobiya iyo Jabuuti uga sii gudbay, ciidammadii Jabuuti oo ka baaqsaday tagitaankii Cadaado, shirkii Dhuusamreeb oo la soo gebegabeeyay iyo ergadii oo diidday Cadaado sheegtayna in shirka dhismaha maamulka gobollada dhexe lagu qabanayo Dhuusamareeb, iyo ugu dambeyntii madaxweyne Xasan Sheekh oo si degdeg ah uga duulay Dhuusamareeb si uu khilaafka u xalliyo, iyada oo madaxweyne Xasan Sheekh ay is-mari waayeen odayaashii ergada shirka halkaa u joogay oo ka biyo diiday wax walba oo uu u waday, taas oo keentay in khilaafkii sii socdo.

Markii aad dhacdooyinkan isu gayso waxaa kuu soo baxaya in meesha laba quwadood ama laba dhinac isku hayaan oo ka baxsan dadka deegaanka ama labada magaalo ee is-diiddan. Haddaba, sidee la isu hayaa yaase isku haya shirka gobollada dhexe?

Waxaa muuqata in Itoobiya, Ahlusunna, qaar ka mid ah hormuudka shirka Dhuusamreeb iyo Axmed Cabdisalaan isku dhinac ahaayeen, halka madaxda dowlada Soomaaliya, siyaasiyiinta gobolka Galgaduud dowladda ugu jira, saraakiisha ciidanka ee uu Allah ha u naxariistee Jeneraal Goobaale madaxda u yahay ay iyaguna isku dhinac yihiin. Dad badan oo siyaasadda Soomaalida oddorasa ayaa aamminsanaa in waxa la isku hayay ay ahayd qofkii madaxda ka noqon lahaa maamulka gobollada dhexe loo dhisayo, ilaa taas xal laga gaadhana kolba jawi cusub oo ila meerayso ah la gali doono.

Sidii aan horay u soo sheegnayba, markii ay saraakiishu Xamar ka yimaadeen waxa ay isku dayeen inay la hadlaan ciidammada ASWJ oo deegaanka joogay kuna qanciyaan inay qayb ka noqdaan dhisidda Maamulka oo ay dowladda addeecaan, taas oo ay diideen ka dibna dhalisay dagaal faraha looga gubto oo ka dhacay Dhuusamareeb iyo Guraceel, iyada oo ASWJ ay caawinaysay dowladda Ethiopia oo intay isku soo urursadeen Balli-hawd ayaa waxa ay soo weerareen ciidankii dowladda oo joogay Guraceel, iyaga oo ka qabsaday meelo badan, ilaa wasiirka Gaashaandhigga iyo ganacsato ka soo jeeda beesha Cayr ay yimaadaan, iyadaoo wasiirku diiday in uu la dagaalo ASWJ beddelkeedana yiri; "waxaan la soo galayaa heshiis" isagoona la galay heshiis, balse dowladdii Madaxweyne Xasan Shiikh diidday inay fuliso heshiiskaas, waayo raalli ka ma aysan ahayn dowladda ee Wasiirka iyo Raysalwasaarihiisa un baa arrinkaa watay oo isla ogaa.

Heshiiskaas oo aan fulin ayaa waxa uu u dhignaa sidatan:

Qodobbada lagu hishiiyay waxaa ka mid ah:

- In ciidammada Ahlusunna iyo dowladda ay qaataan xabbad-joojin oo mar kale dagaal uusan ka dhicin deegaamadaas.
- In wadahadalka labada dhinac uu sii socdo.

- In ciidammada dowladda ee ku sugan duleedka magaalada Guriceel dib loogu celiyo magaalada Dhuusomareeb iyo qodobbo kale.

Balse heshiiskaas waxba ka ma fulin. Heshiiskaan waxa uu sababay inuu awood siiyo ASWJ waana midda ay markii horeba dowladdu ka baqaysay oo shakiga keenay, waayo ASWJ waxay ahayd urur ku xiran ciidammada Ethiopia ajandaheeduna marnaba ma ahayn inay raalli ka noqoto in maamul kale oo ayada ahayn laga dhiso Gobollada Dhexe, wallow ay markii dambe ku kala qaybsameen.

Gobolka Galgaduud waxa uu dhacaa sector 4, marka la fiiriyo waajibaadka ciidammada AMISOM, waxaana mas'uul ka ah ciidanka Itoobiya. Dhawaantaa waxaa soo yeertay in ciidammo Jabuutiyaan ah la geyn doono Cadaado si ay u sugaan amniga goobta loo madlay shirka, iyada oo ciidammo Itoobiyaan ah ay ku suganyihiin meel aan sidaas uga sii fogayn Cadaado, arrintaas oo muujinaysa kala aammin bax iyo in madaxda dowladda iyo Itoobiya aysan isku aragti ka ahayn shirka maamul u sameynta gobollada dhexe.

Markii uu Raysulwasaare Cumar Cabdirashiid Dhuusamreeb tagay si uu u xalliyo khilaafka jira waxa uu uga sii gudbay Itoobiya iyo Jabuuti, taas oo loo qaadan karo in khilaafka ka taagan dhismaha maamulka gobollada dhexe xarkihiisa laga soo xiray meelo ka baxsan xadka Soomaaliya. Natiijada muuqata ee ka soo baxday safarkii Raysulwasaare Cumar Cabdirashiid waxa ay noqotay in ciidankii Jabuuti ee tagi lahaa Cadaado la baajiyo. Iyada oo mar walba xalku ahaa sida ay dadkaan isugu tanaasulaan ayaa haddana uusan dhicin wax tanaasul ah, shirkiina sidii madaxweynuhu sheegay waxaa lagu qabtay Cadaado.

Halkaa waxaa ku soo idlaaday arrinkii Dhuusamareeb iyo Cadaado, balse waxaa dhammaan waayay oo caqabad kale noqday kii Ahlusunnada u dhexeeyay ayada qudheeda oo noqday Dhuusamreeb iyo Guraceel.

Kow iyo toban Beelood Halka ay ka Timid

Maahmaah Soomaaliyeed ayaa tiraahda "magac iyo masiibo ba mar ayey baxaan." Tusaale waxaa kuugu filan magacaan iyo qisadaan in Galmudug degto kow iyo toban beelood ama gobollada Galgaduud iyo Mudug ay dagaan kow iyo toban beelood ayaa ah mid aad moodayso in beelaha qaar ku faa'iideen ku dhawaaqistiisa, halka beelaha qaarna ay dhibayso, sida beesha Marreexaan.

Sababta aan buugaan ugu xusay maadaama aan ka mid ahaa dadkii wax ka dhisay maamulka Galmudug madaxna ka noqday, markii magacaan soo shaac baxayna aan joogay, maadaama bahdaydu dhibsatay in aan u sharraxo dadka in magacaan aanan anigu keenin balse ogaantey meesha uu ka yimid ayaan dadka u caddeynayaa.

Waxaa jiray – sidii aan kor ku soo sheegnayba, hoosna ugu tagi doono – markii heshiiska maamullada la saxiixay ayaa labada magaalo ee Cadaado iyo Dhuusamareeb isku qabsadeen halka shirka lagu qabanayo, waxaana u kala jabay qabiillo badan oo u badnaa kuwii markaa diiddanaa maamulka dowladda oo u arkaayay inay gacan bidixaynayso. Dowladda iyo beesha degta Dhuusamareeb ayaa iclaamiyay inay shir dib u heshiineed oo beelaha dhan ah ku qabanayaan Dhuusamareeb, halka beesha degta Cadaadana ay iyaduna ka bilowday Cadaado u diyaargarowga shirka.

Haddaba maxaa dhacay? Sida aan horay u soo sheegnay ama aan wada ognahay waxaa wada dega Gobollada Galgaduud iyo Mudug, beelaha kala ah Daarood, Hawiye, Dir iyo Beesha 5aad, halka aysan degin beelaha Raxanwayn. Haddaba waxaa dhacday in shirar meesha lagu qabto lagu qaybsado qaaraamo kala duwan oo kala ahaa laba nooc.

1. In beelaha meesha isugu yiid raashin iyo xoolo bixiyaan.
2. In marar wafuud kala duwan ay meesha timid, sida Madaxweyne Xasan Shiikh, meesha yimid ama Raysalwasaare Cumar Cabdirashiid ama madax kale sooryo la bixiyay lagu qaybsaday.

Haddaba, habkaa labada nooc ah ayaa waxa ay bilaabeen dadkii meesha joogay inay marka ay wax qaybinayaan Hawiyaha u kala saaraan siddeed qaybood, halka Mareexaanka hal ka soo qaadayeen, Dirtana hal ka soo qaadayeen, beesha 5aadna hal ka soo qaadayeen, waqtigaa iyada ah lagu ma baraarugin arrinkaa.

Waxaa kale oo iyaduna jirtay in markii ay shirayeen guddigii Wasiirrada ahaa iyo maamulladii kale oo iyana hawsha la waday inay sidaa wax u qaybinayeen, taas oo iyaduna markaa lagu baraarugin. Arrinkaasna waxa sababay dagaalladii sokeeye ee dalka ka dhacay waxa uu kala saaray oo Islaayay dhammaan qabiillada Hawiyaha, taas oo dhammaantood waxba isugu jirin, halka beesha Marreexaan oo degta Galgaduud iyo Mudug ay iyadu ahayd mid kali ah oo isku wada duuban oo aan iska la saarsaarin, balse waxaa dhibtay dadka Mareexaanka in markii la dhaho Galmudug waxaa degan kow iyo toban beelood ay aad uga xanaaqaan.

Haddaba, waxaan rabaa inaan dadka Marreexaanka u caddeeyo in kow iyo toban beelood in lagu dhawaaqo ama Galmudug degto aysan ka imaan shirkii Cadaado oo Galmudug lagu dhisay ayna maamulayeen guddigii farsamada ee

Galmudug dhisay ee ay ka timid shirkii dib u heshiisinta ee Dhuusamareeb ka socday taas oo ay u dhammaayeen aqoonyahan, siyaasiin, haween iyo odayaasha Marreexaan ee dega Galgaduud iyo Mudug ayagana magacaas soo qaadeen muhiimna tahay in la waydiiyo dhammaan intayadii ku jirtayna Guddigana arinkaa waa iska bari yeeli karnaa walow ay tahayba hadana mid aan awood-qaybsi ku salaysanayn.

Laakiin waxaan rabaa in aan dhinaca kale ka tusoo oo u sheego una caddeeyo beesha Marreexaan in awood qaybsiga Galmudug uusan ku dhisnayn kow iyo toban beelood ee uu ku dhisanyahay beel walba iyo cududdeeda, annagu markii aan dhisaynayna aanu saa ku dhisnay. Tusaale ahaan, beesha Habargidir waxa ay leedahay 25 xildhibaan halka Beesha Marreexaan ka leedahay 16 Xildhibaan. Dhinaca kale, beesha Habargidir waxa ay leedahay 8 wasiir, halka beesha Marreexaan leedahay 5 wasiir, taas waxa ay caddaynaysaa mar walba beesha Marreexaan wax qaybsigeeda in uu u dhigmo 2 beelood iyo bar ah Habargidir.

Haddaba, waxaan rabaa in aan dadka u caddeeyo in annaga ka guddi farsamo ahaan ay ahayd wax naga horreeyay magaca 'kow iyo toban beelood' ahaydna wax ka horreeyay dhisiddii maamulka Galmudug, aniga iyo inta ila midka ahna sababta aan ugu qanacnay waxa ay ahayd in awood qaybsi aysan ku salaysnayn ee uun ahayd wax isaga dhawaaqid.

1. Sidee Lagu Saleeyay Awood Qaybsiga ugu Sarreeya Galmudug

Awood qaybsiga Galmudug waxaa moodaa inuu yahay mid ay dad badan qalad ka fahmeen sida uu hadda yahay oo qabiil walba booska uu hadda haysto xaq u leeyahay waligiisna haysanayo micnahaas sidaas ah qofkii aamminsan ma aha mid sax ah. Galmudug waxaa lagu saleeyay markii la dhisayay maadaama dagaallo sokeeya laga soo baxayay dadka Soomaaliyeedna aad isku laayeen heshiisna la ahayn in si dib u heshiisiin ah lagu helo loo dhiso, taas oo keentay in maadaama dadka ugu dhibka badan aadna isku laayay kalana fogaa, isna oggolayn ay ahaayeen beesha Habargidir la siiyo Madaxweynaha, halka beesha Marreexaan oo ayadu ka soo jeeda Daarood maadaama inta kale isku beel yihiin la siiyo Ku-xigeenka halka loo gartay Murursade oo ah Curadka Hawiye in asagana la siiyo Guddoomiye Baarlamaan.

Horta sababta arinkaan keentay waxay tahay uun dib u heshiisiintaas ee ma aha wax kale. Sababta Sacad loo siiyayay Madaxweynahana waxay ahayd laba arimood oo ahaa:

1. Maadaama Saleebaan la siiyay qabashada Shirka, halka Cayrna magaaladooda noqotay Caasimadda maamulka ayaa Sacad la siiyay Madaxweynaha Maamulka.
2. Maadaama Sacad ayagu soo bilaabeen Maamulka oo isu arkaayeen in Maamulkoodu ka awood roonaa dhammaan kuwa qabiillada kale ee ka jira deegaannadaa, taasna waa loo siiyay.

Taas ayaa keentay balse waxaa kale oo ayaduna jirtay in Wacayslaha rabeen Gudoomiyaha Baarlamaanka laakiin maadaama uu Madaxweyne ahaa Madaxweyne Xasan Shiikh, haddana awood qaybsiga 4.5, Hawiyaha dhexdooda macquul maahayn in Murursade la dhaafiyo kursigaa waayo Abgaalka xilal badan oo sarsare ayay ka hayaan guud ahaan dalka.

Markii labaad oo doorashadu dhacaysay maadaama khilaaf wayn jiray oo ka dhaxeeyay dowlada iyo ASWJ ayadana waxba laga ma beddelin awood qaybsigii hore ayaa loo daayay, waayo la ma furfuri karin oo dowladda waxay ku waayi lahayd taageerayaal badan, taas owgeed ayay sideedii ku daysay.

Hadda waxaan rabaa inaan idiin sheego Galmudug in qof walba oo muwaadin ah jagada uu rabo ka qaban karo xaqna u leeyahay wax u diidayana jirin waxaana rabaa inaan u sheego dadka Marreexaan inay xaq u leeyihiin inay Galmudug madaxweyne ka noqon karaan laba kaliyana loo baahanyahay.

1. Qofku inuu haysto dhaqaale uu isku sharraxi karo howlihiisana ku qabsan karo, ugu yaraan 3 milyan USD, kuna talo galo shar iyo khayrba inay ka baxdo.
2. Inuu dowladda dhexe ka haysto taageero siyaasadeed, maadaama Galmudug aanay wali xor ka ahayn siyaasad ahaan dowladda dhexe.

Walow laga yaabo muddo yar ka dib hadii dalku asxaab noqdo iyo qof iyo cod in midda siyaasada meesha ka baxdo laakiin loo baahanyahay dhaqaalaha iyo xisbi awood leh. Haddaba, taas waxay caddeynaysaa in Galmudug qofkii raba Madaxweyne ama Ku-xigeen ama Gudoomiye Baarlamaan ka noqon karo sida uu qofka xilkuu doono oo kale uga qaban karo, hadduu doono xildhibaan ha noqdee.

2. Dhacdooyinkii waqtigii Maamul u Samaynta Gobollada Dhexe

Guddiga Maamul u Sameynta Gobollada Dhexe oo ansixiyey Xeer Hoosaadkooda

- December 12, 2014-kii ayaan waxaan ansixinnay xeerhoosaadkii aan ku shaqeyn laheyn, xilli hawlihii maamul u sameynta aan dardar galinayno.

- Waxaa magaalada Muqdisho lagu soo xiray siminaar loo qabtay guddigii farsamada maamul u sameynta goballada Mudugu iyo Galguduud, waxaana xafladdii xiritaanka siminaarka laga soo saaray war-murtiyeed qodobbo badan ka kooban.
- December 25, 2014: waxaan samaynay guddihoosaadyo ay tahay inay shaqeeyaan.
- Guddiyada iyo guddoomiyeyaashooda ayaa kala ah sidan soo socota:
    - Guddoomiyaha Guddiga Maamul u sameynta Gobollada Dhexe: Xaliimo Ismaaciil Ibraahim
    - Guddoomiye Ku-xigeenka Guddiga: Maxamed Xaashi Cabdi Carrabey
    - Guddoomiyaha Guddiga Dastuur u sameynta maamulka: Allah ha u naxariisto, Cabdinuur Macallin Maxamuud
    - Guddoomiyaha Guddiga Dib u heshiisiinta, Xallinta Khilaafaadka iyo Xulista Ergada: Sheekh Cumar Maxamuud Mahadalla
    - Guddoomiyaha Guddiga Sahay Siinta, Dajinta Ergooyinka iyo Marti Sharafta: Daahir Xasan Guutaale
    - Guddoomiyaha Guddiga Amniga, Anshaxa iyo Kormeerka: Cuuke Xaaji Cabdiraxmaan
    - Guddoomiyaha Guddiga Abaabulka iyo Wacyigalinta: Cabdullaahi Cabdi Cabdulle

October 14, 2014, Raysalwasaare Cabdiwali Shiikh Axmed ayaa heshiis ku la soo saxiixday Garoowe maamulka Puntland, kaas oo uu ku jiray qodob Nr 1.3, xarfihiisa (a) iyo (b) oo kala ahaa sidatan:

A. Dhismaha maamullada Federaalka waa inay waafaqsanaadaan dastuurka DFS.

B. Dhismaha maamulka cusub ee bartamaha Soomaaliya oo wakiilka ka tahay DFS waa inuu ka koobnaadaa Koonfurta Mudug iyo Galgaduud, taas oo macnaheedu yahay Waqooyiga Mudug inay ka tirsantahay Puntland.

- January 12, 2015: Guddoomiyaha Gobolka Galgaduud, Xuseen Cali Wehliye Cirfo, ayaa waxaa uu si cad uga soo horjeestay oo diiday go'aankeennii ahaa in maamul u sameynta gobollada Mudug iyo Galgaduud lagu samaynayo Cadaado oo markaa ahayd xarunta Maamulka Ximin iyo Xeeb. Guddoomiye Cirfo ayaa waxaa uu sheegay in shirkaasi ay mudantahay in lagu qabto magaalada Dhuusamareeb ee Xarunta Gobolka Galgaduud, waxa uuna carrabka ku adkeeyay in ayna marnaba aqbaleyn in shirkaasi lagu qabto magaalada Cadaado.

- January 14, 2015: Shir ballaaran oo ay ka soo qeyb galeen Duubabka Dhaqanka, Siyaasiyiinta iyo Culumaa'udiinka beelaha Dir (Surre), Sade (Mareexaan), Murusade, Waceysle, Ceyr, Duduble, Saruur iyo Shiikhaal ayaa gogol dib u heshiisiineed ugu baaqay beelaha kale ee la dega Mudug iyo Galgaduud. Siddeeddaas beelood waxa ay dood dheer iyo falanqeyn ka dib go'aansadeen in gogosha dib u heshiisiinta la dhigo caasimadda Gobalka Galgaduud ee Dhuusamareeb.
- February 7, 2015: Wafdi ka socda Guddiga Farsamada Gobollada Dhexe oo aan hoggaaminayo aniga oo ah guddoomiye ku-xigeenka guddiga ayaa gaaray Dhuusamareeb, si aan shirka dib u heshiisiinta ee ka socda magaalada Dhuusamareeb u soo indha indhayno oo xaaladihiisa ula socono. Waxaan u sheegnay saxaafadda mar aan la hadlayey in ay Dhuusamareeb u tagnay "In aanu aragno, kana qeybqaadanayo bulshada halkan dib u heshiisiinta isugu yimid, waanan ka qeybqadanaynaa wixii karaankeena ah".
- February 10, 2015: Madaxweynaha Soomaaliya Xasan Sheekh iyo wafdi uu hoggaaminayo ayaa gaaray magaalada Dhuusamareeb, isaga oo dadkii uu la kulmay kala hadlay shirka dib-u-heshiisiinta Dhuusamareeb iyo shirka maamul u sameynta gobollada dhexe ee Maarso 1-deeda ka furmaya Cadaado.
- February 16, 2015: Madaxweynaha Galmudug oo markaa ahaa Cabdi Xasan Cawaale Qeybdiid iyo madaxweyne ku-xigeenka maamulka Ximan iyo Xeeb Allah ha u naxariistee Cabdi Maxamed Nuur ayaa gaaray magaalada Dhuusamareeb ee gobolka Galgaduud, halkaasi oo ay ka furantahay gogol dib u heshiisiineed oo beelaha ah.
- March 7, 2015: Ra'iisul Wasaaraha Xukuumadda Federalka Soomaaliya, Mudane Cumar Cabdirashiid Cali Sharmaarke, iyo wafdi uu hoggaaminayo oo ay ka mid yihiin Wasiirka Arrimaha Gudaha, Wasiirka Qorshaynta iyo Iskaashiga Caalamiga ah, Wasiirudowlaha xafiiska R.Wasaaraha, Wasiirudowlaha Amniga, xubno ka mid Baarlamaanka Soomaaliya iyo siyaasiyiin ka soo jeeda gobollada dhexe ayaa gaaray magaalada Dhuusamareeb ee xarunta gobolka Galgaduud. Waxaa si diirran ugu soo dhaweeyay garoonka diyaaradaha Ugaas Nuur mas'uuliyiinta gobolka Galgaduud iyo dadweyne faro badan. Ra'iisulwasaaraha ayaa loo galbiyay xarunta uu ka socdo shirka dib u

heshiisiinta Gobollada Dhexe, halkaas oo uu kulammo ku la qaatay ergadii ka qayb galaysay shirka iyo maamulka Gobolka.
- March 7, 2015: Wasiirka Arrimaha Gudaha iyo Federaalka C/raxmaan Maxamed Xuseen Odawaa ayaa sheegay in dowladda Soomaaliya ay la wareegi doonto shirka dib u heshiisiinta ka socda Dhuusamareeb. Mr Odawaa ayaa tilmaamay in wasaaradda Arrimaha Gudaha ay xil weyn iska saareyso sidii loo dhisi lahaa Maamulka Gobollada Dhexe, isla markaana loo dedejin lahaa.
- March 23, 2015: Madaxweynaha Maamulka Ximan iyo Xeeb C/llaahi Cali Maxamed (Baarleex) ayaa ka warbixiyay halka uu marayo qaban qaabada shirka maamul u sameynta Gobollada Mudug iyo Galgaduud, kaasoo qorshuhu yahay in dhawaan uu ka furmo magaalada Cadaado. C/llaahi ayaa sheegay in shirka Cadaado ka dhacaya aanu aheyn mid la isku heysto oo is-jiid jiid ka jiro, waxaana uu xusay in ay waxyaabo badan uga qabsoomeen qabanqaabada shirka iyo marti-gelintiisa.
- March 23, 2015: Guddiga Shirka Dhuusamareeb oo gebegabadii shirka soo saaray in Shirkii Maamul u sameynta Gobollada dhexe lagu qabto magaalada Dhuusamareeb taas oo ka duwan go'aankii dowladda oo ahaa in Shirka ka dhaco Cadaado.

Go'aannada ayaa waxaa ka mid ah qodobada soo socda:
- In la tixgelinayo rabitaanka beelaha shirka ka soo qeybgalay
- In laga taxadarayo kala go' ku yimaada labada shir, Sidoo kalena la tixgalinayo go'aanadii hore ee beelaha oo ahaa in meesha shirka lagu qabanayo ay ku timaado rabitaanka beelaha.
- In la dhawrayo go'aannadii duubabka dhaqanku ay hore u gaareen.
- In la tixgalinayo ku haboonaanshaha madasha shirka marka laga eegayo xagga amniga maadaamaa ay joogaan ciidamada AMISOM iyo kuwa xoogga dalka, sidoo kale laga eego dhanka dhexdhexaadnimada madasha, diyaarsanaanta adeegyadii shirka lagu martigalin lahaa, iyo waliba xagga isdhexgalka, sida' joogitaanka beelihii ay ahayd in ay maamulka samaystaan.
- March 24, 2015: Madaxweynaha Somalia, Xasan Sheekh Maxamuud iyo wafdi uu hoggaaminayo ayaa si diirran loogu soo dhaweeyay degmada Dhuusamareeb ee xarunta gobolka Galgaduud. Wafdiga madaxweynaha ayaa halkaas ka bilaabay dardargelinta qorshaha maamul u sameynta gobollada dhexe, xilli guddiga shirka hormuudka u ah ay

go'aamiyeen in shirka dhismaha maamulka lagu qabto Dhuusamareeb, halkii horay loo qorsheeyay in lagu qabto degmada Cadaado.

- March 26, 2015: Madaxweynaha iyo Wafdigiisa ayaa ku soo laabtay Magaalada Muqdisho ka dib markii ay labo habeen joogeen magaalada Dhuusamareeb, Madaxeynaha ayaa ku guuldareystay in odayaasha Dhuusamareeb uu ku qanciyo in shirka maamul u sameynta lagu qabto Magaalada Cadaado.

- March 27, 2015: Nabadoon Yuusuf Shire oo ka mid ah kuwa Caabudwaaq oo ka mid ah odayaashii degmada Dhuusamareeb ku la kulmay madaxweyne Xasan ayaa sheegay in odayaasha ku sugan xarunta gobolka Galguduud ee Dhuusmmareeb ay ku kala aragti duwan yihiin halka lagu qabanayo shirka dhismaha mamulka gobollada dhexe, isaga oo yiri. "Odayaasha ku sugan Galguduud way ku kala jaban yihiin meesha lagu qabanayo shirka dhismaha maamulka Mudug iyo Galguduud. Waxgaradka qaarkood ayaa qaba in lagu qabto shirka Dhuusamareeb, halka kuwo kalena ay doonayaan in Cadaado lagu qabto". Sidoo kale, nabadoonka ayaa xusay in arrinta ku saabsan degmada lagu qabanayo shirka ay caqabad weyn noqotay; isla markaana madaxweynaha iyo ergooyinkii uu la kulmay ay isku af-garan waayeen oo ay ku kala tageen.

- March 28, 2015: Waxaa magaalada Cadaado ee gobolka Galgaduud gaaray madaxweynaha maamulka Galmudug Cabdi Xasan Cawaale Qeybdiid, waxa uuna sheegey in shirka maamul u sameynta gobollada dhexe uu halkaasi ka furmayo maalmo gudahood

- March 28, 2015: Alaha U Naxariisto Nabadoon Axmed Diiriye Cali oo ka mid ahaa waxgaradka Soomaaliyeed ayaa sheegay in madaxweynaha Soomaaliya Xasan Sheekh Maxamuud halkii uu go'aamiyo lagu qaban doono shirka maamulka loogu sameynayo goballada Mudug iyo Galgaduud. Nabdoonka oo u waramay Idaacadda 'Goobjoog FM' ayaa sheegay in Madaxweynaha uu raadinayo sidii ay isugu tanaasuli lahaayeen Odayaasha dhaqanka ee goballada Mudug iyo Galgaduud, isaga oo dhinaca kale tilmaamay in madaxweynaha uu ku laaban doono degmada Dhuusamareeb.

- March 29, 2015: Nabadoon Yuusuf Shire oo ka mid ah waxgaradka ku sugan degmada Dhuusamareeb ee gobalka Galgaduud ayaa sheegay in weli uu taaganyahay codsigoodii ahaa in degmadaasi lagu qabto shirka maamulka loogu sameynayo gobalada Mudug iyo Galgaduud; Waxa uuna sheegay Nabadoonku in dowladda tahay midda kaliya ee dalka ka jirta, iyaguna aanay amar ku lahayn, balse ay wadaan codsi.

- March 31, 2015: Afhayeenka Guddiga farsamada maamul u sameynta gobollada dhexe Sheekh Cumar Cali Rooble oo la hadlay Goobjoog ayaa sheegey in shirka maamul u sameynta uu qabsoomayo xiligii loogu talogalay, kana dhacayo meeshii loogu talogalay.
- April 8, 2015: Madaxweynaha Soomaaliya, Xasan Sheekh Maxamuud iyo wafdi uu hoggaminayo ayaa gaaray magaalada Dhuusamareeb ee xarunta gobolka Galguduud isaga oo sheegay in Caasimadda Maamulka Gobollada dhexe noqon doonto Dhuusamarabeeb. Odayaashii dhaqanka ee ku sugnaa magaalada Cadaado ayaana sharci darro ku tilmaamay go'aankii madaxweynaha ee maanta uu shaaciyey oo ahaa in xarunta maamulka gobollada dhexe ay noqon doonto magaalada Dhuusamareeb.
- April 9, 2015: Ciidamo ka socda Amisom ayaa gaareen Magaalada Cadaado halkaas oo lagu wado in uu ka furmo shirka Maamul u sameynta Gobollada dhexe, Ciidamada Amisom ayaa saldhig ka dhigtay garoonka diyaaradaha ee magaalada Cadaado. Maadaama Madaxweynaha Soomaaliya Xasan Sheekh uu ku sheegay Khudbad uu ka jeediyay caasimadda Galgaduud ee Dhuusomareeb in Shirka Maamul u sameynta Gobollada dhexe uu ka furmayo Cadaado, Caasimadduna noqon doonto Dhuusamareeb.
- April 11, 2015: Wasiirka Arrimaha gudaha iyo Federaalka ee Xukumadda Soomaaliya Mudane C/raxmaan Maxamed Xuseen Odawaa iyo wafdi uu hogaminayo ayaa gaaray Cadaado. Mudane Odowaa ayaa kulamo la qaatay Madaxwaynaha Galmudug Cabdi Xasan Cawaale iyo Madaxwaynaha Ximan iyo Xeeb C/laahi Cali Maxamed, waxaana markii uu kulanka soo idlaaday ka dib ay si wada jir ah ula hadleen saxaafadda.
- April 11, 2015: Wasiirka arrimaha gudaha ayaa ku dhawaaqay in arbacada soo socota uu furmayo shirka Maamul u sameynta gobollada dhexe, kana furmi doono Cadaado.
- April 11,2015: Waxaa iyana gaaray Magaalada Cadaado qayb ka mid ah Guddiga Maamul U Samaynta Gobollada Dhexe oo aan Hoggaaminayay,

- April 14, 2015: Madaxweynaha dowladda Federaalka Soomaaliya Xasan Sheekh Maxamuud ayaa gaaray degmada Cadaado ee gobalka Galgaduud, ka dib markii uu ka amba baxay magaalada Muqdisho. Wafdiga uu hoggaaminayay madaxweynaha waxaa magaalada Cadaado ku soo dhaweeyay mas'uuliyiin uu ka mid yahay wasiirka arrimaha Gudaha, waxgarad iyo shacab farabadan, iyada oo loo galbiyay madaxtooyada maamulka Ximan iyo Xeeb.
- April 15, 2015: Wafdi uu horkacayo Wasiirka qorsheynta Cabdiraxman Ceynte uuna ka mid yahay Ergayga Qaramada Midoobey N. Key ayaa gaaray Magaalada Cadaado ee gobolka Galgaduud.
- April 15, 2015: Madaxweynaha Soomaaliya Xasan Sheekh Maxamuud ayaa ka furay magaalada Cadaado Shirka maamul u sameynta Mudug iyo Galgaduud, waxaana ka qeyb galay munaasabadda furitaanka Mas'uuliyiin aad u badan.

Halkaa waxaa ka cad markaa taariikhdaa iyo waqtiyadaa iyo caqabadahaa tirade badan fiirisid oo meeshaa ku jira juhdiga uu Madaxweyne Xasan Shiikh galiyay dhismaha maamulka Gobolada Dhexe runtii maaheen wax yar iyo juhdi yar toona waxayna ahayd wanaag ay manta ku naalooyaan dadka deegaankaas degan.

3. Hawlqabashadii Shaqada Guddiga iyo Is-doorashadooda

Guddigii farsamada oo loo soo dhisay Galmudug 3/12/2014 sidii aan horay u sheegayba waxa uu ka koobnaa 29 xubnood waxay dooorteen guddoomiye iyaga oo isu doortay sidan:
1. Xaliimo Ismaaciil Ibraahim, Guddoomiye
2. Maxamed Xaashi Carrabey, Gudoomiye Ku Xigeen
3. Axmed Dubbad Cali, Xoghaye
4. Cumar Rooble Cali, Afahayeen

Doorashadaa ka dib waxa ay ahayd inay shaqa galaan hawshana wadaan, runtiina way sameeyeen iyaga oo waxyaabo badan sameeyey, marnaba ku ma aysan milmin kala qaybsanaantii qabiilada ama magaalooyinka ay dadku kala jeclaayeen, taana waa midda keentay shaqo adag inay qabtaan.

Waxay qaateen koorsooyin ay ku faa'iidaysan ayaan oo ku aadan habka ay shaqadooda u wadayaan, iyaga oo ku salaynaya habka qaybsiga beelaha, waxaa kale oo ay xariir iyo wadashaqayn la samaynayeen wasaaradda arrimaha gudaha

Dowladda Federaalka Soomaaliya iyo beesha caalamka sida xaafiisyada UNDP-da iyo xaafiiska UN-ka ee Soomaaliya.

Runtii waxa ay ahayd shaqo adag una baahan wadno adeyg iyo kelliyo adayg, iyada oo ku aaddanayd waqti dadku wada daallanyihiin, qofkii tiisa waayana uu cadow noqonayo, waxay ahayd April 11, 2015 tii markii guddigii farsamada u soo guureen magaalada Cadaado kana yimaadeen Muqdisho una yeereen dhammaan odayaashii ka soo jeeday labadaan gobol kana tirsanaa 135-ta oday dhaqameed ee waqtigi kumeel-gaarka laga baxayay soo xulay xildhibaanada.

Waxa ay ahayeen odayaashaa 21 xubnood oo ka kooban odayaasha qabiillada kala duwan, dhanka kale waxaan wadnay wadatashi iyo hawlo aan la wadnay maamulka degmada iyo ciidamada nagala shaqeenayay habka dhisidda maamulka, waxaa iyana garab socday olole lagu doonayay doorashada oo dad badan ay wadeen, waxaa kale oo garab socday diidmada qabiilo badan oo xanaaqsanaa, oo ay ka mid ahaayeen Mareexaanka, Dirta iyo Shiiqaasha.

Intii aan wadnay dhismaha maamulka oo ku dhex jirnay hab qaybinta arrinkaa oo ahayd muddo 11 bilood ah waxaan la kulanay waxyaabo badan oo aan la soo koobi karin oo midiba mar dhalanaysay, iyada oo ay ugu darnayd caqabadaha ka imaanayay qabiilada.

Mareexaanka ayaa gabi haanba odayaashoodu ka biyo diidanaayeen habka wax qaybsiga ka socday meesha iyaga oo arrinkaana ku salaynayey habka ay aamminsan yihiin oo ah in Habargidir iyo Marreexaan is la'eg yihiin ama Marreexaan badan yahay, sidii ay ahaan jirtay, balse halka Habargidirtu aamminsantahay in uu mareexaanku la eg yahay jifo ka mid ah jifooyinkooda ama laba jifo oo ka mid ah jifooyinkooda.

Taasna waxay keentay in aan ku qanciyo habka aan annaga guddi ahaan wax u qaybinaynay iyo habka ay odayaasha Marreexaan rabeen in wax loo qaybiyo, taas oo aakhirkii uu shirkii ka xanaaqeen Ku-simihii Ugaaska beesha Sade iyo nabadoonnadii kale qaar ka mid ah, balse waxaa shirka ka qayb galay oo wax ka dhisay Nabadoonadii qaar ka mid ah.

Aniga oo ahaa xubinta labaad ee guddiga matalayayna beesha Marreexaan waanu is qancin waynay Ku-simaha Ugaaska, sababtuna waxa ay ahayd;iyada oo ay jireen dad guddiga nagula jiray iyo xildhibaanadii aniga horay iigu kacsanaa qaarkood oo ka shaqaynayay kala fogaanshaha beesha iyo maamulka,iyaga oo aamminsanaa inay danahooda qaaska ah uga heli karaan Madaxweyne Xasan Shiikh iyo annaga oo kala aamminay laba fikradood, odayaasha qabiilooyinkii kale ayaa waxaanu aakhirkii ku wada qancinay in ay dhammaan shirka ka qayb galaan, soona xulaan odayaal Nabadoono ah ka dibna ergada soo xulaan.

Waxaan ku guulaysanay oo go'aan ku gaarnay inaan awood qaybsiga raadino waxaan ku salayn lahayn waxaana go'aan ku gaarnay maadaama aan Degmooyin laysku raacsanayn inaan qaadano talada ah odayaashii soo dhisay dowlada Federaalka ahayd oo 135 ta ah oo xilibaanada soo doortay dadka uga jira qabiilada kuwaas oo noqday 22 oday oo ka so kala jeeda beelaha kala dega Galgaduud iyo Mudug kuwaa oon ku salaynay qaybta una qabanay shirar ay isugu yimaadeen Magacyadoodana waa kuwan hoos ku qoran.

NO.	Magac	Beesha
Dir		
1	Ugaas Saalax Ugaas Abdinor Ugaas	Qubeys-Dir
2	Ugaas Abdirahman Xaaji Xuseen Ibraahim	Sure-Fiqi Muxumed-Dir
Mareexaan		
1	Ugaas Ahmed Barre Ali Xaabuun	Reer diini-Mareexan-Daarood
2	Nabadoon Jaamac Shir Xaashi	Reer diini-Mareexan-Daarood
3	Sheikh Xasan Xuseen Mohamed	Celi Dheere Mareexaan
4	Suldaan Xasan Yare Cilmi Jaamac	Wagardhac-Mareexaan -Daarood
Habargidir		
1	Suldaan Mohamed Shekh Axmed Mohamed	Cumari-saruur-Habargidir
2	Ugaas Hassan Ugaas mohamed Ugaas Nor	Caalin-Ceyr-Habargidir
3	Ugaas Abdullahi Ugaas Faarah	Saleebaan-Habargidir
4	Imaam Cumar Macalin Abshir	Saleebaan-Habargidir
5	Garaad Aadan Cilmi Qooreyne	Sacad-Habargidir
6	Nabadoon Mohamuud Ahmed Aadan (Cadaawe).	Sacad-Habargidir
Beesha Duduble		
7	W/Ugaas Siciid Ugaas Mohamed Carab	Duduble-hiraab-Hawiye
8	Nabadoon Mohamuud Cali Mohamuud Gaban.	Duduble-hiraab-Hawiye
Murusadde		
1	Nabadoon Xasan Maxamed Sabriye	Murursade-Hawiye
2	Ugaas Abdullahi Ugaas Haashi Ugaas Faracade.	Murursade-Hawiye
3	Nabadoon Yuusuf Ahmed Mohamed	Murursade-Hawiye
Abgaal		
1	Nabadoon Mohamed Abdi shido	Wacaysle-Abgaal

NO.	Magac	Beesha
2	Nabadoon Ciise Mohamud Aadan	Wacaysle-Abgaal
Beesha Shanaad		
1	Suldaan Hassan Abdulle Kaariye.	Tumaalo-Huutis
2	Ugaas Mohamed Bashiir Ugaas Hassan	M.Gorgorte-Madhibaan
Beesha Shiikhaal		
1	Suldaan Maxamed Suldaan Muuse X Barre (Luga Loox).	Shiikhaal Loobage

Shirarkaa ayaa waxaa ka soo baxay arimahaan oo ay ka mid ahaayeen in qaybta maamulka cusub lagu saleeyo 22 ka oday oo lagu dhuftay min 2 oday taas oo keentay in odayaasha laga dhigo 44 oday laakiin waxaan ku sii darnay 5 oday oo siyaasad ahaan halkaana waxaa isugu keenay 49 oday oo ka shiray siday ergada shirwaynaha ku soo xuli lahaayeen oo halkaa uga bilaaban lahayd sharqada ergada ayadoo halkaan hoose ka aqri liiska 49 oday.

NO.	Magac	Beesha
Dir		
1	Ugaas Daahir Ugaas Yuusuf Isxaaq	Qubeys/Dir
2	Nabadoon Maxamed Cabdi Xareed	Qubeys/Fiqi/Walaal-Dir
3	Nabadoon Cabdullaahi Maxamed Xirsi	Saleenbaan Cabdalle- Dir
4	Ugaas Cabdirxmaan Xaaji Xuseen	Fiqi Maxamed/Huurshe -Dr
5	Nabadoon Tahliil	Fiqi Maxamed/Xeraale - Dir
Mareexaan		
1	Nabadoon Cabdikariim Calas Afeey Aadan	Bah-Ogaadeen/Ree dalal Mareexan
2	Nabadoon Jaamac Shire Xaashi	Bah-Ogaden/Rer Xirsi Ugas Marexan
3	Nabadoon Sulub Faarax Jaamac	Bah/Hawiye/Reer Kooshin Mareexan
4	Nabadoon Axmed Cabdi Nuurre	Reer Siyaad xuseen -Mareexan
5	Nabadoon Xayir Maxamed Warsame	Wagardhac-Mareexaan
6	Nabadoon A/casiis Cumar Daad	Wagardhac-Mareexaan
7	Nabadoon Cabdinaasir Xasan Xirsi	Bah/Hawiye/Reer Warsame Marexan
8	Nabadoon Axmed Xasan Xaseen	Celi - Mareexaan
9	Nabadoon Cabdinuur Maxamuud Xasan	Urmidig - Mareexaan
Habargidir		
1	Suldaan Maxmed Sh. Axmed Maxamuud	Cumar Ibraahim - Saruur
2	Nabdoon Maxmuud Axmed Cosoble	Wacdaan- Saruur

NO.	Magac	Beesha
3	Nabadoon Caalin	Rooble Maxamuud - Saruur
4	Nabdoon Cusmaan Nuur Qayd Dhooleey	Cabdalle - Sacad
5	Suldaan Cabdikariim Maxamed Maxamuud	Wuqujire - Sacad
6	Nabadoon Jaamac Maxamed xalane	Reer Jalaf - Sacad
7	Suldaan Cabdinaasir Jaamac Seed	Ree Qurdhaale - Sacad
8	Nabadoon Maxamed Aadan Rooble	Cayr/Waqooyi
9	Nabadoon Cali Maxumed Ibraahim Wardheere	Cayr/Koonfureed
10	Nabadoon cali Salaad Faarax Xaayow	cayr/Bari
11	W/Ugaas Bashiir Maxamed Adan	Dashame - Saleebaan
12	Nabadoon Jabuuti	Maxamed Cabdi/Farax - Saleebaan
13	Imaam Cumar Macalin Abshir	Haysaw/Farax - saleebaan
Duduble		
1	W/Ugaas Saciid Ugaas Maxamed Carab	Maqalisame - Duduble
2	Nabadoon Xuseen Nuure Tooxoow Afrax	Maxmed Camal - Duduble
3	Nabadoon Cabdulaahi Cabdulle Waheliye	Aarsade - Duduble
4	Nabadoon Macalin Maxamuud Cali Maxamed	Owradeen - Duduble
Wacaysle		
1	Nabadoon Cabdi Suudi Xiraabe Sacad	Maxamed Cadde - Wacaysle
2	Suldaan Macalin Maxamed Cabdi Shido	Absuge -Wacaysle
3	Nabadoon Cusmaan Macalin Axmed Maxamed	Cali gaaf - Wacaysle
4	Nabadoon Cali Xasan Cali Raage	Marrooyinka - Wacaysle
Beesha Shanaad		
1	Suldaan Xasan Cabdulle Kaariye	Tumaal
2	Ugaas Xaashi Jimcaale Geedi	Guuleed Cadde
Murusade		
1	Nabdoon Yuusuf Axmed Maxamed Siyaad	Habar-Adinle - Murusade
2	Nabdoon Muuse Maxamed Cali	Habar Maxamed/Hilibi- murusade
3	Nabadoon Cabdulqaadir Sh. Xuseen Bacadoow	Habar Maxamed/Daguuro- murusade
4	Nabadoon Maxamed Xasan Xaad	Habar Cayne Murusade
5	Nabadoon Maxamed Axmed Yalaxoow	Cabdalle - Murusade
6	Nabadoon Cali Sh. Maxamed [Cali Shiino]	Abakar-Murusade
Shiikhaal		
1	Suldaan Maxamed Suldaan Muuse X Barre (Lugaloox)	Loobage- Shiikhaal

NO.	Magac	Beesha
2	Nabadoon Cabdi Cilmi Guray	Loobage-Shiikhaal
3	Nabadoon Axmed Cumar Rooraaye	Loobage-Shiiqaal
Wadalaan Gorgaate		
1	Ugaas Abuukar Ugaas Xasan	Wadalaan Gorgaate

Odayaashii laysku keenay ayaa waxa ay ku heshiiyeen in 49 oday oo lagu dhuftay min 9 ergo ah la magacaabo taas oo tirada guud noqotay 441 ergo ah, markaa ayaan waxaan ku darnay 9 ergo ah oo kale anagoo ugu darnay si lagu xalinayo cabashooyin jiray halkaana isugu keenay 450 ergo ah. Shirwayne ayaan u qabanay lagu ansaxinayo dastuurka iyo dhamaan dib u heshiisiinta Galgaduud iyo Mudug taas oo ayagoona markaa ansixiyay dastuurka iyo qaab dhismeedka Galmudug halkaana ay ka soo baxday Galmudug la wada leeyahay.

Runtii shaqadaa oo ahayd mid adag una baahnayd karti iyo hufnaan maaheyn mid ka wada farxisay dhammaan dadka, balse waxaa qasab noqotay in lagu wada qanco hawsha dhismaha iyo qaybta meeshaa laga wado, taas oo miro dhashay aakhirkii, halkaana uu ka soo baxo maamul la yiraahdo Galmudug State.

Intii aan wadnay hawsha guddiga; hay'adda UNDP ayaa naga caawisay in aan dastuurka Galmudug dhisno iyada oo 3 looyar noo qabatay oo qorayey dastuurka ayna diyaariyeen, walow uu wax ka dhimanaa maadaama si boobsiis ah lagu qoray, haddana waa ku guuleesteen inay ka soo gaarsiiyaan, ka dibna waxaanu isku keenay ergadii oo loo akhrinayay dastuurka. Allah ha u naxariistee labo ka mid ah Loyarada waa dhinteen hadda Cabdi Xoosh Jabriil iyo Cabdirisaaq Cali Dhoore iyo AVV Xuseen.

Dastuurka Galmudug oo soo maray dhowr marxaladood oo kala duwan oo ka soo bilaabanaysay markii ay looyaradu qoreen, iyaga oo u keenay Guddiga, haddana u geeyay ergada aakhirkiina ku wareejiyay Baarlamaanka Galmudug.

Dastuuska markii guddiga loo keenay oo la akhrinayay waxaa laga saxay waxyaabo badan oo Guddigana ansixiyay uguna muhiimsanayd Astaanta, Caasimadda, Xuddudaha, Calanka iyo Magaca Maamulka, iyada oo waxyaabo badan la isa soo garab dhigay ka dibna mid la ansixiyay. Ilaa iyo 20 astaan iyo calan ayaa la isa soo garab dhigay lagana qaatay labada hadda Galmudug leedahay halka Magacyo badan la keenay balse aakhirkii isku soo hareen labada magac ee kala ah maamulka Bartamaha Soomaaliya iyo magacii galmudug-tii hore oo asna ah Galmudug, kaas oo la isku raacay in la qaato Galmudug.

Sababta keentay in magaca Galmudug la qaato waxa ay ahayd iyada oo la qancinayay beesha horay u samaysatay magaca iyo iyada oo dooddoodu ahayd magacaan horay ayuu u shaqeeyay ee yaan laga tagin oo aan mid cusub la qaadan, laakiin marnaba ma jirin dooda dadka qaar qabaan oo ah Galmudug hore ayaa la dhamaystirayaa waayo taa inaysan jirin oo wax adhan eber laga bilaabay waxa cadaynaya waa heshiiskii 30/07/2014 tii lagu saxiixay Muqdisho iyo sida ay u shaqaynayeen Gudiga farsamada ee dhisay maamulka Galgaduud iyo Mudug ama Gobolada Dhexe xataa digreetada lagu magacaabay gudiga ayaa ka garan kartaa marka waxaa jeclaan lahaa inaan taariikhda la khaldin oo la ogaado in maalinkii Galmudug la dhisay ay tahay 04/07/2015 tii markaana la xuso oo taariikhdeeda la wayneeyo taas oo ku began maalinkii la doortay Madaxweynihii ugu horeeyay ee Galmudug Cabdikarin Xuseen Guuleed, waayo midka cusub barasha ayuu rabaa, wallow magaca la tartamayay uusan ahayn mid cusub haddana aakhirkii halkaa ayey ku dhammaatay.

Waxaa kale oo dhacday in 1/7/2015-kii ASWJ markii ay maamulka Dhuusamareeb uga dhawaaqday inay qaadatay magacii maamulka Bartamaha Soomaaliya maadaama anigii watay aan ka haray oo iyadu markaa meel cidlo ah ay ka heshay, halka caasimadda oo dood ka jirtay la isku raacay Dhuusamareeb, iyada oo waliba dooddu aad u dheereyd oo guddiga dadkii ka soo jeeday Cadaado iyo qayb la jirtay ay aad u diidanaayeen in dastuurka lagu qoro in caasimaddu Dhuusamareeb noqoto iyo Xudduudaha oo midda ugu daran ahayd, iyo midda Puntland oo gobolka Mudug uu qaybsanaa, taasna la isku raacay in Xudduuda Galmudug ee dhinaca Puntland ay noqoto Burtinle, taas oo iyana dagaal badan keentay oo ahayd arrinka reer Puntland aanay marnaba filayn oo aad ugu adkaa arrinkaa isaga ah, waxyaabahaas oo dhannawaxa ay ku qornaayeen dastuurka Galmud. Ugu dambaytii waxaa wada ansixiyay ergadii la isku keenay, sidaas ayeyna sharci ku noqdeen oo baarlamaanka loogu gudbiyay.

Waxaan isku keenay Odayaashii oo 21 oday dhaqameed ahaa, haddana waxaan isku keenay 42 nabadoon, haddana waxaan isku keenay 450 ergo ah,inaga oo aakhirkiina soo xulnay 89 xildhibaan oo reer Galmudug ah, taas oo ahayd meeshii shaqadii gudiga ku soo xirantay.

Halkaa waxaa ka jiray in annaga ka guddi ahaan iyo ergadiiba dastuurka aan soo ansixinay uu dhigayay in Xildhibaanada Galmudug ahaanayaan 65, balse markii dambe oo Raysalwasaare Cumar Cabdirashiid noo yimid iyo Wasiirka arrimaha Gudaha Cabdiraxmaan Odowaa oo hawsha waday ay isku raaceen in laga dhigo Xildhibaanada 89 xubnood, taas ayaana shaqaysay, balse markii xildhibaanada la isku keenay oo ay doorteen odayga ugu weyn ayaanu qodobkaa ansixinay oo tirada xildhibaanada ka dhignay 89 xubnood.

Qabiillada ayaa kala badnaa kalana nooc ahaa, waxayna ahayd in aan hoos u galno mid walba iyada oo aakhirkiina laba jufo oo markii hore aan meesha ku jirin lagu soo daray oo kala ahaa Wadalaan iyo Xaskul Hawiye.

Intii aan wadnay hawlahaan oo dhan waxaan la kulmaynay caqabado badan, waxaase ugu darnayd kuwii la doonayay in guddiga lagu kala qaybiyo, walow aan lagu guulaysan, balse haddana waxaa jiray xoogaa carqalado ah iyada oo wasiir Odawaa uu dhinaceena ahaa oo aan waxba markaa na la ka qaadi Karin, aniga iyo Gudoomiye Xaliimana isku dhinac ahayn, laakiin waxaan galnay dagaallo culus oo ku saabsan hab qabiili ah. isku dirkaa guddiga waxaa ka shaqaynayay qaybo musharixiinta ka mid ah oo u arkaayay in iyaga looga awood roon yahay Xildhibaanada soo baxaya, cabsina qabay, balse si weyn ayaan uu ka guulaysanay, aakhirkiina waxaan dhisnay xildhibaanada Galmudug iyo sida awood qaybsiga Hada, mustaqbalka iyo waxa ay ku dhaqmayaan dadka Galmudug meel walba oo ay joogaan.

Waxaan samaynay oo soo xulnay Xildhibaanadii Galmudug, annaga oo ku soo xulnay hab awood qaybsi ah, kaas oo qabiiladu sida ay xildhibaanada u kala heleena ay aheyd sidaan soo socoto.

1. Marreexaan 16
2. Murursade 12
3. Dir 8
4. Duduble 8
5. Wacaysle 8
6. Sacad 6
7. Saleebaan 7
8. Cayr 6
9. Saruur 6

10. Shiikhaal   5
11. Beesha 5aad   5
12. Wadalaan   1
13. Xaskul   1

Qaybinta tiradaan waxaa ku jira tiro aan annaga markii hore ku tala galkeena ahayn, waayo annaga waxaan qaybinay markii hore 65 xildhibaan, inta kale waxaa dib uga daray wasiirka arrimaha gudaha Cabdiraxmaan odawaa iyo Raysalwasaare Cumar Cabdirashiid oo hawsha garwadeen ka ahaa.

Wasaaradda arrimaha gudaha waxaa na la shaqaynayay guddi ay u soo xilsaartay hawsha oo uu hoggaaminayay agaasimaha guud ee wasaaradda Cali Abtidoon Xalane, runtii guddigaas oo si aan caadi ahayn noola shaqeeyay shaqadana dhinacooda ka waday lana dhihi karo is-fahankii labada guddi ka dhaxeeyay waa midka hirgaliyay Galmudug loo dhan yahay, waxaa kale oo barbar socday wasiirrada ka soo jeeda Galmudug kana tirsan Dowladda federaalka Soomaaliya iyo Xildhibaanadaba inay cadaado na la joogeen oo shaqada dhinacooda ka wadeen ,iyaga oo aan marnaba ka maqnayn hawsha, una waday sida ay ahayd, taas waqtiyo badan abuuraysay kulayl iyo caqabado aan la dhaafi karin.

Waxyaabaha ummada ay ka dhaxashay burburka ayaa waxaa ka mid ah in qabiil walba leeyahay 50 nabadoon oo si lagu kala saaro ay adag tahay, annagana ay tahay dadka laga doonayo inay u caddaalad falaan iyo dhammaan musharraxiinta oo culays nagu saarayay in mid walba odayga isaga uu rabo u xarayno si uu ku gaaro guushiisa ah in uu isagu guulaysto.

Waxaa kale oo jiray dowladda federaalka oo dan kalaheyd maamulka oo iyana culayskeeda wadatay, sida qaybinta tirada qabiilada iyo jifooyinka oo ka dhib badan, odayga marka uu qofka soo doorto oo aan lagu wada qancayn oo iyana dhib kale ahayd.

Ka dib xildhibaanadii waxa ay galeen doorasho, waxaana loo tartamay guddoonka Baarlamaanka oo ay ku tartameen 2 xildhibaan oo Murursade ah iyo hal xildhibaan oo Dir ah, iyada oo uu ku guulaystay Cali Gacal Casir oo murursade ah halka loo tartamay Guddoomiye ku xigeenka koowaad oo ay u tartameen 2 xildhibaan oo dir ah iyo hal xildhibaan oo Madhibaan ah, iyada oo uu ku guuleystay Xareed Cali Xareed oo Dir ah, halka gudoomiye ku-xigeenka labaad uu ku guulaystay Xildhibaan Shiikhul balad oo saruur ah.

Waxaa xusid mudan in uusan Dastuurka Galmudug oo guddiga iyo ergada 300 ansixiyeen uusan ku jirin wax la dhaho Guddoomiye ku-xigeen labaad, balse ay arrinkaa markii odayga ugu weyn la doortay oo xildhibaanadu doorteen una doorteen Cabdullaahi Xaashi oo ahaa odayga ugu da'da wayn ayaa siyaasiinta Habargidir waxa ay ku fakereen si ay awoodda Baarlamaanka wax ugu yeeshaan inay guddoomiye ku xigeen labaad ku soo daraan, kaas oo uu diidmo cad kala hor yimid guddoomiyihii ku-meelgaarka ahaa Cabdullaahi Xaashi oo uu sheegay in aanay dastuurka ku jirin, waxaan dastuurka ku jirina lagu dari Karin, balse laba maalin oo dood dheer ah ka dib isaga oo aan ogeyn lagu daray dastuurkii loogana dhigay in nuqulka uu haysto qalad yahay, oo dastuurka saxda ah uu ku jiray, taasna ma uusan fahmin, halkaana markaa ku dhacday in Gudoomiye ku xigeen 2aad Dastuurka lagu daro laguna dooro.

4. Caqabadihii ka jiray Dhisidda Galmudug Deegaannada Waqooyiga Galgaduud iyo Mudug.

Waqooyiga Galgaduud iyo Mudug waxa ay ka mid ahayeen meelihii caqabadaha ku ahaa dhisida maamulka Galmudug, waayo dadku maaheyn dad is raacsan oo is-aqbalsan yihiin hoggaankooda dhaqanka iyo midka siyaasaddaba labadaba , mar walba way ka soo horjeedeen dhisida Maamulkaa, taa beddelkeedna waxa ay dareemayeen in dhisida Galmudug iyaga lagu dulminayo oo sadbursi looga wado, oo way ka qaylinayeen, waxaa kale oo jiray in ay aamminsanaayeen in dowladda Madaxweyne Xasan Shiikh labo Raysalwasaare oo Beesha ah ay cayrisay oo kala ahaa; Cabdi Faarax Shirdoon Saacid iyo Cabdiwali Shiikh Axmed ayna ku la dagaashay qabiil ahaan.

Waxaa dhacday markaa, in markii aan u sheegnay odayaasha beesha Sade oo 135-ta ku jira oo ahaa 3 balse aan ka dhiganay 4 maadaama ay aad wax u tirsanayeen inay soo xaraystaan 8 xubnood ayey naga diideen odayaashii wax garadka ahaa oo hoggaaminayay bulshada, annaga oo markii dambena u sheegnay inay 9 oday soo xaraystaan. Balse waxaa dhacday inay mar walba naga shaqeeynayeen dad islabeesha ah oo guddiga ka tirsan, kuwaas oo odayaasha been, borobogaando iyo dhib aan meesha ool ku waday oo u sheegayay iskana dhigay inay annaga naga fiicanyihiin oo annagu wax qaldayno laakiin sida dhabta ah sidaas ma aheyn ee ayagaa rabay meesha aan joogno inay yimaadaan. Dhinaca kale, waxaa jirtay in 4 waaxood oo beeshu wax u qaybsato ay meesha ka joogeen odayaal dhan min 11 xubnood; ay ugaaska aad ugu adkaatay in uu min 2 xubnood ka soo saaro, isaga oo taladii ku wareersan ayuu aniga ii yeeray, *- ugaaskuna aniga hoggaankayga raalli ayuu ka ahaa waana ila jiray, laakiin* *cilladda ugu weyn waxa ay ahayd; waxaa jiray rag iska dhicin iyo isaga oo isla dadka iga soo horjeeda oo qabiilka ah doonayay mar walba in uu qanciyo.*

Ugaaska, odayaasha iyo aniga marar badan baa been na loo kala sheegay oo na loo dhexmay, shirar badan baa la iga yeeray oo la iga wareysanayo sida aan wax u rabno, mar walbana waan u sharxayay, balse lagu ma qanceyn. Aakhirkii waxaa yimid wasiirka Gaashaandhigga iyo wafdi uu hoggaaminayo oo isugu jira odayaal, aqoonyahanno, siyaasiin iyo xildhibaano, waxa ayna la shireen odayaashii uu ugaasku hoggaaminayay waxna waa ku heshiin waayeen, taas oo markaa wasiirku na amray annaga guddi ahaan in aan shaqadeena qabsano oo hawsheena wadano, - markii arrinku halkaa marayso waxaa ii yeeray Ugaaska oo iga codsaday in aan shaqadayda qabsado oo 9 ka oday ee aan rabo aan xareeyo, taas oo uu iigu duceeyay iina sheegay in uusan dadkaan kala reebi karin, anna waxaan la hadlay markaa Gudoomiye Xaliimo iyo Wasiir odawaa una sheegay waxa jira, iyaguna way soo dhaweeyeen halkaana ku xareeyay 9 oday.

Odayaashii aan ka tagay waxa ay culays iyo cadaadis saareen Ugaaskii ilaa ay ku qasbaan in uu aado Caabudwaaq oo ka tago meesha.

Dhanka kale guddigii qaar ka mid ah waa ila dagaaleen ilaa aan ilkahayga qaar ka mid ah ku waayo dhisiddii Galmudug, oo hadda aniga dhisidda Galmudug xitaa dhiig waa uu iigadaatay!

5. La Wareegiddii ASWJ Dhuusamareeb

9 Juun 2015-kii, goor subax ah ayey ASWJ la wareegeen magaalada dhuusmareeb mar dowlad-deegaanka Ethiopia iyo dowladda Ethiopia ay sireen Maamulka Gobolka Galgaduud oo uu hoggaaminayay guddoomiye Cirfo.

Waxaa jiray sidii aan horay idiinku sheegayba dowladda Ethiopia marnaba raalli ka ma aheyn dhisida Maamulka Galmudug, haddana kumaba sii jirin markii ay aragtay in Madaxweyne Xasan Shiikh wato Cabdikarin Xuseen guuleed, sidii aad horay u aragteenba dagaalladii ka dhacay Guraceel iyo Dhuusamareeb waxa ay Ethiopia caawinaysay ururka ASWJ, taas oo dhibaato ku aheyd dowladda Soomaaliya iyo shacabweynaha Gobollada Dhexe.

Waxaa dhacday markaa in dagaallo ka dhaceen gudaha Ethiopia oo u dhexeeyay beesha Cayr iyo Ciidamada Dowlad-deegaanka Soomaalida oo dad badan oo shacab ah lagu laayay, arrinkaa waxa ay noqotay ma hadho aad u dhib badan, ka dib waxaa dhacday in dowladda Ethiopia siyaasiinta beesha Cayr oo dowladda ku jira iyo Maamulka Gobolka Galgaduud intii ka ahayd beesha cayr iyo saraakiishii ciidamada ay ku qanciso inay tagaan Diridhabe si ay ula soo shiraan, arrinkaa oo ay aqbaleen daacadna u qaateen, balse waxaa dhacday markii ay aadeen Diridhabe ayay Ethiopiankii ogaadeen in Dhuusamareeb cidlo tahay, waxa ay u soo diraan ciidamadii ururka ASWJ, taas oo keentay in ASWJ qabsadaan magaalada Dhuusamareeb, halkaana uga saaraan ciidamadii qaybta 21aad oo joogay Gobolka iyo dadkii taageersanaa maamulka dowladda, iyaga oo u kala qaxay Caabudwaaq iyo Cadaado.

Halkaana waxaa ka soo baxay in Maamulkii Gobolka iyo Xilibaannadii la socday ay Cadaado ka soo degaan ayadoo ciidammadii qaybta 21-aad oo taageersanaana ay degeen Bangeelle iyo Caabudwaaq, ayagoo banneeyay xeryihii qaybta oo Dhuusamareeb ku yaallay. Balse waxaa dhacday in intaan xildhibaannada la dooran Wasiir Cabdiraxmaan Odawaa ugu tagay Dhuusamareeb Sheekh Shaakir oo hoggaaminayay iyo odayaasha la joogay asagoo isku dayay inuu ASWJ qanciyo kuna qanciyo dhowr iyo toban xildhibaan inay Maamulka ka qaataan balse ay diideen oo dalbadeen 20 xilibaan balse wasiirku ka diiday ayadoo laga cabsanayay in ay doorashada saamayn ku yeeshaan

1/7/2015-kii ASWJ ayaa Shiikh Shaakir Madaxweyne ugu dooratay Dhuusamareeb

hoggaam 1-dii July, 2015-kii, Waxa ay ahayd mar ay dhowr maalmood laga joogay markii ay qabsadeen magaalada Dhuusamareeb ururka ASWJ halkaasna ugu doorteen madaxweyne Maamulka bartamaha Soomaaliya. Waxayna maalinkaa dhacday in madaxweyne loo doorto sheekh Maxamed shaakir oo katirsan culumada ahlusunna Waljameeca, halkaasna ka dhasho maamul ka soo horjeeda kii dhismahiisu ka socday magaalada Cadaado ee Bartamaha Soomaaliya, in kasta oo maamulkaas uusan dhisan xildhibaano iyo wasiirro ilaa muddo ku dhow 2 sano, haddana waxa uu carqalad ku ahaa maamulkii laga dhisayay Cadaado oo dowladdu wadatay, halkaana waxaa ka yimid in Gobollada dhexe yeeshaan 2 maamul iyo 2 madaxweyne, beesha caalamkuna aad ugu wareeraan arrinkaa isaga ah wallow ay Galmudug aqoonsanaayeen. Gaar ahaan Maamulkii aan anigu madaxweyne ku-xigeenkaka ahaa waxa uu nagu ahaa caqabad aad u weyn, taas oo ah in aynaan tagi karin Dhuusamareeb oo Caasimaddii maamulka ah.

Intii aan joognay Cadaado na waxay isku dayeen dhowr weerar oo nagu soo qaadeen wallow ay ku fashilmeen ayagoo ku soo qaaday Caabudwaaq, Huurshe iyo Godinlabe iyo jid gooyooyin badan oo u dhigeen ciidamada iyo isku socodka dadka dad badan oo shacab ahna wax ku gaareen.

CUTUBKA 7

CURASHADII GALMUDUG LOO DHANYAHAY 04/07/2015-KII

Waxaan shaki ku jirin in Galmudug la dhisay ama ay dhisantay 04/07/2015 kii taas oo ah maalinkii Madaxweynaheeda ugu horaysay la doortay waana maalinka ay dhisantay Galmudug loo dhanyahay taas oo ah mida manta jirta oo lagu baraaray balse waayahaan dambe waxaa soo baxday in dadka qaar dhahaan Galmudug waxaa la dhisay 14/08/2006 dii taas waxay ahayd Galmudug ka dhisan gaalkacyo dadkii dhistayna waa ku mahadsan yihiin rutii waxay ahayd rajo ,fikir iyo hami fiican oo lagu abaalmariyo waana mida keenatay markaan gudiga ahayn inaan magacaan qaadano oo aan ku abaal marinay laakiin Galmudug loo dhanyahay waxa ay dhisantay 4/7/2015 taas oo u baahan in Taariikh iyo xusid loo sameeyo laguna daro Maalamaha fasaxa Galmudug.

1. Doorsahadii Galmudug Loo Dhanyahay Ee Madaxweyne Cabdikariin iyo Aniga

Sida aad la socotaan ma jirin markii hore Galmudug loo dhanyahay ee waxaa jirtay Galmudug ka dhisnayd Gaalkacyo oo ay lahaayeen beesha Sacad, taas oo muddo shaqaynaysay, balse markii dambe qayb ka aheyd heshiiskii lagu dhisayay maamulka Galmudug loo dhan yahay. Haddana markii aan dhisnay Galmudug loo dhanyahay oo leh Baarlamaan iyo Dastuur waxaa qasab noqotay in loo doorto madaxdii hoggaamin lahayd, waxaana dhacday doorasho adag oo dhax martay xisbiyadii Damuljadiid iyo Daljir oo ay kala hoggaaminayeen Cabdikarin Xuseen Guuleed iyo Axmed Macallin Fiqi.

Tijaabadii hore waxaa horay u soo dhacday in Guddoomiyaha Baarlamaanka ay ku guuleesteen Daljir oo qofkii ay wateen oo ahaa Cali Gacal Casir uu ku guulaystay, halka looga guulaystay hoggaamiyaha ay rabtay Damul-jadiid oo ahaa Cabdullaahi Gaafoow Asbaro, taas oo keentay cabsi badan oo laga qabay Xisbiga Daljir, waayo waxa ay haysteen Lacag badan oo ay bixinayeen iyo dadka oo la dagaalayay markaa dowladdii jirtay oo uu madaxweynaha ka ahaa Madaxweyne Xasan Shiiq, taasna waxay keentay in uu tartanku adkaado.

4/7/2015-kii waxaa bilaabmay doorashadii, maalinkii ay doorashadu ka dhacday Galmudug kana dhacday xarunteedii ku-meelgaarka aheyd ee Cadaado, waa maalinkii ay curatay Galmudug loo dhan yahay, waxa ay ahayd wax aan la arag doorasho noocaas oo kale ah meel ay ka dhacday dalka tan iyo muddo dheer ka dib. Maalinkaa waxaa tartamayay lix qof oo u tartamayay madaxweyne iyo lix qof oo u tartamayay madaxweyne ku-xigeenka, taas oo mid walba lagu kala guulaystay saddex wareeg oo runtii aad u adkayd, iyada oo ay doorashada ku tartamayeen laba kooxood oo kala ahaa: kooxda la magac baxday Damul-jadiid iyo kooxda Daljir oo iyaguna ahaa koox ka soo horjeedda dowladda, rabayna inay qabsadaan hoggaanka Galmudug oo ay rabeen inay u noqoto gabbaad ay dowladda markaa ku la dagaallamaan.

Wareeggii koowaad ee doorashada xilka madaxweynaha maamulka Galmudug ayaa la soo gebagebeeyay, iyada oo murashaxiintu ay kala heleen codad kala duwan, balse ay qaarkood aad isugu dhawaayeen.

Natiijada doorashada ayaa Murashaxiintu u kala heleen; Axmed C/salaam Xaaji Aadan oo helay 12-cod, Axmed Macallin Fiqi oo helay 29-cod, C/kariin Xuseen Guuleed oo helay 29-cod, Cabdi Xasan Cawaale (Qaybdiid) oo helay 6-cod, Maxamed Cilmi Afrax oo helay 10-cod iyo Xasan Maxamed Nuur Qalaad oo helay 3-cod.

Guddoomiyaha Baarlamaanka maamulka Galmudug ayaa waxa uu ku dhawaaqay natiijada, isaga oo xusay inay wareegga labaad ee doorashada u gudbeen saddexda murashax ee ugu codka badan, kuwaasoo kala ah; Axmed C/salaam Xaaji Aadan, C/kariin Xuseen Guuleed iyo Axmed Macallin Fiqi.

Codeynta oo dhowr wareeg aheyd ayaa ugu dambeyntii natiijada lagu dhawaaqay iyada oo uu helay Cabdikariim Xuseen Guuleed 49 cod halka Axmed Macallin Fiqi oo ahaa musharraxxii ku la tartamayay wareeggii ugu dambeeyay uu helay 40 cod.

Taas ayaa waxa ay keentay in natiijada uu ku guulystay C/kariin Xuseen Guuleed; iyada oo taageerayaashii dowladda guusha ku raacday maadaama musharraxxooda ku guulaystay halkaa oo ay aad u rabeen.

Waxaa la soo gaaray kursigii Madaxweyne ku-xigeenka ay u tartameen asna lix madaxweyne ku xigeen ayna kala ahaayeen.

- Maxamed Xaashi Cabdi Carrabey 40 cod uga guuleestay musharixii la tartamayay kaas oo asna lagu xaglinayay dhinaca dowladda, halka afartii musharraxx oo kale ku hareen wareeyadii hore.
- Bashiir Diiriye Shariif 36 cod

Ayagoo Afarta musharrax oo kale heleen codad aan badnayn, halka uu wareegga 2 aad u la soo gudbay Xasan Maxamed Warsame seddexda kalena ku hareen wareegii koowaad.

- Cabdullaahi Xaashi Warsame
- Cabdilladiif Cabdullaahi Warsame
- Cabdullaahi Bashiir Cabdinuur

Runtii waxa ay ahayd doorashadii ugu adkayd ee dhacda maalintaa, socotayna ilaa iyo maqribkii, ayna kor joogto ka ahaayeen dad aad u badan oo danaynayay danaha Galmudug iyo in mar la helo maamul ay dadkaa leeyihiin, doorashadii ka dib waxa ay noqotay Galmudug meelaha Soomaaliya ugu kulul siyaasaddeeda, markiibana waxaa ka hor yimid caqabado dhowr ah oo ay ugu darnaayeen.

Shaqadii Galmudug loo qaban lahaa oo adkaaday oo kala bixi waayay daruufo jira awgood, taas oo keentay in ay adkaato shaqadu, haba yaraatee ma jirin wax xaafiis ah ama waraaq ah oo raadraac leh oo na la ku wareejiyay oo Galmudug leedahay, waxaa uun na loo ka baxay xaruntii Cadaado oo maamulkii ximin iyo xeeb oo dadka reer ximin iyo xeeb iyagu lahaayeen, sidii marti oo kale ayaa halkaa na loo dajiyay, waxaana ka bilownay shaqo adag oo aan marnaba caadi ahayn dhibkeedana lehayd,

Sida ay qortay hay'ada UNFPA 2014-kii, dadka Galmudug tiro ahaan waa 1,287,297 oo qof, oo markii loo fiiriyo ummadda Soomaaliyeed ay ka yihiin 10%. Halka dadka ku nool tuulooyinka iyo magaalooyinku yihiin 44%, dadka reer baaddiyaha ahna yihiin 33%, dadka xeryaha qaxootiga ku noolna yihiin 10%. Baaritaan uu sameeyay isna Bangiga Adduunka isla sanadkii 2016-kii waxa uu ku ogaaday in dadka Galmudug 50% ay da'doodu ka hooseyso 15 jir.

Runtii sida aad la socotaan deegaanadaan Galmudug oo loo dhisayay maamulka muddo dhow doorashaadaa ka dib waxa ay ahaayeen kuwo la ciirciirayay dhibaatooyin badan oo ay ugu wacantahay dowlad la'aan, iyada oo dhulkaa dowladihii gumaysiga iyo kuwii xoriyadda ka dib soddonka sano jiray aysan labadoodaba wax ka qaban; ayaa marka waxaa la dhihi karaa waxyaabaha ka jiray Galmudug waqtigaa doorashadu dhacaysay oo maamulka loo samaynayay waxaa ka mid ahaa.

- Yaraanta naqa iyo biyaha oo aad u badnaa iyo colaadda iyo dhibaatada dadka isku dilayeen.
- Iyada oo maamulku aanu markaa awood u lahayn in nabadgelyo iyo ammaan ku filan uu dadka gaarsiiyo, taas oo keenaysa dhibaatada soo noqnoqnaysa ee colaadaha.
- Iyada oo dadka ku nool Galmudug ay aad u hubaysan yihiin, haddana aan la samayn karin hubkadhigis sababo la xariira is aamminid la'aan ka dhex jirta qabiilada, siina hurinaysa colaadda sokeeye.

Waxaa jiray isku dayo dib u heshiineed oo aan wali mira dhalin oo aan samaynay waqtigeenii. Ilaalinta diinta waa shay muhiim u ah qabiilada Soomaalida, markii ay la kulmaan hanjabaado gudaha ah oo ku aaddan amnigooda, qabiiladu guud ahaan waxa ay dalbadaan taageerada shabakadaha qaraabada, kuwaas oo si caadi ah u bixiya dhammaan noocyada taageerada lagama maarmaanka ah. Si kastaba ha noqotee, markii hanjabaado badani ay ka yimaadeen ciidamo dheeraad ah oo gudaha iyo dibedda ka yimaada, abaabulaha koowaad iyo kuwa wax ku oolka ah ee ka soo horjeeda qabaa'ilka kala duwan si ay u abaabulaan amniga wadajirka ah, waxay ahayd rafcaan diintooda ah, tanna waxa ay ka mid ahayd waxyaabaha dadka reer baaddiyaha ee reer Galmudug u ahaa dhaqanka iyo shaqada, waayo waa arrin aad iyo aad muhiim ugu ah hab dhaqankooda.

Sida aan wada ognahay waxyaabihii ugu yaabka badnaa oo Galmudug ka jiray waxaa ka mid ahaa; maalinkii na la doortay oo aysan jirin haba yaraatee wax na loo dhiibay ama na la ku wareejiyay oo aan ka dhaxalnay dowlad naga horaysay, sida ciidan, xaafiis, qalab iyo document intaba; ayey waxay nagu qasabtay in aan isku dayno wixii aan samayn karno iyo halka aan ka bilaabi karno oo leh dhib iyo dheefba in aan shaqada ka bilowno.

Habeenkii markii dadkii naga kala tagay oo an isku nimid runtii ani iyo Madaxweyne Cabdikariin ma aannaan ahayn dad horay isu yaqaanay, balse waanu sheekaysanay, wax bandanna waanu ka wada hadalnay, ka dibna waxaanu isla garanay in Madaxweynaha iyo aniga aan nalo dhaxmarin, na loo kala waramin, ahaano labo qof oo isku kalsoon, shaqada hoose oo dhanna anigu qabto, isna midda sare qabto, wax alaale iyo wixii aan samaynayo kala tashado isaga, wixii uu samaynayo isaguna igala tashado oo ila socodsiiyo, bal wanaagaa fiiri, muddadii aan ani iyo madaxweyne Cabdikariin wada shaqaynaynay marnaba ma dhicin haba yaraatee in nalo dhaxeeyo ama labadeena midna sameeyo midka kale waxa uusan ogeyn.

Waxyaabaha mar walba dhibka nagu hayey ayaa waxaa ka mid ahaa; waxyaabo badan oo soo jireen ah oo naga horreeyay annaga, qasabna ahayd in aan xalkooda raadino, kuwaas oo ay ka mid ahaayeen: sida dilal hore iyo waxyaabo horay loo kala dhacay, kuwaas oo ka jiray degmo walba oo Galmudug ka mid ah kuna salaysnayd qabiil gooni ah, cid walba oo qanci waydana waxay abuuraysay caqabado hor leh.

Waxaa jiray wada noolaansho iyo xiriir xumo ka dhaxaysay hoggaamiyaasha dhaqanka labada dhinacba, ha noqdo midda kala dhexeeysa qabiilooyinka deriska ah ama beesha dhexdeeda, iyaga oo jifo walba inta badan isa sii haystaan, dadka badidood ma fahansanayn dowladnimada iyo geedi-socodkeeda, balse dhinaca kale waxa ay u yaqaaneen dowladda mid iyada lacag laga sameeyo oo aan lahayn wax kale oo faa'iido ah ama xad ah, sharciga in lagu dabaqo ilaa la barayana wayba adkayd, waloow dad badan yididiilo iyo soo dhawayn ka muuqatay dowladnimadana jeclaayeen.

Waxaa jiray oo aad u xoog badnaa kooxo horay meesha ugu naaxay oo maslaxad shaqsiyeed watay, kuwaas oo aan waxba laga qaban karin waqtigaa.

Hoggaamiyeyaasha qabiillada, kuwa heysta maliishiyaadka iyo kaalmooyinka dibedda ayaa ka walwalsanaa saameynta dhismayaasha cusub ee maamulka, taas oo ugu wacnayd iyaga oo u arkayay in awoodda lagala wareegayo ama haddii ay dhisanto dowlad xoog leh ayay sharciga ka cabsanayeen. taas oo iyadana lahayd caqabado badan oo aan si sahlan looga gudbi karin, waayo markii dadku bartaan ama arkaan in dowladnimadu ay tahay in iyaga wixii ay haysteen intay sharci u samayso wax ka beddelayso ma aha mid ay aqbali kareen, balse waxa ay isku dayayeen inay mar walba isbaaro noo dhigtaan.

Intaa waxaa sii dheeraa, waxaa la ogsoonyahay in inta badan maleeshiyada hubaysan ay yihiin dhalinyaro da'doodu ka yar tahay soddon sano oo aan lahayn wax fikrad dhab ah ama khibrad ah oo ku saabsan xukunka, iyo sharciga, ayna adagtahay in lagu dowladnimada, markaana ay u fududahay diidmadooda iyo caqabadaha horyaala iyo waliba nolasha oo aan qiimo u lahayn, haddii uu dhintana isaga un baa iska dhintay, laguna iloobayo muddo yar oo aan badnayn, dhalinyarada noocaas ah waxa ay ahaayeen kuwa si sahlan loo kaxaysan karo oo aan marnaba la iloowi karin dhibka haysta, iyada oo Soomaaliya oo dhan ay arrintaani ka jirto, haddana Galmudug ku ma sii jirto.

Dad waxaa jira jooga gudaha ama dibedda dalka ama muqdisho ruuxeeda, kuwaas oo isugu jira siyaasiin, ganacsato iyo aqoonyahanno intaba, isuna arka inay yihiin kuwa leh deegaankaa iyo dhulka Galmudug, haddana aan wax laga waydiin oo aysan taladeeda wax ka gooyn oo dagaal kugu bilaabaya, waana waxyaabaha ka midka ah waxa na qabsaday amaba u hormari la yahay deegaanka iyo maamulka Galmudug.

Waxbarashada ayaa aad tayadeeda u hoosaysay dhammaan deegaannada Galmudug, waloow ay jireen iskuullo shaqaynayay; haddana waxa ay ka mid ahaayeen waxa na la ka sugayay in aan sida ay tahay u hormarino. Waxa ugu weyn oo na la ka rabay waxa ay ahaayeen dib-u-heshiiseen iyo aminiga deegaannada oo ah in aan dib u soo celino, balse aan iyana sheegi doono wixii aan ka qabanay iyo wixii naga qabsaday.

Caafimaadka deegaanada Galmudug waxa ay ahaayeen waxyaabaha ugu daran oo jiray. Galmudug oo dhan malahayn hal Isbitaal oo refefal ah oo dadka lagu daawayn karo gees-ka-gees, waxayna ka mid ahayd dhibabka jiray, ma jirin xarumaha Hooyooyinka iyo dhalaanka, majirin meelo carruurta lagu quudiyo, ma jirin isbitilaada dhimirka, dhammaan waxyaabahaas oo dhan waxa ay ahaayeen waxaan jirin, in kasta oo laga yaabo in xabbad-xabbad marar dambe dadku furteen amaba hay'ado sameeyeen intii maamulku jiray.

Sharcigii loo sameeyay maamulka oo aan ahayn mid adag waxa uu ka mid ahaa qodabbada dhibku ka jiro oo la isku haysto, keenayna deggenaansha la'aanta maamulka haleeshay lana saldhigi waayay ilaa maanta. Waxyaabihii dhibka ahaa oo markiiba bilaabmay waxaa ka mid ahaa in Dastuurka Galmudug ku qornayd in xudduuda Galmudug tahay Burtinle, taas oo markiiba dagaal iyo caqabad keentay nalagana hortimid Puntland. Waxaa kale oo iyana jiray caqabado dhaqameed iyo diimeed oo ku saabsan doorka haweenka iyo dhallinyarada ee siyaasadda oo iyana ka jiray deegaanka.

Waxaa kale oo ka mid ah oo adkaa in islamarkiiba dadka lagu qanciyo oo la fahamsiiyo si muuqata in la horumariyo ka qeybgalka siyaasadeed ee dadweynaha ee dalka oo dhan, taas oo iyana sabab u ahayd nidaamka 4.5 oo dowladnimada Soomaaliya ku dhisan tahay.

Waxaa na la ka rabay guud ahaan kobcinta awoodda Maamulka iyo midda gobolka in kasta oo ay jireen xadiddo culus, iyo awoodda Gobolku u leeyahay helitaanka taageerada iyo maalgelinta barnaamijka ee dowladda Federaalka oo taageeradeeda meesha ka maqnayd, hay'adaha Caalaamiga oo iyana aan sidii la rabay noo caawin waayey daruufo jira awgeed, sida maamulka oo cusbaa iyo dalka oo isla markiiba doorasho aadayay, waliba iyada oo Beesha Caalamka aan la hubin markaa sida ay noqonayso.

Dhaqaalaha waxa uu ka mid ahaa waxa u baahan in aan wax ka qabano oo dadka u samayno nidaam canshuur midaysan looga qaadayo, kaas oo runtii aad muhiim u ahaa, loona baahnaa in wax badan laga qabto, balse aan wax badan nooga hirgalin, waayo dadku ma yaqaanaan in canshuur la bixiyo, waqtigaana way adkeyd waloow aan samaynay shuruucdii lagu qaadi lahaa qaarkeed.

Amniga waxa uu ka mid ahaa dhibkii jiray, waayo dadka Galmudug waa xoolo dhaqato hubaysan oo iyaga cadow isku ah iyo maleeshiyaad, dhinaca kalena waxaa jiray Shabaab oo deegaano Galudug ah haystay oo ilaa iyo Afar degmo ah, taas waxa ay keentay ama sii korisay dhibkii jiray, annaga oo wali ka xorayna waqtigii waa naga dhammaaday.

Waxaa kale oo jiray caqabado dhowr ah oo markaa muran ka taagnaa, muhiimna ahayd in la xalliyo lagana gaaro heshiis dhab ah oo laga gudbo, waxaana ka mid ahaa caqabadihii na haystay:

2. Khilaafka Puntland iyo Galmudug

Puntland iyo Galmudug waxa ay isku hayeen maaheyn wax sahlan ama si fudud lagu dhamayn karo, waxayna isugu jirtaa dhowr arrimood oo kala duwan, kuwaas oo kala ah mid siyaasadeed, mid dhaqaale iyo mid dhul intaba soona jiray muddo qarni ka badan.

Madaxweynihii Puntland ee waqtigaas Cabdiwali Cali Gaas waxa uu ku qaldamay waxaa ka mid ahaa; isaga oo aan la tashan dadkiisa in uu isku dayay in uu joojiyo dhisiddii maamulka Galmudug oo diido, balse taas u ma hirgalin oo waxaay ahayd wax qabiil ku saabsan, laakiin haddii uu Galmudug wax ka dhisi lahaa Gobolka Mudugna raacin lahaa Galmudug waxa uu ka heli lahaa sad aan marnaba caadi aheyn, isaga iyo qabiilkiisaba, waxayna ahaan lahayd mid uu ugu hiiliyay Soomaaliweyn waxna ugu daray dadkiisa.

Puntland waxa ay aamminsanaayeen in Galmudug tahay Gobol iyo Bar oo maamul goboleed noqon karin Galmudug, midda kale waxay aaminsanayd inay tahay maamul uu dhisanayo Madaxweyne Xasan Shiikh si uu ugu soo noqdo doorashada 2016-ka, taas oo keentay in Madaxweyne Cabdiweli Cali Gaas uu si furan uga hor yimid dhismihii Galmudug, sababtayna inay dhacaan dagaal dhiig ku dadaay oo dhowr jeer dhacay dad badana ku barakaceen kaas oo ka dhacay magaalada Gaalkacyo.

Dhul ahaan dadka labada deegaan waxa ay wadaagaan xudduud dheer, taas oo sababtay inay nabaddu si fudud ku imaan waydo, mar walbana colaadda deegaanka oo kadhalata daaqa iyo biyaha ay soo noqnoqoto, ama midda ku saabsan maamul deegaan dhaqaale, Waxa uuna soo jiray muddo qarni ka badan, taas oo ay soohdimo u sameeyeen gumaystihii waqtigaa ka talinayay dalka.

Is qab-qabsiga ku saleysan dhulka ayaa waxa uu ka jiray gobolka Mudug ka hor xornimadii Soomaaliya iyo ka dib intaba. Gumeystihii Talyaaniga ayaa asteeyey soohdin beeleed loo yaqaanay diilinta "Tomaselli" taasoo uu u sameeyay Talyaanigu in uu ku xalliyo is-qabqabsiga ku saleysan dhulka. Dhammaan dowladihii Soomaaliya oo ay ku jirto dowladdii militariga ahayd waxa ay ku guul darreysteen xallinta colaadaha dhulka ka dhasha ee gobolka ka dhaca – in kasta oo Gaalkacyo ay hal maamul lahayd. Ka dib burburkii dowladdii militariga iyo bilowgii dagaalladii sokeeye, colaadaha beelaha ee ka dhasha dhulka waxa uu aad ugu xoogeystay Gaalkacyo iyo nawaaxigeeda, waxaana dagaalladan ay galaafteen nolosha dad badan.

Tusaale ahaan, dadka Puntland waxa ay ku doodayaan in soohdimaha beeluhu kala leeyihiin ee dhulka daaqsinka ah la yaqaan oo dhammaan beelaha degaanka deggan wada og yihiin, balse dhismihii Galmudug ka dib ay beesha Sacad billowday in ay ku faafto degaannada galbeedka ka xiga Gaalkacyo oo ah degaano ay leeyihiin beelaha Majeerteen iyo Leelkase. Waxaa kale oo ay dadka Puntland ku doodeen in iyagu aaney marnaba u tallaabin degaannada soohdinta koofur ka xiga, balse dadka deggan degaannada Galmudug ay yihiin dad aan xurmeyn soohdinta la kala leeyahay oo ay yihiin dad u soo tallaaba degaannada Puntland, isla markaana dilal ka geysta misana u baxsada dhanka Galmudug.

Dadka Galmudug ayaa dhankooda beeniyay eedeymahan, waxa ayna Galmudug ku doodday in Puntland ay tahay midda dhul-balaarsiga sameyneysa.

Siyaasiinta maamulka Galmudug ayaa ku dooday in maamulka Puntland uu doonayo in uu gacanta ku dhigo gebi ahaanba magaalada Gaalkacyo.

Muran kale oo ka jira magaalada ayaa ku saleysan gacan ku haynta koontaroollada ku yaalla waddada magaalada laga galo iyo midda looga baxo. Galmudug ayaa maamusha koontaroolka koofureed, halka Puntland ay maamusho koontaroolka waqooyiga. Hase ahaatee, Puntland ayaa waxaa uu koontarool kale u yaalaa soohdinta ay la leedahay Galmudug ee magaalada Gaalkacyo. Maamulka Puntland ayaa sheegay in barta koontarool ay u sameeyeen sababo la xiriira sugidda amniga iyo in kontaroolku muhiim u yahay la socoshada dhaqdhaqaaqa gaadiidka iyo dadka si looga hortago weeraro ay Al-Shabaab ku qaadaan degaanada Puntland.

Dhanka kale, ayay Puntland ka samaysay Gaalkacyo soohdinta ay la leedahay Galmudug Maxjar xoolaha lagu dajiyo lagana raro, iyada oo amar ku soo saartay baabuurta ka timaadda dhinaca koonfureed in halkaa lagu dajiyo, taas oo keentay dhib aad u weyn, qaybna ka noqotay buuqa iyo dagaalka ka dhexeeya labada maamul iyo kala fogaanshaha jira.

Dhaqaalaha waa waxyaabaha iyana labada maamul isku hayaan oo midkataba doonayo in uu ilaha dhaqaalaha gacanta ku hayo, balse Puntland ayaa maamusha inta badan ilaha dhaqaalaha magaalada Gaalkacyo, taas oo sababtay inay dhinacooda u badnaayeen xarumihii dowladda kacaanka oo jirtay, taas oo xiriir toos ah la leh dhammaan kaabayaasha magaalada oo u badan dhismayaashii dowladda ay lahayd sida; dugsiyada waxbarashada, isbitaalada, iyo xarumaha ciidamada oo ku yaallaan dhinaca ay maamusho Puntland, iyada oo dhowr xarunna ay ku yaallaan dhanka ay maamusho Galmudug.

Dadka reer Galmudug waxa ay qabaan in ay tani tahay garabsiin iyo caddaalad-darro ay sameeyeen gumeystihii dalka maamuli jiray iyo dowladihii gumeysiga ka dambeeyay. dhanka Galmudug waxa ay ku doodeen in dhammaan xarumaha uu dhisay qaranka Soomaaliyeed oo ay ku jirto gegida diyaaradaha ee magaalada ay wada leeyihiin dadka deggan magaalada, sidaa daraaddeedna ay dalbanayaan in si siman loo adeegsado.

Waxa kale oo Puntland lagu eedeenayaa in ay xaraasheyso qaar ka tirsan xarumihii qaranka ayna ka iibineyso ganacsato. Mas'uuliyiin u hadashay Puntland waa ay qireen in inta badan xarumahii ay dhistay dowladdii dhexe ay ku yaallaan dhanka ay maamusho Puntland wayna aamminsan yihiin dooddaa ay qabaan reer Galmudug in ay sax tahay. Waxaase reer Puntland iyo madaxdoodaba ku doodayaan in dhammaan xarumahaan oo 4 ah loo isticmaalo adeegyo guud, ayna si siman u isticmaali karaan dhammaan shacabka deggan magaalada, iyada oo aan loo fiirineyn deegaan ama beesha uu qofku ka soo jeedo. Maamulka Puntland ayaa sidoo kale ku adkaysan aya in maamulidda xarumahan ay iyagu mas'uul ka yihiin maaddaama ay ku yaallaan dhanka Puntland, sida ay Galmudug u maamusho xarumaha dhankeeda ku yaala.

Maaddaama ay hay'adaha dowladda federaalku yihiin kuwo tabar daran, maamul goboleedyada dalka ka jira ayaa gacanta ku haya ilaha dhaqaale iyo xarumaha dowladeed ee deegaanada ay maamulaan ku yaala.

Gegida diyaaradaha Gaalkacyo waxa ay ku jirtay gacanta beesha Majeerteen tan iyo sanadkii 1993-kii, markaas oo ay heshiis saddex geesood ah kala saxiixdeen Jeneraal Caydiid, Korneyl Cabdullaahi Yuusuf iyo Cali Ismaaciil Giir. Aasaaskii Galmudug-tii hore ee sanadkii 2006 iyo Galmudug-ta cusub waxa ay sii xoojisay rabitaanka Galmudug ay ku doonayso in ay saami ku yeelato dakhliga ka soo xarooda gegida diyaaradaha ee Gaalkacyo, iyada oo ay reer Galmudug ku doodayaan in gegidu ku taallo dhinaca Galmudug. Puntland dhankeedase ma qirsana sheegashada Galmudug, waxa ayna ku doodeysaa in ay gegida maamulayeen tan iyo wixii ka dambeeyay heshiiskii Jeneral Caydiid iyo Korneyl Cabdullaahi Yuusuf ee sanadkii 1993-kii, isla markaana ay xaq u leeyihiin in ay sii maamulaan, sidii ay u maamulayeen 23-kii sano ee hore.

Maamulka Puntland oo uu hoggaaminay Madaxweyne Cabdiwali Cali Gaas waxa uu si cad uga horyimid isaga oo aan ka fiirsan 30/07/2014-kii heshiiskii lagu saxiixay Madaxtooyada Soomaaliya oo lagu dhisaayay maamulka Galmudug. Runtii doorashadii markii ay dhacday dastuurka Galmudug waxa uu caddeynayay in Galmudug ay ka koobantahay Mudug iyo Galgaduud oo ah laba Goboloo Soomaaliya ah, xudduudda maamulka dhanka Puntland ay tahay magaalada Burtinle ee gobolka Mudug.

Arrinkaa waxa ay qalqal gelisay beesha caalamka oo Soomaaliya caawisa iyo Maamulka Puntland, taas oo keentay in culays caalami ah la soo saaro madaxdii Galmudug, oo na la ku yiraahdo; "waa inaad Dastuurka ka saartaan erayga Burtinle" taas oo aan ka aqbalnay ergaygii gaarka ahaa ee Soomaaliya UN-ka u fadhiyay waqtigaa Nickolos Key iyo Madaxweynaha Soomaaliya Xasan Shiiq.

Waxaa shiray aniga iyo Madaxweynaha iyo Guddoonka Baarlamaanka Galmudug in aannu iska waraysanay xaaladda, ka dibna waxaan go'aan ku qaadanay in aan ka saarno ereyga Burtinle, kaas oo aan ku guulaysanay in aan shirino baarlamaanka ka dibna Dastuurka ka beddelno oo aan ku qorno Dastuurka Galmudug waxaa waqooyiga ka xiga Puntland.

Taas waxay keentay inay xoogaa dejiso arrinkii Puntland ay tabaysay oo ahaa in maamul Gobol iyo Bar ah lagu qasbayo ama sheeganayo deegaanno ay aamminsan yihiin in iyaga dadkoodu ku nool yihiin oo ay leeyihiin iyo iyada oo qaadatay go'aan ah inay taageerto Maamulka Ahlusunna oo looga dhawaaqay Dhuusamareeb, kaas oo ay u arkaysay in ay tahay meesha keliya oo ay uga faa'iidaysan karto Galmudug.

Hadaba arrinku sidaa ku ma hakan ee waxaa dhacday dhalashadii iyo dhisaddii Galmudug dhowr biloood ka dib; in Puntland isku dayday in Magaalada Gaalkacyo waddo ka dhisto, taas oo ku aaddan ama soo maraysa dhinaca Galmudug, taas oo keentay dagaal dhiig badan ku daayay, socdayna intii muddo ah, runtii ahaana wax aad looga xumaado in sanadkii 2015-tii, 25 sano ka dib, dad walaalo ah oo Soomaaliyeed sidaa isu dilaan magaaladooda iyo waliba qax carruurtii iyo waalidkood soo wajahay waliba iyada oo Schooladii la xiray.

Waxaa magaalada Gaalkacyo ee xarunta gobolka Mudug isugu tegey wufuud kala geddisan oo halkaas u tegey in ay xal u helaan dagaaladii ka dhacay 22 & 28 Bishii Nofeember 2015-kii magaalada Gaalkacyo.

Waxaa soo gaaray Magaalada Gaalkacyo markii uu dagaalkaa istaagi waayay wafdi ay soo dirtay Dowladda Federaalka Soomaaliya uuna hoggaaminayay, Raysalwasaaraha Soomaaliya qaar ka mid ah Golaha Wasiiradiisa, iyo Madaxweynayaasha maamul-goboleedyada, ujeedkooduna uu ahaa sidii loo joojin lahaa colaadda dadka walaalaha soo dhex gashay oo soo gaartay, waxaa la dhihi karaa waxaa goobta ka maqnaa oo kaliya Madaxweynaha Dowladda federaalka ah Xasan Shiikh, isagana aan khadka taleefoonka ka bixin intaa uu arrinkaa socday oo uu dhibkaa jiray.

Waxaa la dhigay Gogol Magaalada Gaalkacyo oo shirar kala geddisan, oo dhexdhexaadiyaashu hadba qolo la shirayeen. Marka la eego taariikhda dagaallada Soomaaliya waxa ay leedahay sababo markiiba loo saaro dagaalka iyo ajandayaal hoose oo laga doonayo in ay dhalaan dhiigga dadka ee la daadinayo, taas oo ay leeyihiin dad gaar ah oo aminsan in ay ku gaarayaan hadafkooda.

Dagaalkii ka dhacay xarunta Gobolka Mudug 22/11/2015-kii, maalin Axad ah ayaa sababtiisa loo saarey in uu ka dhashey waddo laami ah oo Puntland ay ka dhiseysay xaafadda Garsoor ee magaalada Gaalkacyo, sababtan ayaa dad badan u arkeen mid aan macquul ahayn, laakiin sida dhabta ah ajandaha dagaalka Gaalkacyo wuu ka duwanaa kaas, waxa uuna xanbaarsanaa oo dhab ah laba qaddiyadood oo ay kala aamminsanaayeen Hoggaanka Maamullada oo aan aniguba ka mid ahaa. Dagaalkan oo socday ilaa bishii Diseembar waxa uu sababay dhimashada ugu yaraan 20 qof iyo dhaawaca tiro 120 qof ka badan.

Dagaalku waxa uu sidoo kale sababay barakaca qiyaastii 90,000 oo qof oo ka mid ah shacabkii magaalada

Hoggaanka Puntland waxaay diidanayd jiritaanka iyo dhisida Galmudug waxa ayna u arkaysay in ay caqabad ku tahay Puntland dhul iyo magaalona ku haysato,

Hoggaanka Puntland waxa uu aamminsanaa in uu Madaxweynaha Soomaaliya dhisida Galmudug ka leeyahay dano shaqsi, mid siyaasadeed iyo mid qabiil intaba.

Hoggaanka Galmudug oo u arkayay diidmada Puntland ay diidayso nacayb isir inay ku salaysantahay iyo ayada oo aan doonayn inay maamul ahaan u aqoonsato Galmudug.

Hoggaanka Galmudug oo u arkayay dhaqaalaha Magaalada Gaalkacyo iyo xarumihii dowladdii hore ay dhistay oo dhan inay jiraan dhinaca Puntland sida Airport-ka iyo xaafiisyadii dowladda oo dhan.

Waxaa bilowday wadahadalladii ay wadeen wadtiga Raysalwasaaraha Soomaaliya taas oo qolo walba ay tahay inay soo bandhigto dooddeeda iyo waxa ay tabanayso. Maamulka Galmudug waxa uu la ciir-ciirayaa khatar siyaasadeed iyo mid dhaqaale. Maamulka ayaa weli ku sugan magaalada Cadaado oo aan xarun u ahayn gacanna uguma jirin magaalooyinka waaweyn ee gobolka Galguduud, maamulku malahan dakhli soo gala, waxaana uu ku tiirsanyahay taageerada Dowladda Federaalka oo bixisa dhaqaalaha maamulkaas.

Sida la fili karo dad badana aamminsan yihiin, in ujeedka dagaalkuna ahaa; Galmudug waxay la shir imaaneysaa in ay gor-gortan dhaqaale la timaado iyada oo dooneysa in ay awood ku yeeshaan magaalada oo dhammaan ilaha dhaqaalaha ay gacanta ku hayso Puntland, waxaana la dhihi karaa waddada la joojiyey iyo dagaalku waxaa lagu tilmaami karaa "Qaylo gar dhaweysey".

Puntland ayaa cirka u shareertay arrinka maalinkii doodda koowaad socotay iyada oo keentay dhowr arrimood oo runtii markaa ahaa wax aad loo la yaabo maadaama ayba aqoonsantahay in Galmudug uu yahay maamul jira, haddana ay ku soo xadgudubtay.

Puntland ayaa iyana mararka qaar dooddeedu ahayd in aysan marna ku xadgudbin heshiiskii 1993-kii, isla markaana u arkaysay maamulka Galmudug mid aan dastuurka waafaqsaneyn, waxaana ku adkayd in ay liqaan oo yeelaan gor-gortan ku yimid dhiig la daadiyo, waxaana ay dhankooda la yimid qodobo ay ka mid yihiin:

1. In wixii Gaalkacyo ka dhacay mas'uuliyaddeeda ay qaadayaan maamulka Galmudug iyo cidda gardaadisa ee xanbaarsan oo ay ula jeeddo ah Dowladda Federaalka.
2. In aan la joojin karin dhismaha waddada oo ay cidkasta horumar u tahay.
3. In Hoobiyaashii magaalada lagu garaacay 22 Nofeember 2015 iyo dadkii shacabka ahaa ee lagu diley ay bixiso Galmudug.
4. In Galmudug ay ku ekaato xudduuddii ay lahaayeen ee la yaqaaney isla markaana ixtiraamaan heshiiskii 1993-kii.

Hadaba dhowr maalmod oo dood ah ka dib, waxaa soo baxay heshiis laga gaaray dagaalkii labada dhinac, waxaana goobjoog ka ahaayeen heshiiska dhammaan xubnihii Dowladda Federaalka ka socday oo uu hoggaaminayay Raysalwasaare Cumar Cabdirashiid Cali Sharmaake iyo xubnihii Beesha Caalamka ka socday, waxaana ka mid ahaa qodobbada heshiiska;

- Baaq nabadeed oo waara, xabbadjoojin sharuud la'aan ah iyo soo afjaridda colaadda af iyo addinba, lagana fogaado wax walba oo dhalin kara iska horimaadyo hubaysan iyo abaabul colaadeed.
- Kala raridda ciidamada is hor fadhiya, koox walbana gayso ciidamadeeda halkii ay ku sugnaayeen colaadda ka hor.
- Soo celinta dadwaynihii ku barakacay colaaddii magaalada labada dhinacba, qolo walbana bixiso tas-hiilaadka dhinaceeda iyaga oo kaashanaya Dowladda federaalka Soomaaliya
- Magacaabidda guddi ka kooban Dowladda Federaalka iyo Dowlad Goboleedyada oo wada xaajood ka yeesha xallinta khilaafka Gaalkacyo, ka dibna la fidiyo gogol lagu xallinayo khilaafka labada maamul-goboleed

Waxaa la kala saxiixday afartaa qodob, iyada oo odayaasha dhaqanka, ganacsatada, haweenka iyo dhalinyarada labada dhinac lagu guubaabiyay inay ka qayb qaataan fulinta heshiiska, loogana hadlay sidii caqabad kale ugu noqon dhankooda, iyadoona heshiiska ay saxiixeen labada madaxweyne ee Puntland iyo Galmudug; Cabdikariin Xuseen Guuleed iyo Cabdiwali Maxamed Cali Gaas. Iyada oo uu damaanadqaad ku saxiixay Raysalwasaaraha Soomaaliya Cumar Cabdirashiid Cali Sharmaake, waxaana Marqaati ahaan u saxiixeen; Madaxweynaha Jubaland Axmed Maxamed Islaan (Axmed Madoobe) iyo Madaxweynha South West Shariif Xasan Shiikh Aadan.

Sida aan la wada socono magaalada gaalkacyo oo ku taal bartamaha Soomaaliya ayna wada maamulaan labada maamul ee Puntland iyo Galmudug, heshiiskii 1993-kii, ka dib waxa ay dadku ku wada noolaayeen nabad, taas oo ay gacanta ku hayeen odayaasha dhaqanka, balse markii la dhisay maamulka Galmudug ayaa maamulka Puntland waxaa u cuntami waayay in Galmudug ay ahaato maamul la maamula magaalada gaalkacyo, taas oo soo celcelisay colaadda magaalada tan iyo intii la dhisay maamulka Galmudug.

Muddo ka yar sanad ka dib, 7dii Oktoobar 2016-kii ayuu dagaal kale ka bilowday magaalada Gaalkacyo, kaas oo sababay dhimashada 45 ruux iyo dhaawaca 162 qof oo kale, dagaalkaan ayaa waxaa ku barakacay dad gaaraya 85,000 qof oo ku nool magaalada, sida ay warbixin ku soo saartay xaafiiska UN-ka qaybtiisa beni'aadanimada.

1-dii Nofeembar 2016-kii, hoggaamiyeyaasha Puntland iyo Galmudug; Cabdiweli Maxamed Cali iyo Cabdikariim Xuseen Guuleed ayaa magaalada Abu-Dhabi ee dalka Imaaraadka Carabta ku saxiixay heshiis xabbad joojin ah, isla markaana magacaabay guddi xal u raadiya colaadda Gaalkacyo, haseyeeshee heshiiskaas la ma fulin dagaaladuna halkoodii ayey kasii socdeen. 18-kii Nofeembar ayey mar kale hoggaamiyeyaashan ku kulmeen Gaalkacyo, halkaasna waxa ay ku gaareen heshiis uu goobjoog ka ahaa Ra'iisul Wasaare Cumar Cabdirashiid Cali-Sharmaarke. Heshiiskan waxa uu dhigayay in xabbadda la joojiyo lana sameeyo 2 kiilomitir oo u dhaxeysa labada ciidan oo ka caaggan dagaalka. Saxiixii heshiiskan ka dib, waxaa la sameeyay guddi isku dhaf ah oo ka kooban 18 xubnood, kaasoo mas'uul looga dhigay hirgelinta xabbad - joojinta lagu heshiiyay iyo soo celinta kalsoonida dhinacba dhinaca kale ku qabo. Guddi caalami ah oo xaqiijiya dhaqan-galka xabbad-joojinta ayaa la geeyay magaalada Gaalkacyo. Guddigan oo uu soo diray urur goboleedka IGAD ayna taageerto Qaramada Midoobey ayaa ka shaqeeyay arrimaha nabadda Gaalkacyo, guddiga isku-dhafka ah iyaga oo xaqiijin doona dhaqangalka xabbad-joojinta iyo fulinta qodobbadii ay labada dhinac ku heshiiyeen.

Sida aan horay u soo sheegayba arrinka ka dhexeeya Puntland iyo Galmudug ma aha mid sahlan, waayo waxa la isku hayo waa dhaqaale iyo awood, mid walba uu doonayo in uukan kale ka qaato, taas oo keentay in dagaalkeeda uu soo noqnoqdo mar walba, noqon waayana mid lagu guuleysto.

Waxaa jiray in sanadkii 2016-kii laba jeer oo kale uu soo noqday dagaalku, kaas oo dhowr jeer lagu soo hadal qaaday shirarkii madasha in arrinkaa lagu xalinayo balse lagu ma guulaysan.

Markii ugu danbaysay shir ka dhacay magaalada Muqdisho 3-dii bishii Janaayo, uuna ka soo qayb galay wakiilka Qaramada Midoobay iyo madaxweynaha Soomaliya, oo ay joogee labadaba madaxweyne ee puntlad iyo

Galmudug Cabdiwali Maxamed Cali Gaas iyo Cabdikariim Xuseen Guuleed ayaa lagu heshiiyey in lagu dhiso ciidamo isku dhaf ah oo labada dhinac ka kala socda ahna Police iyo Milatary.

Bishii 7aad ee 2017 ayaa isku dhafkii u horeeyay oo ciidan police ah laga sameeyay magaalada Gaalkacyo iyada oo bishii janaayo 2018 safarkii madaxweyne farmaajo ka dibna laga sameeyay isku dhafkii ciidanka militariga.

Markaa ka dib Gaalkacyo waxaa u soo jeestay indhaha beesha caalamka, waxaa tagay ururo caalami ah oo dhammaantood doonayay in xal waara laga gaaro arrinka Gaalkacyo, taas oo dad badan xanuun ku haysay; sida IGAD iyo UN ka ayaa muddo deggenaa magaalada, iyaga oo isdhexgal u sameeyay bulshada oo qaybna ka qaatay arrinka nabad ku soo dabaalidiisa.

Puntland iyo Galmudug meesha ugu weyn oo isku hayaan waa magaalada Gaalkacyo. Magaalada gaalkacyo waa wadnaha Soomaaliya hadaan xalka magaalada la helina dagaalka Soomaaliya waa sii soconayaa. Magaalada gaalkacyo ayaa waxaa wada dega laba qabiil oo kala ah: Hawiye - Sacad iyo Daarood - Majeerteen iyo Leelkase, wallow ay jiraan dad kale oo aad u yar oo deggan balse aan waxba ka qusayn colaadda Gaalkacyo ku soo noqnoqonaysa sida Dirta, Shiiqaal, Wegardhac, Carabsaalax iyo beesha shanaad.

Waxaa hubaal ah in heshiiskii 1993-kii ay magaalada Gaalkacyo wax ku noqotey isla markaana uga soo baxdey burburkii dagaalka, ayna ahayd magaalada keliya ee dadkeedu ku heshiiyeen in ay nabad kuwada nooladaan, oo aan cidna lagu xadgudbin, dadka ay sida tooska ah u taabanayso labada dhinacba waxa ay kuu sheegayaan in nabad iyo walaalnimo ay Gaalkacyo dan u tahay, markaasna lagu dayo wax kasta si ay nabaddooda ugu beddeshaan waxa dhinaca kale rabo.

Sida laga bartey dagaaladii sokeeye dagaal dhul lagu ma kala qaado, waxa keliya oo laga helaa waa in dhiig badanla daadiyo, dantuna waxa ay ku jirtaa in nabad Gaalkacyo lagu wada deganaado meelna la iska dhigo sida xun wax u damaca.

Maadaama caqabadihii Galmudug hor yaalay ay ka mid ahayd magaalada Gaalkacyo iyo dhibka siyaasadeed ee Galmudug kala dhaxeeya Puntland; taariikh hore iyo middaan cusubba oo ku salaysan cunfiga aan soo sheegay ma joogsan dagaalkii, waxayna noqotay wax Qatar ah oo sideedii u jirta, dadkuna runtii ay la qabsadeen dhibka, dagaalka, cunfiga, cuquda iwm.

Waxa uu dagaalku soo noqnoqday dhowr jeer oo kale ilaa iyo laga soo gaaro doorashadii 2016-kii ka dhacaysay dalka, taas oo keentay in lagu kala mashquulo ilaa madaxweyne Xasan Shiikh doorashada looga guulaysto, markaana uu is casilo madaxweynihii Galmudug Cabdikariin Xuseen Guuleed, halkaana aad mooddo in uu yaraaday dagaalkii siyaasadeed oo ka socday meesha, dadkuna ay walaaloobeen.

Waxaa kale oo dagaalka Gaalkacyo baaritaan ku sameeyay hay'ada Heritage, taas oo baaritaan ay samaysay ku ogaatay in dhibka gaalkacyo uu ka mid yahay dhaqaalaha iyo isbaarooyin yaalla magaalada, iyadoona talo ku soo jeedisay in saddex wax la sameeyo:

1. In Gobolka Mudug labo loo qaybiyo, iyada oo ay ka shaqaynayaan Guddiga Xudduudaha, markaana Galmudug iyo Puntland lakala siinayo.
2. In Federaalka la hoos geeyo Gaalkacyo oo ay noqoto magaalo labada maamulba ka madax bannaan.
3. In Gorgortan iyo heshiis dhex maro labada maamul ayna ku heshiiyaan in midkood magaalada maamulo ama dhistaan hal maamul ama ku heshiiyaan.

Waxyaabaha kale oo caqabadaha ah oo ka jira meesha ayaa waxaa ka mid ah.

- Dadka Gaalkacyo ku nool ma helin dib u heshiisiin dhab ah oo dhex marta tan iyo intii dagaalada sokeeye ka danbaysay, taas oo keentay dhibka jira in uu dhammaan waayo.
- Odayaasha dhaqanka oo aysan jirin sharci ay ka baqaan, taas oo keentay ama sahashay inay colaadda huriyaan.
- Shabaab oo isku dhex mara dadka, rabinna inay nabad ka dhacdo Gaalkacyo, kuna leh wakiilo labada dhinacba dadkana ku dila.
- Warbaahinta oo colaadda ka qayb qaadata, iyada oo waraysanaysa dadka sharwadayaasha ah.
- Maleeshiyooyinka labada dhinac ah oo aad u hubaysan kana amar qaadan labada maamul midna.
- Dowladda dhexe oo waagii hore aan waxba ka qaban, balse hadda waxaa jooga labo ciidan oo kala ah; police iyo military ka socda dowladda dhexe.
- Majiro wax barnaamij ah oo hubkadhigis ah oo loo hayo maleeshiyooyinka.

Maadaama ay gaalkacyo qaybsanayd tan iyo 1993-kii oo heshiiskii ay wada saxiixdeen labadii hoggaamiye oo labada dhinac lagu guul gaaray balse hadda la carqaladeenayo, waa in si dhab ah looga fekeraa oo dhammaan bulshada la is dhex geliyaa, taas oo keeni doonta horumar haddii mid la qaato talooyinkaa muhiimka ah oo aan soo jeedinayo.

waxaa jira hadda tan iyo billowgii 2018-ka safarkii madaxweyne farmaajo is beddel ka dhaqan galay magaalada, waxaana mooddaa magaalada inay soo gaartay dowladdii dhexe, waayo waxaa haddaka hawlgala magaalada dhowr ciidanoo kala duwan, sida; hal police oo heer federal ah, hal milatry oo isna heer federal ah, ciidankii Kumaandooska oo iyana heer federal ah, guddi amni oo labada dhinac ah, wallow guddigaan uu ka horeeyay magacaabistiisa dowladda hadda jirta, bulshada qaybaheedii kala duwan oo is-dhex galay iyo waliba maamulka degmada oo is fahmay, islana shaqeeya iyo waliba guddi ka socda IGAD iyo UN-ka oo arrinka indhaha ku haya, runtiina wax badan ka qabtay lana dhihi karo waxa ay ka gaareen guulo waaweyn oo Gaalkacyo hadda ku naaloonayso.

Khilaafaadka Dowlad Deegaanka Soomaalida Ethiopia iyo Galmudug

Caqabadaha dhismahii Galmudug ka dib is ku gadaamay Galmudug maaheyn kuwo dhib yar, balse waxa ay ahaayeen kuwo aad u dhib badnaa, dadbadanna Galmudug waxa ay u arkayeen maamul aan loo dhisin rabitaan shacab iyo in uu yahay Maamul dan laga leeyahay, laakiin u arkayay barnaamij uu madaxweynihii markaa xukunka joogay Madaxweyne Xasan Shiikh dano kaleeyahay oo isaga danahiisa iyo in uu xukunka ku soo noqdo u dhistay balse xaqiiqdu intaa way ka fogayd.

Siyaasadda ay Puntland la ciyaarisay Galmudug-ta cusub oo aan haysan wax dhaqaale ah iyo taakulayn sax ah oo ay ka hesho Dowladda Federaalka Soomaaliya ayaa ahayd inay isku daydo inay marwalba go'doomiso dhinacyo badan, sida iyada oo isku dayday inay xudduudaha ka soo xirto, iyaga oo ciidamada Liyuu poliska loo yaqaan oo ka hawlgala deegaanka Soomaalida ee Ethiopia ay soo gaareen xudduuda ay la leeyihiin xadka Soomaaliya, halkaana ay ka soo saareen dhammaan wixii hubaysan oo qabiilada Soomaalida ah.

Xadka gudaha waxaa wadadega saddex qabiil oo Soomaali ah, labana tahay Habargidir sida Sacad iyo Saleebaan iyo qabiil Marreexaan ah sida Wagardhacda.

Wagardhacda waxa ay xariir fiican la lahaayeen Puntland, iyagoona degi jiray dhulkaan muddo dheer oo boqolaal sano ah ayaa waxaa laga durjiyay oo laga qaaday waqtiyadii dagaalada sokeeye halkaa ka dhaceen, iyagoona fursad u arkay saaxiibtinimada ay la leeyihiin Puntland iyo Liyuu–Poliska inay tahay fursad ay dhulkooda ku soo ceshan karaan.

Halka Sacad iyo Saleebaan u arkayeen heshiiska ay la leeyihiin dowladda federaalka ee Soomaaliya iyo maamulka Galmudug inay ku haysan karaan dhulkaa isagana difaaci karaan maamulka Puntland iyo Liyuu-poliska.

Arrinkaa waxaa uu sababay dagaallo aad u badan iyo barakaca dadka deegaanadaas dhinac walba saameeyay ilaa uu soo dhexgalay madaxweyne Axmed Madoobe oo isagu maamulka Kilinka 5aad ee Ethipoia xiriir la lahaa kana shaqeeyay isfahan dhex mara Galmudug iyo maamulkaa, isaga oo ku casuumay Jigjiga Madaxweynaha Galmudug Cabdikariim Xuseen Guuleed iyo wafdi uu hoggaaminayo ayna tagaan magaalada Jigjiga bilowgii bishii May 2016-kii, iyagoona halkaa ku soo kala saxiixday heshiis ka kooban dhowr qodob si loo soo afjaro colaadaha ka soo cusboonaaday halkaa.

3. ASWJ

ASWJ waxa ay ahayd urur balse way ka baxday maalmo ka hor dhisiddii Galmudug waxayna sheegatay maamul, wallow dowladda dhexe iyo beesha caalamku midna aqoonsan, waxayna samaysatay madaxweyne, taas oo keentay in ay nagu noqdaan caqabad, iyaga oo afar meel ka helayo taageero sida; dowlda Ethiopia, Maamulka Puntland oo markaa Galmudug la dagaalsanaa, dadka deegaanka inta iyaga taageersan iyo qurbajoogta maamulkooda taageersan, waxa uuna ku ekaa oo kaliya Dhuusamareeb, Matabaan iyo Guraceel, balse xeraale iyo Caabudwaaq waxaa u joogay taageerayaal. ASWJ intii aan joognay Galmudug marna ma quusan, weliba iyada oo dagaallo gacan ka hadal ah dhowr jeer na la gashay, kuwaa oo ka dhacay magaalooyin badan sida; Godinlabe iyo Gadoon. sidoo kale Caabudwaaq, Xeraale iyo meelo u dhowdhow ayaa dhowr jeer dagaallo ka dhaceen.

Waxaa kale oo jirtay mar uu la dagaalay sarkaal lagu magacaabo Liibaan Madaxweyne oo innaga naga fakaday iyagana u galay, balse markii dambe isfahmi waayeen, dagaal culusoo 24 saac socday kala qabsaday dhexdooda kana dhacay bartamaha Dhuusamareeb. Marnaba ASWJ ka ma tanaasulin hadafkeedii ay Galmudug ku la dagaalaysay ilaa dowladda cusub dhalato, taas oo ay ka heshay aqoonsasho iyo garasho kuna casuuntay sidii maamul caleemasaarkii madaxweynaha iyo ilaa markii dambe Madaxweyne Xaaf kala heshiiyay.

4. Deegaannada Waqooyiga Galgaduud iyo Mudug

Ethiopia, Puntland iyo ASWJ intaba ku lug lahaayeen oo isku diri jireen dadka dega Waqooyiga Galgaduud, taas waxa ay sababtay in magaaladu ay noqoto magaalo lagu hardamo, anagana marnaba siyaasaddeenu ma aheyn in dagaal dhiig ku daato uu ka dhaco caabudwaaq ama deegaannada la mid ah, laakiin waxaa billowday in dadkii beelaha is dilaan oo si xun dhib u dhex maro. Dadka ku dhintay muddadaa waxa ay ahaayeen dad badan, runtiina waxa ay ahayd dhibaato aanmarnaba loo dulqaadan karin. waxyaabihii sahlayay arrinkaan ayaa waxaa qayb wayn ka ahaa kala qaybsanaanta Bulshada dhammaan Galmudug gaar ahaan reer Caabudwaaq dhexdooda, iyaga oo kaashanaya odayaashii ka soo xanaaqay Cadaado iyo jufooyinkii iyana ka soo xanaaqay.

Waxaa biloowday shirar iyo hawlo looga soo horjeedo maamulka Galmudug, kaaga darane dadku ma rabin mana oggolayn maamulka Galmudug, waxay isku dayeen koox damac siyaasadeed leh inay dhahaan "waan ka baxaynaa Galmudug" laakiin u ma hirgalin, waxaan ku guulaysanay ilaahay amarkii in aan dadkii aad isugu soo dhawayno kuna qancino maamulkii si tartiib ah ilaa la soo gaaray doorashadii 2016-kii. Markii la soo gaaray waqtigii doorashada Galmudug waxaa bilowday wadahadallo u dhexeeyay annaga oo ah madaxda Galmudug iyo siyaasiinta iyo odayaasha deegaanka, arrinkaana waxaa laga faa'iiday in heshiis sax ah uu dhaco, dhammaan waxgaradkii iyo siyaasiintii kala aragtida ahaana ay ka soo qayb galaan doorashadii waqtigaa, balse mar kale ayaa Galmudug ku kala qaybsantay, qabiil walbana si u xanaaqay, taas oo sababatay dhib iyo dib u dhac aad iyo aad u wayn.

Haddaba, waxaa dhacday in caabudwaaq ay noqoto magaalo dadka qaar ka soo horjeedaan maamulkii cusbaa ilaa afar kooxood oo ka soo horjeeda maamulkana unugyo ku yeeshaan, kuwaas oo kala ahaa: ASWJ, Puntland, Kilinka 5aad iyo waliba aanooyinka qabiilka oo iyana aad u darnaa, arrinkaa oo runtii dhib ku ahaa maamulka, haddana maamulku ma aheyn mid istaagay oo waa u shaqeeynayay, wax alaale iyo wixii ay dadku u baahnaayeena inta badan meesha waa laga qabtay.

Dadka degan waqooyiga galgaduud saan kor ku soo sheegayba waxaa jirta deegaano ay lahaayeen oo deganaayeen kana soo qaxeen waqtiyadii dagaalada sokeeya bilowday ayagoo dhankaa iyo xadka Ethiopia isku soo riixay deegaanadoodiina aysan wali ku noqon balse saan meelo kale ku soo sheegayba loo baahanyahay inay talo ka yeeshaan beelaha la deagana wax la qaybsadaan magaalooyinkaa oo kala ah Gaalkacyo, Galinsoor, Cadaado iyo Dhuusamareeb taas waa inta laamiga gudaha waxaa jira dhul daaqsimeed badan oo dhaca inta u dhaxaysa Guraceel iyo Balanballe ama Mareergur iyo Caabudwaaq una baahan in dib-u heshiisiin dhab ah loo sameeyo dadkaa walaalahaa oo dhammaan meelahaa kala taga kuna teedsan waayo hadaan taa la helin oo aan dadku dhulkooda ku soo noqon is dhex galna imaan colaadu ma noqon doonto mid dhammaata.

Waxaa xusid mudan in maamulka Galmudug uu door weyn ka ciyaaray xagga waxbarashada, biyaha, caafimaadka iyo dib u heshiisiinta. Waxyaabaha la taaban karo waxa ka mid ahaa annaga oo ka dhisnay magaalalada ugu yaraan ilaa 4 school oo mid farsamo gacanta ah uu ku jiro, dayactirnayna ilaa iyo ugu yaraan 6 iskool, dhammaan ceelasha oo la dayac tiray, isbitaalada sidoo kale, guriga hooyooyinka, Garoonka ciyaaraha degmada, Airoprka, nalal solar ah oo magaalada la galiyay, jidad loo dhisay, iyo waliba Jaamacadda Ummada Faraceeda Galmudug oo aan ka qayb qaadanay maamul ahaan dhisideeda iyo waliba shaqsi ahaan anoo qayb libaax ka qaatay aqoonsigeeda Jaamacad ahaan ee Caabudwaaq.

Xaaladdu marka ay intaa marayso waxaa dhacay doorashadii Soomaaliya 2017-kii waxaana dalka Madaxweyne ka noqday Madaxweyne Maxamed Cabdullaahi Farmaajo, waxaa mar qura is beddelay fikirkii iyo afkaartii dadka deegaanka ka qabeen Galmudug oo waxaa timid isu soo dhawaansho, dhinaca kale waxaa ka dhacay in Madaxweyne Cabdikarim Xuseen Guuleed uu meesha ka baxo lana dooro Madaxweyne Axmed Ducaale Geele (Xaaf) halkaana siyaasaddii isbeddesho oo isu soo dhawaansho la helo.

5. Al-Shabaab

Alshabaab waxa uu ka mid ahaa dhibka nahaystay Galmudug, isaga oo dagaallo badan nagu soo qaaday nagana haystay afar magaalo oo ka mid ahaa Galgaduud iyo Mudug labadaba kuna xoog badnaa.

Waqtiyadii hore Shabaabku nooma arkayn maamul xoog leh oo aad noolama dagaalamin, waxaa jiray weeraro badan oo ay soo qaadeen dhowr jeer oo aan isaga hor nimid sida mar ay maraakiib Puntland ku galeen oo layska soo caabiyay dagaal ay nagula galeen aagga Jarriiban iyo Gaalkacyo, balse aan ka guulaysanay maxaabiis badanna ka qabanay, dhowr jeer oo kalena waxaanu isaga hor nimid aagagga Xarardheere iyo cadakabir, iyaga oo ku soo dhawaanayay aagagga baxdo balse mar walba waanu ka guulasanaynay, taasna waxaa ugu wacnaa maadaama aan Cadaado joognay dadka shacabka oo aagagagas ku nool oo dhan oo si fiican noola shaqaynayay, wax la heli karana ma aheyn in shacabku cadowga kaa difaaco. Waxaa kale oo jirtay in Madaxweyne Xasan Shiikh mar uu diyaariyay ciidan ilaa 300 oo ahaa beesha Wacaysle si ay u xoreeyaan Ceel dheer iyo Galcad, balse markii ay marayaan Ceelbuur ayaa waxaa fashiliyay Ethiopianka oo diiday inay raacaan ka dibna ciidankii waxa uu ku burburay meeshaa ilaa markii dambe Baladweyne isaga soo noqdaan iyaga oo aan meelna xorayn

Hagardaamada ciidamada Soomalida mar walba waxa ku wada waa dadka na caawiya, Si walba ha noqotee Shabaab ilaa maanta waxa uu ka mid yahay cadowga haysta oo dhulkii Galmudug aan laga xorayn, taas oo ah dhib aad u wayn oo jira una baahan in layska kaashado.

Nasiibdarro shacabwaynaha, siyaasiinta iyo ganacsatada ka soo jeeda deegaankaas waa dad u baahan in la abaabulo oo ku baraarugaan in iyagu dhulkooda ay xoraystaan, waayo maamulkii hore iyo kan hadda ee Galmudug awood dhaqaale iyo mid ciidan toona u ma laha in ay wax xoreeyaan, marka waxaa loo baahanyahay inay ka fekeraan sidii ay dhulkaa u xorayn lahaayeen oo cadowga uga dulqaadi lahaayeen walaalahood iyo waalidiintood.

6. Kala qaybsanaanta iyo aanooyinka qabiillada dhexdooda

Gobollada Dhexe oo muddo dheer caan ku ahaa dagaal beeleedyo soo noqnoqday iyo kuwo teel teel ah oo dhex mara beelaha ayaa gacanta nalo galiyay, iyada oo aan waxba gacanta ku hayn, Isku dhacyada ayaa ku baahay dhammaan gudaha deegaanada Galmudug, kuwaa oo aad u tiro badnaa soona noqnoqday mar walba dhibkuna taagnaa, balse waxaan halkaan ku soo qaadanaynaa qaar heshiiyay haddana soo noqday.

Colaadaha socda waxa loo kala saari karaa laba qaybood oo kala ah kuwo muuqda iyo kuwo qarsoon. Kuwa muuqda oo quseeya ayaa u kala qaadaynaa dhowrkaan nooc.

1. Cumar Maxamuud (Majeerteen) vs Sacad (Habargadir), Gaalkacyo
2. Leelkase vs Sacad, Galdogob
3. Sacad vs Dir Fiqi Muxumed Cabdalle, Jarriiban
4. Sacad vs Shiikhaal, Jarriiban
5. Sacad vs Dir Qubays, Bacaadwayn

6. Dir Qubays vs Saleebaan, Baxdo iyo Bacaadwayn
7. Wagardhac vs Leelkase, Goldogob
8. Wagardhac vs Cumar Maxamuud, Gaalkacyo
9. Celi Marreexaan vs Reer Baciidyahan Majeerteen, Gallaaddi
10. Wagardhac (Mareexaan) vs Sacad, Gelinsoor
11. Wagardhac vs Saleebaan, Gelinsoor (Mudug);
12. Ayaanle (Cayr, Habargadir) vs Bah Hawiye, Balanballe iyo Guraceel
13. Bah Hawiye Mareexaan vs Muse Gumcadle Ogaadeen, Xadduudka
14. Saleebaan (Habargadir) vs Yabar-Dhowrakece, Xananbuuro Qalaanqalo
15. Saleebaan vs Duduble, Gaddoon iyo Ceelbuur dhexdooda
16. Bah Ogaadeen iyo Ilmo Adeero vs Ogaden, Soomaaliya-Itoobiya xudduud;
17. Habar-aji (Cayr, Habargadir) vs Cali Madaxweyne (Xawaadle), Hiiraan
18. Reer Siyaad Xuseen Marreexaan vs Saleebaan, Cadaado, soona Bangeelle iyo Huurshe
19. Dir Fiqi Muxumed dhexdiisa, Huurshe iyo Xeraale
20. Dir vs Marreexaan, Xeraale, Balanballe
21. Dir vs Cayr, Xananbuuro, Guraceel, Xeraale, Ballihawd.

Dhammaan kuwan waxay u baahan doonaan dib-u-heshiisiin gaar ah wallow waqtigeena aan qaar badan samaynay balse lagu ma caano maalin oo ma dhaqan galin.

Waxaa intaa dheer, colaadaha u dhexeeya qabaa'ilka ku nool deegaannada ay Al-shabaab ka taliso ayaa ah kuwo dahsoon oo weli ka sii socda. Waxaa laga yaabaa inay ka soo muuqdaan aad iyo aad iyo waliba waxaa sii dheer qabiilka dhexdiisa oo asna aad isku dila soona noqnoqoto colaadiisa oo aan marnaba waxba laga qaban tahayna dhib jira oo u baahan in wax laga qabto.

7. Burcad-badeed

Burcad-badeedda ayaa horay u jirtay balse markii na la doortay ka dib iska baaba'day taas oo sababtay in waqtigii uu Raysalwasaaraha ahaa Saacid Faarax Shirdoon uu la heshiiyay hoggaamiyihii Burcadbadeedda Maxamed Cabdi Afweyne, halkaana ay uga baaba'day Galmudug, balse waxaa jiray intii wasiiru-dowlihii Amniga ee Galmudug waqtigii Madaxweyne Cabdikariin iyo annagu aan xilka haynay uu la heshiiyay hal nin oo ka haray burcad-badeedda, kaas oo isaga baxay arrinka kana tanaasulay, waxaana la oran jiray Maxamed Gafaanje oo ku noolaa Magaalada Hobyo, halkaana waxaa nooga timid caqabad iyada oo dhammaan beesha caalamka na la soo xiriirtay iyada oo na waydiisanaysa in aan ninkaa soo qabano. Haddaba, waxaa dhacday marar aan tagay Nairobi aniga qudheyda in dhowr safaaradood I waydiiyeen waxa ka dhaxeeya ninkaan iyo Galmudug iyo sababta keentay in wasiirku la heshiiyo, arrinkaana raalligelin ka bixino, balse ma aynaan soo qaban karin ninkaas, waayo u ma aanan lahayn awood aan hawshaa ku qabano, balse Madaxweyne Cabdikariin ayaa waxa uu sameeyay in uu xilkii ka qaado oo shaqadii ka eryo wasiiru-dowlihii si beesha caalamka indhahoodu nooga sii jeestaan.

8. Dhaqaale la'aan

Dhaqaale la'aan baahsan ayaajirtay, iyada oo aanay jirin wax canshuur ah oo la qaado ama meel income ka soo galo Galmudug. DFS oo na la ku xamanayayna gacmaha ayey naga laabatay.

Waqtigii aan joognay aniga iyo Madaxweyne Cabdikariin ama Madaxweyne Xaaf labadaba Galmudug waxaa ka jirtay daruuf dhaqaale oo aad u daran, taas oo ahayd runtii arrin naxdin leh, mana jiri qolo wax ka qabanaysay arrinkaa isaga ah, markii na la doortayba waxaa is qilaaf hoose soo kala dhex galay Madaxweyne Cabdikariin iyo Madaxweyne Xasan Shiiq, waxaa nagu furmay ciidamo badan oo maleeshiyaad ah oo dhaqaale naga raba, koontaroolka Cadaado oo kaliya ayaanu haynay oo isna dadkiisa haystaan, Dhuusamareeb waxaa haystay ASWJ, Galaakacyo iyo Galinsoor waxaa haystay dadkeedii, Caabudwaaq iyo Balanballe wax dhaqaale ah ka ma yimaado, Hobyo ammaan ma aha oo cabsi Shabaab iyo mid burcad-badeed baa ka jirtay, dhammaan waxyaabahaas waxa ay ka mid ahaayeen waxa na haystay aniga iyo madaxweyne Cabdikariin.

Kaaga darane maalinkasta waxaa na la ka rabay ugu yaraan sodomeeyo kun oowax lagu xaliyo iyo mushaaraadka shaqaalaha iyo ciidanka, intaas oo dhan waxa ay ahaayeen caqabadihii nagu gudbanaa, dhanka kale waxaa jiray siyaasiintii laga guulaystay sida xisbiga daljir iyo kuwo ka cabsanaya doorashada inay kuraas ka soo heli waayaan waxa ay nagu hayeen caqabad aad u weyn, taas oo ay dadka u sheegayeen in aan fashilanay oo aynaan waxba qaban karin.

Waxaa kale oo iyana jirtay in Madaxweyne Cabdikariin xanuunsaday isbitaalna aaday, taas ruuxeeda waxa ay ka mid ahayd caqabadihii na haystay. Adiga oo aan Dhaqaale laguu dhiibin, oo aan canshuur lagu siinayn haddana mushaar iyo qarash lagaa rabo waa arrin Qatar ah.

9. Waxqabadkii Dowlad Goboleedka Galmudug 2015-2016

Qoraalkan waxa uu si guud u soo koobayaa waxqabadkii Dowladgolobeeldka Galmudug intii u dhaxaysay 2015-2020-kii wixii u qabsoomay, waxaana ka soo qaadanayna qaybaha ugu muhiimsan, wallow ay Galmudug labadii sano oo dambe qilaaf ka jiray oo la is haystay haddana shaqadu waa socotay.

- **Dhismaha Golaha Wasiirrada**

Madaxweyne C/kariin Xuseen Guuleed ayaa magacaabay 28/8/2015-kii Golihiisa Wasiirrada oo ka kooban 24- wasiir, 24 Wasiir ku xigeen iyo afar Wasiiru-dowle, iyada oo Golaha Wasiiradan ay ku jiraan Xubno ka socda Ururka Ahlusunna Waljameeca; Taas oo ahayd ballanqaadkii ahaa in Mucaaradka la la heshiiyo, isaga oo wadatashi kala sameeyay madaxweyne ku xigeenka Mohamed Hashi Abdi iyo guddoomiyaha baarlamanka Galmudug Cali Gacal Casir.

Wasiirradaa oo sidii la rabay u shaqeeyay haddana markii dambe oo Madaxweyne Xaaf yimid 2017-kii waxa uu isku shaandhayn ku sameeyay isla Golihii wasiirradii hore isaga oo qaar cusubna ku soo daray, qaar horena daayay, shaqadii wasiirrada iyo hawlihii la qabanayayna halkeedii ka sii socdeen, isla ayagii ayuu Madaxweyne Xaaf waxa uu isku shaandhayn ku sameeyay oo Wasiirro cusub soo magacaabay ka dib markii uu la heshiiyay ASWJ sanadkii 2018-kii, halkaa oo si aad ah shaqadii maamulka iyo waxqabadkii uga sii socday.

- **Magacaabista Maamullada Degmooyinka**

Ka dib wadatashi uu maamulka Galmudug la sameeyay odoyaasha dhaqanka deegaannada Galamudug ee mas'uuliyadda u haya qabaa'illadooda, ayuu maamulku soo magaacabay madaxda degmooyinka Galmudug heer kasta oo ay leeyihiin, kuwas oo ka hawlgalay degmooyinkii loo magacaabay iyaga oo ilaa hadda ku guulaystay shaqooyin badan. Degmooyinka Maamulka loo magacaabay waxaa ka mid ahaa degmooyinka ay Galmudug markaa gacanta ku haysay sida; Hobyo, Caabudwaaq, Balanbale, Cadaado iyo Gaalkacyo iyo weliba Xeraale oo iyadu markii hore aan ahayn degmooyinkii dowladdii hore ka tagtay balse Madaxweyne Cabdikariin isugu daray aqoonsi degmo ahaan iyo maamul u dhisid.Waxaa kale oo jiray markii aan la heshiinay ASWJ oo Dhuusamareeb loo soo wareegay in Degmada Dhuusmareeb aan waxba laga beddelin maamulkii ASWJ ee horay joogay oo iyagii ayaa loo daayey, Xataa Guraceel oo aan ka tirsanayn degmooyinkii dowladdii hore ayaa iyana waxaa ka jiray maamulka ASWJ, kaas isna waxba aan laga beddelin waqtigii dambe.

- **Dhismaha Ciidammo ka Kooban Millatari iyo Booliis DFS iyo Galmudug**

Waxaa la tababaray Ciidan Millatari oo tiradoodu tahay 750 askari, waxaa kale oo aanu aad u xoojinay si fiicanna u shaqaysay qaybtii 21aad ee xoogga dalka Soomaaliyeed, waxaana xarun uga dhignay magaalada Cadaado maadaama xarunteedii Dhuusamareeb ASWJ ka haysatay.

Sidoo kale waxaa la tababaray 500 oo nabadsugid ah, kuwaas oo markii innaga na la dooranayay Galmudug aanay jirin, marka laga reebo ciidanka ilaa 40 qof ahaa oo markii aan guddiga ahayn la qoray mooyee, balse annaga ayaan ka shaqeeynay in aan ciidanka nabadsugida Galmudug salka u dhigno kana qorno dhammaan degmooyinkii aan ka talinaynay oo qabiilo kala duwan isku keeno, taas oo la dhihi karo waa halka laga soo bilaabay ciidanka Nabadsugidda.

Waxaan kale oo aan qornay ciidamo Daraawiish ah oo gaaraya ilaa 500, kuwaas sidii la rabay loogu ma guulaysan wallow markii dambe qaar badan military iyo boolis u wareejinay, qaar badan oo kalena sidii la rabay loogu guulaysan daruufo jiray awgeed oo ay ka mid tahay dhaqaale la'aan baahsan. Maadaama ciidamada kale ee dowladda federaalka ay mushaarka siinayso waxa ay ahayd in kuwaan uu mushaarka siiyo maamulka Galmudug, waayo innagu ma aynaan qaadayn canshuur oo waxaan waynay wax aan mushaar ahaan aanu u siino, ka dibna qaarna way iska tageen qaarna waxaan u wareejinay boolis iyo milatray.

Waxaan iyana abuurnay oo tababar qaas ah loo bilaabay ciidamada booliiska oo ka koobnaa 250, kuwaas oo loo tababaray booliska Galmudug, iyada oo ay naga gacan siisay hay'adda UN-ka qayb teeda tababaridda Ciidamadda iyo Taliska Ciidanka Booliska Soomaaliyeed oo saraakiil noo tababarta noo soo diray oo runtii siiyay tababar heer sare ah, taas oo ah meesha saldhigga iyo hooyada u ah ciidanka booliska eemaanta Galmudug ka jira halka ay ka soo bilaabatay, keliya waxaa oo naga horeeyay wax boolis ah 180 xubnood oo federal ah oo joogay Gaalkacyo iyo 37 joogay Balanballe iyo Caabudwaaq oo xamar laga wada xukumo, inta kale oo dhan waxaa sameeyay oo raadiyaasha iyo qalabka keenay anaga. waxaa kale oo aan xusuusta Saldhiga Cadaado oo aan u waynay qof federal boolis ah oo aan madax uga dhigno muddo ka badan lix biloód.

Waxaan kale oo aan abuurnay ciidanka Asluubta oo iyana runtii uu aad nooga caawiyay taliyaha ciidankaas oo markaas ahaa Bashiir Goobbe oo si aad ah noola dhisay saraakiil, saraakiil xigeen, aliflay iyo dablay iyo waliba xarumihii ay ku shaqayn lahaayeen iyo xabsigii Gaalkacyo iyo Xabsi kale oo aan ka dhagax dhignay agaalada Cadaado, taas oo runtii iyana ahayd shaqo fiican oo mira dhashay, Waxaan ugu talagalnay in ciidamadaasi la geeyo markii uu tababarku u soo dhamnaado dhammaan degmooyinka Dowlad Goboleedka Galmudug.

Waxaa intaa dheeraa in sanadkii 2018-kii la mideeyay ciidamadii ASWJ iyo kuwii Galmudug, laakiin is-dhexgali waayeen oo meelahodii kala joogeen kala shaki weyn oo ku jira iyo khilaafkii Galmudug oo ruuxiisa aan markaa dhammaan darteed, laakiin waxaa dhacday 2019-kii in heshiis hoose wada galeen dowladda federaalka iyo ASWJ laguna heshiiyay in ciidamadooda loo qarameeyo oo Saraakiil badan loo qoro oo ciidamo kala duwan ah nooc walba oo ciidan leeyahay, taas oo ciidamada Galmudug gaareen in ka badan 3,000 oo ciidan ah, kuwaas oo maantana meel walba ka shaqeeyaan. Talisyadii ciidamada dhammaan waxa ay u soo guureen Dhuusamareeb sida maamulka kaleba ugu soo guuray, taas oo ah wax aad u wanaagsan oo lagu faani karo iyo halkii aan Galmudug uga tagnay, annaga oo ugu nimid eber, taas waxaa marqaati ka ah qof walba oo aan dafireyn arrinkaa isaga ah.

2015-kii Galmudug ma lahayn hal askari, 2020-kii waxaan gaarsiinay in ka badan 3,000 oo ciidan ah oo mushaar dowladda federaalka ka qaata.

- **Guulihii uu Gaaray Xagga Isballaarinta Maamulka Galmudug**

Waxaa maamulku uu ku guulaystay in uu isku faafiyo deegaannada maamulgoboleedka Galmudug intiisa badan, isaga oo la dagaallamay kooxda nabad diidka Alshabaab kana qabsaday goobo badan oo ay ku sugnaayeen. Runtii ma dhicin awood ahaan in sidii la rabay loo gaaro degmooyinkii shabaabku haystay, wallow degmada Ceelbuur la xoreeyay iyada oo Madaxweyne Cabdikariin booqasho ku tagay, balse waxaa dhacday markii dambe in ciidanka Ethiopia oo wax ka xoreeyay ay ka baxaan halkaas, ka dibna dib ula wareegaan nabad-diidku, laakiin waxaan caadi ahaan isku fidinay dhammaan deegaannada maamulka ka arriminayay oo markii hore mid walba khilaafyo qabiili ah ay ka jireen ayuu gaaray maamulku si fiicana uga shaqeeyay.

Dhammaan shacabka ku nool degmooyinka Galmudug ayaa waxa ay heleen maamul ay iyagu leeyihiin ooay jecel yihiin wiilashooduna ka shaqeeyaan, waxaa shaqa bilaabay hay'adihii beesha caalamka, waxaa yara abuurmay shaqooyin badan marka lagareebo deegaanada shabaabku haysteen iyo kuwa ASWJ haysteen, dadka qof walba waxa uu helay maamul iyo dowlad uu isaga wax ku leeyahay, waxaan dhihi karaa waa guul u soo hoyatay reer Galmudug bilowgeediina intii ka shaqaysay leedahay haddana lagu caano maalayo.

- **Dib u Heshiinta Xagga Daaqsinta iyo Ceelal Biyoodka**

Intii maamulka Galmudug uu dhismay waxaa dhacay colaado ku saabsan daaqsin iyo ceelal biyood, waxa uuna maamulku ku guulaystay in uu hakiyo islamar ahaantaasna gogol nabadeed u dhigo reer miyiga ku dagaallamay deegaannada ay wada degaan, iyada oo hadba ay soo noqnoqdaan colaadahaas.

Sidii aanu kor u soo sheegnay colaadahaasi waxa ay u badan yihiin kuwo ku saabsan daaqsiin, biyo, dhul kala kacsi iyo waliba aanooyin qabiil, waxaan samaynay dib u heshiisiin badan, innaga oo ka samaynay Gaalkacyo, Galisoor, Dhabad, Cadaado, Balanbale, Caabudwaaq, Bacaadweyne, Xeraale iyo mid guud oo aanu ku qabanay saddex jeer oo kala duwan magaalada cadaado, kuwaas oo aanu u qabanay dhammaan beelaha Galmudug ayna ka soo wada qaybgaleen.

Intii aanu shaqaynaynay oo ahayd muddo 4 sano iyo barah waxaa la soo afjaray colaaddii ASWJ iyo Galmudug, oo waxaa la yimid magaalada Dhuusamareeb, balse waxaa la dhihi karaa sidii la rabay colaaddaasi u ma dhammaan, dadka ka shaqaynaya colaaddaas oo wadayna gacanta lagu ma dhigin, taas oo ahayd mid qaldan sababta keentayna ay tahay awoodda ciidan iyo midda dhaqaale oo aad u yar awgeed.

- **Deeqaha uu Helay Maamulka Galmudug**

Dowlad-Goboleedkii Galmudug intii uu uu dhisnaa waxa uu helay deeqo badan oo kala duwan, kuwaas oo uga kala timid (DFS) iyo beesha caalamka, waxaana mid ahaa ilaa 3 Baabuur oo nooca Booliiska ah, halka maamulku uu soo gatay 13- kale waxaana loo qaybiyay degmooyinka. Cadaado, Hobyo,

Caabduwaaq, Balanballe, Xeraale, Dhabbad, Godinlabe iyo Galinsoor, dhammaan gaadiidkaan iyo kuwa kale oo badan ayaa lagu shaqaynayay muddadii hore, wallow mararkii dambe uu maamulku helay gaadiid badan iyo caawimaad maaddi ah oo tiro badan, runtiina waxa ay ahayd guulo uu maamulka Galmudug ku tallaabsaday muddo yar gudahood.

Waxaa kale oo maamulka Galmudug uu helay deeqo tiro badan oo kala duwan nooc walbana leh, annaga oo wadashaqayn fiican la lahayn beesha caalamka gaar ahaan UNSOM, UN, UK, IGAD, USAID, IOM, UNHCR, EU, WFP.FAO iyo dhammaan hay'adaha kale ee beesha caalamka.

- **Safarraddii Madaxda Maamulka Galmudug ku tageen Dibedda**

Waxaa safarro dibedda ah ku tagnay meelo badan oo caalamka ka mid ah saddexdeena mas'uul ee ugu sarraysa dowlad-goboleedka Galmudug sida, Madaxweyne Cabdirkariin Xuseen Guuleed oo tagay dalal badan oo aan halkaan lagu soo koobi Karin, isaga oo kulamo la soo qaatay madaxda dalalkaasi sidoo kalana kulamo la soo qaatay Jaaliyadaha Galmudug ee kunool waddamadaas aan kor ku soo sheegnay, isaga oo kala hadlay dadka qurbo-joogta ah in ay dalka ku soo noqdaan kana shaqeeyaan wixii horumar ah oo ay ku soo kordhin karaan deegaanadooda.

Sidoo kale waxaanu safarro dibedda ah ku taagnay aniga oo ah Madaxweyne ku xigeenka dowlad-goboleedka Galmudug Mohamed Hashi Abdi (Carabeey) iyo Guddoomiyaha baarlamaanka waddamo badan oo dibedda ah, dhammaanteen waxaan gadaynay in dadka qurbajoogta ah ay soo noqdaan oo dalkooda yimaadaan dibna nolol uga bilaabaan, taas oo lagu guulaystay, waayo waxaa jira qurbajoog badan oo dalka dib ugu soo noqday, markii dambena ka shaqo bilaabay, muujiyayna garab istaag aan caadi ahayn, iyada oo waddamadii madaxdooda iyo siyaasiintooda aan u tagnay iyana si fiican u caawiyay Galmudug.

- **Hirgelinta Kaabayaasha Arrimaha Bulshadda**

Maamulka Galmudug waxa uu hirgeliyay Iskuullo waxbarasho oo isgu jira dugsiyo Hoose-dhexe iyo Dugsiyo sare, kuwas oo aan runtii halkaan lagu soo koobi karin muhiimna tahay inay dadku ogaadaan, haddii ay u baahdaana loo tirin karo ama la tusi karo; saddexdii sano ee u horaysay oo kaliya waxaa la sameeyay in ka badan

10 Dugsi sare

9 Dudsi dhexe

3 Farsamada Gacanta

1 Xanaanada Xoolaha.

Iskuuladaan ayaa waxaa laga hirgeliyay deegaanada Galmudug sida; Cadaado, Caabduwaaq, Hobyo, Galinsoor, Balalballe, Godinlabe iyo Dagaari. Waxaan dhisnay Airporka Hobyo, annaga oo ka qayb qaadanay Airpor-ka Caabudwaaq, Cadaado iyo Gaalkacyo.

Waxaan dhisnay xarumo dowladeed oo tiro badan, dhammaan magaalooyinka Galmudug oo aan ka shaqaynaynay, guryo hooyooyin ayaanu iyana magaalo walba ka dhisnay, gaar ahaan magaalooyinka waawayn.

Waxaan kale oo aan dhisnay Isbitaallo badan oo waawayn, sida Isbitaalka Balanbale, Cadaado, Gaalkacyo iyo Magaalooyin kale, MCH-yo ayaanu iyana ka dhisnay Caabudwaaq, Balanballe iyo Magaalooyin kale oo badan.

Dhanka biyaha Galmudug waxaa laga qoday in ka badan 15 Ceel biyood, sidoo kalena waxaa la dayactiray dhammaan ceelasha Galmudug oo solar lagu wada xiray qaarna matooro cusub la siiyay, qaarna haamo dhaadheer loo dhisay. Xaga Xoolaha iyo Beeraha ayaa iyana hawlo badan laga qabtay sida daawaynta xoolaha iyo maxjaro intaba. Galmudug sida ay u cusub tahay iyo meesha aan gaarsiinay oo na loo ku yimid isma laha balse dadka waxaa laga yaabaa waa bani'aadane inay abaalkaa lahayn.

- **Hirgelinta Dekadda Hobyo**

Ka dib dhismihii dowlad-goboleedka Galmudug waxaa u hirgalay in uu wax ka qabto magaalada hobyo oo amnigeedu Qatar ahaa, sida Alshabaab oo kaabiga ku hayay, burcadbadeed raad ku sii lahaa, iyo qabiilada dhexdooda oo dhib ka jiray awgeed, si arrinkaa wax looga qabto waxaan u samaynay Maamul Degmo, boolis iyo ciidamo NISA iyo daraawiish ka howlgala magaalada.

Ka dib waxaan bilownay mashruuc aan rabnay in aan dekedda ku dhisno oo horay u ahayd mid macmal ah. Mashruucaan waxaa maamulka Galmudug uu hishiis kala galay shirkad Ciraaq ah, waxaa kale oo aanu abaabulnay ganacsatada reer Galmudug oo indhahooda ku soo jeedinay, waxaan kale oo aanu keenay shirkad turkey ah, annaga oo gaynay safiirka Turkey iyo wafdi uu hoggaaminayo, waxaan kale oo iyana gaynay shirkad Chiniis ah.

Waxaa kale oo jirtay in dowladdaTalyaaniga ay bixisay mashruuc deked loogu dhisayo dekeda Hobyo oo ah deked kalluumaysi (fisher jet) oo ay samaysay WFP runtii dekeddaa inkastoo ay xoogaa socotay haddana si fiican baa loogu guulaystay.

10. Ka Qaybgalkii Shirka Higsiga Soomaaliya ee 2016

Mas'uulka ugu sarreeya maamulka Galmudug madaxweyne C/kariin Xuseen Guuleed ayaa ka qayb galay shirkii madasha wadatashiga qaran ee doorashada Soomaaliya, kaas oo furmay (Arbaco, Juun 22, 2016) - kana furmay maagaladda Baydhabo, iyada oo sidoo kale ay ka qayb-galayaan Hoggaamiyeyaasha maamullada Soomaaliya.

Shirkaasi waxa uu ahaa kii ugu dambeeyay ee looga tashanayo hannaanka doorashooyinka dalka ee sannadkii 2016-kii. Waxaana lagu go'aamiyay habkii loo dhaqan gelin lahaa doorashooyinka Baarlamaanka iyo tan Madaxweynaha, iyada oo la isku afgartay in doorashada aan dib looga dhigi karin waqtigii loogu talagalay. Shirkaas oo annagu markaa aan gaysanay laba arrimood ayaa labadii arrimood waxaan kala kulanay dagaal aad u adag, labadaa arrimood oo kala ahaa:

1. In kuriga bah Xawaadle oo markaa uu ku fadhiyay Xildhibaan Cabdinaasir Maxamed Garjeex iyo kan Awmidig oo uu ku fadhiyo Xildhibaan Cabdi Cali Xasan loo wareejiyo Galmudug, taas oo uu ka dagaallamay Axmed Madoobe ayaa markii dambe waxaa lagu heshiiyay in Kursiga Cabdinaasir ku fadhiyo loo wareejiyo Galmudug halka kan Cabdi Cali ku fadhiyana la yiri ha loo daayo Jubaland, balse markii arrinkaa lagu heshiiyay ayaa waxaa dagaal nagu bilaabay rag badan oo beesha reer Diini ah, kuwaas oo u xaglinayay in labada kursiba loo daayo jubaland, taas oo ay nooga adkaadeenmarkii dambe, ujeeddadooduna waxa ay ahayd in laba kursi oo reer Diini yaalaan Jubaland, balse waxa ay ku takri faleen Beesha reer Warsame Diini oo ayadu kursiga Hop 110 wax ku leh, laakiin aan degin Gobolka Gedo ama aan ku badnayn ayaa beesha reer Siyaad Diini iyadu markaa kursiga isa siisay, laakiin sida dhabta ah ee nidaamka 4.5 ayaa ah in kursiga Hop110 iyo Hop 123 ba ay ka dhexeeyaan beesha Bah Xawaadle inta nidaamka jiro 4.5 ka ah, haddana labadii kursiba Gedo yaalaan muhiimna tahay in loo wada tartamo.

2. Markii arinkaa dhacay ka dib waxaan shirinay oou sheegnay beesha reer Warsame Diini inay aadaan kicmaayo oo kuraastaas u tartamaan baloo ma suuroobin oo dadkoodii wax rabay waa diideen.

3. Waxaan rabnay in aan wax ka beddelno odayaasha dhaqanka ee u dhashay beesha Sade oo ku jiray 135-ta oday dhaqameed, maadaama qaarkood naga soo horjeedaan in aan wax ka beddelno taas oo iyana ugu dambayntii suuroobi wayday.

Shirarkaas ayaa ugu dambayn soo gebageboobay Agoosto 7, 2016-kii waxaana ka soo baxay waxyaabahaan.

Kulanka waxaa shir-guddoominayay Madaxweynaha Jamhuuriyadda Federaalka Soomaaliya mudane Xasan Sheekh Maxamuud, waxaana ka soo qayb galay Guddoomiyaha Baarlamaanka Federaalka, Mudane Maxamed Cusmaan Jawaari, Ra'iisal Wasaaraha Xukuumadda Federaalka, Mudane Cumar Cabdirashiid Cali Sharmaarke, Ra'iisul Wasaare Ku-Xigeenka Xukuumadda Federaalka, Mudane Maxamed Cumar Carte, Madaxweynaha Puntland Mudane Cabdiweli Maxamed Cali-Gaas, Madaxweynaha Jubbaland Mudane Axmed Maxamed Islaan; Madaxweynaha Koonfur Galbeed Mudane Shariif Xasan Sheekh Aadan, iyo Madaxweyne ku-Xigeenka Galmudug Mudane Maxamed Xaashi Cabdi Carrabey.

Waxyaabihii la isku afgartay lagana wada hadlay ayaa waxaa ka mid ahaa.

1. Muddada Xil-heynta laamaha Dowladda ee Jamhuuriyadda Federaalka Soomaliya.
2. Dhammeystirka Dib-u-Eegista Dastuurka, Madashu waxaa ay si wadjir ah u bogaadisay Guddiga dib u eegista dastuurka ee Baarlamaanka federaalka, Guddiga Madaxa Bannaan ee dib u eegista dastuurka iyo Wasaaradda dastuurka shaqada wanaagsan ee ay ka soo qabteen dib u eegista dastuurka.
3. Adeegsiga Nidaamka Awood-qaybsiga 4.5 oo looga Gudbo Dhisidda iyo Hirgelinta axsaabta Siyaasadeed, Madashu waxaa ay soo dhaweynayaan mabda'a dimoqraadiga ah ee suurtogalinaya in shacbigu helo fursad uu madaxdiisa si caadil ah ugu kala doorto, barnaamijyo siyaasadeed oo ay ku kala tartamayaan axsaab siyaasadeed, taasoo ah dariiqa ugu habboon ee ay Soomaaliya uga bixi karto nidaamka doorashooyinka ku saleysan 4.5 ee lagu soo meelgaaray.
4. Arrimaha khuseeya Guddiyada Doorashada:
a) Madashu waxa ay dhameystirtay, magacyada xubnaha Guddiyada Doorashada ee heer Dawlad Goboleed (GDHGDG).
5. Arrimaha haweenka musharixiinta ah ee u tartamaya labada aqal
6. Arrimaha Beesha Banaadiriga
7. Shuruudaha Codeynta

8. Arrimaha Shabeelaha dhexe iyo Hiiraan
9. Kuraastaa Aqalka Sare ee Beelaha Somaaliland, Madasha Madaxda Qaranka oo tixgalineysa go'aannadii ka soo baxay kulankii Baydhabo kuna saabsanaa xallinta saami-qeybsiga iyo hannaanka doorashada xubnaha Aqalka Sare ee Somaliland iyo sidoo kale heshiiskii 12 Abriil 2016 doorashooyinka dadban ee 2016 iyo hannaanka dhismaha Aqalka Sare ee Baarlamaanka oo qeexaysa"
10. Arrimaha jadwelka doorashada

Madashaas middii ku xigtay waxaa lagu qaybiyay kuraastii Xildhibaanada labada aqal iyadoona loo qaybiyay sidatan,

Galmudug	=36 Xildhibaan iyo 8 senator
Jubaland	= 39 Xildhibaan iyo 8 senator
South-West	= 69 Xildhibaan iyo 8 senator
Hirshabeele	= 37 Xildhibaan iyo 8 senator
Somali-land	= 47 Xildhibaan iyo 11 senator
Puntland	= 40 Xildhibaan iyo 11 senator
Banaadir Region	=7 Xildhibaan iyo 0 senator

Sida aan la soconno, waxyaabihii iyo Go'aamadii lagu soo dhisay xildhibanadaa labada aqal dhinac waa wax fiicanaa oo waa taa doorasho lagu galay oo isbeddel siyaasadeed ku yimid, balse dhinaca kale waxaa ka dhacay qalad aad u badan oo dadku qaar tirsanayeen una arkayeen in la xoogay, iyada oo qaylo ka yeertay dhinac walba kiisaskii ka dhacay dhammaan gobollada oo ku saabsanaa doorashada dadbanayd ee 2016-kii qaladkeedii iyo saxdeedii ma aha mid la soo koobi karay, balse waxaa uun halkaan uga hadlayaa doorashadii ka dhacday Galmudug iyo sidii ay ahayd nooc walba oo ay tahay inta aan ka xusi karno.

11. Doorashadii Dadbanayd ee Dalka 2016-kii

Dalku waa Soomaaliya sanadku waa 2016-kii, waxaa waddanka madaxweyne ka ah Madaxweyne Xasan Sheekh Maxamuud. Waxaa dalka la gaarsiin waayay doorasho qof iyo cod ah, waxaa ku fashilmay inay hab doorasho keenaan xilligaas xildhibaannadii dalka joogay iyo madaxdii hoggaaminaysay. Waxaa la sameeyay madal ka kooban Madaxweynaya-asha Maamullada iyo Guddoonka Baarlamaanka. Waxaa la go'aansaday in la qabto doorasho dadban oo dhacda isla sanadkaas. Waxaa la go'aansaday in la dhiso Aqalkii sare. Waxaa xildhibaannadii loo qaybiyay maamul goboleedyada dalka ka jiray.

Waxaa jiray markaa madashii inay shirtay bishii Agoosto 2016-kii soona saartay war murtiyeed ay uga hadlayso sida wax yihiin iyo iyada oo caddeysay in la dhamaystiray magacydii guddiga doorashada, jadwalkii doorashada iyo sida ay shaqada doorashada noqonayso.

Waxay sheegeen qaabka ay noqoyso qoondada haweenka, qaabka ay noqonayaan iyo meesha lagu dooranayo kuraasta Somaliland, waxaa kale oo ay soo kordhiyeen kuraasta aqalka sare oo ah 54 xubnood iyo sida loo qaybsanayo, dhammaan waxyaabahaas oo dhan waxa ay ahaayeen waxay madashu sameeyeen. Xataa guddi khilaafaad oo kala saari doona kuraasta la isku qabsado doorashada ka dib ayey sameeyeen.

Sida aad la socotaanba Galmudug waxaa yaalay labo qaybood oo kuraas kala duwan ahaa, kuwaas oo kala ahaa 8 xubnod oo aqalka sare ah iyo 36 xubnood oo Aqalka hoose ah, sidaa Awgeed 8 xubnood waxaa dooranayay xildhibaannada Galmudug, ka dib iyaga markii la qoray wax weyn oo dhib ah ma lahayn sidii ay ahaydna waa ku dhammaatay, waxay u badnaayeen kuraas si siyaasiyan ah looga heshiiyay, waxaa un jiray habka loo qaybiyay oo weli dad dood ka qabaan waliba ah kuwa beesha aan ka soo jeedo.

Galmudug waxay magacowday 8 xubnood oo gudi farsamo ah soona dhisa Xilibaanada Maamulka Galmudug iyo senetarada kuwaas oo kala ahaa.

1. Xuseen Sheekh Maxamed
2. Sahro Maxamed Maxamuud
3. Yuusuf Diiriye Maxamuud
4. Cabdicasiis Cabdulle Nuur
5. Bashiir Xaaji Cabdulle
6. Liibaan Axmed Xasan
7. Aaden Absuge Guure
8. Rawdo Xasan Sh. Cali Salaad

Sedexdaan qof ayana waxay ka socdeen Federaalka waayo sideeda qof oo uu soo magacaabo Maamul goboleed walba ayaa sedex qof ku darayeen Federaalka.

9. Axmed Maxamuud Maxamed
10. Cabdirisaq Yusuf Axmed
11. Ladan Xirsi Cismaaciil

Waxaa kala oo jira laba qof oo ka socday Federaalka kuwaas oo matalayay Feit ayagoo kala ahaa.

1. Cabdulaahi Salaad Yaroow

2. Yaasiin Cabdi Jaamac (Dhaliin).

12. Habka Loo Qaybiyay Xubnihii Aqalka Sare ee Galmudug

Waxaan rabaa in aan dul is taago sida loo qaybiyay xubnaha aqalka sare markii la ogaaday in maamul-goboleedyada la siinayo min 8 xubnood oo aqalka sare ah, taas oo dad badan igu eedayaan inaan masuul ka ahaain beesha Sade hal xabo hesho, ayaa waxaa billowday doodaha wax qaybsiga oo runtii aheyd mid aad u wareerisay dadka, markaa waxaan ka tashannay aniga iyo madaxweyne cabdikariin habkii aan wax u qaybin lahayn, waxyaabaha aanu isku soo hadal qaadnay waxaa ka mid ahaa; haddii aan ku qaybino xildhibaannada Galmudug waxaa noo soo baxday in qayb ahaan Marreexaan ku helayaan 1.29 taas oo sida xisaabtu tahay aan laga dhigi karin 2 mar haddi ay ka hoosayso 1.5 waxaan ogaanay haddii aan ku qaybino xildhibaanada Galmudug in uusan jirin qabiil 2 xubnood helaya, beesha Marreexaan oo markii horeba Galmudug wax ka tirsanaysayna ay dooddeedu tahay inay helaan 2 xubnood ayaan waxaan samaynay oo aan ku heshiinay in aynaan innagu qaybin oo arrinkaa aanu guddi u saarno, marka ay soo heshiin waayaana aan go'aan ka gaarno, balse nasiib darro waxaa dhacday in guddigii ay soo qaybiyeen 7 xubnood hal xubinna waa ay noo soo reebeen iyaga oo ka tagay marna qabiil ahaan beesha Sacad Habargidir marna deegaan ahaan Gobolka Mudug oo dhan, sida aad fahansan tihiina aqalka sare waxaa u ku dhisnaa oo uu matalaayay waxa ay ahayd Gobollo. Guddigaasi waxa ay ka koobnaayeen sagaal xubnood oo saddex ka mid ah ay beesha Marreexaan tahay. Markii ay taladaa nagu soo celiyeena annaguna waxaanu dhaafin waynay in xabbadkii haray aanu siino beesha Sacad.

Hadaba waxaa jira siyaasad ahaan sidiisaba aqalka sare in uu ku fadhiyo 5-tii xildhibaanba 1, meel walba Soomaaliya ha ka joogeene ama 4-tii xildhibaanba inay heli karaan 1 senetor. Marka la fiiriyo beesha Mareexaan markii ay 2 kursi ka hesho Jubbaland waa adkaanee inay Galmudug ka hesho 2 kursi, midda kale xisaab ahaan Galmudug waa Galgaduud iyo Mudug, qaybteed oo inta badan ah ayna degan yihiin qabiilo badan oo kor Hawiye ka ah laakiin kala baxaya gudaha hoose kuraasta la qaybiyay oo siddeed looga dhigay maamullada hirshabeelle iyo Galmudugna waa kuraastii ay lahaayeen Shabeelada Hoose, Jubbada Dhexe iyo Banaadir, qaybo ka mid ah oo ay lahaayeen beelaha Hawiyaha, Dirta iyo Booaha ohanaad, markii loo xisaabtamayo beel-beel ahaan.

Waxaan arkaa dad badan oo dhalinyaro ah una dhashay beesha Sade aan u dhashay oo ku doodaya Cabdi Qaybdiid baa kursi naga qaatay ama laga gatay taas waxaan leeyahay; 'waxba ka ma jiraan' waxaana daliil u ah.

Gobolka Mudug waxa uu xaq u lahaa 2 kursi oo ka mid ah siddeeda kursi, waxaana ku kala fadhiya hadda labadaa kursi oo kala haysta Beelaha Sacad iyo Qubays, Gobolka Galgaduud oo saddex kursi xaq u lahaa ayaa isna waxa uu haystaa hadda qayb ahaan 6 kursi taas oo 3 kursi saa'id ku tahay, saddexda kursi oo saa'idka ahna waxaa haysta waa isla beelaha Hawiye, waxaan is leeyahay markii xisaab ahaan la dhaho waa saddexdii kursi oo Gobolka Banaadir Halka Hirshabeele haysto 2 kursi oo ay leeyihiin Shabeelada Hoose iyo Jubada Dhexe, marka waxaan rabaa in aan beeshayda ku qanciyo Gobolka Galgaduud saddex kursi oo yaala, hadaan Hal xabo ka badan ka heli karno soo caddeeya, haddii kale ma jiraan wax baryo, waanwaan, lacag iyo isasiin lagu kala qaatay oo kuraas aqal sare ah ee sidaas ku qanca.

Doorashadii aqalka hoose ayaa dhacday sidaas ayaana lagu kala adkaaday oo dadkii madaxweynaha iyo aniga aan qornay oo aan la rabnay inay helaan xilka ayaa guulaystay.

13. Bilowgii Doorashada Aqalka Hoose 2016-kii

Intaa ka dib waxaa bilowday doorashadii aqalka hoose oo ahayd 36 kursi, taas oo runtii ay ka shaqaynayeen labo guddi oo aad u fiican, ahaana dad qiimo leh oo shaqo adagwaqtigaa qabtay, runtiina ku amaanan balse kuraastii intii si caadi ah u dhacday ku ma dheeraanayno, laakiin kuraastii buuqa dhalisay ayaan rabaa in aan wax uun ka iftiimiyo iyo siyaasiinta doonaysay meelaha dhibka ka haystay.

Waxaa jiray dhowr waxyaabood oo ay in la fahmo oo ka horreeyay doorashadii 2016-kii, kuwaas oo ahaa kuwo socday intii aan Cadaado la imaan, waxaa ka mid ahaa in dowladdii markaa jirtay oo uu madaxweynaha ka ahaa Madaxweyne Xasan Shiikh ay danaynaysay inay soo laabato, markaa ayuu dadka qaar heshiisyo hoose la galay, sida; ururkii Daljir oo markaa culays ku ahaa kuna haystay Galmudug, dadkaas waxaa ka mid ahaa Xasan Macallin, Saabir, Bukhaari iyo Fiqi ayaa waxaa heshiis socday muddo kana socday Nairobi, Muqdisho iyo Turkeyba in nimankaa kuraastooda xildhibaannada la siiyo iyo in ay fuliyaan labo arrimood oo kala ah; in ay Galmudug dhibka ka daayaan iyo inay Madaxweyne Xasan Shiikh mar labaad doortaan oo la shaqeeyaan, taana waa midda keentay in kuraasta loo xoogo iyaga oo aan dhinacna loo fiirin.

Arrinkaan waxa uu keenay in si kale loogu heshiiyo awood qaybsiga beelaha wax ka dhexeeyaan oo iyagu isa saxaan. Arrinkaas waxa ay keentay in Wasiir Cabdiraxmaan Caynte uu u tanaasulo abtigiis oo tartankii laga reebo markii loo sheegay in isaga iyo abtigii aysan macquul ahayn in labadooduba xildhibaanno isla noqdaan, taasna ay keentay in Xildhibaan Xuseen Iidow qaato kursigii, halkaana uu ku haro Wasiir Cabdiraxmaan Caynte.

Sidoo kale dowladdii markaa jirtay xildhibaannadii hore waa isla sooshaqeeyeen oo dakano ayay kala qabeen mana is rabin oo isma aamminsaneyn, taas waxa ay keentay in si fudud u aqbasho in la beddelo raggaas iyo dumarkaas aysan isku afkaarta ahayn oo dhan.

1. Kursiga Sacad Cabdale oo ah kursigii Madaxweyne Xaaf haddana kuna fadhiyo Fiqi. Xildhibaan Fiqi waxa uu ku helay oo looga qaaday Xaaf maaheyn wax sahlan ee waxa ay ahayd qidad ka mid ah heshiskaas oo waxa ay uun ahayd in dariiqaa wax u eg la mariyo mooyee mar walba go'aanku waxa uu ahaa in kursiga Fiqi qaato, waxaana saxiixaha beesha ahaa oday la dhaho 'oday Caddaawe' oo ahaa saxiixaha labada dhinacba, Xaafna waa la jiray, Fiqina waa la jiray waxa uu ahaa lafta jecli luda jecli, waxa uuna sameeyay in 2 jeer uu ergo u saxiixay Fiqi ilaa markii dambe Xaaf iyo dhabancad oo taagan Fiqi doorasho galay sidaana ku qaatay kursiga kuna noqday xildhibaan.

2. Kursiga Gaabane Saleebaan oo ah kursigii Marwo Caasho Xaaji cilmi haddana uu ku fadhiyo Xildhibaan Abtidoon yare. Xidhlibaan Caasho waxa ay aad iskugu xumaayeen dowladdii markaa jirtay oo dagaal adag oo kala dhexeeyay awgeed, ayay waxa ay ka mid ahayd xildhibaannadii qorshaysnaa inaysan marnaba soo noqon, taas oo ahayd culayska ugu wayn oo haystay, iyada oo taagan ayaa inta ergadeedii layska daayay oo ergo kale la qoray kursigiina doorasho la galiyay, iyadana tartanka ka ma qayb galin, xitaa odayaasha ciddeeda ahna badi iyada ayay la jireen wallow ay jireen qaar ka soo horjeeday mase badnayn, waxaana kursigii si cad ku qaatay Xildhibaan Abtidoon Yare.

3. Kursiga Heesoow Saleebaan, Shiikh Cabdiqaadir Cali Cumar haddana ku fadhiyo Xildhibaan Saabir, kursigan waxa uu ka mid ahaa kuraastii ugu adkaa, dhinac waxa uu ahaa kuraastii heshiiska lagula galay Daljir oo markaa ahayd inay iyaga qaataan, dhinacna waxaa saaxiibo ahaa saxiixaha iyo Cabdulqaadir Cali cumar oo aad ugu dhagganaa, balse

saxiixihii ayaa marki dambe la furdaamiyay oo aqbalay in uu ergada Saabir u saxiixo, sidaa ayaa isna doorasho lagu galay, iyada oo aan Shiikh cabdulqaadir raalli ka ahayn, doorashana uusan ka qaybgalin Saddexda jifo ee heesoow ay wax u qaybsadaan ayay labo ka kala dhasheen labadooda sida Saabir oo ah reer Xirsi iyo Sheekha oo ah Bah Abgaal, marka waxaa u dhaxeeya reer Warfaa oo nabadoonka guud ah, kaas ayaana sidii la isaga daba wareejinayay waxaa dhacday in halkaa wadaadka looga dhaqaaqo kursigana ku qaato Xildhibaan Saabir.

4. Kursiga Cayr Bari Cabdisamad Macallin Maxamuud oo haddana ku fadhiyo Xildhibaan Cabdixakiin, Cabdisamad waxa uu ka tirsanaa ASWJ marka layskuma fiicnayn lamina rabin in uu qaato kursiga, balse Cabdikariin waxa uu isku dayay in uu qanciyo waana u dadaalay asna waxa uu diiday in la tartamo haduusan asaga ergada qoranayn saa owgeed ayaa aqalka sare la geeyay, waa tartamay laakiin waxaa ka guuleeystay Allah ha u naxariistee Senetor Jawaahir, Cabdisamad isaga oo niyad xun ayuu ka tagay Cadaado, dhib badanna haysto, laakiin dagaal dheer iyo buuq badan oo dhex maray beelaha Yarbar dhowrkace iyo Cabsiiye ka dib kursigii waxaa qaatay Xildhibaan Cabdixakiin.

5. Kursiga Xildhibaan Warsame Joodax oo isaga dhammaan arrinkaa ka duwan, kursigaan waxaa isku haystay labo jifo Cali waheliye iyo Rooble Maxamuud oo u dhashay beesha Saruur oo ku kala bixi wayday aadna ugu kala dhimatay ilaa aan midna siinay 26 ergo ah midna siinay 25 ergo ah, taas oo sababtay in sidii ergada loo siiyay u codeeyaan oo guusha ku raacdo xildhibaan Warsame Joodax oo isagu lahaa 26 ka ergada ah.

6. Kursiga Fiqi Muxumed Cabdicasiis Shiikh yuusuf haddana uu ku fadhiyo Xildhibaan Zakariye ayuu diiday xildhibaan Cabdicasiis in uu Zakariye la tartamo ka dib markii uu ku qanci waayay, isaga iyo odayaashiisa awood qaybsiga beelaha iyo habka ergada loo qaybinayo, iyags oo diidanaa beesha Laxmar in ergada wax laga siiyo, taas ayaana keentay in Xildhibaan Zakariye keliya ku tartamo qaatana kursiga

7. Kursiga ilma adeero Celi iyo Reer Siyaad Xuseen Marreexaan Cabdullaahi Yuusuf haddana ku fadhiyo Xildhibaan Cabdishakuur Cali Mire ayaa iyaga dooddoodu waxa ay ahayd maadaama Celi iyo Reer Siyaad Xuseen ka dhexayso ergada ayay Celi waxa ay dhaheen; 'kursiga annaga kaliyaa iska leh oo reer Siyaad Xuseen ergada waxba ka ma siinayno oo kursiga wax ku ma laha' marka taana waxa ay keentay in Celi tartankii ka qaygalin, halkaana Cabdishakuur Cali Mire oo reer

Siyaad Xuseen ah kursiga ku qaato, arrinkaa waxa uu keenay buuq badan oo beesha Celi ku doodayso in laga dhacay kursiga, laakiin annaga dooddeenu waxa ay ahayd in wax ka dhexeeyaan dhammaan beelaha ilma adeero oo ka kooban afar beelood horayna wax ugu qaybsadeen.

8. Kursiga Bah Hawiye/Bah Daarandoole Nuur Faarax Jaamac haddana Xildhibaan ku fadhido Nadiifo Faarax Jaamac, waxaa ka jirtay dood ah in kursiga uu ka dhexeeyo Bah Hawiye iyo in kursiga leedahay Bah Daarandoole keliya, maadaama anigu ahaa madaxweyne ku xigeen ahaana Bah Hawiye, ayaan waxaan go'aamiyay kursiga inay Bahdaarandoole kaliya u tartami karto, balse reer Warsame iyo Reer Guuleed Faarax ergada wax ku leeyihiin, kaas oo ay ila qaadatay Xildhibaan Nadiifo Faarax Jaamac kursigana sidaas ku heshay, Asalka kursigaan waa kursiga Balanballe oona ka dhaxeeya dhammaan beelaha halkaa wada dega laakiin sababta saas keentay ayaa ahayd inaan ani markaa ku fadhiyay kursiga beesha ugu sareeya.

9. Kursiga Habarceyno Murursade Xildhibaan Gaafoow ku fadhiyo oo aan horay u jirin, kursigaan waxaa raadinayay wasiir Guure, balse waxaa ka dhacay dagaal iyo hardan dheer oo gaaray beesha caalamka, kaas oo sababay in kursiga dib loogu celiyo doorashada, waxaa kale oo jiray maadaama uu General Gaafoow ahaa taliyaha NISA ayaa waxa ay aamminsanaayeen beesha caalamka in uu xoogay oo waxaa dhacday in drone-ka maraykanka ay sawireen isaga oo ciidamo wato joogana xerada Kafaalo ka dibna annaga noo soo direen ayaga oo noo sheegaya in kurisigaan ciidamo lagu xoogay oo aan loo tartamin.

10. Kursiga Absuge Wacaysle oo Xildhibaan Sahro Maalin ku fadhido, kursigaan nabadoonkiisa Shiddo marna raalli ka ma ahayn in laga dhigo dumar, balse iyada oo la badbaadinayo kursiga Xildhibaan Saadiq ku fadhiyo Cali Gaaf Wacaysle ayaa dumar laga dhigay qabiilkuna si toos ah ayuu u diiday taasna waxay keentay in sahro ayada ergo soo qoroto kursigana qaadato.

11. Kursiga Abakar Murursade oo uu ku fdhiyo Xildhibaan Xasan Macalin, kursigaan sidii aan horay u soo sheegay waa kuraasta siyaasad ahaan loogu soo heshiiyay, balse lagu ma kala qancin oo waxaa ka dhacay dagaal culus ilaa dad ku dhintaan laakiin markii dambe waxay ku dhammaatay suu heshiiska ahaa waxaana qaatay xilibaan Xasan Macalin.

12. Kursiga Tumaal ee uu ku fadhiyo Yuusuf Xayle, kursigaan waxa uu ka mid yahay kuraasta sida dhabta ah loogu dhacay dadkoodii oo waxaa raadinayay Sahro Cali Samatar oo iyana laga xoogay waayo ayada waxaaba si cad loogu diiday inay ergo qorato saasaa ergadii dhammaan loogu qoray Xilibaan Yuusuf kursigiina ku qaatay.
13. Waxaa jiray kuraas muranno yaryar oo ay haysteen wasiirradii iyo dadkii xukuumadda markaa hayay, iyaga oo ahaa milkiilayaal, sidaana ku qabsaday kuraastooda oo aysan jirin wax ku qabsaday, sidaana ku soo baxeen, sida kursiga Beesha Saleemaan Abokar wasiir Odawaa waloow kursigaan laysku dayay mar dumar in laga dhigo laakiin suuroobi wayday.
14. Kursiga beesha Cayr Ayaanle waxaa ku fadhiyay xildhibaan Mahad Salaad haddana uu weli ku fadhiyo waxa uu faramaroojiyay oo meel cad isaga reebay dadkii la tartamayay, wallow gabar Ayaan la dhaho oo ahayd Xaaskii Xuseen Caydiid ay ayadu qanci wayday iyo Allah ha u naxariistee General Suubaaxnyo mooyee laakiin qabiil ahaan dhib badan ka ma haysan.
15. Waxaa jiray labo kursi oo kale oo iyagana ay lahaayeen Beesha Shiikhaal, oo ay kala qaateen Xildhiibaanada kala ah; Maryan gaabo iyo Cali Yare, labadoodaba waa la siiyay ayadoo dadkii la lahaa kuraasta aysan raalli ka ahayn oo tartankii isaga hareen.
16. Waxaa kale oo jiray laba kursi oo kale oo sideedaba ka duwanaa oo lacag badan ku baxday, sida kursiga Wacaysle Macallin Dhiblaawe oo uu ku fadhiyo xildhibaan Cadow Cali Gees iyo kursiga beesha Cayr Habar Aji oo uu ku fadhiyo Saciid Nuur Girish, labadaa xildhibaan waxa ay lahaayeen lacag, marka iyagaa si saa'id ah lacag ugu bixiyay kuraastooda, halka midna ku baxday lacag u dhiganta $500.000 midna ka badan.
17. Waxaa kale oo jiray kuraas badan oo markaan aragnay sida la isugu haysto aan qaadanay go'aan ah in aan dumar ka dhigno sida kursiga Murursade Sabti Cabdale oo ay ku fadhido xildhibaan Maryan Cariif kaas oo Maxamed Nuur Gacal oo la tartami rabay si cad banaanka loogu reebay.
18. Kursiga Marreexaan Bah ogaadeen oo uu ku fadhiyo Xildhilibaan Faarax Cabdi Xasan, isaga waxaan beddelay habkii ergada loo qaybsanayay maadaama beesha reer Dalal oo wax ku lahayd kursiga senetorka qaadatay, taas oo keentay inay ka xanaaqaan tartanka beesha reer Dalal iskaga harayn, halkaana faarax keligii ku tartamo kursigana qaado.

Haddaba si walba oo ay ahaataba dhibkii iyo rafaadkii loo soo maray kuraastaa waxaa muuqata in aan wax wayn laga faa'idin, waayo xilibaano badan oo la soo saary oo loo xoogay kuraasta ayaa ka baxay balantii markii ay kuraasta heleen taas oo sababtay inaan lagu guulaysan kursiga madaxtooyada oo waxaas oo dhib ah loo soo maray.

Sida aan horayba idiinku soo sheegay Galmudug waxa ay dhaafi wayday khilaaf aad u ragaadiyay sababna u ahaa nacaybka loo qabay waqtigaa Xakuumadda Soomaaliya, taas oo dad badan ay aamminsanaayeen Galmudug inay loo dhisay in doorashada lagu galo oo aanay ka dambayn karin doorashadaa, doonayayna inay ka tuuraan meesha dhammaan madaxda meesha joogtay waqtigaa inta badan, waxaa jiray kooxo badan oo xanaaqsanaa una badnaa dadkii wax ka soo waayay Galmudug oo doorashadii aysan u hirgalin inay noqdaan xildhibaano ama senetaro, kuwaas oo magaalada Muqdisho ku qabtay shirar badan oo nooc walba leh, oo ujeedkiisu ahaa sidii ay Galmudug u qabsan lahaayeen.Waxa ay ka koobnaayeen kooxo siyaasiin ah, Ganacsato iyo xildhibaanada Galmudug qaar ka mid ah, arrinkaa waxaa kale oo uu sii sahlay in dhanka kale xildhibaannadii laga soo doortay Galmdug iyo madaxdii badi ku mashquulsanaayeen doorashadii dalka ka dhacaysay oo kooxdaas waxa ay sameeynayeen qof u soo jeeday maleh.

Waxay sameeyeen isku dayo badann kooxdaas oo u hoggaaminiyay Axmed Qoorqoor oo isagu waayay in uu ka mid noqdo xildhibaannadii Galmudug ka soo galayay Federaalka, C/qaadir Cali Cumar oo isna sidoo kale wax soo waayey, labadooduna ka soo jeedaan magaalada Cadaado oo xarun u ahayd Galmudug, ayaa waxaa la safnaa Axmed Ducaale Geele xeef oo isagu Madaxweyne Cabdikariin isku beel ka soo jeedeen doonayayna in uu asna kursiga ka qaado maadaama uu kursigiisa soo waayay.

Markiilaga soo noqday magaalada Cadaado muddo bil ka badan olole iyo shirar laga waday xamar ayaa aakhirkii magaalada Cadaado u soo raray xildhibaanadii Galmudug oo uu hoggaaminayo markaa Gudoomiye ku xigeenka koowaad ee baaralamaanka Galmudug Xareed Cali Xareed oo isaga ruuxiisa ka xanaaqsanaa rabayna in uu senator noqda, balse Madaxweyne Cabdikariin u diiday arrinkaa iyo isagii oo muddaddii uu Galmudug ka shaqaynayay ay isku xumaayeen Madaxweyne Cabdikariin Xuseen guuleed sababtoo ah labadoodu shaqsi ahaan ayey isku dabeecad keeni waayeen.

Markii ay yimaadeen magaalada Cadaado waxa ay isku dayeen inay ku shiraan hoolkii shirka uu baarlamaanka Galmudug ku shiri jiray, taas oo aniga oo markaa ahaa ku simaha Madaxweynaha Galmudug aan u diiday in uu shirkaa halkaa ka dhaco, waayo waxaan dareensanaa oo aan ogaa waxa ay damacsan yihiin oo ah in ay sameeyaan xilkaqaadis ku saabsan Madaxweynaha, taas oodhankaygana marnaba aan macquul ka ahayn, waayo waxaanu ahayn aniga iyo Madaxweynaha saaxiib dhow oo shaqo muddadiiaan wada shaqaynaynay, taas oo lagu xusuusto intii aan wada shaqaynaynay in aan hal marna is qilaafin oo wax xumaan ahna na dhex marin.

Isla markiiba waxaa bilowday sawaxan iyo buuq markaa jifada uu ka soo jeeday mudane Axmed qoorqoor oo gebi ahaan u xanaaqsanaa hoggaanka Galmudug ayaa waxa ay keeneen hool lagu shiro oo ku yaal magaalada meel ka mid ah oo uu lahaa Shiikh Salaad oo isaga ka mid ahaa Ganacsatada Magaalada, halkaana waxa ay ka furteen shirarkooda.

Isla markiiba waxaa laga soo diray magaalada muqdisho xilddhibaanadii iyo qaar ka mid ah senetaradii loo doortay heer Federal, kuwaas oo soo Gaaray magaalada Cadaado uuna hoggaaminayay Wasiir Cabdiraxmaan Odawaa oo markaa ahaa kusimahii wasiirka arrimaha Gudaha, maadama dowladdii waqtigeedii dhammaaday balse imaatinkaa ma aheyn mid lagu guulaystay, waayo ayaga ruuxooda inta wada socotay isku siyaasad iyo hadaf toona ka ma ahayn barnaamijkaa ay u wada socdeen, waayo qaarkood ayaa raalli ka ahaa waxa ay xildhibaanadu samaynayaan.

Waxaa asna dhinaciisa waday isku day lagu joojinayo arrinkaa ay xildhibaanada wadaan in uusan hirgalin Col. Saadiq John oo ahaa taliyaha Nisa ee Galmudug balse arrinkaa iyana waxaa ka horyimid qaar ka mid ah saraakiisha Police ka ee reer Xaaji Saleebaan oo iyaguna ka mid ahaa beelihii u arkaayay in lagu dulmiyay kuraasta Xildhibaanada oo uu hoggaaminayay G/le Khayre, taas oo sababtay in uu ka dhaco iska hor-imaad dhiigna ku daato ilaa labo qof ay ku dhintaan dhowr kalena ay ku dhaawacmaan.

Si kastaba ha noqotee isku day walbana halaysku dayee qadarta Alle wax celin kara ma jiraana waxa ay ku dhammaatay in 10/01/2017-kii, xildhibaanadii ay yiraahdaan cod baan u qaadnay, xilkana waan ka qaadnay, waana ridnay Madaxweyne Cabdikariin xuseen Guuleed, arrinkaas oo madaxweynuhuna uga jawaabay in waxaas aanay waxba ka jirin, Gudoomiyaha Baarlamaankana uu sheegay asna inaysan waxba ka jirin arrinkaa asaga ah.

Intayadii hoggaanka Galmudug haysay markii laga reebo Xareed, afartayadii kale waa diidnay arrinkaa, sababta aan u diidnayna waxa ay ahayd in aan ka warqabnay waxaani inaysan sharci ahayn oo aysan macquul ahayn, waxaa kale oo iyana diiday oo waraaq ka soo saaray dowladda Federaalka oo uu hoggaaminayay madaxweyne Xasan shiiq, beesha caalamkuna waxa ay ayidday hadalkii dowladda iyo madaxweyne Cabdikariin iyo Madaxda kale ee Galmudug kaas oo dhammaan ahaa inaysan waxba ka jirin arrinka xilka qaadista madaxweynaha Galmudug.

Is-casilaaddii Madaxweyne Cabdikariin Xuseen Guuleed

Si walba ha noqotee waxaa soo dhammaaday waqtigii dowladda federaalka ah waxaanala soo gaaray waqtigii doorashada, taas oo sababtay in 8/2/2017-kii meesha ka baxo madaxweyne Xasan Shiikh Maxamuud oo ay saaxiib dhow ahaayeen Madaxweyne Cabdikariin Xuseen Guuleed halkaana lagu doortay Madaxweyne Maxamed Cabdullaahi Maxamed (farmaajo).

Taas waxa ay sababtay ama soo kordhisay in niyad jabkii uu horay u qabay madaxweyne Cabdikariin ku sii fogayso dhowr waxyaaboodba, oo ay ugu horayso isaga oo aamminsanaa in aan Galmudug ahayn meel si fudud looga shaqayn karo mar haddii aan loo haysan saaxiib dhow oo dowladda dhexe ah oo kaa taageera xag dhaqaale iyo siyaasad intaba.

Maalmihii hore Cabdikariin waxa uu isku dayay in uu la kulmo Madaxweyne Farmaajo si ay iskula jaanqaadaan, kulankaana waxaa ka shaqeeyay laba nin oo ahaa kooxda farmaajo ka tirsanaa, balse Cabdikariin ay ahaayeen saaxiibo isu dhow oo kala ahaa Xildhibaan Cabdishakuur Cali Mire iyo Fahad yaasiin ilaa labo jeer ayay la kulansiiyeen Madaxweynaha waxa uuna u sheegay isaga in uusan u qabin cadaawad gooni ah diyaarna u yahay in uu la shaqaynayo haddii uu asaga la shaqaysanaayo, uusanna aqoonsanayn wixii xildhibaanada Galmudug sameeyeen oo taageersanyahay sidii ay horay u sheegtay dowladdii hore iyo beesha caalamka.

Balse Cabdikariin waxaa haystay culaysyo badan oo kala duwan una badnaa
1. Isaga oo ay u muuqatay in si walba oo kooxda dalka qabsatay u wada shaqeeyaan uusan ka heli karin wixii Madaxweyne Xasan Shiikh uu ku haystay.
2. Xaaladdiisa caafimaad oo uu u yara baqayay qasabna noqotay in uu mar kale ku noqdo dalka India si uu u ogaado xaalada caafimaadkiisa.
3. Xaasaskiisa iyo ehelkiisa oo aan ku qanacsanayn ama aamminsanaa Galmudug iyo caafimaadkiisa inaysan wada socon karin oo waxa Galmudug ka jira dhibaatada iyo rafaadka ay tahay mid aad u adag.

Si kastaba ha noqotee madaxweyne cabdikariin asaga oo kursigiisa la isku haysto ayaa waxa uu aaday mar kale dalka Hindiya arrimo caafimaad awgeed rajana ka qaba in uu soo noqdo, balse markii uu tagay Hindiya lana tashaday dhaqtarkiisii iyo ehelkiisa waxaa u soo baxday in uu sinnaba macquul u ahayn in uu Galmudugtii uu ogaa iyo dowlad dhexe oo aanu wax ku lahayn aanu ka shaqayn karin oo ay sii dheer tahay dhaqtarku in uu u sheegay in uu u baahanyahay in uu muddo badan nasto, halkii uu ka shaqayn lahaa shaqo sidaa u adag, ka dib waxa uu go'aansaday in uu is casilo waxaa uuna 25/02/2017-kii i soo wacay ilana wadaagay talada ah in uu go'aan ku gaaray in uu doonayo inuu is casilo, ka dibna halkaa isku casilay aniga oo ku qancin waayay in uu joogo oo shaqada sii wado.

Waxaa dhacday markii uu is casilay madaxweyne Cabdikariin, shirkii ugu horeeyay oo madasha in aan aniga ka soo qaybgalay maadaama aan markaa ku-sime ka ahaa Galmudug, arrinkaa ayaana waxa ay sababtay in dad badan u cuntami waydo iyaga oo ka fiiriyay dhinaca qabiilka oo leh Galmudug waa in doorasho ka dhacdaa, waxa ay ahayd in aan annaga matalno balse ma aheyn arrinkaa fikir sax ah.

Dowladu waxay wadday mar walba dadaal ay ku doonayso in lagu heshiisiiyo laba dhinac oo kala fadhiya Dhuusamareeb iyo Cadaado waxayna casuuntay dad ka socda maamulka ahlusuna iyo annagoo ah Galmudug si loo wada hadlo oo arrinkaa looga heshiiyo.

Heshiiskii koowaad waxaa ay ahayd iskuday ay samaysay Dowladda Federaalka ah markii ay aragtay in Madaxweyne Cabdikariin Xuseen Guuleed iscasilay loona yeeray labadeennii qaybood nalooguna yeeray shir uu garwadeen ka yahay Raysalwasaaraha Dowladda Federaalka Soomaaliya, isaga oo u saaray ilaa shan wasiir oo dowladda dhexe ah kana soo jeeda Galmudug, markii laga reebo Juxa oo ahaa wasiirka Arrimaha Gudaha, muddo labo asbuuc ah ayuu socday wadahadalkaas waxna ka ma soo bixin, waayo waxaa aad u badnaa shuruudaha ay rabtay ASWJ soo jeedisay iyaga oo yiri hanala siiyo 40 xildhibaan, taas oo Madaxweynaha iyo dadkii kale reer Galmudug ba ay diideen.

Shirkaa waxaa rajo weyn ka qabtay beesha caalamka iyo DFS, dhowr jeer ayaa aniga waxaa la iga codsaday in aan dib u dhigno doorashada, si loo helo Galmudug loo dhanyahay oo dadka oo dhan isla oggol yihiin, balse markii ASWJ laga waayay arrinkaa in laga heshiiyo oo ay xal diiday ayaa waxaa dhacday in na loo fasaxo in aan doorashadii galno.

Waqtigii Ku-meelgaarka aan ka ahaa Madaxweynaha Galmudug (25-02-2017 ilaa 03-05-2017)

Markii uu is casilay Madaxweyne Cabdikariin Xuseen Guuleed, sida ku cad dastuurka Galmudug, inta la soo dooranayo madaxweyne kale waa in Madaxweyne ku-xigeenku yahay ku-sime oo isaga uu sii wadayo Maamulka iyo talada, taas waxa ay sababtay in aan anigu madaxweyne noqday mudo seddex bilood ah oo ka bilaabanaysay laga bilaabo 25/02/2017-dii ilaa iyo inta ay doorashada dhacaysay taas oo noqotay 03/05/2017.

Dowlada Federaalka ah oo cusbayd dhaawacyadii doorashada oo taagnayd owgeed waxaa na haystaya

Taas oo kalliftay in aanla kulmo caqabado badan oo ay ka mid ahaayeen: -
- Dadkii dowladda igula jiray, kuwii dowladda dhexe ku jiray iyo siyaasiin badan oo Madaxweyne Cabdikarin u xanaaqsanaa igana urinayay
- Dowladdii dhexe oo nagu garab waday Ahlusunna waljameeca, oo aan na siin fursad aan annaga ku tashano ugana soo kabano dhibkii doorashada.
- Beesha caalamka oo riixaysay in Ahlusunna inta la la heshiinayo aan waxba la samayn, la'aanteedna aan na caawinayn ilaa arrinkaa ka samayno.
- Caqabado dhaqaale oo maamulka haystay iyo dowladda Federaalka oo cusbayd iyo Madaxda dowladda oo siyaasadeeda ay ka leedahay Galmudug aysan caddayn markaa.
- Khilaaf ka dhex jiray Baarlamaanka Galmudug oo labo u qaybsannaa
- Markii ASWJ heshiiskeeda fashilmay arrinkiina si layeelo la garan la'yahay ayaa waxaa Galmudug loo soo diray wafdi uu hoggaaminayo Wasiir Juxa si uu ugu dhawaaqo waqtiga doorashada dhacayso, isaga oo ku dhawaaqay, dhammeeyayna khilaaf u dhexeeyay baarlamaanka Galmudug iyo annaga.

Dhammaan caqabadahaas waxa ay ahaayeen kuwo na haystay, balse waxaan samaynay in aan un dadaalno intii karaamkeen ah shaqaduna socoto muddo saddex bilood ah oo howsha dowladda aanu wadnay.

Taasna waxaa ka shaqeeynayay oo aad u waday siyaasiin reer Galmudug ah oo ayaga ka cararayay laba waxyaabood oo kala ah

1. In ASWJ la la heshiiyo oo hadhow ayaga wax heli waayaan qabiil ahaan oo aminsanaa in siyaasiinta ASWJ ka xoog badan tahay.

2. Dad diidanaa aniga oo lahaa Maxamed Xaashi maxuu kusime u yahay waa in doorasho la galaa IWM.

Dowladdii cusbayd ee Madaxweyne Maxamed Farmaajo iyo Habkii ay u la dhaqantay Galmudug

Doorasho waqti dheer iyo dhib badan laga soo maray ka dib waxaa 8/02/2017 la doortay Madaxweyne Maxamed Cabdulahi Farmaajo taas oo u dhacday si fiican ahaydna doorashadii 2 aad oo dalka dhexdiisa ka dhacda oo daah furan tan iyo burburkii ka dib waxaana uu ka guulaystay Madaxweynihii xilka hayay markaa, Galmudug ayada arinkaa waxay ku ahayd arin adag wallow Farmaajo xataa Galmudug ka soo jeeday laakiin siyaasiinta dhan Galmudug waxay ka aamminsanaayeen in loo dhisay kaliya in doorasho lagu galo iyo waliba madaxweynaha cusub uu markaa aad ula dhacsanaa siyaasdaa ASWJ.

Waxaa soo dhawaaday waqtigii caleema-saarka Madaxweyne Farmaajo waxaa la qabtay guddi u xilsaaran abaabulka xafladda caleema-saarka, waxaa dhacday in madaxweynuhu guddigii u sheegay inay casuumaan maamuulkii Dhuusamareeb joogay oo ahaa garab ka soo horjeeda Galmudug, balse madaxweynahu u arkayay inay yihiin saaxibadiis siyaasadeed maadaama ay markii hore ka soo wada horjeedeen Madaxweynihii hore Xasan Shiiq. Si walba ha noqotee hab maamuuskii la siiyay iyo sidii loo soo dhaweeyay waxaa ka xanaaqay oo aan raalli ka noqon shacabkii reer Galmudug oo dhan iyo aniga ruuxayga, dhammaan xildhibaannadii iyo wasiirradii ka tirsanaa maamulka, taasna waxa ay sababtay in aan madaxweynaha intaan u tago aan kala hadlo arrinkaa, ka dibna uu igu qanciyo oo ii sheego in ujeedka ay u casuumeen ay tahay inay soo dhaweeyaan si Galmudug uga mid noqdaan.

Habmaamuuskaa lagu soo dhaweeyay waxa ay qayb ka ahayd waxyaabihii Madaxweyne Cabdikariim Guuleed ku kallifay in uu iscasilo, waayo markii uu arkay sida ay u soo dhaweenayaan oo u buunbuuniyeen waxaa u muuqday wiiqidda Galmudug iyo marwalba waqtigay doonto ha noqotee ay isku dayi doonaan in arinkaan meel sare geeyaan oo ASWJ u hiilin doonaan.

Waxaa dhacday in maalinkii xaflada sheikh shaakir la soo fariisiyo kursigii madaxweynayaasha maamul goboleedyada fadhiyeen, taas oo aan diiday, markaa aniga in aan hoolka soo galo arrinkaana igu taageereen madaxweynayaashii kale ee maamul goboleedyada ka socday oo sheegay inay ninkaan garab fariisanayn ahayna Madaxweyne, markaana isaga laga kiciyay meeshii oo meel kale oo gees ah la fariisiyay, runtii arrinkaana waxa uu ahaa arrin maamuus ahaan iyo sharci ahaanba qaldanaa oo ahaa mid ay galeen madaxda dowladda federaalka oo ay ku wiiqayeen karaamada madaxda iyo maamulka Galmudug .

Markaa ka dib beesha caalamka iyo dowlada oo cusbaydba waxay isku dayeen inay ka faa'iidaystaan fursadaa aan wada joogno Muqdisho oo halkaa lagu qabto shir madasha ah ka dibna uu shirkii ka soo baxay in ASWJ iyo Galmudug dib u heshiisiin siyaasadeed loo sameeyo oo lagu wada hadalsiinayo, laakiin ma suuroobin waayo caqabado jiray oo badnaa owgeed, markaa dowladda dhexena ma qaadan go'aan, iyada oo guddi wasiiro ah u saartay dib u heshiisiintaa, balse lagu ma guulaysan sababa la xiriira iyaga oo dalbadey xujooyin aan macquul ahayn oo ay ka mid ahayd in ugu yaraan la siiyo 40 xilibaan iyo in madaxweyaha la siiyo taas oo ahayd mid aysan dadka reer Galmudug aqbalayn, oo aan la fulin karin waxaana la go'aamiyay in doorasho la' aado.Markii la go'aamiyay in la aado doorasho waxaan u tagay madaxda dowladda federaalka, waxaan u sheegay inay tahay inay la yimaadaan madaxweynaha ay rabaan taageeraanna, balse waxa ay si cad iigu sheegeen inaysan dhexgaleyn doorashada Galmudug oo ay un doonayaan qofkii soo baxa inay la shaqeeyaan taas oo ahayd mid xaqiiqda ka fog markii dambena is beddeleen.

Dowlada iyo Beesha Caalamka markii arinkaa go'aamiyeen waxaa la soo diray wasiir Juxa oo noogu yimid Cadaado iyo gudi kale oo xilibaano iyo wasiiro reer Galmudug ah oo la socday kuwaas oo shirar la qaatay xilibaanada Galmudug oo ahaa laba garab oo kala jaban oo sidii markii hore u kala qaybsanaayeen u kala qaybsan kalana hoggaaminayeen Gudoomiye Cali Gacal Casar iyo Gudoomiye ku xigeenka Koowaad Xareed Cali Xareed ka dibna ay halkaa ku heshiiyeen la islana qaatay doorashada Galmudug inay 03/05/2017 lana iclaamiyay.

Si walba ha noqotee markaa anigu waxaan qaatay go'aan ah in aan taageero Madaxweyne Xaaf oo aan famil ahayn, is naqaanayna, dhammaan xildhibaannadii Galmudugna kala hadlay qaasatan kuwii mareexaanka ahaa, aniga oo u sheegay in Xaaf la doorto, waayo saddex sifo oo uu leeyahayba Galmudug waa u fiican yahay, taas oo markaa ahayd aniga dannigayga balse dib ka beenoowday.

1. In uu yahay nin oday ah deegaankana yaqaan dadkana isku wadi kara oo dibu heshiisiin fiican u samayn kara.
2. In uu yahay qabiil ahaan nin reer abti daaroodku u yihiin oo dagaallada Gaalkacyo, Goldogob, Dhabad, Galinsoor, Caabudwaaq iyo Balanbalba wax ka qaban kara.

3. In uu yahay nin dhaqaale haysta oo Galmudug dhaqaale yarida haysa laga yaabo in uu wax ka badelo.

Hubaal waxaa ah saddexdiiba inay wax is ka beddeleen oo siduu aan tuhmaynay aysan noqon, basle waxaa dhacday in dowladdu maalinkii doorashada maalinkii ka horaysay ay soo dirsatay Axmed Shariif oo is lahayd asaga dhisa, taas oo anna aan ka hor imid oo aan xaaf xoog u sii taageeray laba arrimoodba; iyaga oo markii hore ii sheegay inay waxba ka rabin doorashada Galmudug dhexdeeda iyo iyaga oo uu la socday nin iga soo horjeeday oo aan isku beel ahayn, la iiguna sheegay inay isaga u wataan madaxweyne ku xigeen oo hadii ay guulaystaan igu beddeli doonaan taas oo ana diidanaa.

Galmudug caqabadaha horyaala, siyaasado is diiddan iyo wax isku quuri-waaga, dadka reer Galmudug ma aha wax fudud dhammaantoodna midba mid kale ayuu ku taagan yahay, waxaa jira inay ka koobantahay deegaan ahaan meelo qabiilo badan degaan jirinna qabiil qabiil wax u oggol, taas oo ah midda dhibka ugu weyn ugu wacan oo ilaa maanta dadkeedu isku diidan yihiin.

Dowladdu waxa ay muujisay inaysan siyaasad cad ka yeelan dib u heshiisiinta Galmudug dhexdeeda, waqtigaa hore oo ahaa saddexdii bilood oo ku meelgaarka ahayd, waxayna aakhirkii keentay inaysan istaraajiyad ka lahayn in doorasho dhacdo.

Intaa ka dib waxaa waxyaabo badan oo dowladaa iyo Galmudug ku saabsanaa sida khilaafyadii soo jiitamay oo dhan laakiin waxaan go'aansaday inaan arimahaas uga hadlo bug kale oo gooni kana sheekaynayo arimahaas uga hadli doono waxaan ka ogaa waayo waxaa cadayd dowladu inay mar walba la jirtay ASWJ garabna siinaysay balse aan anagu daraynsanayn marnaba.

CUTUBKA 8

DOORASHADII MADAXWEYNE AXMED DUCAALE GEELE (XAAF)

03/05/2017-kii waxa ay aheyd subax ay soo xaadireen dhammaan dadkii ka qayb galayay doorashada iyo xilibaanadii Galmudug oo doorashada ka qayb gali lahaa, waxaana hoggaaminayay aniga oo ah madaxweyne ku xigeenka Galmudug iyo wasiirka arrimaha Gudaha Soomaaliya Mr Juxa. Waxay ahayd maalin taariikh leh oo ay ku tartamayeen saddex musharraxx oo kala ahaa.

- Mudane Axmed Ducaale Geelle Xaaf   54
- Mudane Axmed Shariif Cali   34
- Mudane Shirwac

Waxaana aakhirkii ku guuleystay madaxweyne Axmed Ducaale Geelle Xaaf oo helay 54 cod, kuwaas oo uu wareeggii labaad ku noqday madaxweyne, taas oo runtii dad badan ku farxeen dad badanna ka naxeen, aniga shaqsiyan waxaan ka mid ahaa dadkii ku farxay, waayo sababta aan ugu farxay waxa ay ahayd waxaan ka mid ahaa dadkii watay Madaxweyne Xaaf 16-kii xildhibaan oo beesha Marreexaan iyo xildhibaannadii kale oo aan saaxiibada ahayn waxaan ku qanciyay inay Xaaf doortaan.

Waxaa jiray waxyaabo badan oo isdul saarnaa, oo ay ugu horaysay safar lagu aadayay dalka Ingiriska oo shir halkaa ka dhacayay ooay ka qaybgalayeen dhammaan madaxda dalku, kaas oo dad badan oo reer Galmudug ay lahaayeen; 'yuusan aadin Maxamed Xaashi ee ha aado madaxweynaha la dooran doono' ayagoo sababta ka dhigayay sabab qabiil oo markaa u arkayay saas.

Subixii xigay waxay ahayd subaxii aan u ballansanayn inaan xilka ku wareejito Madaxweryne Xaaf maadaama aan anigu ku sime ahaa, waxaa soo kallahay Madaxweynihii oo noogu yimid xaruntii Madaxtooyada oo aannu markaa deganayn, bacda xilwareejin ka dib ka dib Madaxweynaha waxa uu nagala hadlay laba arrin.

Balse kaftankii ugu horeeyay oo uu nagu bilaabo ayaa ahaa Aniga, Cali Gacal iyo Shiikhul balad. "Seddexdiina inaydaan Cabdikariin iyo damajadiid ka harin ayay ahayd taas oo markiiba noo muujisay dagaalka uu soo wado Madaxweynaha cusub dibna aan isaga waraysanay seddexdiina markii uu naga tagay ka dib.

Waxaa kale oo aniga si qaas ah iigu yiri; 'waxaan rabaa in aan aniga London aado oo shirka ka qayb galo', anna waxaan ugu jawaabay "Madaxweyne haddii aad fiisaha helaysid oo ay ku oggolaanayaan anigu waxba ka ma qabo".

Ka dibna waxaan u sharraxay shaqadii iyo hawsha sida ay u socotay waana ku wareejiyay dhammaan hawshiisii, waayo isagaa Madaxweyne noqday, laakiin taa waxaa Garab socday horta Madaxweyne Xaaf asaga sidiisiiba inta badan dhibkiisa waa yaraa, laakiin waxaa jiray koox aamminsanayd in ay isaga wax ka soo dhisteen oo uu hoggaaminayay Guddoomiye ku xigeenka koowaad ee Baarlamaanka Xareed Cali Xareed oo damac uga jiray intuu kursiga ka qaado Gudoomiye Cali Gacal,inuu isaguna ku fariisto, anigana ii arkaayay ninka ka hortaagan Cali Gacal inuu rido waayo waxaan ahaa Saaxiibka Cali Gacal, taas oo uu aamminsanaa 'in haddii uusan ani meesha iga saarin inaysan riyadiisu marnaba u hirgalayn', kooxdaas oo aad u jeclayd kana shaqaynaysay in Madaxweyne Xaaf iyo aniga nakala dilaan oo marnaba isu soo dhawaan.

Waxaa dhacday in maalinkii labaad Madaxweynaha iyo wafdigiisu Xamar u safraan anna waxaan u sheegay in ilabo maalmood ka dib aan soo safri doono, madaxweynuhu waxa uu yimid Xamar waxa uu la kulmay Madaxweynaha Qaranka iyo safaaradda Ingiriiska, waxa uu raadsaday Visa sidii uu ku heli lahaa, wuxuuna ka shaqeeyay sidii safarkaa aniga la iiga reebi lahaa, labo maalmood ka dib markii aan isku dayay in aan soo baxo ayaa waxaa la ii abaabulay shirqoolkii ugu horeeyay abid oo intaan Galmudug Madaxwyne ku xigeenka ahaa.

Waa subax Isniin ah 08/05/2017-kii 10.00AM ama afar saac oo subaxnimo waxaan ku qornaa diyaarad u socota Muqdisho, markii ay ahayd 8AM ama laba saac ayaa waxaa ii yimid ciidanka ilaalada Madaxtooyada, waxayna igu wargiliyeen in madaxtooyada Albaabkeeda la xirtay ayna xirteen ciidamada NISA iyo Taangilay joogtay ilinka hore ee madaxtooyada, Markii aan la xiriiray oo aan baaray sababta arrinkaa keentay waxa ay ku doodeen inay mushaar la'aan yihiin mushaarkoodana waxaa u hayay Taliyahooda Saadiq John oo aniga maba siin jirin wax mushaar ah, shuqulna ku ma aanan lahayn mushaar ciidan, waxaan isku daynay in aan furfurno aniga oo meelo badan u marayna, balse waxaa dhacday in aan ku guulaysan waynay, waxa ay ahayd barnaamij la isla ogaa looguna talo galay in la iga reebo safarka Ingiriiska, aakhirkiina lagu guulaystay, markii aan safarka ka harayna si tartiib ah meesha uga wareegeen una yimid Taliyahooda.

Si walba oo ay ahaataba waxaan aad iyo aad uga mahadcelinayaa in Madaxweyne Xaaf kooxdii u haysatay in iyagu soo dhisteen oo isku dayay inay nagu diraan aniga iyo Guddoomiye Cali Gacal oo xilkana naga qaadaan uu ka diiday geed walba oo ay u soo maraan, waxaana u wada shaqaynay si aad u fiican muddo dhan shan biliood, runtiina aan dhihi karo waxa ay ahayd waqti ay jirtay xaalad adag iyo duruuf aan dhibkeeda marnaba loo adkaysan karin, taas ayaana ugu waynayd waxyaaba mar walba Galmudug dib u dhaca u keenayay.

Waa meel aan dhaqaale lahayn dowladduna si sax ah kuu taageereyn, dadkeeduna ay mar walba dhaqaale kaa rabaan oo ma hayo lagaa yeelayn, mudadaas waxaan wax ka qabanay wax badan oo dhanka horumarinta ah ama dhismaha ciidamada ah.

- Dib u heshiisntii Gaalkacyo iyo iskudhafkii Ciidammada.
- Dekedda Hobyo oo aanu suuqgeyn fiican u samaynay iyo Dhisida Airporka
- Isku shaandhayntii Golaha Wasiirada iyo Xaafiisyada Dowlada.
- Cadaado oo Madaxtooyadii iyo Isbitaalkii aanu si fiican u dhisnay
- Jaamacaddii Caabudwaaq oo aan dhamaystirnay
- Isbitaalkii Balanballe oo aan dhamaystirnay
- Isbitaalkii Gaalkacyo oo aan dhamaystirnay
- Isbitaalkii Cadaado oo aan qayb kale ku darnay
- Iskuulo badan oo aan ka dhisnay Magaalooyin kala duwan
- Iyo waliba hawlo kale oo horumarineed.

Intaa waxaa garab socday in madaxweyne Xaaf uu raadinaayay dhaqaale hawshu ku socoto, dowladda federaalkana u daba fadhiyay walow wax laga helaayay haddana sidii la rabay ma ahayn oo baahida la ma dabooli karin.

Shaqo walba oo socota iyo wanaag walba oo aanu ku wada shaqeeynaynay annaga iyo madaxweynaha, haddana mar walba dad baa isku dayayay inay shaki nagu kala abuuraan oo labada dhinacba wax u kala sheegayay, balse midkeenna arrinkaa ma aqbalin, ka dib waxaa bilowday khilaafkii dowladaha khaliijka, taas oo ahayd middii ugu darnayd oo maamulladii iyo dowladdii ku kala qaybsameen, madaxweyne Xaaf waxaa isugu darsamay laba arrimood oo ah cadaadis dowlad Goboleedyada ka imaanayay oo muujinayay in UAE hayso dhaqaale badan ayna siinayso Madaxweynaha iyo dowladdii dhexe oo aan sidii la rabay looga helayn dhaqaalihii laga rabay.

Ka dib waxaan isugu nimid Cadaado afarteennii kale, markii laga reebo Xareed oo ahaa guddoomiye ku xigeenka koowaad ee baarlamaanka, ahaana ninka la shaqeeynaayay Emirat-ka iyo Shariif Xasan, mar walbana rabay in uu ku qanciyo Madaxweynaha xiriirka Emirat-ka, balse Madaxweynuhu ku ma qanacsanayn, markaan wada hadalnayna dood dheer ka dibna waxaan ku heshiinay.

- Haddii dowladda uu Madaxweynuhu ka waayo dhaqaalaha uu ka rabo oo aan ku leenahay in uu annaga noo sheego si aan ula hadalno dowladda ayna fiicnayn in aan dowladeenna ka hor imaano oo aan imaaraat raacno, taas oo annaga noo kaynaysa dhib kale iyo in aan annaga marnaba la xaalad ahayn Jubaland Iyo Puntland, waayo maamulladaa iyaga waa kuwo haysta xaaladdooda iyo dhaqaalahooda kana maarma dowladda dhexe.

1. Bilowgii Khilaafkii Koowaad ee Khaliijka.

Hadaba waxaa dhacay inuu biowday khilaafkii dowladaha Khaliijka dowlada UAE iyo Qadar kaas oo sababay kala qaybsanaanta bulshada ayadoo baarlamaanka iyo xakuumadaba ka horyimaadeen UAE Xakuumaduna sheegtay inay dhexdhexaad ka tahay khilaafka ayadoo Maamulada Puntlad , Jubaland, Hirshabeele iyo Koonfur Galbeed ka horyimaadeen , siyaasiintii Soomaaliyeed oo dhan oo ka hor yimid ayaa markii uu madaxweynaha naga soo tagay yimidna Muqdisho waxaa isu biirsatay dhowr wax oo kala duwan.

- Waxaa la taliyay dad ay aad isugu dhawaayeen oon dareemayo inay saaxiibo ahaayeen oo ugu horeeyo Guddoomiye Ku Xigeenka Koowaad ee Baarlamaanka iyo Madaxweyne Shariif Xasan oo ahaa markaa Madaxweynaha Konfur Galbeed kulana taliyay oo ku qanciyay in uu aado Dubai kuna biiro dadka la shaqaynaya UAE.
- Dowladdii oo uusan ka helin dhaqaale dhowr bilood ah oo uu ka sugaayay markaana ay ku adkeeyeen inay siiyaan dhaqaalihii yaraa ee ay na siin jirtay dpowladii hore oo ahayd $150.000
- Isaga oo aan nagu soo warcelin wax tala ahna na waydiin ayuu ku dhaqaaqay arrinkaa, ka warqab la'aanteena – aniga iyo Guddoomiyaha Baarlamaanka Cali Gacal – safarka madawaynaha waxa ay qayb weyn ka ahayd khilaafka bilowgiisa na dhexmaray waayo waxaan qaadnay shaki iyo cabsi.

Markii ay intaa dhacday ayuu maalinkii dambe iska aaday Nairobi, innaga oo Cadaado joogna ayaan ka war helnay in uu Madaxweynihii Nairobi aaday, habeenkii ayaan Nairobi kala hadlay waxa uuna ii sheegay in dowladdii uusan weli wax lacag ah ka helin, balse uu Nairobi u soo aaday arrimo caafimaad oo isaga u qaas ah, laakiin xaqiiqdu sidaas waa ka duwanayd oo waxaa jiray isbeddel iyo ballan ka bax ku saabsan balanteennii.

Galabkii dambe ayaa waxaa la soo saaray warqad taageero ah oo lagu taageeraayo UAE oo uu soo saaray maamulka Koonfur Galbeed oo uu hoggaaminaayay Madaxweyne Shariif Xasan, Habeenkii dambe goor ay 12-kii saqda dhexe tahay ama 6 saac oo habeenimo ayaa iyana waxaa warqad la mid ah tii hore oo leh calaamadda Galmudug la soo saaray lana soo galiyay baraha bulshada, isla markaana waxaa i soo wacay safiirrada dowladda Soomaaliya saaxiibbada la ah midka mid ah, kaas oo i waydiiyay su'aal ahayd; "ma waxaa taageerteen Emiraat-ka"? markaas ayaan u sheegay in aan taageerin markaas buu yiri; "waxaan hayaa warqad aad ku taageerteen", waxaan ka codsaday in uu Email ahaan iigu soo diro, isla markiina waa ii soo diray, markii aan akhriyay aad ayaan u naxay!!, markii aad warqadda fiirisidna waxaad arkaysaa markii laga reebo Calaamadda Galmudug inta kale inay tahay qoraalkii koonfur Galbeed oo aan waxba ka beddelnayn, horay ayaan waxaan ka wacay madaxweyne Xaaf aniga oo ka xaqiijinaya inay tahay warqaddaan mid jirta iyo in kale, balse madaxweynuhu isaga oo aan shakin ayuu ii caddeeyay in uu warqaddaan xaafiiskeenna ka soo bixin shuqulna ku lahayn tahayna been abuur, balse waxaan waydiiyay hal su'aal oo markaa iska fududayd balse markii dambe siyaasiyan wax badan i tartay, taas oo ahayd "madaxweyne ma beenin karnaa warqadda?" waxa uu mar kale si fudud iigu jawaabay;"Haa waa beenin kartaa", waxaan ku noqday safiirkii waxaana u sheegay in aan madaxweynaha la hadlay, warqaddaana been tahay, subaxiina aan beenin doono oo aan shir jaraa'id qaban doono, isna taas waa soo dhaweeyay.

Haddaba markaa ka dib maxaa dhacay? illeen Madaxweynuhu warqadda isagaa oggolaaday in la qoro, waxaana sameeyay ragii isaga la socday, waxayna ahayd tii shariif Xasan-ka Koonfur Galbeed oo uun Astaanta laga beddelay, meeshii magacyada Koonfur Galbeed ay ku qornaayeenna laga dhigay Galmudug.

Subaxii markii uu waagu baryay madaxweyne Xaaf waxa uuba u socdaa una duulaya UAE (Abu-Dabai) balse aniga waa naga qarinaayay oo ma uusan rabin in uu noo sheego, waxaa dhacday in markii uu Airporka aaday dad Nairobi iyo Muqdisho jooga i soo waceen ina waydiiyeen; "ma ogtahay in Madaxweynaha, Duraan iyo Xareed ay UAE aadeen"? anna aan ku iri; "maya ma jirto arrinkaa, xalayna anaa la hadlay Madaxweynaha sheekadaas ayaana is dhaafsanay". Ninkii i soo wacay waxa uu ii xaqiijiyay in uu UAE u socdo, waxa uuna iigu daray 'hadda ayay Airportka ku jiraan diyaaradoodana waxa ay kacaysaa 1:00 pm ama toddobo saac duhurnimo, weliba hubso oo wac ayuu iigu daray", isla markiiba waxaan wacay telkii Nairobi ee madaxweynaha, mise waa dansan yahay, waxaan kaloo wacay labadii taleefoon eelabadii qof oo la socotay Duraan iyo Xareed, iyagana kuwooda waa dansan yihiin, isma waalin ee waxaa ii soo baxday inay run tahay, marka arrinka la ii sheegay kadib waxaan qaatay amarkii uu xalay i siiyay. Waxaan u yeeray Wasiir ku Xigeenka Warfaafinta mudane Cabdiraxmaan Heeloos, waxaana u sheegay in uu warqaddaan beeniyo iyo sifada uu u beeninaayo oo aan u qoray iyana intiiba wuu sameeyay.

Madaxweyne Xaaf isaga oo aan ka degin Airportka Abu Dabai waxaaka horreeyay warka beeninta ah ee warqaddiisa taas oo uu kala kulmay wejigabax ku qasabtay in nimankii uu u socday oo martida u ahaa isku wareeraan oo ka aamin baxaan, aamininna waayaan ilaa Shariif Xasan la hadlay nimankii oo markaa isaga u diray Baabuur, Hotelkana qol uga qabtay.

Madaxweynuhu aniga ayuu i soo wacay habeenkii aniga oo fadhiya barxadda Madaxtooyada ilana fadhiyaan wasiirro badan iskana waraysanayna wixii dhacay iyo warqadda, una sheegay in madaxweynuhu yiri beeni warqadda, laakiin haddana uu UAE aaday oo uu naga qariyay, telkiisana galabkii ilaa maqribkii waxaan wacay dhowr jeer, kaasoo dansanaa mar walbana iga qabanaysay cajalka gabadha carabtaa ee Emaraatka marka uu telku dansan yahay, taas oo aan ku xaqiiqsaday halka Madaxweynuhu joogo, balse markii uu i soo wacay telka aan ka qabtay isaga oo xanaaqsan hadal waxa uu iiga bilaabay; "waa maxay cunuggaan hadlaya oo edebta daran oo yaa u dirsaday warkaan"? anna waxaan ugu jawaabay; "madaxweyne anaa u diray wasiirka in uu warqadda beeniyo, soo adi ima dhihin beeni, maxaa dhib ah oo ku jira haddii uu wasiirku beeniyo", wuu aamusay waxaan waydiiyay;

- "Madaxweyne halkee joogtaa adi hadda"? oo waxaa waydiiyay "telkaagu maanta dhan waa dansanaa ee maxaa dhacay"?
- Waxa uu iigu jawaabay; "waxaan aaday Isbitaal dhegaha taleefoonkuna waa iga dansanaa".

Runtii waan yaabay waana xanaaqay, waxaan si fudud u iri; "waan ku soo waci madaxweyne ee isug qolka ayaan galayaaye" "haye" ayuu iigu jawaabay, anna intaan rag aan la fadhiyay ku soo noqday ayaa waxaan u sheegay 'in Madaxweynihii i soo wacay isagana aan wada hadlayno ee aan kala dheelmano waa inoo subaxii'ayaan ku iri.

Waxaan galay qolkayga aniga oo aad uga xun sida wax u socdaan, waxaana waydiiyay madaxweynaha sababta aad beenta intaa le'eg iigu sheegayso aniga oo madaxweyne ku-xigeenkaagii ah, oo ku kagu kalifaya? markiiba waxa uu u wareejiyay arrinka dhankaa iyo dowladda Federaalka ah, isaga oo ku eedaynaya inaysan siin wax lacag ah oo gaajo noo dileen xumeeyeenna, waxa ay ka shaqaynayaana ay tahay wax qaldan oo aan marnaba loo dul qaadan karin, taasna ay tahay dhibka yaala meesha oo ku jira.

Waxaan u sheegay in aan horay aniga, isaga iyo Cali Gacal ugu heshiinay in haddii nimankaa ay wax na siin waayaan ay muhiim tahay in aan la xiriirno oo annaga qabano, balse ballantii waad nooga baxday, madaxweynaha aad ayuu u xanaaqsanaa, ka dib waxaan u sheegay si arrimahaan loo xalliyo in ay muhiim tahay in aan wada hadalno seddexdeena si arrinkaana xal looga gaaro, waana iga aqbalay, balse waxaan ku heshiinay in aan ku celino si aan u wada hadalno, markii aan ku celinayna waa uu naga qaban waayay taleefoonka ilaa saqdii dhexe oo dambe mar aan keligay ahaa ayuu iga qabtay, haddana ii sheegay in uu waraaq kale qorayo oo arrinka ka noqonayn, balse meel walba ayaa isla kacday habeenkii oo lama seexan, dadka oo dhan way qaylinayeen meel walbana nalaga soo wacayay dad dowladda taageersan iyo kuwo asaga taageersan intaba.

21/09/2017-kii subaxnimo khamiis ah ayaan isku nimid aniga iyo labada guddoomiye oo kala ahaa Shiikhul balad iyo Cali Gacal, waxaana ka wada hadalnay arrinkaan, waxaana isla qaadanay in aan ka hornimaadno, waxaana shirinay Golihii wasiirada oo joogay markaa Cadaado, ka dibna waxaan kala hadalnay wixii caadiga ahaa oo markaa noo yaalay, balse annaga waxaa noo qarsoonaa ajande hoose oo ahaa; 'in aan is difaacno oo dalkeenna difaacno, muujinana waxa aan aaminsanahay si aan ganbad lahayn', halkaa ayaana waxaan ku qabanay shir jaraa'id oo aan uga soo horjeedno in madaxweynuhu Emaaraat taageero, **Waana halka dhabta ah oo ay ka bilaabatay qilaafkii ugu weynaa oo annaga miro dhal noo ahaa**, annaga oo ku faraxsan difaacidda dadkeena iyo dalkeena taas oo sababta kale oo jirtay ahayd inaan is tusnay mar hadii Madaxweyne Xaaf uu soo helo dhaqaale uu xilibaanada siin karo oo nagu ridi karo inuu noo daaheen Aniga iyo Cali Gacal waliba Cali Gacal waayo asaga waxaa ku dhaganaa Xareed oo kursigiisa rabay.

Waxay ahayd maalin qatar ah, waxaa bilowday weji cusub waxaa bilowday burburkii Galmudug, madaxweyne Xaaf waa xanaaqay isna VOA-da ayuu ka hadlay, isaga oo nagu eedeeyay in aan qabiil ahaan ula dagaalayno oo qabiil ku taageerayno Farmaajo iyo Khayre, balse runtu taas maahayn ee waxa ay ahayd in uu na arki waayay annaga oo dhan oo indhaha naga qarsaday, annagana jawaabteennu ay noqotay in aan taa uga aarsano, shacabkii Galmudug waa kala qaybsamay, dad innaga na taageera iyo kuwo isaga taageera, ciidankii sidoo kale waxa uu abaabulay in bannaanbax annaga nalooga soo horjeedo la qabto, isagana lagu taageerayo, dowladda federaalkana waa nala soo xiriirtay, howshiina waa adkaatay.

Madaxweyne Xaaf nimankii Imaraatka waxa ay ku xireen in uu dib u noqdo oo dadkiisa soo saxo, kadibna wax la siin doono, waxa ay soo siiyeen keliya lacag yar oo dhowr boqol oo kun ah oo ay ugu tala galeen safarkiisa, xamarna waxaa ka soo safray oo la soo diray wafdi uu hoggaaminayay Axmed Shariif oo ahaa ninkii horay ugula tartamay kursiga uuna uga guulaystay Madaxweyne Xaaf oo wata qorsha ah 'in Xaaf xilka laga qaado, doonayana in uu abaabulo xildhibaannada', Xaafna waa soo baxay labaduba waxa ay yimaadeen Cadaado, waxaa magaalada soo galay ciidamo badan, waxaa qaybsamay xildhibaannadii oo dhan oo ilaa 55 xildhibaan waxa ay taageereen go'aankayagii iyo inay dowladda la shaqeeyaan, halka dhowr iyo labaatanka xildhibaan oo kalena ay taageereen madaxweyne xaaf.

Waxaa la damcay in wax walba laysku adeegsado, waxaan isla soo galnay dhammaanteen madaxtooyada Galmudug ee Cadaado, taas oo ahayd hal filo oo dhowr qol midkeenba qol ka deggan yahay, waxaa kala qaybsamay ciidamadii na ilaalinayay, qabyaaladdii ayaa xoog badatay, waxaa Xamar ka yimid Xildhibaano badan oo dowladda mucaarad ku ahaa markaana ku felterayay inay kaga faa'iidaystaan furcaddaan dowladda kuna jebiyaan, balse waa suuroobi wayday oo innaga sidii aan wax u rabnay iyo sidii ay iyagu wax u rabeen waa kala duwanayd.

Kooxdii Axmed Shariif hoggaaminayay oo Xamar ka timid waxa ay shiriyeen xildhibaanadii Galmudug, waxayna isla heleen ilaa 55 xildhibaan, waxayna ku qanciyeen inay Madaxaweyne Xaaf xilka ka qaadaan waxaa muuqatay inay u hirgali wayday in shir lagu qabto hoolkii uu baarlamaanku ku shiri jiray, waayo waxaa joogay madaxtooyada ciidamo kala taabacsan Madaxweyne xaaf iyo annaga, marka waxaa ka imaan lahaa isku dhac, sidaa awgeed waxa ay go'aan ku gaareen in hotelka ay joogaan shirka ku qabsadaan, keensadaana guddoonka baarlamaanka si shaqadoodu ugu fusho.

Haddaba maxaa dhacay? Dowladii waxa ay soo dirtay oo kale Taliyaashii ciidamada sida kii qaybta iyo Nisa si ay Cadaado ayaga ugu qabtaan, markii intaa xaalku maraayo waxaa loo yeeray Guddoomiye Cali Gacal in uu soo baxo yimaadana Hotelka, markaa ayuu Guddoomiye Cali Gacal u yeertay taliyihii NISA kana codsaday in uu qaado, ujeeddada iyo hadafka dhan maaha wax qarsoon oo waa wax la wada og yahay, qof walba arkayo, markaa taliyihii NISA waa cabsaday oo waxa uu is yiri; 'haddii aad qaado Cali Gacal amaa isku dhac ka yimaadaa', markaana waxa uu diiday in uu Guddoomiyaha qaado, isaga oo u sheegay in isku dhac ka imaanayo ciidamada kala duwan ee beledka jooga, halkaa waa meesha ay ka soo baxday ereyga ah; "waan xiranahay" oo Guddoomiye Cali Gacal uu ku eedeeyay in uu u xiran yahay Madaxweyne Xaaf, idaacadahana ka sheegay, maalinkii dambe ayuu madaxweyne Xaaf u yimid guddoomiyaha kuna yiri' "maxaad beenta iiga sheegaysaa oo u leedahay Xaaf baa I xirtay"isna waxa uu yiri;"adaa I Xirtay" ilaa loo yeeray Sarkaal ka tirsanaa ciidanka NISA laguna magacaabo Shariif, markii la waydiiyayna uu sheegay in uu isagu arrinkaa sameeyay eeddeedana leeyahay.

Markii xildhibaanadii iyo kooxdii Axmed Shariif ogaadeen in arrinku meeshaa marayo waxa ay samaysteen Guddoon ku-meel-gaar ah oo baarlamaanka dhexdiisa ah ka dibna waxa ay dood iyo cod galiyeen madaxtinimada Madaxweyne Xaaf, waxa ay u qaadeen cod kalsooni kala noqosho ah, kaas oo ay sheegeen in kalsoonidii madaxweynenimo kala noqdeen Madaxweyne Xaafiyo saaxiibkiiis Xareed Cali Xareed oo ahaa guddoomiye ku xigeenka koowaad ee Baarlamaanka isla markiina waxaa arrinkaa taageeray wasiiru-dowlaha wasaaradda arrimaha Gudaha oo caddeeyay in kalsooni kala noqoshada madaxweynaha ay tahay mid sax ah.

Waxaa markaa ka dib dhacay in Xildhibaanadii joogay magaalada oo federaalka ahaa ay isu dayaan inay noo kala dabqaadaan Madaxweyne Xaaf iyo annaga, iskuna dayaan in heshiis ay nakala dhex dhigaan, balse kuma guulaysan, annaga oo u sheegnay inay hal dhinac yihiin, ayna muhiim tahay in dhinacii kale yimaado, taas oo aan u baahanahay in si sax ah loo wada hadlo, balse kuma aysan qancin arrinkaa, waxa ayna u sheegeen Madaxweyne Xaaf in uu xiro Airport ka si aysan u imaan xildhibaanadaa iyo wasiirada ka socda dowladda, isna waxa uu qoray waraaq uu ku sheegayo in Airpor-ada Galmudug xiran yihiin wax imaan karana jirin, anna waxaan sameeyay markaa in aan waraaq kale ka soo daba saaro kuna sheegayo in aan ahay kusimaha madaxweynaha Galmudug, arrinkaa ayaa aad waxaa uga xanaaqay oo shir jaraa'id ka qabtay xildhibaanadii xamar ka yimid ee madaxweyne Xaaf iyo taageerayaashiisa iyaga oo kaashanaya shacabkii, odayaashii iyo maamulkii Degmada Cadaado intooda badan.

Xaaladdii ayaa cirka isku sii shareertay, talaa lays ku la noqday annagii waxaan bilownay dood aan gambasho lahayn, waxaa jirtay cabsi badan oo aad ah, loona qabay in isku dhac yimaado, waxaa nala soo hadlaayay dhammaan siyaasiinta na yaqaanay oo dhan qabiil walba oo ay yihiin, iskuna dayayey inay nagu qanciyaan in aan ka hor imaanno dowladda, balse waan ka diidnay, Madaxweynayaasha maamullada, rag caan ah iyo siyaasiin kale intuba waa nala soo hadleen, balse kama aynaan yeelin, markii la arkay in talada meel nooga go'an tahay ayaa Xaaf waxaa lagu qanciyay in uu isna dhaho; 'Madaxweyne ku-xigeenka iyo Guddoomiyaha Baarlamaanka xilka ayaan ka qaaday' markaa ayaa waxa uu bilaabay abaabul.

Ka dib waxa uu sameeyay in dhowr iyo labaatankii xildhibaan oo la jirtay iyo kooxdiisa isku yimaadaan goor habeenimo ah hoolka madaxtooyada oo shir beenbeen ah allifaan, iyaga oo markaa shacabkii taageersanaa qaar ka mid ah ay halkaas keenaan oo ay dhahaan; "waxaan xilka ka qaadnay Madaxweyne ku-Xigeenka iyo Guddoomiyaha Baarlamaanka". Iyaga shirkaas waxaa u guddoominaya Xareed oo horay xildhibaannadii kale xilka uga qaadeen oo aan sidiisaba markaas sharci ahayn.

Dhibka iyo abaabulka ma yareyn, waxaas oo siyaasad ah waxaa garab socday isku sheegasho awood ciidan oo dhinacyo badan oo kala duwan ka imaanayay, waxaa Gaalkacyo uu ka soo abaabulay Liibaan Cabdullaahi Shuluq oo markaa hawsha la waday Axmed Shariif ciidan aad u badan uuna doonayay in uu soo galiyo magaalada cadaado, iyada oo dhanka kalena uu Xaaf ciidanka daraawiishta isna abaabulayay iskuna dayay dhowr jeer in uu weeraro Hotelka uu deggenaa Axmed Shariif, balseu suuroobi wayday.

Waxaa dhacday in ciidankii soo socday markii ay soo marayaan Galinsoor ay ka hortagaan xildhibaanadii xamar ka yimid, ka dibna ay halkaa ku celiyaan kuna qanciyaan inay ku noqdaan meeshii ay ka yimaadeen, taas oo dood dheer ka dib ciidankii aqbalay, halkaana ay ku qasaartay lacagtii lagu qarash gareeyay ciidankaas oo ahayd mid aad u badan.

Arinkii cirkuu isku sii shareeyay dacwad iyo looyaro ayaa la qabsaday, qori iyo nin iyo tabartiis ayey noqotay, nin walba ciidamo la qabiil ah ayuu u yeertay, waxaa muuqatay in nolosha sii adkaanayso, haddii hal cunug ay ka fakato hal xabbana xaaladdu gaarayso meel aan waxba laga qaban karin, ka dib Madaxweyne Xaaf waxa uu ku fekeray in uu u yeerto nin hadda ka hor Galmudug ka ahaan jiray Guddoomiye Maxkamad Sare, balse intii uu madaxweyne Xaaf joogay aan shaqayn oo isagu uusan aqbalsanayn, laakiin markaan daruuf ayaa badday, oo waxa uu damcay in uu u sameeyo barnaamij uu tii isaga xilka looga qaadayna dhahayo waxba kama jiraan, tii annaga xilka waa looga qaaday la yirina uu sharci ka dhigayo.

Mudane Yaxye oo ahaa guddoomiyihii hore ee Maxkamada Sare ee Galmudug markii uu yimid waxa uu la shiray Madaxweyne Xaaf, lacag ayuuna ka qaaday, dhanka kalana waxa uu la shiray annaga rag kalaana lacag siiyay, markii labadii dhinacba uu lacagta ka cunay ayaa inta uu gaari laylo calaawi ah raacay oo u jihaystay dhankaa iyo caabudwaaq markii uu magaalada ka baxay meel duur ah shir jaraa'id ku qabtay, kaas oo uu leeyahay; "dhammaantood xilka ayaan ka qaadnay oo waa sax sifada lagu cayriyay oo waan kala diray waana halka ay ku baxday oraahda ah "Kala Dire", xilkana waxaa sii haynaya Guddoomiye ku-xigeenka labaad ee baarlamaanka", halkaana ka aaday caabudwaaq diyaaradna ka sii raacay una dhoofay muqdisho.

Arrinkii waa soo kululaaday, Emirate iyo waxaa soo galay Madax Goboleedyadii, wax la qabto ayaa la garan waayay, dowladda federaalka dagaalka toos ayay ugu jirtaa, waayo dhinacii ka soo horjeeday ayaa soo galay, Axmed Madoobe ayaa soo abaabulay feker ah shir ayaan ku qabanayaa kismaayo Madaxda Galmudugna aniga ayaa isku keenaya oo heshiisiinaya, balse annagu waa ka diidnay, waayo sababtu waxa ay ahayd 'waxaan ogeyn in uusan daacad ka aheyn, lana jiro Xaaf, kadib markii aan shirka ka diidnayna iyagaa shir ku dhawaaqday, waxaana aaday Xaaf iyo xulufadiisa, ka dibna halkaas ayaa waxa ay uga dhawaaqeen Madal ay ku midaysan yihiin Maamul Goboleedyada, ayna Guddoomiye uga dhigteen Madxaweyne Cabdiwali Cali Gaas 11/10/2017 halkaasna waxaa ka sii caddaatay in la kala tagay waxna laysku hayn.

Si walba ha ahaatee Xaaf waxa uu ku soo noqday Cadaado, waxa uu isku dayay si walba oo uu meesha nooga saari karo, laakiin uma suuroobin, waxaa kale oo garab socday isaga oo isku dayaayay in uu Ahlusunna hadal la furo oo Macallin Maxamuud la heshiiyo, waxaa kale oo garab socday isaga oo dowladda iyo beesha caalamka la hadlaayay iskuna sheegaayay in uu ka haraayo Emirate, Cabdiwali Gaas iyo Axmed Madoobe, muddo xoogaa ka dib dowladda ayaa wada hadal la furtay, waxayna ku heshiiyeen in uu Xamar yimaado wuuna aqbalay, annagana waxa ay noo sheegeen in aan wada hadlayno Xaaf, Xamarna nimaano oo na dhex galayaan, waxaad mooddaa in qof walba godkiisa biyo ugu galeen oo aad loo daalay, taana waxa ay qasabtay in annaga iyo isagaba aqbalno wada hadalka ay dowladda federaalka noogu baaqday.

Waxaa kale oo isna xamar soo aaday Axmed Shariif iyo dadkii la socday, taas oo keentay in Muqdisho ka bilaabato wadahalka Xildhibaanadii riday Xaaf iyo kuwii federaalka garabkii annaga nala jiray, Xaaf iyo taageerayaashiisa iyo annagaba waxaa isugu kaaya yeeray dowladda federaalka, waxaa si gooni ah u wada hadlay madaxda dowladda federaalka iyo Xaaf, waana heshiiyeen kuna heshiiyeen.

- In uu ka haro Emirate iyo Maamul Goboleedyada dowladda ka soo horjeeda.
- In isaga iyo annaga nala heshiisiiyo, hawshiisiina caadi u wado.
- Iyo in Dhaqaalihii Galmudug ka maqnaa la siinayo.
  intaana wuu aqbalay,

Balse Madaxweyne Xaaf hoos ayuu arrin kale ka watay waxa uu rabay in uu dowladda la heshiiyo, laakiin marnaba diyaar uma ahayn heshiiska Aniga iyo Guddoomiye Cali Gacal oo waxa uu hoos ka watay heshiis ay IGAD gar wadeen ka tahay oo ASWJ uu ku la heshiinayo, ujeedka u dambeeyana yahay in uu Aniga iyo Cali Gacal nooga takhluuso, balse annaga ma aanan fahansanayn arrinkaa mana ogeyn.

Iyada oo ay jirtay dacwo socotay oo aanu looyaro u qabsanay; ayaa waxaa loo yeeray annaga, waxaana nalaga codsaday in aan Xaaf la heshiino iyada oo nala yiri; "Waa inaad adinka iyo xildhibaanadiina Xaaf la heshiisaan oo joojisaan dacwadda aad waddaan, waxaana doonaynaa in aan isku kiin keeno".

Waxaan u sheegnay Xaaf in si sharci ah loo riday oo ay rideen 55 xildhibaan, annagana hadda waxba ka qaban karin, waxa ku dheggana ay yihiin xildhibaanada, loona baahan yahay in xildhibaanada iyo iyaga la heshiiyaan oo u yoortaan, wayna naga aqbaleen, ka dib waxaa nagu kacay buuq aad u badan oo ka imaanayay xildhibaanadii garabkeena ahaa, iyaga oo aaminsan in hoostooda laga baxay Xaafna lala heshiiyay, balse shir ayaan isugu yeernay, waxaana u sheegnay inay guddi soo xushaan, waxayna soo qabsadeen guddi ka kooban 20 xubnood, guddigaas ayaa waxaan u gaynay Madaxweynaha iyo Raysalwasaaraha, waxayna u sheegeen inay doonayaan Galmudug mid ah oo heshiis ah Xaaf iyo iyaguna heshiiyeen doonayaana Madaxweyne Xaaf iyo iyaga xildhibaanada ah inay heshiiyaan iskana illoobaan in Xaaf si sharci ah xilka uga qaadeen, balse arrinkaa isaga ah waxaa ka biyo diiday xildhibaanadii qaarkood oo madaxda ku yiri; "annaga Xaaf waa ridnay, manala heshiinayno mana aaminayno, marna na dayn maayo, sidaas awgeed arrinkaa ma yeeli karno" kadibna sidaas ayaa lagu kala tagay.

Waxaa isku soo noqday annaga iyo madaxdii dowladda, waxayna noo sheegeen in xildhibaannada annaga xukuno ay muhiim tahay inaan annaga la hadalno kuna qancino heshiika aan wax ka qaadanay, taasna waa aqbalnay, intaan xildhibaannadii ku noqonay ayaa waxaan u sheegnay inay arrinkaa uu sax yahay, iyagana way naga aqbaleen qaarkood wallow ay jireen qaar naga diiday, intaa annaga ku maqnayn xildhibaanada Madaxweyne Xaafna hawshiisa ayuu hoos ka watay oo waxa uu aaday Nairobi si uu ASWJ ula soo heshiiyo, balse annaga iyo dowladaba waa naga qariyay waxa uuna dowladda ugu sheekeeyay in uu Nairobi u aadayo arrimo caafimaad.

Kadibna Raysalwasaaraha ayaa maalinkii dambe saddexdeenii isugu kaaya yeeray si uu noo heshiisiiyo, laakiin waxaa dhacday markii heshiiskii dhamaaday oo in lays cafiyo Galmudugna loo wada shaqeeyo ku heshiinay in uu Xaaf meesha ka sheegay in uu rabo in uu Djabouti aado oo heshiis la soo galo ASWJ, arrinkaas waxaa si cad uga horyimid raysalwasaaraha ilaa uu ku dooday ani maxaa iga rabtaa nin wayn oo oday ah baan ahay, oday ku dhali kara baan ahay, madaxweynahu waa ii oggol yahay isna raysalwasaaruhu ujeedkiisu waxa uu ahaa oo aaminsanaa in haddii la heshiinayo Xamar uu ka dhaco heshiiska ama haddii Soomaali wada hadlayso Soomaaliya lagu wada hadlo, bacdal tacab wuu u oggolaaday in uu aado Djabouti, shirkaasna ka qayb galo.

Anigu markii aan arkay xaalku in uu halkaa marayo ayaa waxaan iri; anna waan raacaya Madaxweyne Xaaf, ka dibna waa la ii oggolaaday inaan raaco laakiin waxba kuma lahayn qorshaha, waxaa kale oo raysalwasaaruhu sheegay in qof wasaaradda arrimaha Gudaha ka socda uu na raaci doono, waana nalagu daray, markaa ayaanu halkaa ka aadnay Dalka Djabouti, balse Djabouti maxaa ka dhacay.

2. Heshiiskii DJabouti Ee Galmudug iyo Ahlusunna Waljamaaca.

Sidii ballanku ahaa; Subaxnimadii markii aan nimid Airporka Aden Cade oo aan fuulnay diyaaraddii Turkish Airline; ayaa Xaaf waxa uu arkay wasiirudowlihii Wasaarada arrimaha Gudaha Cabdullaahi Weheliye oo diyaaradda saaran, markiiba Madaxweyne Xaaf waa uu xanaaqay, maxaa yeelay, markii xildhibaanadu Xaaf xilka ka qaadeen; Wasiir Weheliye waxa uu ahaa ninkii soo saaray warqaddii caddaynaysay in xilka laga qaaday, ciilkii ayuuna u qabay, balse dagaal iyo dood dheer oo diyaaradda dhexdeeda ah waxaan isla tagnay Djabouti iyo hotelkii aan ku dagaynay nin walbana waxa uu dagay qolkiisii.

Habeenkii ayaa waxaa ka yimid Nairobi Shiikh Shaakir, Cabdisamad, waftiyadii ka kala socday IGAD iyo Somali Stabilty Fund (SSF) oo iyadu maalgelinaysay Barnaamijka, waxa ay noqotay in markii hore Macallin Maxamuud damco in uusan imaan, balse waxaa lagu soo qasbay in uu yimaado oo maalinkii dambe ayuu asna yimid.

Arrimahaas socda oo dhan wasiirka arrimaha Gudaha oo ahaa Juxaa raali kama aha, waayo waxa ay isku dhacsan yihiin Raysalwasaare Khayre oo markii la'aadayay Djabouti ayaa waxa uu aaday safar dibedda ah, laakiin annaga war kama hayno,

Aniga shaqsiyan waxaan ahay nin tareenka gadaal kala soo qabsaday oo aan wax badan la socon, Xaaf iyo inta la socotana badidood iskuma calool xaarnin oo waxaan nahay raggii shalay is dagaalay oo aan weli si dhab ah u heshiin, balse isla habeenimadii waxaa ii waramay dad xog ogaal ahaa oo Meesha joogay oo ii sheegay shirka meeshaan lagu qabanayo inay ka horreeyeen shirar kale oo ka dhacay Nairobi,oo uuna u malaynayo in wax uun la isku soo afgartay, balse isagu waa la dhacsan yahay dhanka ASWJ, waayo waxa ay saaxiib dhow yihiin Cabdisamad.

Markaa ayaan waxaan u yeeray nimankii IGAD ka socday oo aan ka garanayay Jamaal oo ahaa wakiilka IGAD ee Soomaaliya, waxa uu iigu yeeray Cabdikariin oo isna ahaa lataliyaha IGAD ,Dr Guuye oo ahaa Ambassador, oo joogay meesha iyo Cabdixakiin oo ka socday SSF, waxa ay ii sharraxeen wixii ay horay u soo qabteen oo dhan, taas oo aan horay la iigu sheegin, iyaga oo iiga dhigaya si caadi ah wax walba oo lagu heshiiyay aan la fulin karin, oo iyaguna Goobjoog iyo marqaati ka ahaanayaan, midda kalena iyagu yihiin cidda dhaqaalaha heshiiska bixinaysa.

Arrinkaas aniga si sax ah iima galin, waxaana ahaa qof kali ah, haddana aan saxiix ku lahayn meesha, maadaama un aan ku xigeen ka ahaa ayaa waxaan go'aan ku gaaray in aan si gooni ah u waraysto Cabdixakiin iyo Jamaal oo IGAD iyo SSF ka socday, inkastoo iyaga ruuxoodu sidii ay moodayeen si aan ahayn ay gadaal ka noqotay, waxa ay ii ballan qaadeen in aan qodabadaan isla ogaano.

- In heshiiska isla tifaftirno inta aan la saxiixin.
- In markii Soomaaliya lagu noqdo in la qabanayo guddi 2da dhinac ah oo howsha lagu heshiiyay fulinaya.
- In iyagu mas'uul ka yihiin heshiiska, oo aan qodobna lagu xadgudbi karin.

Intaa markaanu isla garanay ayaa heshiis la keenay, dagaal iyo dood badan oo xataa dhowr jeer aniga iyo Cabdisamad gacanta isla gali gaarnay, waxaa lagu heshiiyay afar iyo toban qodob, iyada oo ayna meeshaa goobjoog ka ahaayeen dad badan oo ay ku jireen wasiirro iyo safiirka dowladda Djabouti u fadhida Soomaaliya, dowladda Djabouti ruuxeedana waxa ay qasbaysay in wax uun lagu heshiiyo, iyada oo maalmihii aan meesha joognayna ay badnaayeen markii heshiiskaa dhacay ka dibna naloo geeyay si aan u salaamo Madaxweynaha Djabouti Ismaaciil Cumar Geelle markaa ka dibna waxaan u soo anbaxbaxnay magaalada Muqdisho.

Maalinkii heshiiska markii idaacadaha laga arkay labo maalmood ka dib ayaan soo baxnay, Soomaali waxba uma kala qarsoonee waxaa la ogaaday waxa aan ku soo heshiinay, markii aan imid oo aan ku soo degay hotelkaan deggenaa waxaa buuq kiciyay dhammaan beeshii aan ka dhashay ee mareexaan, iyaga oo dood ka qaba xilka madaxa xukuumadda ee lagula soo heshiiyay ASWJ in uu qaato sheikh Shaakir, iyaga oo aaminsanaa in Madaxweyne ku xigeenka magaciisa sidaas ku baaba'ayo laakiin ani taas iima muuqan waana ka diiday iyaga oo dhan balse tooda ayay u dhawaatay markii dambe.

Kulankii koowaad waxaan la yeeshay xildhibaannada federaalka, kuwa Galmudug, wasiirrada iyo dhammaan siyaasiinta ka soo jeedda Galmudug ee beesha Sade, kuwaas oo igu haysteen "sidee u aqbashay arrinkaan" anna waxaan u sheegay arrinkaan aniga in uusan aqbalid iyo diidmo midna iiga baahnayn, laakiin hadda haddii aad leedihiin 'maxaad meesha u joogtay waa gaar, laakiin aniga oo aanba joogin ayaa arrinkaan horay nayroobi looga heshiiyay oo ay ku soo heshiiyeen, waxa Djabouti loo yimidna uun ahayd saxiix, taas oo aniguna markaan raacayay aan ku raacay qasab, marka arrinkaan haddii uu xun yahayna waan wada diidaynaa, haddii uu caadi yahayna waan wada qaadanaynaa ee iska daaya waxba haku daalinee', sidaas ayaana ku qanciyay siyaasiintii kala duwanayd.

Ka dib waxaan is aragnay Madaxweynaha iyo Raysalwasaaraha, aniga, Xaaf iyo Cali gacal, waxaan ka wada hadalnay arrinka iyo heshiiska la soo gaaray, runtii raysalwasaaruhu wuu naga indha dheeraa, waxaana u malaynaa kolleey in uu hayey warbixinno kale oo ka duwan warbixinta aan hayno, waayo wasiirkiisa iyo dadyow kale ayaa u waramayay, waxa uuna ka war hayay qaab fekerka Xaaf iyo ASWJ, aad ayuu u dhaliilsanaa heshiiska, maalinkii horena aadidda Djabouti aad ayuu u dhaliilsanaa, waxa uuna igu celceliyay oo I waydiiyay in ka badan labo jeer raali ahaanshahayga heshiiska, anna waxaan u sheegay 'haddii sida aan ku soo heshiinay loo fuliyo in uu dhib lahayn, laakiin haddii si kale loo dabbaqo uu dhib leeyahay, taas ayuuna ku qancay balse maxaa dhacay.

Waxaa meesha ku jiray dad badan oo qiyaano iyo laqdabo watay oo uu ugu horreeyo Cabdisamad, waxa uu markii koowaad jabiyay ballantii heshiiska oo ahayd 'in la qabto laba guddi oo labada dhinac ka kala socda' waxa uuna sameeyay Juxa oo dowladda ku kacsanaa isaga iyo Xaafna saaxiib la'ahaa inta ay u yeerteen ayaa waxa ay la hoos galeen in uu waraaq Cabdisamad ugu qoro Beesha Caalamka oronaysa; 'Cabdisamad waa wakiilka heshiiska Galmudug iyo ASWJ' arrinkaas oo aan anna la igala tashan raggii IGAD iyo SSF-na aan lagala tashan. Markii aan maqlay arrinkaas aad ayaan u xanaaqay, waana halka aan ogaaday in qiyaano iyo laqdabo socoto, iyada oo dadka hadaladoodana aan sii maqlaayay, waxaa kale oo iyana bilaabmay buuq ka kacay Cadaado oo ahayd xaruntii aan ku shaqaynaynay, waxaa kale oo dhacday si boobsiis ah in madaxweynaha loo hoos galiyo laguna yiraahdo heshiiska aan dhaqso saxiixno kuna saxiixno madaxtooyada, madaxweynuhuna aqbalo una yeero beesha caalamka, taas oo iyana ahayd qiyaano, annaguna wax talo ah ku lahayn oo aan nalagala tashan.

Halkaa markii ay joogto oo galabkii xafladdii laysugu yimid, habkii loo abaabulay iyo habkii loo waday habmaamuska xafladda waxaa soo baxday in dano gurracan meesha ka socdaan, waxaa la qariyay ama meesha laga saaray dhammaan hab-maamuskii aan ku lahaa meesha nooc walba oo uu yahay, wixiina waxaa laga dhigay wax dad qaas ah leeyihiin, waxaa lagu wayneeyay oo lagu buunbuuniyay ASWJ iyo Sheikh Shaakir, markaa waxaan dareemay wax dad badan ii sheegayeen oo ay kow ka ahayd;' dadkaan inay doonayaan inay qariyaan magaca Madaxweyne ku-xigeenka, ujeeddaduna tahay in labada jagoba laysku qaato oo hal beel ah haysato'.

Balse ujeeddada ASWJ waxa ay ahayd mar walba; 'dibi cadde iyo dibi guduud inay naga dhigaan annaga iyo Xaaf, oo isaga inta uu haysto qalinka isticmaalaan, ka horna annaga meesha naga saaraan, ka dibna isaga naga daba keenaan', maaynaan fahansanayn, laakiin dowladda ruuxeeda waxaa u muuqday fursad ah; haddii ay jirto in ay Xaaf awoodda kala wareegi karaan, xariirna la samaysan karaan ASWJ oo halkaa Xaaf daaqadda uga bixi karo, balse ASWJ waxaas uma muuqan ee waxa ay raadinayaan waxa ay ahayd inay afkaartooda ku qabsadaan Galmudug, ka dibna waxaa ku jiray damac ah; sidii ay Soomaaliya oo dhan ugu soo gudbi lahaayeen oo dalka oo dhan u qabsan lahaayeen, balse kama ayan fekerin sida dhabta ah.

Waxaa iyana dib shirar u bilaabay xildhibaanadii iyo senetaradii ka soo jeeday Galmudug ee Dowladda Federaalka ka tirsanaa, iyaga oo dareemay waxa jira iyo halka arrinku maraayo kiciyayna buuq, anna waxaan ku noqday dad badan saaxiibo ku ahayn siyaasadda, waxaan ka tashanay xaalka waxaana noo muuqday sidii ay howshu u socoto halkaa waxaa ka bilowday xulafaysi iyo kala qaybsanaan ayagoo xilibaanada federaalka ah ee reer Galmudug arkayeen in Madaxweyne Farmaajo la dhacsan yahay ASWJ, Xaafna qiyaamayaan ayay buuqooda sii kordhiyeen laakiin howshana halkaa ka wadeen..

3. Safarkii Madaxweynaha Ee Galmudug.

Waxaa soo baxday in madaxweynuhu rabo in uu safar u aadayo Galmudug, Cabdisamad oo isticmaalaya awooddii la siiyay ayuu Dhuusamareeb aaday si uu u diyaariyo soodhawaynta madaxweynaha, Wasiir Juxa xilkii ayaa laga qaaday oo Sabriye ayaa lagu beddelay, Xaaf iyo Aniga waxaan ku qasbanahay in aan Galmudug aadno oo madaxweynaha ku soo dhawayno, Xaaf waxa uu ka cabsaday aaditaanka Cadaado maaddaama ay dhowr shir oo heshiiska looga soo horjeedo si cad u qabteen, iyaga oo ku doodaya 'in heshiis aysan qayb ka ahayn aan lala heshiin karin ASWJ'. Halkaa markii ay joogto madaxweynihiina aaday Puntland ayaan Xaaf waxaan ku tashanay in aan Cadaado aadno, isaga oo doonayay in uu Gaalkacyo toos u aado ayaan ku iri; 'maya Cadaado ayaan tagaynaa, halkaas ayaana odayaasha ku la hadlaynaa, kadibna adigu Gaalkacyo u gudub anna Cadaado idinku sugayaa' sidaa ayaana yeelnay.

Markii aanu Cadaado tagnay maalinkii koowaad odayaashu badi nama soo dhawayn, waayo waxa ay aad uga xanaaqsanaayeen heshiiska lala galay ASWJ, kadib waxyaabaha la yaabka ah oo dhacay waxaa ka mid ahaa; 'in Galabkii aan odayaashii u yeernay in aan la hadalno markii ay noo yimaadeen oo soo fariisteen waxaa dhacay laba arrimood oo aad loola yaabo'.

1. Odayaashii markii ay xaafiiska fariisteen waxaa iga hormaray madaxweyne Xaaf oo xaafiiska ugu galay anna waxaa ii yeeray nin oday ah oo igu yiri; 'madaxweynaha iyo odayaashii ayaa xaafiiska ku jira ee u tag', markii aan u soo galay ayaa madaxweynuhu ila hadlay, waxa uuna yiri' 'waxaan ka hadlaynaa arrimo reer qumis ah ee na sug!!' waxa ay igu noqotay waxaan aad ula yaabo oo waligay aan kala kulmin madaxweynihii isaga ka horreeyay ee Cabdikariin, waayo mar walba oo waxa laga hadlayo shaqo tahay madaxweyne Cabdikariin waxba nooma kala soocnayn waloow madaxweyne Xaaf uu yahay nin oday ah oo aan lala yaabayn oo iska kaabbo qabiil ah ana kalsooni uu igu qabo darted ku kaliftay inuu saa ii la hadlo.

2. Odayaashii markii ay qayliyeen waa taqaan reer mudug oo buuq iyo yeeli mayno ku dhaheen madaxweynihii inta uu xanaaqay ayuu ku yiri; 'waxaa tihiin garan mayo iyo sabab aad Dhuusamareeb kaga masayrsan ee baxa taga' odayaashii inta ay xanaaqeen ayay iyagiina baxeen.

Waxa ay ahayd laba arrimood oo aad loola yaabo, siina kiciyay buuqii, isla markiina wuu baxay oo waxa uu aaday Gaalkacyo si uu Madaxweyne Farmaajo Gaalkacyo ugu soo dhaweeyo. Markii uu baxayna waxaa ii soo noqday odayaashii oo igana raaligaliyay hadalkii uu igu yiri madaxweynaha ana waxaan u sheegay waxaas inaysan dhib lahayn.

Runtii waxa ay ahayd waqti aad u adag oo duruufuhuna adkaayeen, Galmudugna wax weyn oo yaalla aanay jirin marka laga reebo sharciyadda iyo magaca. Maamulkii oo hoos u dhacay iyada oo ASWJ ku fekerayso in maamulka oo dhan ay liqdo, arrinkaana ka shaqaynayaan Cabdisamad iyo dhowr qof oo qaraabadiisa ah, waliba isaga oo markaas wasiiru-dowlihii arrimaha Gudaha dowladda federaalka hoosta gashaday, Xaafna ay ka taagan tahay; 'ilaahow Cadaado iyo Maxamed Xaashi iyo Cali Gacal ku dhaafi ayaa waxaa Cadaado soo gaaray wafdigii uu hoggaaminayay Madaxweynaha Dowladda Federaalka, ka dibna waxa ay qaabileen bulshadii, balse odayaashii Cadaado weli ma qancin, waayo iyaga ujeedkoodu waxa uu ahaa; 'in wax la siiyo ama Galmudug aysan ka guurin Cadaado'.

Intaa kadib xildhibaanadii iyo wasiiradii ka soo jeeday beesha Habargidir ayaa waxa ay codsadeen inay si gooni ah ula shiraan oo uu hoggaaminayay Wasiirka Arrimaha Gudaha oo markaa Cusbaa, dood dheer ka dibna waa la heshiin waayay oo waxa ay odayaashu soo is taageen in wax cad loo sheego, wax cadna oo markaa reer cadaado lagu qanciyo ma muuqan, waayo heshiiskiiba sidii la rabay uma dhaqan galin wali, si walba ha noqotee madaxweyne Farmaajo waa isaga soo tagay odayaashii oo weli xanaaqsan, sidaas ayuuna Dhuusamareeb ku yimid.

Ka dib waxaa la soo aaday Dhuusamareeb markaa nimidna, halkaa waxaa ka bilowday wixii ii muuqday iyo bahdilaad in lagu sameeyo kooxdeenii, haddi ay noqon lahayd dhinac walba, habmaamuuskii iyo deegaankii intaba, waxaa soo baxday in Xaaf iyo iyagu kaliya is wataan, sidii ay dad badan qabeena annaga meesha nalaga saaro, hadday noqon lahayd in la sheego magacyadeena, hadday noqon lahayd in la isku dayo in aan nala fariisin meelaha fiican iyo waliba meelaha aan xaqa u leenahay iwm.

Waxaan u tagnay madaxweyne Farmaajo waxaan u sheegay in xafladi soo dhowdahay in sida wax u socdaana aanan ku qanacsanayn, sidaa owgeedna loo baahan yahay in uu khudbaddiisa ku darsado in heshiiskaan ay hoggaaminayso wasaaradda arrimaha Gudaha, laba guddina la magacaabayo oo ka soo kala jeeda Galmudug iyo ASWJ, balse dadka meesha maraya qorshahaas uma socdaan ama maba rabaanba asna ma fulin.

Markii ay yimaadeen beesha caalamka iyo madaxdii kale oo dhammaan meesha joogtay haba yaraatee hab-maamuuski aan lahayn nalama siin, waxa ii soo baxay in dagaal kale socdo, anna waxaan qaatay go'aanah in arrinkaan aan ka dhiidhiyo, balse waxaa jiray dad iska dhigaya inay iyaga la jiraan anna ila jiraan oo laba aflaynayay, meeshii ayaan waxaan ku la kulmay wafdigii IGAD ka socday, waxaana u sheegay in aan ku qanacsanayn sida ay wax u socdaan, waxaya ii balan qaadeen; 'haddii heshiiska sidii aan ku ogayn wax laga beddelo inaysan taageereyn', taasna waxay kow ka tahay waxyaabaha fashiliyay heshiiskaan.

Waxyaabaha ismaandhaafka keenay oo ii muuqday ayaa waxaa ka mid ah; in hoggaanka ASWJ uusan welagiis arag rag wax la leh oo dadkii iyaga la joogi jiray uun wax u yeerin jireen, marka waxaa la yaab ku noqotay arrinka aan ka hadlayno iyo dareenka aan muujinayno intaba. Cabdisamad waxa uu iska dhigayaa nin doonaya in uu i qanciyo, laakiin dhibku yahay Hoggaanka ASWJ, balse waa beentiis oo waxa dhibka wada oo dhan waa isaga.

Wali waxaa taagnaa buuqii Cadaado oo aan degin, beeshii caalamkana way imaanaysaa meeshaa, waana foolxumo wax kala qaybsan oo muuqda, markaa ayaa mar kale xildhibaanadii iyo senatoradii iyo wasiiradii dib ugu laabteen Cadaado inay soo qanciyaan, balse kuma aysan guulaysan, waxayna sameeyeen inay kala qaybiyaan oo dhahaan; "intiina Saleebaanka ah ma aadi kartaan Dhuusamareeb" halkaas oo ay ku hareen xildhibaanadii, senetaradii iyo wasiiradii ka soo jeeday beesha Saleebaan, iyaga oo odayaashooda qancinaya dadka intiisa kalena ay dib Dhuusamareeb ugu soo noqdaan si ay uga qayb galaan xafladda.

Waxaa dhamaatay xafladdii waxa uu madaxweyne Farmaajo sii watay safarkiisii, isaga oo Guraceel, Balanbale, Xeraale iyo Caabudwaaq sii aaday, markii uu madaxweynuhu tagay caabudwaaq waxaa la socday Xaaf iyo Shaakir labadaba, hawshii soo dhawayntana markaa anaa door fiican ku lahaa, ka dibna waxa uu u dhacay habmaamuusku sidii loogu tala galay.

4. Caabudwaaq

Madaxweyne Farmaajo Caabudwaaq waxa uu joogay dhowr maalmood, waayo waa meesha uu ka soo jeeday una baahnayd in uu wax badan ka qabto oo u badan dib u heshiisiinta, taas oo uu si aad ah ula kulmay bulshada qaybaheeda kala duwan oo odayaashu ugu horreeyeen waxa aan samaynay oo amarkiisa ku samaynay laba kooxood oo kala ahaa:
1. Odayaal Gaaraya 25 oo ka kooban afarta waaxood ee wax loo qaybsado ahna odayaasha beesha, uguna magac darnay Guurti una samaynay guddoomiye Guurti iyo kusimaha Ugaaska.
2. Waxaa kale oo aan samaynay guddi isugu jira Xildhibaano, Wasiirro Galmudug ka tirsan iyo dhalinyaro qurbajoog ah oo ka shaqeeya nabadaynta iyo Xasilinta waqooyiga Galgaduud.

Runtii labadaa arrimood iyo ducada uu u duceeyay madaxwayne Farmaajo magaalada Caabudwaaq waa ku baraartay oo waxaa la dhihi karaa waxaa ka dhacay nabad fiican oo lagu negaado, isaga oo una ballan qaaday in uu u kala qaadayo magaha dhexdooda ah qaarna isagu ka bixinayo.

SAXIIXA GOLAHA GUURTIDA BEELAHA SADE

1. Ugaas Axmed Cali Bare Taakooy. Ugaaska Beelaha Sade.
2. Xasan Cilmi Jaamac. Gudoomiyha Golaha Guurtida.
3. Xaaji Muuse Geele. Gudoomiye k/Xigeenka Golaha Guurtida.
4. Yuusuf Warsame Ducaale. Nabadoon.
5. Cabdullaahi Xasan Ducaale. Nabadoon.
6. Maxamed Ibraahim Cali. Nabadoon.
7. Cabdiraxmaan Aadan Uureey. Nabadoon.
8. Jaamac Xaashi Dhaoore. Nabadoon.

9. Raage Maxamud Jaamac. Nabadoon.
10. Ficil Cabdisalaan Xasan. Nabadoon.
11. M. Calidaahir Guuleed. Nabadoon.
12. Maxamed Gaas Diirye. Nabadoon.
13. Badal Jaamac Shidane. Nabadoon.
14. Cabdi Aadan Cabdille. Nabadoon.
15. Jaamac Faarax Nuure. Nabadoon.
16. C/qaadir Fixada Xaaji. Nabadoon.
17. Abshir Axmed Aadan. Nabadoon
18. Cali Wali Xaaji. Nabadoon.
19. C/laahi Saciid Faraax. Nabadoon.
20. Daahir M Faarax. Nabaoon.
21. Yuusuf Guuleed Cumar. Nabadon.
22. Bootaan Cismaan qooracade. Nabadoon
23. Axmed Xasan Xuseen. Nabadoon
24. Maxaed Daahir M C/laahi. Nabadoon.
25. Yuusuf Shire Warasamed. Naabdoon.

5. Cadaado

Dadka Cadaado waa dad aad u fiican, isku duuban, hal afna leh, waxa ay rabaanna wada difaacda, sidii aan horay u sheegay siyaasiintooda u diiday inay ka qayb galaan xafladii Dhuusamareeb lagu shaacinayay midowga Galmudug iyo ASWJ, balse markii Madaxwaynuhu yimid Caabudwaaq waxaa ugu u yimid halkaa xildhibaanadii, senetaradii iyo wasiiradii beesha Saleebaan oo Cadaado ka yimid watana qorshe ay ku qancinayaan beeshooda, waxayna u sheegeen madaxweynaha in uu Cadaado ku noqdo, reer cadaadana ufuliyo balanqaadyadaan, madaxweynuhuna waxa uu ku yiri; "Xaaf kala soo heshiiya oo isaga ha soo aqbalo" dood dheer ka dib Xaaf waa aqbalay, heshiis dhowr qodob ka kooban ayuuna u saxiixay uuna ku jiro qodobka oranaya; "Cadaado inay tahay xarunta Baarlamaanka Galmudug" ka dib markii ay madaxwaynaha ula yimaadeenna waana ka yeelay, isagaana tagay Airporka Cadaado kulana kulmay odayaasha Cadaado halkaana ugu dhawaaqay inay Cadaado Tahay Xarunta Barlamaanka Galmudug.

6. Cadaado waa Xarunta Baarlamaanka Galmudug

Arinkaas markii uu dhacay madaxweynaha waa uu aqbalay ka dibna waxa uu aaday Cadaado isaga oo Airporka Cadaado ku la shiray odayaashii iyo bulshada qaybaheedii kala duwanayd, halkaasna uu madaxwayne Farmaajo iyo Xaaf ku ballan qaadeen arrinkaa isaga ah, kaas oo noqday caqabaddii ugu adkayd ee khilaafka Galmudug, kadibna madaxweynuhu waxa uu u ambabaxay Hobyo, isaga oo safarkiisii Galmudug ku soo qatimay ka dibna dib ugu soo noqday Muqdisho.

Waxaa loo soo noqday Muqdisho waxaa soo dhamaaday safarkii, waxaa la ogaaday runtii iyo damaca waalan ee ku jiray ASWJ, waxaa laysugu wada yimid shirar qolo walba ay goonideeda u wadato, waxaa bilowday kala shaki badan, balse Cabdisamad iyo Madaxweyne Xaaf si toos ah ayay isugu xirteen, waxayna is tuseen inaysan wax kaleba u baahnayn mar hadii ay dowladdii iyo beesha caalamkaba aqoonsadeen, balse runtu taa waa ka duwan tahay oo anna waa ka daba shaqeeyay oo beeshii caalamka oo dhan baan hal hal ugu tagay, waxaana u muujiyay dareenka dhabta oo jira una sheegay inay ka gaaraan oo arrinkaan ka hortagaan, balse sida caadada ah adduunka ka hortag maleh ka dabatag mooyee, markii hawshu meeshaa marayso waxaan aaday safar Ingiriiska ah, aniga oo raba in aan caruurtii ka soo noqdo, balse waxaa dhacday in xaaf shaqo iska bilowday isaga iyo Cabdisamad ayna sameeyeen arrimahaan.

- In Cabdisamad uu kala hadlo IGAD sida ay shaqada u wadaan
- In Guddi looyaro ah oo qaraabadiisa ah uu qabsaday nagala tashan waliba qaarkood looyaro ahayn.
- Shaqadii oo uu dhaqaale dowladda uga qaado Cabdisamadna amro in uu howsha wado.

Isaga oo ka tilaabsaday dhammaan wixii lagu soo heshiiyay iyo talooyinkii aan meesha ku lahayn aniga iyo guddoomiyaha Baarlamaanka labadaba.

Markii aan soo noqday waxaan u tagay Madaxweyne Xaaf waxaana wax ka waydiiyay waxaas iyo sida ay u jiraan, balse dhammaan waa igu inkiray, Cabdisamadna sidoo kale, waxayna igu wargiliyeen; 'inay Dhuusamareeb aadayaan labo maamlmood ka dib xagana isugu imaano wax walbana halkaa ku samayn doono si wadajir ah'.

Waxaan aaday markaa safar shaqo oo Gaalkacyo ilaa Hobyo ah dadkuse waa soo wada jeedaan oo waa la arkaa qaladka socda, laakiin qof walba waxa uu garan la'yahay meeshii wax laga qaban lahaa, waxaana muuqda in Galmudug ASWJ gacanta loo galiyay meel laga soo celiyana jirin, waxaan aaday safarkaygii shaqo, intii aan ku maqnaa ayay iyaguna dhuusmareeb aadeen, halkaas oo isla ay markiiba shaqada ka bilaabeen, iyada oo IGAD wakiilkeedana uu Cabdisamad arrinkaa kala shaqaynayo, waxa ay ahayd arrin runtii aad u xun, balse aniga waxaa I haysatay dhowr arrimood oo si aan u xaajo falo aan garan la'aa, runtii mana haysan lataliye sax ah oo arrimahaa is-huwan oo dhowrka nooc ah iga taliya, kuwaas oo kala ahaa:-

- Mid qabiili ah,
- Mid diimeed iyo
- Mid siyaasadeed.

intaas oo isasaaran waxaan ka taxadarayey in xaaladdu ay si kale noqoto, waxaan tagay Caabudwaaq, markaa ayaan waxaan la kulmay odayaasha waxaana uga warbixiyay meesha wax marayaan iyo xaalku sida uu yahay, iyada oo xataa dowladda ruuxeeda aysan aniga sida ay tahay ii xoojinayn oo aad ula dhacsan tahay siyaasadda ASWJ ayaan maalinkii dambe waxaan tagay Dhuusamareeb markiiba Cabdisamad iyo IGAD waxay fureen shir aanan fahmin micnihiisa oo qaldan, waxaan isku dayay in aan ka qayb galkiisa ka gaabsado laakiin tuugtan iyo baryo ka dib waxaa laygu qasbay in aan ka qayb galiyo.

Waxa ay ahayd qiyaano aan meelna loo dayin oo nalagu waday Madaxweyne Xaafna uusan fahaansaneyn, balse waxa aan ka qaban karno ayaa iska yarayd, waxaa saddex maalin ka dib ka yimid Xamar Guddoomiye Cali Gacal iyo Guddoomiye ku-xigeenka Labaad ee Baarlamaanka Maxamed Sheekh Maalin. Intii aan meesha joognay waxa ay iska wateen hawlo badan oo uu Xaaf-na qayb ka ahaa balse uu iska dhigayay in aanu waxba ka ogayn, waxaa jiray warar badan oo aanu suuqa ka maqlaynay kuna saabsanaa sida ay doonayaan inay xildhibaanada u qaybiyaan iyo tirada ay rabaan inay keenaan, markii aan arkay dareenka noocaas ah ayaa waxaan bilaabay in aan la xiriiro xaafiisyada IGAD iyo kuwa kale ee beesha caalamka, una sheego sida ay wax u socdaan, balse ima dhagaysan, waxaan la kulmay Jamaal oo ahaa wakiilka IGAD kuna sugnaa Dhuusamareeb, waxaana u sheegay waxa socda inay qaldan yihiin, annaguna aynaan waxba kala socan, laakiin Jamaal waxa uu la jiray iyaga. sidaa owgeed hadalkayga qiimo uma lahayn, Madaxwryne Xaaf ruuxiisa waxa uu iska watay hawshiisa oo annaga nama qiimaynayn, waxa uuna hoos ka samaystay guddi Dastuur u qora, kaas oo annaguna diidnay markii aan ogaanay dhammaan hawlahaas oo dhan, waxaana bilaabay in aan jawaab u helo; "horta annaga iyo nimankaan maxaa naloo kala qarinayaa"? waxa aan isku dayeyin aan la kulmo, waa naga war wareegteen markii hore, laakiin mar dambe ayaa waxaan is helnay xoghaynta Macalinka, isaga ayaan u sheegnay in aan doonayno in aan la kulano odayga wuuna naga aqbalay.

Habeenkii dambe waxaa isku yimid aniga, Cali Gacal, Shiikhul Balad, Macallin Maxamuud iyo Shiikh Shaakir, waxay ahayd habeenkii koowaad oo Sheikh Shaakir shir isugu imaano oo aan arkano hab-dhaqankiisa iyo fekerkiisa, waxaan bilownay dood ku saabsan heshiiskii Djabouti iyo sida ay tahay in aan u fulino, waxaa kale oo aan kaga cabanay in aanmuddo dheer iyaga sugaynay oo xitaa noo quuri la yihiin inay isku dayaan inay nala kulmaan, intaa aan hadlaynay marna nalama hadlin Sheikh Shaakir, hal mar oo aan ku niri; "maad hadashidna waxa uu noogu jawaabay; "shiikha ayaa hadlaya".

Dood dheer oo socotay muddo ka badan 3 saacadood waxa uu Macallin Maxamuud noo cadeeyay qodobbadan: -

- In aysan jirin tiro ka yar inta Xildhibaannada Galmudug yihiin oo ay qaadanayaan
- Iyo in wax qabiil la dhaho aysan aqoonsaneyn oo ay urur yihiin sidaasna wax nalagu dhisteen.

Arrinkaa markii aan ogaanay ayaan Xaaf ku noqonay una sheegnay, umase cuntamin anigase runtii waan niyad jabay, waxaana ii muuqatay meeshaan inaysan sax ahayn waxaka socda, laakiin wali quus ma gaarin, taas waxaa iiga darnaa arrinta dagaalka Mareexaanka dhexdiisa iga haystay nooc walba uu yahay, oo doonayaan inay eedda aniga dusha iga saaraan, waxaan u safray markaa Nairobi maadaama aan ka fahmay wali inaysan diyaar ahayn oo aan kasoo gaari karo arrimaha oo aan wali bilaaban.

Waxaa dhacday, markii ay ogaadeen in aan maqanahay ayey billabeen in ay wax qaybiyaan, saaxiibadeey Cali Gacal iyo Shiikhul Baladna qalqaaliyaan oo annaga nakala furfuran, halkaana waxa ay ahayd meeshii aanu jabka koowaad kala kulanay kooxdeenii wada socotay.

Waxa ay qaybsadeen 89 xildhibaan, iyaga oo u qaybiyay 10 qabiil oo min 6 xubnood ah, halkaa waxaa ku baxay 60 xubnood, waxaa soo haray 29 xubnood, markaa ayaa waxa ay dhaheen waxaan ugu daraynaa min 8 Xubnood Dir, Cayr iyo Mareexaan, halka 5-ta xubnod oo kalena aan siinayno ciddi aan doono, iyaga oo halkaa ku jabiyay awood qaybsiga beelaha, taas oo ahayd khaladkii koowaad oo si muuqda heshiiskii uga galaan.

Aniga oo jooga Nairobi ayaan maqlay in sidaas la yeelay, waan soo wacay dhammaantood, waxaana u sheegay; waxaas in aanan raali ka ahayn, waxaa kale oo aan wacay hay'adihii iyo safaaradihii hawshaa ku shaqada lahaa, iyagana waxaan u sheegay waxaas in aanan raali ka ahayn oo ay ka baxsan tahay heshiiskii Djabouti.

Waan ku soo noqday oo Dhuusmareeb, waxaan imid iyada oo Cali Gacal lagu qanciyay in murursade intooda la siinayo, dagaal ayaan galay,waxaana isku dayay in aan joojiyo, balse waan ku guulaysan waayay arrinkaa asaga ah oo Labadii Guddoomiyeba nimankii ayey saaxiibo la noqdeen, shir ayaa la qabtay lagu sheegayo in laysku darayo xildhibaano, mana jirin wax xildhibaano ah oo la soo xulay, ani iyo Cali Gacal waxaan ku heshiinay in uusan shirkaa ka qaybgalin, laakiin Cali Gacal waxaa hoggaaminayay oo uu ku xirnaa rag xamar jooga oo qaraabo yihiin oo uu Cabdismad la hadlayay kuna qanciyay in uu shirkaka qaybgalo, Sidoo kale Cabdisamad waxa uu isku dayay in uu madaxweyne Farmaajo igu dacweeyo isaga oo ani igu sheegaya in aan qabiilayste ahay oo mareexaan u doodayo, balse markii Madaxweynuhu i soo wacay waxaan u sheegay in Cabdisamad uu ani qabiil igu eedaynayo isaguna jifadiisa uu siinayo 9 xubnood oo dheeri ah, taas oo uu madaxweynaha la yaabay, iigana qancay cabbaar ka dib shirkii markii raggii oo dhan wada galeen ayaan mar dambe tagay, waloow ani xitaa aan taa ku qaldanaa, laakiin waxaan is tusay wax qaldan iyo in aan isku dayo in Cali gacal aan soo ceshado waloow aan ku guulaystay.

Markii uu xaalka halkaa marayo iina soo baxday in wax na dhagaysanaya inaysan jirin, ayaa waxaan u tagay Xaaf, waxaan isku dayay in aan shirno oo arrinkaa ka hadalno, balse kuma aanan guulaysan in aan ku heshiino, isaga oo u muuqday in uu nimanka taageerayey lahaana "waxaan waxba naga qaadi maayaan: nimankaana waxba maaha ee faraha aan ka qaadno, taasna aniga iima muuqan oo waxaa ii muuqaday in Xaaf ujeeddadiisu tahay in uu annaga naga fakanayo, taas oo uu is leeyahay mar haddi ay waxaan dhismaan nimankaan waa iska cayrin kartaa, fikirkaa oo ay la qabeen rag badan oo ay ka mid ahaayeen Xareed iyo saaxiibadiisa kale sida Cabdisamad.

Waxaan qaatay go'aan ah in aan iska sootago, laakiin waxaa iga soo hor baxay guddoomiye Cali Gacal, anaga oo isku ogayn in uu dhuunto oo aroortii baxo ayaa waxaa guriga ku qabtay Cabdisamad salaadii Subax ka dib, isaga oo ku qasbay in uu kaararka u saxiixo una adeegsaday raggii ay qaraabada ahaayeen oo Xamar joogay, iyagaana guddoomiyaha ku qanciyey; - haddii uu rabo in uu soo baxo in uu kaararka saxiixo, - arrinkaaani aad baan uga xumaa, laakiin Cali Gacal wuu ku qancay, waxayna ahayd mid aan ku kala tagnay, aadna uga xumaaday, kadib anna Xamar ayaan iska soo aaday, nasiib wanaag ani waxa socda oo dhan idaacadaha kama hadlin, laakiin waxaan la hadlayay beesha caalamka iyo dowladda intaba, waxaana u sheegayeyin aan arrinkaa raali ka ahayn, haddana waxaa na taageersanaa dhammaan xildhibaanada federaalka oo dhan.

Markii aan Xamar imid uma tagin Saaxiibkeey Cali Gacal ee waxaan ka bilaabay qaar ka mid ah siyaasiinta ehelka la ahaa Guddoomiye Cali Gacal oo Xamar joogay, waxaana u sheegay waxa meesha ka jira, nasiib wanaag isaga ruuxiisa kuma qanacsanayn, waxa uuna i waydiiyay su'aal fudud oo ahayd 'maxaa rabtaa adi hadda'? anna waxaan u sheegay in aan raali ka ahayn waxa meesha ka socda, "sidaa awgeedna waan dagaalamayaaye inaad i taageertaan ayaan rabaa" ayaan ku iri; runtii arrinkaa waa ila qaatay, waxa uunaka soo dhaadhiciyay saaxiibbadii kale oo la joogay, ka dibna labadooda ayaa I taageeray, waxay markii koowaad ku qasbeen Cali Gacal in uu ani ila jiro, waana isku kaaya keeneen ka dibna waxa ay ii abaabuleen dhammaan xildhibaannadii iyo Wasiirka Arrimaha Gudaha, una sheegeen arrinka, waxa ay qabteen shir ay ku soo saareen warqad ay ku caddeynayaan wixii meesha ka dhacay inay baadil yihiin kuna saxiixan yihiin inta badan xildhibaanada iyo senetarada Galmudug markii dhowr qof laga reebo.

Dagaalkii halkaa ka bilowday waxa uu noqday kii Galmudug markii dambe ku kala tagtay oo annaga iyo ASWJ ku kala dhimanay. Markaa ayaa Dowladdu Xaaf uga yeertay Xamar, bal si ay u ogaato xaaladdu sida ay tahay iyo waxa uu damacsan yahay.

Anigana markaa waxaan sameeyay in aan la xiriiro dhammaan dadka daneeya arrimaha Soomaaliya, gaar ahaan intii qaybta ka ahayd heshiiskii Djabouti, aniga oo u sharraxaya in heshiiskii burburay ayna burburisay ASWJ, iyaga oo ku xadgudbay awood qaybsigii ay ku dhisayd Galmudug, kuwaas oo ay ka mid ahaayeen UK, UN, SSF, IGAD, USA iyo Dhammaan beesha caalamka, waxa ayna toos ula xiriireen Xaafiisyada Madaxweynaha iyo Raysalwasaaraha iyaga oo kala hadlay xaalka, iyaguna waxa ay ayideen arrinkii aan gudbinay oo waxa ay sheegeen 'in aan heshiiska fulintiisa raali laga wada ahayn, dhibka jiray waxa uu ahaa iyada oo ASWJ u aragto in Galmudug keligeed leedahay, waxa ay rabtana ka fulin karta, iyaga oo ku qaldanaa in dadkii hore ee ay la dhaqmi jireen oo culumannimada ku ixtiraami jiray iyo kuwaan inay kala duwan yihiin, oo aanayba fahansanayn. Inkastoo aan u sheegnay haddana ma qaadan jirin, arrinkaana waxa uu ahaa midda ugu daran oo dhibku ka jiray, is-fahmiwaageenana waxaa ka faa'iday oo keliya waa dadka Galmudug, laakiin ani ahaan waxaan aaminsanahay in aan guul weyn ka gaaray wixii aan rabay, balse iyagaa ka faa'iidayaan, waxaa kale oo ay isku dayeen haddana inay dastuurkii sidii ay rabaan u qortaan oo diin ahaana u qortaan.

Dowladdu markii ay aragtay inay kaceen xildhibaanadii iyo senetaradii Federaalka oo shirar aan kala go' lahayn socdaan loogana soo horjeedo waxa Xaaf iyo ASWJ ka wadaan Dhuusamareeb; markii ay arkeen qabiiladii deegaanka sida ay u kacsan yihiin waxaa arrinka qaatay in uu xal ka gaaro Madaxweynaha, waxa uuna isku dayay in uu la hadlo Xaaf iyo ASWJ oo markaa wakiil u ahaa Cabdisamad, intaa ka dib madaxweynaha iyo Raysalwasaaraha arrinkii waxa ay u xilsaareen wasiirka wasaarada arrimaha gudaha Mr Sabriye.

Wasiirku waxa uu bilaabay in uu beesha caalamka la hadlo una sheego in arrinkii uu ku jiro, raalina aanu ka ahayn waxa socda kana warsugaan isaga, waxa uu waraystay annaga oo na waydiiyay waxa aan diidanahay, waxa uu wareystay oo la kulmay Xildhibaanada iyo Senetarada Dowladda ku jira, waraystayna waxa ay diidan yihiin, waxa uu waraystay Xaaf iyo sida uu hawsha u wado, waxa uu taleefoon ku la hadlay Shaakir iyo Macallin Maxamuud, waydiiyeyna sida ay wax u arkaan iyo xaalkooda, waxa uu waraystay Cabdisamad oo isagu markaa wakiil ka ahaa ASWJ, waxaas oo dhan markii uu sameeyay waxa uu isku soo dhaweeyay anaga iyo Xaaf, oo ka shaqeeyay in aan heshiino, ka dib waxaa lagu heshiiyay in Dhuusamareeb la wada tago, halkaana lagu dhameeyo wixii jira oo dhan, iyada oo ay goobjoog ka noqonayaan ama hagayaan heshiiska Wasaaradda iyo IGAD.

Markaa ayaa ani waxaa igu soo kordhay in aan aado safar aan ku tagayo Dalka Maraykanka, waxaana ku heshiinay dhammaanin aan hawshaa bilowno, markaa aan soo noqdo bilka dib, waxa dhacday markii aan ka dhaqaaqay in uu Xaaf dhammaan heshiiskii ka baxay, yirina waxaan aadayaa Dhuusamareeb si aan u ansixiyo Dastuur ku-sheeg uu isagu qortay oo dhammaantiis ku saabsanaa caqiido iyo diin.

Aniga iyo Cali Gacal oo joogna Nairobi ayaan maqalnay arrinka Xaaf wado, waxaan go'aansanay in aan soo laabano oo Xamar ku soo noqono, ka dibna waxaan aadnay oo safar u galnay Cadaado, halkaana waxaa ka bilowday mar kale kala qaybsanaantii Galmudug, wasiirku markii uu arkay in labadii qolo midba meel ka dhacday ayaa waxa uu soo saaray warqad uu labadeenaba nagu amrayo in aan ku soo noqono Xamar iyo wadahadalkii socday, aqoonsanayna wax alaale iyo wixii ay sameeyeen ASWJ iyo Xaaf, Galmudugna uu sideedii hore u aqoonsan yahay, heshiiskii ka dibna wixii la fuliyay aysan waxba jirin.

Xaaf waxa uu tagay Dhuusamareeb, waxa ay go'aansadeen inaanay cidna u joojin, waxa ay iska wateen hawshooda, waxa ay ansixiyeen Dastuur ku sheeggii ay qorteen, waxa ay isku keeneen xildhibaannadii ay samaysteen, dhanka kale innaguna waxaanu tagnay Cadaado, waxaan caddaynay in aan arrinkaa raali ka ahayn cid samayn kartana aanay jirin wax aynaan qayb ka ahayn, waxaa nalaga taageeray dhammaan degmooyinkii Galmudug iyo shacabkii nooc walba uu yahay, wallow dadka qaar ay noo arkayeen in aanu dowladda u shaqaynayno oo dowladduna wadato. Muddo ka dib markii labadeenii qoloba wax kala qaadi waynay Xaaf oo ay mucaaradku aad u taageerayaan iyo cid walba oo dowladda neceb oo ay ugu horeeyaan Madaxweynayaasha Maamulada qaarkood, annagana qolo walba nalasoo hadlayso iskuna dayayaan barnaamijka Xaaf inay nagu qanciyaan, oo aan diiddanahay; ayaa waxaa dhacday in uu soo dhawaaday shirka dhacayay Belgium oo ay ka soo qayb galayeen maamullada oo dhan; ayaa Madaxweynuhu nooga wada yeeray Muqdisho, sida Xaaf, Madaxda ASWJ iyo Anaga, isaga oo ka shaqeeynayay in uu na wada hadashiiyo oo aan heshiino.

markii aanu isku nimid habeenkii Aniga, Xaaf, Cali Gacal, Macallin Maxamuud, Xareed, Mahad Cawad, Madaxweynaha iyo Raysal-wasaaraha; dood dheer oo socotoy dhowr saacadood ka dib ayaan ku heshiinay in aan dhammaanteen wada tagno Dhuusamareeb laguna noqdo heshiiskii oo dhan dibna loo saxo markii laga reebo xildhibaannada, maadaama ay iyaga muddo yar u hartay, farahana laga qaado.

Xaaf waxa uu aad u danaynayey in dastuurka faraha looga qaado maadaama uu Afar sano oo cusub ku qortay inaguna taas ayaan diidanayn, waayo shaki ayaan ka qabnay wadashaqaynteena iyo sida laysku aaminayo, waxaa lagu heshiiyay markii shirka Belgium madaxweynaha 3 maalin ka bacdi ka soo noqdaan in macaa madaxweynaha Dhuusamareeb laysku raaco, haddeerna waxa la kala qorto si annagana taageerayasheena u ogaadaan waxa aan ku heshiinay oo iyaguna u qancaan.

Haddaba, waxaa dhacay in markii safarka la'aaday uu Xaaf u sii gudbay London oo uusan soo noqon, halkaana ballantii koowaad uu uga baxay, markii aan muddo sugaynay ayuu yimid, waxaa isugu kaaya yeeray madaxweynaha, waxa uuna noo sheegay in aan soo kala qorno wixii aan ku heshiinay, ka dibna sidii aan ku bixi lahayn kasoo wada shaqayno. Waxaan ka wada qadeeynay Xaaf, Duraan, Liibaan, Cali Gacal iyo Aniga Maqaayada Airportka ku taal oo Xaaf leeyahay, waxaana ka wada hadalnay habkii aan u wada shaqayn karno, waxaan isla meel dhignay wax walba oo muhiim ahayd in aan ka wada hadalno oo heshiiskaas ku saabsanaa, mar aan rabno in aanu qalinka ku duugno ayaa Xaaf waxa uu naga codsaday in uu Macallin Maxamuud la soo tashado si ay iskula qaataan arrinkaan, Xaaf markii uu qorshihii ula tagay Macalinku waa diiday, oo waxaa u cuntami wayday in la yiraahdo Dastuurka ma jiro, taasna wuu diiday, waxaa kale oo u muuqatay in ay aad u jeclaayeen inay nakala reebaan oo isticmaalaan Cali Gacal, iyaga oo ka dhigaya inay aniga ila jiraan, annagana taas waa diidnay oo in aan kala harno waa diidnay, halkaana waxaa markale ku burburay wadahadalladii socday, ka dibna Xaaf iyo Macallin Maxamuud waxa ay aadeen Dhuusamareeb, iyaga oo leh; "nimankaan xilka waan ka qaadeeynaa"!.

Intaa waxaa arrinka dhex boodaya oo wasaaraddu ay la waddaa iskuna dayaya arrinka inla dejiyo Ganacsatada iyo Siyaasiinta Beesha Cayr oo wasiirku u horeeyo, balse waa ku guulaysan waayeen in ay Macalinka ku qanciyaan in arrinka la dejiyo. Waxaa xusid mudan, waxyaabaha ugu daran oo ASWJ aaminsanayd ayaa ahaa in ay aaminsan yihiin Galmudug in uu ka hadli karin qof aan fikirkooda aaminsaneyn, innagana noo arkaan in aan nahay dad wahaabiyo ah oo diin ahaan uga soo horjeeda, balse runtu sidaas maaheyn ee innagu waxaan uga soo horjeednay oo diidanayn awood marooqsiga ay wadeen oo ay doonayeen in dadka deegaanka degan oo dhan afduubaan, waxaana mar walba gacanta dadka u galinayay Xaaf oo innaga iyo Dowladda naga cararayay oo noo arkay in aan nahay cadow isaga ka soo horjeeda.

Subaxii dambe Madaxweyne Xaaf iyo Macallin Maxamuud waxa ay aadeen Dhuusamareeb, iyaga oo shaqadoodii wata, anna waxaan aaday Caabudwaaq, aniga oo shaqadaydii wata, halkaana waxaa ka timid in la kala shaqeeyey. Waxay go'aansadeen inay hawshooda wataan, annagana noo joojin, mar walba waxa ay isku dayayeen inay ani ii soo diraan dad ila hadla oo i soo dhaweeya, laakiin ma suuroobin in lagu guulaysto isku dayadaas, waxa ay dhisteen wasiirro cusub, anna waxaan soo saaray warqad caddaynaysa in aanay waxba ka jirin wasiiradaas, dagaalkii ayaa sii xoogaystay, waxaa sii kala fogaaday isaga iyo dowladda dhexe.

Waxaa aad khilaafkooda u xogaystay dowladda iyo Maamul goboleedyada, waxaa ay shir isugu yeerteen Maamul-goboleedyadu Kismaayo, Xaaf iyo Saaxiibadiina waa aadeen, halkaa waxaa ka bilowday khilaaf weyn oo u dhexeeyay Xaaf iyo Dowladda Dhexe, aniga oo jooga Caabudwaaq waxaa ila soo xiriiray rag ka mid ah taageerayaasha Xaaf oo aanu saaxiibbo qaas ah ahayn, iyaga oo isku dayey in aniga iyo Xaaf nala heshiisiiyo oo aan wada hadalno, balse waxaan u sheegay raggas in ay muhiim tahay in warsaxaafadeedka ka soo baxaya Kismaayo aan khilaafka Galmudug looga hadlin, balse taas ma dhicin oo way ka hadleen, anna waxaan qabtay shir Jaraa'id oo aan uga soo horjeedo waxa kismaayo ka soo baxay, kadibna waxaa dhacday in khilaafkii cirka isku shareero, Xaaf iyo ASWJ-na ay dhahaan; "xilka waan ka qaadeynaa Guddoomiyaha Baarlamaanka Galmudug".

In Xaaf uu ku soo noqdo Dhuusamareeb oo uu bilaabo ololahiisa waxaa mar walbarabay oo dabada ka waday Xareed oo isagu raadinayay kurisga Guddoomiyaha Baarlamaanka, balse dowladda federaalka waxa ay gashay dadaal ah; 'in aan dabka baasiin lagu sii shubin', waxa ay soo dirtay Cabdisamad si uu arrinkaa u xalliyo oo uu u joojiyo, balse waa ku guulaysan waayay, waxaana dhacday inay dhahaan; "guddoomiyaha xilka waan ka qaadnay"!.

Waxaa Xamar ka soo baxay guddoomiye Cali Gacal, anna waxaan ka soo baxay Caabudwaaq, waxaan isugu nimid Cadaado,waxaan isugu yeernay xildhibaanadii hore ee Galmudug, waxaana samaynay in aan xilka ka qaadno Xaaf iyo Xareed labadaba, laga bilaabo halkaa waxaa dhacday in lakala tago, iyaguna waxa ay sameeyeen inay dhahaan; "Madaxweyne ku-Xigeenkana xilka waan ka qaadnay", laakiin waxa aanay fahansaneyn sharciyan inaysan raggaasi annaga xildhibaano noo aheyn oo aanay ahayn xildhibaanadii na doortay oo awooda u lahaa inay xilka naga qaadaan. Beesha Caalamkuna arrinkaa waa ay ku kala jabtay, qaar waxa ay la jiraan Xaaf iyo ASWJ, qaarna innaga ayay nala jiraan.

Runtii waxa ay ahayd xili adag, waxaa kala qaybsamay dadkii oo dhan, dhinaceenna waxaan sameeynay in aan doorasho isku diyaarino oo Xaaf ku beddelno Axmed Baasto oo Xamar nooga yimid oo aan madaxweyne u doorano, wada hadal dheer oo muddo socday ka dib booskii Xareed waxaan ku beddelnay xildhibaan Cabdullaahi Xirsi oo nala joogay, waxaa laysku dayay dagaal iyo xabad in nalaga hor yimaado, balse si fiican ayaanu iskaga cabbinay oo arrinkoodii ma suuroobin, waxaana ku guulaysanayin aan samayno madaxweyne kale iyo Guddoomiye ku-xigeen kale, iyaguna waxa ay suubbiyeen Guddoomiye Baarlamaan, wallow ay isku dagaaleen markii hore oo Xareed oo rabay meesha balse loo diiday iyo waliba nin murursade ah oo Xaaf watay lagaga adkaaday doorashada, Xaaf waxa uu ahaa mid mar walba awood ku lahayn meesha, oo ASWJ ayaa meesha haysatay. anagana waxaan samaynay in aan is difaacno kuna adkaysano mowqifkeena iskana difaacno wax walba oo dhaca. Halkaa waxaa ka yimid in Galmudug wax walba eber noqdaan, haddii ay noqon lahayd la macaamilkii Beesha caalamka iyo tii dowladda dhexe labadaba.

Waxaa dhacday in dowladu go'aan ku qaadatay inay labadeena qoloba isaga aamusto, beesha caalamkana sidoo kale, waxa ay nooga duwanaayeen Xaaf iyo ASWJ waxa ay garab ka heleyeen dhammaan mucaaradka oo dhan, waxaa iyana waraaq ooo oaartay dowladda, waxa ayna sheegtay; "Inaysan aqoonsanayn wax la riday iyo wax la doortay toona",Xaaf waxa uu halkaa ka sii helay aqoonsi, beesha caalamkuna waxa ay ku dhiiratay la kulankiisa iyo howlihiisa kale, anna waxaan ku guulaystay in aan dhammaan ka xiro hay'adihii na caawin jiray oo dhan markii laga reebo hal hay'ad oo la dhaho 'PREMISIS'oo iyadu ula shaqaynaysay si qabyaaladaysan oo nin Soomaali ah oo ka shaqeeya ayaa qabiil ahaan ugu hiilayay, guddoonka cusub oo ahaa guddoomiyaha guddiga shaqaalaha oo intii aa is qilaafsanayn uu magacaabay Xaaf, balse aan anigu diidnay, waxaa kale oo iyana si toos ah noola dagaalay madaxdii maamul goboleedyada sida Shariif Xasan, Cabdiwali Gaas iyo Axmed Madoobe intaba.

Iyada oo xaalku halkaa lakala joogo, qolo walbana hawsheeda iska wadato, ayaa waxaa meesha ka baxay Madaxweyne Shariif Xasan iyo Cabdiwali Gaas, taas waxa ay dhabar jab xanuun badan ku noqotay Madaxweyne xaaf, balse Deni oo lagu beddelay Gaas ayaa meeshii ka daran ka miisay maadaama doorashadiisii dowladdu qayb ka ahayn oo dowladdu wadatay jabiye.

Waxaa laygu casuumay oo aan ka qayb galay caleemasaarkii Madaxweyne lafta Gareen, balse waxaa dagaal aan caadi ahayn igu soo qaaday dhammaan madaxdii maamul-goboleedyada sida Axmed Madoobe iyo Deni, iyaga oo lafta gareen oo markaa cusbaa u dhaartay, waxa ayna lahaayeen; "ninkaa yaan cod la siin", iyaga oo soo marayay wakiiladooda iyo Waare, taana way u hirgashay ka dib markii madaxweyne Lafta gareen ila hadlay, anna waan ka aqbalay, halkaa waxaa ka bilowday xoogaa wada hadal oo u dhexeeyay dowladda dhexe iyo maamul-goboleedyada.

Waxaa la gaaray caleemasaarkii Puntland ee madaxweyne Deni, waxaa isugu tagay dhammaan madaxdii oo dhan, waxaa lagu qabtay shir sidii kii madasha oo kale ah, waxaa ka soo qayb galay Xaaf iyo ASWJ, Puntland anaga waa noo diideen casuumad inay noo soo diraan, waayo waa nala dagaalsanayd oo waxa ay noo arkayeen in aandowladda xiriir la leenahay, shirkii markii madaxdii maamullada iyo madaxweynihii isu yimaadeen oo la wada hadlay madaxweynuhu waxa uu soo jeediyay Galmudug in la heshiisiiyo oo la wada hadlo, arrinkaa Xaaf iyo raggiisii sidii ay rabeen uma qaadan oo isagu waa oggaaladay, balse waxaa diiday ASWJ iyo Macallin Maxamuud oo taleefoon ay ku wada hadleen, waxaa kale oo dowladda u caddaysay isaga iyo Axmed Madoobe doorashada iyo waxa dowladda ka rabto, taas oo iyaga u cuntami wayday, Xaafna waxa uu ku doodayay in Afar sano loo ansixiyay, halkaa innagana waxaanaga soo gaaray dhib, oo beesha caalamka markii ay arkeen in Xaaf dowlaaddula kulantay welina aqoonsan tahay, waxa ay u soo celiyeen wada shaqayntii, iyaga oo innaga noo gaabiyay, waxaa kale oo dhacay dagaalkii Haysom iyo dowladda, taas oo iyana ay taageerayaan wixii dowladda ka soo horjeeda. Haddaba markii aadfiiriso meelahaa oo dhan waxa ay ahaayeen meelaha innaga daciifnimadu naga soo gaartay.

Dowladdu waxa ay bilowday inay dariiq kale qaado, innagana liifadda noo gaabiso oo kooxdeenii Cadaado waxaad moodaysay in aanaad loogu baahnayn, halka ay xiriir hoose la samaysteen ASWJ, iyaga oo isku dayaya inay Xaaf meeshaa ka saaraan oo uga adkaan karaan, arrinkaa oo muddo socday ayaa markii dambe Cabdismad waxa uu ka shaqeeyay in uu aabihiis iyo Shaakir ku qanciyo inay Xeef meesha ka saaraan, balse waxaa dhinac u socday oo iyagana dowladda si kale ula hadlaayay Mascuud iyo Ashcari oo iyaguna si kale u socday, waliba Mascuud markaa malaheyn awood badan, balse waxaa awoodda inteeda badan lahaa oo watay waxa uu ahaa Ashcari oo isna ku qanacsanaa dowladda in lala shaqeeyo labada shiiqna la qanciyo, halka Mascuud aaminsana in labada Shiikh laga gudbo. Waxa ay imaan jireen mar walba Muqdisho lana kulmi jireen Madaxda dowladda, iyaga oo wiiqaya raggaas, waxaa soo dhawaaday waqtigii la dhamayn lahaa xaalkooda, waxaa xoogaystay taladii loo tashanayay Madaxweyne Xaaf, ASWJ waxa ay go'aansadeen inay ka soo hoos guuraan Xaaf, iyaga oo ku la dagaalsan dhaqaale la'aan iyo daruufaha Galmudug, aaminsanna waxa uu ka soo helo Xamar iyo dowladda dhexe oo uu magacooda iyo magaaladooda ku soo qaado in uusan waxba ka siin ayay si hoose waxa ay ula heshiiyeen dowladda dhexe.

Maalinkii dambe ayaa waxaa la ogaaday in uu Wasiirka Arrimaha Gudaha iyo wafdi uu hoggaaminayo oo horudhac u ah raysalwasaare khayre uu imaanayo, taas oo uu Xaaf isku dayay in uu Wasiirka u diido Dhuusamareeb, balse ASWJ ayaa soo dhaweeyeen Xaafna tuseen in uusan magaalada xukumin, markaas oo Madaxweyne Xaaf waagu ku baryay, arrinkiina is beddelay, ka dibna markii uu wasiirku yimid Dhuusamreeb ayaa isaga iyo ASWJ soo wada saareen warqad ay ku caddaynayaan inay heshiiyeen, halkaana uu Madaxweyne Xaaf Dhuusmareeb isaga qaxay, isaga oo aaday dadkii uu shalay diidanaa iyo Cadaado, wayna ku soo dhaweeyeen, marku uu marayo Godinlabe ayaa Madaxweyne Xaaf waxa uu soo saaray warqad uu ku caddayno in uu ka baxay heshiiskii uu la galay ASWJ, doorashadana oggol yahay inay waqtigeeda ku dhacdo 4/7/2019-ka awooddana ku wareejiyay Wasaaradda arrimaha Gudaha.

Sidii aan markii hore idiin soo sheegayba ASWJ annaga iyo Madaxweyne Xaaf maysan kala jeclayn ee ujeeddadeedu iyo hadaf keedu waxa uu ahaa saddexdii dibi oo midba mar la qalayay dibi cadde, dib guduud iyo dib madoobe.

7. Imaatinkii Raysalwasaare Xasan Cali Khayrre ee Galmudug

Dhowr maalin ka dib waxaa yimid Dhuusamreeb Raysalwasaare Xasan Cali Khayre oo runtii shaqo badan iyo waqti galiyay dhisida iyo dib u heshiisiinta Galmudug, isaga oo markaa ASWJ la heshiiyay, una ballan qaaday in ciidamadooda uu qarameenayo, derejo siinayo, ciidan walbana noocii uu yahay ku qaadanayo, waxa kale oo uu siiyay dhaqaale, waxa uu kormeer ku tagay dhammaan deegaannada Galmudug sida Cadaado, Caabduwaaq, Xeraale, Guraceel iyo Gaalkacyo, isaga oo dhaqaale badan ku bixiyay dhammaan magaalooyinkaas, kadibna waxa uu bilaabay barnaamij dib u heshiisiin ah, isaga oo laba dhinac ka sameeyay mid guud oo Galmudug ah iyo mid u dhexeeyay Xeraale iyo Huurshe.

U diyaargarowga doorashada galmudug, waxaa loo xilsaaray guddi ka kooban 12 xubnood oo soo qabanqaabiya shirka dadaallada dib u heshiisiinta Galmudug 17-kii Luulyo 2019-kii. Sida uu sheegay Dr Cabdiraxmaan Cabdullaahi "Baaddiyow" oo ah guddoomiyaha guddiga, dadaalladaas waxaa ka mid ahaa mas'uuliyiin caan ah oo kala duwan, iyaga oo kormeer ku tagay dhammaan degmooyinka Galmudug lana soo kulmay bulshada qaybaheeda kala duwan.

Waxaa la magacaabay gudi ka kooban 12 xubnod oo kala ahaa ....

MAGACYADA XUBNAHA GUDIGA DIB U HISHIISIINTA:
26. C/Raxmaan Macalin. C/Laahi {BAADIYOW}.
27. Maxamed Nuur Gacal.
28. Aadan Cusmaan Xuseen.
29. Maxamed Maxamuud Gacama –Dheere.
30. C/Kaafi Maxamed Maxamuud.
31. Xasan Maxamed Jimcaale.
32. Amb. Cabdi Xaaji Liibaan. {DHABANCAD}.
33. Faadumo Axmed Caalin. {CUREEJI}.
34. Cabdi Maxamed Jaamac.
35. Mahad Aadan Guuled.
36. C/laahi Aadan Xaashi.
37. Sahro Colaad Cabdi.

Shirweynaha ayaa waxaa ka soo qayb galay 720 ergo oo ka kala socday dhammaan beelaha Galmudug iyo ururada bulshada rayidka ah. Ujeeddadu waxa ay ahayd in la gaaro isfaham guud oo dhex mara dhinacyada ay khuseyso oo ku saabsan khariidadda xallinta khilaafaadka. Shirkii dib u heshiisiinta ayaa dhamaaday 16-kii Sebtember 2019-kii.

Si kastaba ha ahaatee, geeddi-socodkii waxaa hareeyay khilaaf u dhexeeya ASWJ iyo dowladda, kuwaas oo aan oggolayn Guddiga farsamo ee dowladda, iyaguna samaystay guddi kale oo u gaar ah, kuwaas oo soo xulay xildhibaanno iyaga u gaar ah ugana soo horjeedaan waxa ay dowladdu waddo. Waxaana jiray DFS oo dhinac ah, ASWJ oo dhinac ah iyo kooxaha mucaaradka oo Dhinaca 3aad ah, kuwaasi oo qaarkood hamigooda gaarka ah ka lahaa Madaxtinimada Galmudug. Kooxaha Mucaaradka ayaa ku eedeeyay DFS in ay wax is daba marin ku samaysay si ay u xaqiijiyaan natiijo wanaagsan oo ka soo baxda musharraxxooda. Kooxaha mucaaradka ayaa sidaas ku qaadacay nidaamka, iyaga oo doonaya in ay u muujiyaan shacabka Soomaaliyeed iyo wada-hawlgalayaasha xiisaynaya in aan doorashada loo qaban si xor iyo xalaal ah.

Waxaa barbar socda shirka dib u heshiisiinta ee Dhuusamareeb oo ay soo qaban qaabisay DFS, mid kale oo muhiim ah, waana shirka dib u heshiisiinta oo magaalada Hobyo ka bilaabmay 15-kii Luulyo 2019-kii. Kandambe waxa ka soo qayb galay shanta beelood ee Habargidir oo dadaal ugu jirta sidii ay uga gudbi lahaayeen khilaafkooda. Kulankaas ayaa ahaa mid la doonayay in lagu fududeeyo labada dhinac cafis iyo in la sameeyo ujeeddo cusub oo midaynayo qabiil qaybsan. Waxaa la rajaynayay inay markaas awoodaan inay nabad ku wada noolaadaan iyo in beelaha kale ee deriska ahna nabad ku la nooladaan.

Shirkan ayaa waxaa ka soo qeyb galay odayaasha dhaqanka, waxgarad, siyaasiyiin, dhalinyaro, iyo haween ka soo jeeda beelaha Habargidir. Shirka ayaa socday laba bilood waxaana lagu soo gebagebeeyey dhismihii Golaha Hoggaanka Habargidir oo ka kooban 68 xubnood.

Waxaa loo soo dooratay Guddoomiye Prof. Cabdulqaadir Shirwac oo ah nin si weyn looga yaqaano dhanka waxbarashada, waxaana la tartamay Alaha u Naxariisto Gen. Maxamed Nuur Galaal. Sidoo kale, shirka Hobyo ayaa sheegay in la ansixiyo shirka Dhuusomareeb.

Waxaa kale oo la magacaabay gudi farsamo oo ayaga dhisaayay Galmudug kana koobnaa 13 xubnood...

MAGACYADA XUBNAHA GUDIGA DHISMAHA GALMUDUG

1. Maxamed Cumar Warsame Afrax.
2. C/Qaadir Nuur Caraale.
3. Axmed Maxamed Caafi.

4. C/Rrisaaq Kaahiye yuusuf.
5. Cumar Maxamuud Cabdi.
6. Xuseen Cabdulle Xasan.
7. Maxamed Daahir Faarax.
8. C/Naasir Geele Cilmi.
9. Xaliimo Cabdi Calii.
10. Mahad Maxamuud Cali.
11. C/Risaaq Aadan Warsame.
12. Abshir C/Raxmaan Maxamed.
13. C/Rashiid Calli Salaad.

Gudigaa ayaa soo magacaabay sidii hore odayaashii 49 xubnod ahaa ayagoo raacay taas ka dibna ku daray hal oday oo xaskul hawiye ahaa maadaama ayaga hal xilibaan lahaayeen halkaana ku soo magacaabay 50 oday , odayaashaa oo ayaga soo magacaabay 69 xubnood oo xilibaano ah halka 20 xilibaan ay soo magacowday ASWJ oo ayaga lagu qanciyay siyaasad ahaan odayaashaa oo kala ahaa .

NO.	Magac	Beesha
Dir		
1	Ugaas Daahir Yuusuf Isaaq	Qubeys/Dir .
2	Nabadoon Maxamed Cabdi Xareed	Qubeys/Fiqi/Walaal-Dir
3	Nabadoon Cabdullaahi Maxamed Xirsi	Saleenbaan Cabdalle- Dir
4	Ugaas Cabdirxmaan Xaaji Xuseen	Fiqi Maxamed/Huurshe -Dr
5	Ugaas Cabdullaahi Cusmaan Cali	Fiqi Maxamed/Xeraale - Dir
Mareexaan		
1	Nabadoon Cabdikariim Calas Afeey Aadan	Bah-Ogaadeen/Ree dalal Mareexan
2	Nabadoon Jaamac Shire Xaashi	Bah-Ogaden/Rer Xirsi Ugas Marexan
3	Nabadoon Sulub Faarax Jaamac	Bah/Hawiye/Reer Kooshin Mareexan
4	Nabadoon Axmed Cabdi Nuurre	Reer Siyaad xuseen -Mareexan
5	Nabadoon Xayir Maxamed Warsame	Wagardhac-Mareexaan
6	Nabadoon A/casiis Cumar Daad	Wagardhac-Mareexaan
7	Nabadoon Cabdinaasir Xasan Xirsi	Bah/Hawiye/Reer Warsame Marexan
8	Nabadoon Axmed Xasan Xuseen	Celi - Mareexaan
9	Nabadoon Cabdinuur Maxamuud Xasan	Urmidig - Mareexaan
Habargidir		

1	Suldaan Maxmed Sh. Axmed Maxamuud	Cumar Ibraahim - Saruur
2	Nabdoon Maxmuud Axmed Cosoble	Wacdaan- Saruur
3	Nabadoon Maxamed Warsame Kaynaan	Rooble Maxamuud - Saruur
4	Nabdoon Cusmaan Nuur Qayd Dhooleey	Cabdalle - Sacad
5	Sulaad Cabdikariim Maxamed Maxamuud	Wuqujire - Sacad
6	Nabadoon Jaamac Maxamed xalane	Reer Jalaf - Sacad
7	Suldaan Cabdinaasir Jaamac Seed	Reer Qurdhaale - Sacad
8	Nabadoon Maxamed Aadan Rooble	Cayr/Waqooyi
9	Nabadoon Cali Maxumed Ibraahim Wardheere	Cayr/Koonfureed
10	Nabadoon cali Salaad Faarax Xaayow	cayr/Bari
11	W/Ugaas Bashiir Maxamed Adan	Dashame - Saleebaan
12	Nabadoon Cabdulaahi Maxamed Carab Maxamuud	M. Cabdi /Farax - Saleebaan
13	Imaam Cumar Macalin Abshir	Haysaw/Faarax - saleebaan
Duduble		
1	Ugaas Saciid Maxamed Faarax	Maqalisame - Duduble
2	Nabadoon Xuseen Nuure Tooxoow Afrax	Maxmed Camal - Duduble
3	Nabadoon Cabdulaahi Cabdulle Waheliye	Aarsade - Duduble
4	Nabadoon Macalin Maxamuud Cali Maxamed	Owradeen - Duduble
Wacaysle		
1	Nabadoon Cabdi Suudi Xiraabe Sacad	Maxamed Cadde - Wacaysle
2	Suldaan Macalin Maxamed Cabdi Shido	Absuge -Wacaysle
3	Nabadoon Cusmaan Macalin Axmed Maxamed	Cali gaaf - Wacaysle
4	Nabadoon Cali Xasan Cali Raage	Marrooyinka - Wacaysle
Beesha Shanaad		
1	Suldaan Xasan Cabdulle Kaariye	Tumaal
2	Ugaas Xaashi Jimcaale Geedi	Guuleed Cadde
Murusade		
1	Nabdoon Yuusuf Axmed Maxamed Siyaad	Habar-Adinle - Murusade
2	Nabdoon Muuse Maxamed Cali	Habar Maxamed/Hilibi- murusade
3	Nabadoon Cabdulqaadir Sh. Xuseen Bacadoow	Habar Maxamed/Daguuro- murusade
4	Nabadoon Maxamed Xasan Xaad	Habar Cayne Murusade
5	Nabadoon Maxamed Axmed Yalaxoow	Cabdalle - Murusade

6	Nabadoon Cali Sh. Maxamed [Cali Shiino]	Abakar-Murusade
Shiikhaal		
1	Nabadoon Cabdi Cilmi Cabdirxamaan	Loobage- Shiikhaal
2	Suldaan Maxamed Suldaan Muuse X Bare (Lugaloox).	Loobage-Shiikhaal
3	Ugaas Axmed Cumar Rooraaye	Loobage- Shiikhaal
Wadalaan Gorgaate		
1	Ugaas Abuukar Ugaas Xasan	Wadalaan Gorgaate
Xaskul Hawiye		
1	Ugaas Mahad Ugaas Maxamed Ciise	Xaskul Hawiye

Isaga oo ku booriyay kuwa ku lugta leh kan dambe inay qaataan mid la mid ah habka qabiilka wax loogu qabanayo, Guddiga farsamada ayaa fududeeyay arrimahan beelaha si ay u soo xulaan xildhibaanadooda cusub. Halkaa ka dib doorashadii madaxtooyada ee lagu muransanaa, ee kuwaas oo dhowr musharraxx oo caan ah oo madaxweyne ah ayaa qaadacay nidaamka oo door biday in aan lala tartamin musharraxxa dowladda, balse ASWJ ayaa Madaxweyne mar kale u doortay Shiikh Shaakir, Ugu dambeyn waxaa la doortay xildhibaanada dowlad-goboleedka Galmudug iyo musharraxxa ay doorbideyso DFS, Axmed Cabdi Kaariye "Qoorqoor", 2 Febraayo 2020.

Si kastaba ha ahaatee, Galmudug may raacin dariiqii loo filayey. Bishii Febraayo 2020-kii, dagaal kulul ayaa dhexmaray Ciidanka Qaranka Soomaaliyeed (SNA) iyo ASWJ, waxaana laga awood roonaaday Ciidamada Ahlusunna Waljamaaca ee ku sugnaa Dhuusamareeb, hoggaankoodiina waxaa laga saaray magaalada. Madaxweyne Qoorqoor markaa waxa uu la hadlay madaxweynihii hore ee Galmudug Xaaf. Wada xaajoodyadaas ka dib, Xaaf ayaa yimid Dhuusamareeb oo si nabad ah xilka loogu wareejiyay Qoorqoor. Marka xigta, Qoorqoor waxa uu Galmudug u dhisay golaha wasiirada. Golahan wasiirada ayaa loo arkayay mid loo dhan yahay maadaama ay qaabileen xubno kala duwan oo ka tirsnaa kooxahii mucaaradka ku ahaa asaga markii hore.

8. Dib-u-heshiisiinta Huurshe-Xeraale

Xili uu meel sare marayo qorshaha dib u habeynta maamulka Galmudug ayaa kooxo isugu jira siyaasiyiin, waxgarad iyo odayaal ka soo kala jeeda labada beelood ee dirirtu dhexmartay ay kulan ku la qaateen magaalada Muqdisho

Ra'iisul Wasaare Xasan Cali Khayre, iyaga oo doonayay in la joojiyo dhiigga daadanaya.

Ra'iisul Wasaaraha oo ay wehlinayaan Wasiirkiisa Arrimaha Gudaha iyo Guddiga dib u heshiisiinta ayaa booqday Xeraale iyo Huurshe si kala goonigooni ah, iyada oo qeyb ka ah barnaamijka dib u heshiisiinta ee ka socda magaalooyinka kala duwan ee Galmudug. Waxa uu ka codsaday labada dhinac in ay joojiyaan colaadda u dhaxeysay qoysaska ee soo socotay muddo shan sano ah.

Ka dib, waxa uu Dhuusamareeb ku la kulmay ergo ka kala socotay labada dhinac ee dagaallamay. Si kastaba ha ahaatee, kulankoodii ugu horeeyay laba qoys ayaa diiday in ay isku salaamaan salaanta islaamka ee caadadu ahayd.

Ra'iisulwasaaruhu waxa uu ku celceliyay in isaga dartiis iyo ixtiraamka ay u hayaan ay sidaas u sameeyaan - taas ayaa ku qancisay iyaga, waxayna u hoggaansameen codsigiisa.

Shirkan ayaa waxaa ka soo baxay heshiis nabadeed oo aad loogu bogay oo lagu soo afjaray colaaddii. Waxaa ka mid ahaa wixii lagu heshiiyay in hantidii la kala dhacay la isu soo celiyo, dadkii barakacay la soo celiyo, iyo in si wadajir ah looga shaqeeyo amniga.

Tallaabo aan horay loo arag taariikhda dib-u-heshiisiinta Soomaaliya, ayaa DFS samaysay waxayna magdhow ahaan u bixisay min $5,000. 37 qoys oo ka mid ah 74-kii qof ee lagu dilay rabshadaha, iyo 5 dhibbane oo la sheegay in ay dileen ciidamada DFS.

DFS ayaa lacag dhan $395,000 oo dhan magdhow ahaan u wakiishay guddoomiyaha guddiga dib u heshiisiinta ee uu hoggaaminayay Dr Cabdiraxmaan Baaddiyow oo guddoonsiiyay qoysaska dhibanayaasha, iyada oo uu goob joog ka ahaa Madaxweynaha Galmudug iyo Wasiirka Arrimaha Gudaha Galmudug.

Si loo xaqiijiyo in loo hoggaansamo heshiiska ayaa Ra'iisul Wasaare Xasan Cali Khayre waxa uu dib ugu laabtay deegaannada Huurshe iyo Xeraale, waxaana socdaalka ku wehlinayay Wasiirada Arrimaha Gudaha Federaalka iyo Dib u heshiisiinta ee dowladda Federaalka iyo xubno ka socday Beesha Caalamka.

Guddiga dib u heshiisiintu Waxa ay astaan ahaan u aaseen khilaafaadkoodii hore. God baa la qoday, Kadib, Labada Jeneraal ee dagaalka hoggaaminayey, Ra'iisul Wasaaraha, Wasiirka Arrimaha Gudaha, iyo xubno ka socday mamulka Galmudug oo qayb ka ahaa dib u heshiisiinta bulshada ayaa maro cas ku tuuray god, iyaga oo sida ay tahayaasaya, colaaddii halkaas ka dhacday.

Dadka deggan Huurshe iyo Xeraale waxay u badan yihiin suufi, astaantan iyo dhaqankan ayaa macno u samaynaya iyaga. Waxay ka dhigan tahay in ciddii dib u bilaabi lahayd colaadda ay tahay in ay isla godkii qoddo oo ay soo saarto marada cas ee duugan.

Khilaafkaan u dhexeeyay labada deegaan oo dadka walaalaha ah oo isku beesha ahi deggan yihiin ayaa waxa uu ahaa mid salka ku hayey arrimo diimeed oo aan ahayn mid qabiil, waana ka duwanaa khilaafyada kale ee bulshada Galmudug ka dhaxeeya, waana taa midda keentayin uu heerkaan gaaro oo intaa qof ku dhimato balse Raysalwasaare Xasan cali khayre ayaa ku guullaystay in uu soo afjaro.

9. Doorka Dowladda Federaaalka Soomaaliya iyo Khilaafka Galmudug.

8/2/2017-kii waxaa la doortay dowladuu hoggaaminayay Madaxweyne Maxamed Cabdullaahi Farmaajo, dowladaa waxa ay lahayd siyaasad iyo istaraajiyad ay iyadu wadato oo ahaa wax aan marnaba la heli karin oo aan caadi ahayn, runtiina mudan in lagu ammaano, waxa ay waddanka u qabanaysay arrima badan oo siyaasad ahaan u degsanaa, ka hadli maayo arrimaha ay qabatay amaka gaabisay, balse inta waxaan uga hadlayaa laba arrin oo na khasaysay.

1. Nidaamka Federaalka oo dhib ahaa habdhaqanka madaxda dowladaha xubnaha ka ah dowladda dhexe kuwaas oo runtii si aad ah loogu lafa guray dhib badanna ka qabsaday madaxwaynihii hore ee Xasan Shiikh ayaa Dowladaan cusub waxa ay la timid in ay tallaabo ka qaaddo oo yarayso awooddooda, taas oo saamayn nagu lahayd iyo iyada oo inkastoo madaxweyne Cabdikarin meesha ka baxay haddana Madaxweyne Xaaf iyo madaxda dowladda isla qabsan waayeen oo aad u adkayd wada shaqaynta dhexdooda, iyada oo Galmudug dhaqaale la'aan baahsan ka jirto ayaa haddana dowladda dhexe waxa ay nasiin wayday lacagtii kabidda ahayd oo aan ku lahayn waqtigii munaasibka ahaa oo aan u baahnayn, iyana waxa ay ahayd waxyaabaha dhibka u keenay Galmudug oo lug ku taagan oo wareersana ayaa waxaa bilowday khilaafkii Khaliijka ee u dhaxeeyay laba dowladood ee Khadar iyo UAE.

2. Waxaa kale oo jiray cabsi iyo is aaminaad la'aan ka dhex jirtay madaxda maamulka Galmudug, taas waxa ay keentay in markii Madaxweyne xaaf uu naga tagay, isaga oo aan nala tashan aadayna Dubai, maadaama markii

horeba aan dhib ku jirnay iyo is fahan la'aan, waxyaabaha aan aaminsanayn aniga iyo Guddoomiye Cali Gacal ay ka mid ahayd; "in haddii uu lacag soo helo uu dagaalka ka bilaabayo annaga oo annaga nagu ridayo lacagtaas", taasna waxa ay keentay in aan annaga dagaalka bilowno oo aan is difaacno ilaa aakhirkii aanu guulaysanay oo aan noqonay laba nin oo siman, hawsheeniina barbardhac ku dhamaatay.

3. Arrinku sida dad badan oo Soomaaliyeed loo tusay oo ay u haysteen maaheyn, taas oo aheyd; 'in aan annaga dowladda ugu hiilinay qabiil ahaan maadama labada nin oo madaxda ka ah iyo labadeena isku reer nahay, sida dhabta ah taa ma jirin, midda kale in dowladda markii uu Madaxweyne Xaaf aaday UAE ay nala soo hadashay si aan ula dagaalnana ay iyadu nagu dirtay, taasna ma jirin', sida dhabta ah labadaa arrimoodba waxa ay ahaayeen wax aan jirin ee Madaxweyne Xaaf iyo aniga waxaa na dhexmaray khilaaf, oo is aaminid la'aanta uu isaguba naga qabay oo nooga qarsaday safarka iyo shaqada, ayaa annagana na haysay oo dagaalka keentay, balse markii dambe sida dhabtaah dowladduwaa noo hiilisay, annagana waxaan ka dhiganay garab, waayo maahmaah Soomaaliyeed ayaa waxa ay leedahay; "ama buur ahow ama buur ku tiirsanoow" taas oo ah guul weyn oo aan gaarnay dadaalkeenii iyo awoodeeniina meel saarnay.

4. Haddaba, waxaan rabaa in aan iftiimiyo doorka dowladdu waxa uu ahaa markii uu Madaxweyne Xaaf raacay UAE iyo Madaxdii kale ee maamullada oo taageeray iyo mucaaradkii dowladda oo uu halkaa ka dhigtay garab; ayaan annagana waxaa garab naga dhigtay dowladda Soomaaliya, anana garab ka dhiganay, iyada oo annagana dowladdu markii dambe nooga guurtay ASWJ, waayo iyagaa lahaa awood oo wax iska difaaci karta oo Xaaf ka awood badan.

10. Ahlusunna iyo Dowladda Federaalka Soomaaliya

Maadaama dowladdii hore ee Xasan Shiikh ka soo horjeeday ururkii ASWJ, oo Wadaadka hoggaamiya ASWJ Macallin Maxamuudna ay horay isu yaqaaneen Madaxweyne Farmaajo oo markii uu raysalwasaaraha ahaa walaalkiis u ahaa Allah ha u naxariistee Wasiirka arrimaha Gudaha, ayaa waxaa laga yaabaa oo aanan anigu ogeyn in xiriir hore uu jiray, balse sida aan ka maqlay dadka madaxweynaha ku dhow waxaa jiray xiriir hore oo wanaagsanaa oo ka dhaxeeyay.

Haddaba, waxaa dhacay markii la doortay Madaxwayne Farmaajo caleemasaarkiisiiba in uu ASWJ u casuumo si maqaam sare ah oo uu ku casuumay Shiikh Shaakir, taas oo reer Galmudug shaki weyn galisay iyo in dowladda Cusub ee Galmudug aqoonsanayn maamul ahaanteeda, markii la yimid anaa arrinkaa madaxwaynaha waydiiyay, balse waxa uu ii sheegay in uurabo in uudib u heshiisiin naga dhex sameeyo, Madaxwayne Cabdikariin markii uu arkay maqaamka lagu soo dhaweeyay ASWJ waa ka sii niyad jabay waana is casilay, heshiiskii markii uu socon waayay oo madaxweyne Xaaf la doortay Khilaafkii Galmudug dhexdeeda ka bilowday Madaxwayne Xaaf iyo ASWJ, ayuu Xaaf bilaabay in uu la heshiiyo oo isaga oo anaga naga cararaya Galmudug oo dhan siiyay ASWJ, dowladuna raalli ayay ka ahayd arrinkaa, oo sida shacabka Galmudug u diidanaayeen uma diidanayn.

Markii dambena maadaama Xaaf iyo ASWJ heshiin waayeen, waxa ay dowladdu mar walba ka shaqaynay inay ASWJ awood dheeri ah siiso, iyada oo markii hore kooxdeenii Cadaado faraha ka laabatay, markii dambena Xaaf ruuxiisa ku dishay ilaa ay dowladda waraaq ka soo saarto inay la shaqaynayaan oo iyaga taageersan yihiin Xaafna taageersanayn.

Haddaba, waxaan rabaa in aan dadka u sheego dowladda federaalka inay mar walba uga kalsooni badnayd kana jeclayd ugana dhowayd madaxda Galmudug kuwa ASWJ, taas oo aakhirkii keentay in dhammaan madaxdii Galmudug meesha ka baxaan, laakiin ayagu aysan ahayn dad rabaayad noqonaya oo ajndeyaal gaar ah ay wataan, hadafkooda ugu dambeeyana ay tahay Galmudug Ahlusuno ah ka dibna dowlad Soomaaliyeed oo Ahlusunna ah, waaba haddii ay heli karaane, taasna waxaa marqaati ka ah sida ay markii dambe ugu qanci waayeen heshiisyada dowladda, waayo waa dad rabitaankooda ka duwan yahay kan reer Galmudug.

11. Doorkaygii iyo Wixii ka dambeeyay Heshiiskii ASWJ iyo Dowladda Federaalka Soomaaliya

Waxaa soo dhawaaday waqtigii doorasha oo ahayd July 2019-kii, dowladu waxa ay la heshiisay ASWJ, Xaaf waa ka cararay Dhuusamareeb, Raysalwasaare Khayre ayaa yimid Dhuusamareeb oo fariistay. Dadku ma ogala ASWJ, balse dowladda dhexe ayaa rabta inay ku meelgaarto oo Dhuusamareeb la joogto inta maamul kale laga dooranayo, Guddi ka kooban 12 xubnood oo dib u heshiisiin ah ayuu magacaabay raysalwasaaruhu si ay dadka isugu keenaan, waxayna guddigu guda galeen hawlahooda shaqo, anigu waxaan tagay Caabudwaaq oo joogay, maalmo ka dib waxaa noogu yimid oo nagu soo booqday Raysalwasaaraha qaranka, waan sheekaysanay waxaan filaayay in annaga dhexdeena wax un dib u heshiisiin ah laga sameyo, balse waxa uu ii sheegay in taas hadda qorshaha ugu jirin ayna rabaan uun inay doorsho ka shaqeeyaan, laakiin Dhuusamreeb uga daba imaan doono si hawlo badan u wada qabano balse ma suuroobin, sida aan filayana, maadaama Xaaf meesha dagaal uga maqnaa way diidayeen inay annaga na keenaan.

Ani iyo Guddoomiye Cali Gacal waxaan dhibbane u aheyn in aanu Murursade iyo Mareexaan nahay, waayo dadku waxa ay u haystaan in madaxda dowladu qabiil ahaan wax nagu siinayso oo nagu wadato, taas oo mar walba xasaanaddeena iyo masuuliyaddeena hoos u dhigaysay, dowladdiina waa naga cararaysaa oo waxa ay is leedahay; 'haddii nimankaan aad soo dhawaysaan qabiil ahaan baa loo arkayaa' markaasaan dhexda ka baxnay, si walba ha noqotee Guddoomiye Cali Xamar, Turkey iyo Sweden ayuu u dhaxeeyay oo doorkiisa waa hooseeyay, balse ani waxaan joogay Caabudwaaq iyo Balanbal oo hawsha ka waday, aniga oo ka soo qabtay hawl aad u fiicnayd oo aan door fiican ka qaatay isku dhafkii ciidamada, halkaas oo aan saraakiil iyo askar badan ka soo saaray oo maanta abaal fiican ii haya.

12. Sababta Keentay in aan Kursiga Lumiyo

Wax fudud maahayn in aad hoggaan soo hayso muddo ku dhow 5 sano ka horna soo shaqaysay dagaal intaa le'egna soo martay, haddana inaad ka gudubto dagaal kale, si walba oo wax laguula wado ma fududa.

Ragii aan soo wada shaqaynay Madaxweyne Cabdikariin 2 sano uu Galmudug madax ka ahaa markii uu baxay layma jeclayn ee nasiibka, caqligayga iyo qadarta ilaahay ayaa I saaciday, Madaxweyne Xaaf waa tagay oo quustay oo dowladdu ma rabin, isna maba uu rabin meesha, intaa oo dhib iyo jaa'ifo ka soo gaareen, Guddoomiye Cali Gacal waxaa xildhibaanada u diiday oo hor istaagay rag beesha uu ka dhashay ah, meeshaa ayuu asna ku haray, Guddoomiye Xareed mar haddii saaxiibkiis Madaxweyne Xaaf tagay asna maba soo doonan, Guddoomiye Shiikhul Balad ayaa xildhibaankii helay maadaama isaga qolo walba saaxiib la ahaa, balse kursigii ayaa looga adkaaday oo ma guulaysan, Shaakir oo ASWJ hoggaaminayay isna waxba uma yaalaan oo waa la diiday.

Si walba ha noqotee kaligay ayaa damcay in aan kooxdii in aan ka soo noqdo waxaa igu dhacay dhowr wax oo kala duwan.

1. Madaxwaynuhu si aad ah ayuu ii taageersanaa, ilana rabay in aan kursiga qaato, balse maadaama qoorqoor dowladdu bannaanka soo dhigatay kana reebtay wixii haysatay, Madaxwaynuhu waxa uu sheegi waayay qofka uu madaxwayne ku-xigeenka mareexaan u wado, taas oo shaki badan dhalisay qof walba oo aan u tagana I dhahaayay; "odaygu hanoo kaa sheego" balse aakhirkii dambe ayuu raysalwasaaraha u sheegay.
2. Raysalwasaaraha oo an rabin in uu talada mareexaan u daba maro madaxweynaha oo uu isaga ka dhursugayay, oo marar badan oo aan kulanay waxaaba uu ii sheegi waayay in uu I taageerayo iyo in kale, balse markii dambe oo loo sheegay sida ay ahayd aan ii la shaqayn, ballamihii uu ila galayna iiga baxay, sida isaga oo ay ahaydin uu dhaqaalaha I siiiyo, Dhuusamareebna ii diray markii aan tagayna waxba ii soo dirin.
3. Beesha aan ka dhashay oo aan waxba isu quurin oo dad badan is daba haysteen, madaxweynaha ruuxiisana uu eeddooda ka baqayay.
4. Jifada aan ka dhashay oo reer Warsame oo kursigaan dhibkaa u soo maray oo qaarkood ii quuri waayeen oo iska kay daba sharraxeen, odayaashoodana nakala qaban waayeen dhalinyadiina kala qaybsameen.

Waxaa markaa ila dagaalay oo dacaayado igu furay kooxo badan oo abaabulan oo reer Galmudug iyo Soomaali kaleba ah, qabiil walbana leh, ujeeddada iyo hadafkooduna yahay sidii ay meesha iiga saari lahaayeen.

Maalinkii dambe waxaa ii yeeray Madaxwaynaha, waxa uuna la hadlay Raysalwasaaraha una sheegay in uu I diro ina taageero anna igu yiri; "u tag raysalwasaaraha" ani waxaa I taageersanaa oo aad ii la shaqaynayay xildhibaan Cabdishakuur Cali Mire iyo dhammaan xildhibaanada kale ee aan isku beesha nahay, runtiina waxa ay ahayd arrin aad u fiican, balse Raysalwasaaruhu waa I been diray, isaga oo Cali ciid iga soo daba diray, lacagtii aan ku hawlgali lahaana aan isiin.

Waxaa is abaabulay kooxo kale oo baraha bulshada ka caytamaya oo aad ii la dagaalaya, madaxweynaha caayaya oo leh 'waa qabiilayste, ninkii qabiilkiisa ahaa ayuu soo celinaa, intii kale waa cayriyay'. ilaa aakhirkii Xaaf iyo Shaakir inta ay soo abaabulaan ay ku dhahaan 'waca una sheega Qoorqoor' oo isagu ahaa qofka madaxweynaha noqonaya oo la ogaa, senetarada, Raysalwasaaraha iyo Madaxweynaha haddii Maxamed Xaashi soo noqdo in aysan la heshiinayn balse haddii ay Maxamed Xaashi beddelaan inay la heshiinayaan. Markaa ayaa inta Madaxweynihii is beddelay igana codsaday in aan tartanka ka haro, balse kama yeelin waana tartamay aniga oo aan shilin lacag ah bixin, waxaan helay codad dhan 12, taas oo aan markaana ka tanaasulay in aan u gudbo wareerga labaad, waana halkaa meesha ay ku soo dhammaatay safarkaygii Galmudug 2/2/2020-kii.

Dadkii kala duwanaa ee aan la soo shaqeeyay

Madaxweyne Kuxiigeenkii Maamulka, Maxamed Xayir; Guddoomiye Xaliimo Ismaaciil (Yarey); Madaxweyne Cabdikariin Guuleed, iyo Madaxweyne Xaaf.

Tan iyo intii aan siyaasadda ku soo biiray sanadkii 2007-dii waxaan ka soo shaqeeyay meelo kala duwan, waxaana la soo shaqeeyay dad kala duwan, dhammaantoodna waxa ay lahaayeen hoggaan iyo dabeecado kala duwan, laakiin anigu sida aan is leeyahay maadaama ay muhiim tahay inay iyagu I qiimeeyaan, haddana is qiimaynta aan anigu isku sameeyay waxa ay ila tahay in aan si fiican dadkaa dhammaan u soo wada shaqaynay, markii laga reebo Madaxweyne Axmed Ducaale Geelle (Xaaf) oo isna ahaa nin oday ah oo aan is leeyahay hab dhaqanka uun baad isku fahmi waydeen ee ma jirin wax shaqa xumaan ah oona dhex martay.

- Isbahaysigii Dib u xoraynta markii aan ka tirsanaa maanan ahayn hoggaan sare, sidaa awgeed waxaan ahaa nin cusub kuna cusub saaxadda siyaasadda, dadkiisana isaga dhex jira, marka maba jirin wax caqabad ah oo aan la kulmay amaba aan dad u gaystay muddadii aan ka tirsanaa.
- Waxaan noqday Madaxweynihii maamulka Bartamaha Soomaaliya sanadkii 2010-kii bishii Oktoobar 16 keedii ilaa iyo 26 September 2014-kii, intaa waxaa madaxweyne ku-xigeen ii ahaa Maxamed Xayir Nuur oo aan wada shaqaynay waligeena wax ku saabsan hagidda iyo hanaanka Maamulka Siyaasad, Dhaqaale iyo Amni intaba iskuma aynaan khilaafin, ilaa iyo maantana waxaan nahay rag saaxiibbo ah oo wada shaqeeya xiriir wanaagsanna leh, waloow Maxamed aan is naqaanay ilaa iyo sanadkii 1993-kii oo aan dalka Netherland wada degganayn saaxiibbana ahayn.
- 3-dii December 2014-kii ilaa 20-kii Juun 2015-kii Waxaan ahaa Guddoomiye ku-xigeenka guddiga dhisidda Maamul-Goboleedka Galgaduud iyo Mudug aniga oo guddoomiye ku-xigeen u ahaa Guddoomiso Xaliimo Ismaaciil Ibraahin oo runtii ah qof aad u wanaagsan, hawlkar ah, shaqoo aqoon ah aad iyo aadna u fiican, ani iyo Xaliimo si guud mooyee si qaas ah

isuma aynaan aqoon waqtigaa ka hor, runtiina waxaa na dhex martay shaqo aad iyo aad u wanaagsan oo aan marnaba caadi ahayn oo adag, maamul la dhisayo khilaafaad ka dhaxeeyo iyo shax cusub oo la jeexayo, taas oo aan si hagar la'aan ah ugu qabanay bulshada Galmudug, runtiina ahayd wax farxad leh oo taariikh leh maantana loo jeedo, aana dhihi karo waa guul weyn oo la gaaray oo aan marnaba yaraysi lahayn, sida ay ila tahay aniga iyo Xaliimo intaa aan wada shaqaynaynay wanaag waxaan ahayn nama dhex marin, ilaa maantana waan iskula joognaa, xaliimo waxaan abaal gooni ah uga hayaa inay igala shaqaysay sidii aan ku gaari lahaa hadafkaygii ahaa in aan noqdo Madaxweyne ku-xigeenka Galmudug.

- 4-tii July 2015-kii ilaa 25-kii Feberaury 2017-kii Waxaan soo wada shaqaynay Madaxweyne Cabdikariin Xuseen Guuleed oo runtii ahaa nin aynaan horay isku aqoon markii na la wada dooranayay, balse ani iyo madaxweyne Cabdikariin habeenkii markii aan isku nimid ayaan is waraysanay, waxaana ku heshiinay in aan wada shaqayno, wixii aan rabana aan qaban karo, balse aan isaga la wadaago, halka isagana wax walba oo uu qabanayo ila wadaago, taas oo ahayd guushii ugu waynayd oo is aamminaad oo na dhex martay, ilaa iyo haddana aan haysano. Cabdikariin waa shaqsi aad iyo aad u wanaagsan aniga aragtidayda, dowlad yaqaanna ah, si fiicanna dalkaan iyo dadkaan ugu soo shaqeeyay, wax badana u qabtay Galmudug intuu joogay anna aan kalsooni iyo is aamminaad aan ku soo wada shaqaynay, iyada oo daruuf adag oo dhaqaale ay Galmudug ka jirtay. Cabdikariin ilaa uu xanuunsaday oo uu iska casilay xilka waa wada shaqaynay ilaa iyo maantana waxaan nahay saaxiibbo qaas ah.

- 3-dii May 2017-kii ilaa 02-dii Feberaury 2020-kii waxaan wada shaqaynay Madaxweyne Axmed Ducaale Geele Xeef, Madaxwayne Xaaf waa ka duwanaa madaxdii hore, waayo waxa uu ahaa nin oday ah oo da' wayn balse saan filaayay ma noqon oo waxaan is lahaa waa nin Kaaba qabiil ah anigana waxaan ahayn dad ehel ah oo is yaqaan waxa uuna ii ahaa runtii adeer camal waxa aan hubaa dad badan oo ka mid ah kuwii la soo dagaalamay markuu kursiga raadinaayay inuu iiga hiiliyay oo jeclaa haduu kursiga helo asaga ana Meesha in la iga saaro oo isna ka diiday hadalkaa iyo damacooda qaldan balse waxay ahayd nin ku yimid xanaaq iyo ciil uu u qabay kursigii xildhibaanimadiisa oo looga dhacay Axmed Macallin Fiqi, taas oo keentay in uu u xanaaqsanaado, Damal Jadiid, Maamulka Galmudug iyo cid walba oo la shaqaynaysay, waxaan xusuustaa subaxii la doortay markii ugu horaysay oo aan xaafiiska isugu nimid aniga iyo isaga iyo saddexda guddoomiye ee Baarlamaanka in uu hadal nooga bilaabay markii laga reebo guddoomiye ku xigeenka koowaad Xareed Cali Xareed oo isaga la jiray markii horeba in uu yiri; "saddexdiinaan ma aydaan mudnayn inaad ka hartaan Cabdikariin, waayo waad la shaqaynaysateen" annaguna waxaan ku niri; "hadda Cabdikariin waa tagay annagana waan joognaa", halkaas waxaan ka dareenay dhammaanteen in dagaal jiro laga bilaabo maalinkaas ilaa aan ku kala tagnay sidii aan boogayga dambe uga hadli doono waxyaabo badan ayaa na dhex maray Madaxweyne Axmed Ducaale si fiican umaaynaan wada shaqayn mudadii u danbaysay oo dhan siduu u biliday khilaafkii Khaliijka ilaa waqtigeennii doorashada la soo gaaray balse waa nin oday oo aan ciso iyo Sharaf u hayo ilaa manta ragu waa is qoomaa laakiin waa un siyaasad ee ma aha wax kale hadana waa is cafinay.

Caqabadaha i soo maray shaqsi ahaan intii aan shaqadaan ku jiray

Runtii caqabadaha iga horyimid ma aha wax la soo koobi karo balse qaar ayaan ka sheegaa halkaan.

1. Waxaa iga horyimid dad badan oo u dhashay dadka aan rabay in aan Maamulka u sameeyo oo u arkaayay in aan awood iyo siyaasad ku helayo oo aanan eegayn danta guud.
2. Iyada oo been na loo ka sheegay dadkii gudaha waddanka joogay sida ASWJ ilaa dagaal iyo dacwado na la ka hortimaado.
3. Siyaasiinta beesha qaarkood iyo waliba qurbajoogta qaarkood oo aan na soo dhawayn.
4. Waxaan u soo galay xabsi aan muddo sedx biloodah kuna xirnaa dalka Ethiopia.
5. Waxaa iiga baxay dhaqaalo badan iyo waqti badan oo aan haddana la ii ogayn, runtii juhdiga intaa la'eg oo dad badan si kale u arkaan.
6. Dadku badi waxa ay aamminsanaayeen in aan anigu wax ka helayo, anna naftaydii iyo maalkaygii baan ku baxay oo waliba reerkaygii uga soo tagay.
7. Xubnaha jirkayga qaar ka mid ah ayaan ku waayay.
8. Dhibaatada qabiilku leeyahay waxaa ka mid ah; 'mar walba waxaa iigu caqabad badnaa kuwa dad iigu xiga'.

9. Ku Xigeenimada oon faa'iido lahayn taas oo ah in ninka kaa sareeya dhaqankiisa aa ku xiran tahay oo haduu ku la tashto wax ku waydiiyo guulaysanayso hadii kale wax la joogin
10. Waraaqo iyo Amaro aadan wax ka ogayn oo shaqsiyan ku dhaawacaya ninka k
11. Go'aan qaadashadii la jirsiga Dowladda
12. La dagaalankii hadafkii ASWJ ay rabtay inay afkaar qaldan ku faafiyaan Galmudug.

Aniga iyo Waqtigaa

Laga bilaabo ka soo noqoshadii Asmara - Eritria oo igu dhalisay fikirkaan in aan dadkaan wax u qabto ababulkii shirkii Leicester, Noqoshadaydii Guddoomiyaha Guddigii Leicester lagu Sameeyay, Madaxweunihii maamulkii bartamaha Soomaaliya dhammaan waxaas oo dhan waxa ay ahayd shaqooyin badan oo aan soo qabtay oo aan marnaba aan la soo koobi karin dhib iyo dheefba la ahayd caawimaadii gargaarka ee dadka masaakiinta ahayd.

Runtii sida aad dareemaysid ama aad la socotaan waxqabashadu sideedaba ma aha mid fudud, waliba dal burbursan, aniga guddigaan in aan ka mid noqdo waxaan ka soo maray marxalado badan oo kala duwan oo aan qaarkood kor idiinku soo sheegay waliba in aan Guddoomiye ku-xigeen ka noqdana wax fudud ma ahayn waxyaabihii la yaabka lahaa waxaa ka mid ahaa, xitaa markii la isku dayay in nin jifadayda la ii soo adeegsaday oo dadka ii soo adeegsanaya ay ahaayeen dad aan isku jifo hoose nahay Reer Warsame, reer Diini, kuwaas oo ku fekeraya inay aniga meesha iga saaraan, ka dib waxaan noqday madaxweyne ku-xigeenka Galmudug aniga oo guulihii iyo caqabadihii aan idiin soo sheegayba ka soo maray.

F.G.Intaa ka dib waxaa jira inaan Buugaan ku ekeeyay oo kaliya ilaa bilowgii intaa wada shaqaynay Madaxweyne Xaaf oo ay ka dhiman yihiin waxyaabo oo aad dadku ugu baahan yihiin inay wax ka ogaadaan oo ay ka mid yihiin Khilaafyadii na soo dhex maray annaga iyo Madaxweyne Xaaf, ASWJ,Heshiiskii Djabouti, Dowladii Federaalka ahayd oo markaa jirtay iyo ilaa aan kursigaygii lumiyay iyo sababaha keenay in aan lumiyo, dhammaan waxaas oo tafa tiran waxaan uga hadli doonaa buuga kan ku xiga waayo waa taariikh u baahan in la ogaado dadkuna mudan yihiin inay ogaadaan.

Dhanka kale waxaan ka gaaray Guulo

a. Waxaan rumeeyay hammigaygii
b. Waxaan fuliyay oo aan magac ku helay wixii aan rabay in aan dadkayga u qabto oo aan qabtay.
c. Waxaan dhisnay markii hore maamul yar markii dambena waxaan wax ka dhisay Galmudug ilaa aan madaxweyne ku-xigeen ka noqday.
d. Waxaan ogaaday qof walba waxa uu rabo in uu sameyn karo haddii uu ku adkaystana uu gaarayo riyadiisa.
e. Waxaan bartay shaqo walba oo la qabanayo inay leedahay caqabad iyo wanaag aan marnaba caadi ahayn.
f. Waxaan u difaacay dalkayga hooyo waqti loo baahnaa oo is leeyahay waa la burburin rabay.
g. Waxaan hor istaagay afkaaro qaldan oo dadka iyo dalka lagu faafin lahaa oo waliba caqiido ah.
h. Waxaan aad iyo aad ugu farxaa markaan arko dadka Beesha Sade oo Galmudug wax la qaybsanaya oo ka tirsan waayo waxaan soo maray waqti la,ila yaabanaa waxa aan ka hadlayo iyo waqtiyo badan oo laygula dagaalay laakiin manta waa guul mar hadii dadkii oo dhan wada qaateen.
i. Waxaan rumeeyay seddexdaydii hadaf oo aan u bilaabay barnaamijkaan oo kala ahaa.
   - Inaan dadkayga dega deegaanada waqooyi ee Mudug iyo Galgaduud Maamul u sameeyo.
   - Inaan dadkayga dega Galgaduud iyo Mudug Maamul u sameeyo.
   - Inaan ka qayb qaato dhisida Maamul U dhiska dowlada Soomaaliya.

J.waxaan aad iyo aad ugu farxaa markaan arko dadka beesha Sade oo Galmudug taageeraya aamminsana inay wax ku leeyihiin waayo waxaan ogahay markaan bilaabayay say ahaayeen oo aan marnaba u ogalayn laakiin waa Alle mahadii iyo qayb ka mid ah riyadeedaydii oo ruoowday mar haday hada ogalaadeen.

Talo Soo-jeedin iyo Baahiyaha Galmudug

Guud ahaan reer Galmudug waa dad walaalo ah, waana isma huraan, waxa ay isku laynayaana waa in ay wax ka dhexeeyaan, maamulkoodana dhaqaale ahaan iyo ciidan ahaanba ma xoog badna, waxaana soo jeedinayaa in daacadnimo shaqayso, haddii daacadnimo laga shaqayn waayana fashil lagu danbayn doono iyo Galmudug oo dib u noqota, waxaana ku talin lahaa: -

1. In shirwayne loo qabto bulshada reer Galmudug nooc walba oo ay tahay, si dhab ahna markale loo wada hadal siiyo loona heshiisiiyo.
2. In Gole guurti oo dhab ah oo reer Galmudug ah la sameeyo sida Dastuurka Galmudug sheegayo.
3. In degmo walba gole guurti-hoosaad loo sameeyo.
4. Dhulka daaqsiinta oo la wada leeyahay in si sax ah looga heshiiyo.
5. Qabiillada aanooyinku ka dhexeeyaan in si sax ah loo xisaabtan siiyo.
6. In Ceelal gaaraya ilaa 30 loo qado dhammaan degmooyinka Galmudug oo degmo walba 3 ceel deegaankeeda laga qodo si biyo-yarida looga baxo.
7. In hubka qabiilada laga wareejiyo, AK47 ayaa u yare laga gado kuwa waaweyna warkoodaba daa.
8. In dadka ka ganacsada hubka laga xiro suuqaas, ganacsi kalena loo abuuro.
9. In awood qaybsiga maamulka si sax ah loo fiiriyo oo dadka wax tabanaya la qanciyo.
10. In dadka la tirakoobo.
11. In degmooyinka oo idil gole deegaan loo sameeyo si barnaamijka JPLG uga faa'iidaystaan
12. In Ciidamada degmo walba laga qoro nooc walba oo ciidan ah la iskuna dhafo. (Ciidamadaa oo kala ah 50 Police ah, 50 Nisa ah, 50 daraawiish ah iyo 50 Minishiibiyo ah oo canshuurta qaada degmo walba 200 oo ciidankaa loo qoro dhaqaalaheedana laga bixiyo mushaarkooda).
13. Galmudug waxay u baahantahay in si dhab ah dib loogu eego oo dadkeedu ugu tashtaan.
14. Mar walba Galmudug maadaama ay tahay dhulkaygii aan ka soo jeeday ninkii soo dhisayna ahay waxaan dadkeeda u rajaynaa guul iyo barwaaqo.

CUDURDAAR:

Waxaan si aad iyo aad ah uga cudurdaaranayaa bulshada Soomaaliyeed oo buuggaan akhrisan doonta meel walba oo dunida ay ka joogaan, haddii ay ku arkaan wax qalad ah ama wanaag ah oo ay dhibsadaan ama jeclaadaan in aysan aniga marnaba ujeeddadaydu ahayn xumayn, ammaanid, u gafid dad Soomaaliyeed ama ashkhaas ee ay ujeeddadu un tahay ka sheekayn taariikh iyo marxalado kala duwan iyo wax aan u soo joogay nooc walba oo ay yihiin iyo wixii aan soo qabtay oo qalad iyo saxba leh.

Waan ka raalligalinaa waxii qalad u arka wax ku qoran, waa ku farxaa waxii igu sii dhiira galiya waxa ku qoran. Waxii wanaag ah oo aan asiibay ajar allah iga siiyo waxii qalad ahna waxaa leh naf iyo shaydaan ee ha laga raalli ahaado.

GEBAGEBO

Buuggaan waxaan uga hadlay taariikh kooban oo ku saabsan Soomaaliya, Maamulkii Bartamaha Soomaaliya iyo Dhisiddii Galmudug, taas oo aan filayo in aan in si sax ah loo fahmi doono dhammaan waxa aan uga hadlay oo dhan. Si walba oo ay noqoto tani waxa ay caddaynee sida Soomaaliya u shaqayso iyo sida ay tahay in loo fahmo, waxa aan uga hadlay dhammaan waa wax shaqsi ahaan I taabanaya, ujeeddaduna marnaba ma aha in aan qof wax ugu dhimo ee waa in aan ka sheekeeyaa taariikhdii aan la soo kulmay iyo marxaladihii ay soo martay Gamudug iyo dhisideedii. Waxa aan uga hadlay intii aan waday maamulkaa dhibaatooyinkii iyo faa'iidooyinkii aan la kulmay oo ugu darnayd Xarigii Ethiopia nalugu xiray, iyada oo la rabay in la i dilo balse Alle qadartii taa ku suuroobin iyo raggii ila socday oo ahaa rag Qatar ah.

Waxyaabihii aan ka bartay intii aan maamulkaan waday iyo intii aan Galmudug ka shaqaynayeyba waxaa ka mid ahaa in beni'aadam ku nooc walba oo ay noqdaan aanu waxba la isku oggolayn oo ay kala danaysanayaan, taas oo ugu wacantahay xaasidnimada dadka Soomaaliyeed ka buuxda oo ay adag tahay; In inta aad ummad u qunto doonaysana inaad wax u qabato, oo waxaas yihiin wax dad ka dhexeeya ay raalli kaa ahaanayaan, waxaa qasab ah si walba oo daacad u tahay u wanaagsantahay in mar walba qolo uun ku jilaafeenayso.

Waxaan ku talin lahaa maanta oo taariikhda tahay 01/02/22 oo aan qorayo baalka buuggaan oo shaqadaan buugaan uga hadlayo ka soo wareegtay dhowr iyo toban sano, Galmudug la dhisay oo hadda maraysa 7 sano in weli wax badan dhiman yihiin dadkuna u baahan yihiin midayn kale iyo isu keenid, in qabiilada u baahan yihiin dib u heshiisiin iyo walaalayn kale iyo wadaagga maamul ee ka dhexeeya.

Waxaan ka bartay muddadaa wax badan oo aan marnaba la soo koobi karin oo aan caadi ahayn, runtii waa wax aad iyo aad loogu farxo guulaha aan ka gaaray riyadayda iyo hadafkayga intaba.

EREYGA QORAAGA

Magacaygu waa Carrabey Xaashi Cabdi. Waxaan ku dhashay magaalada Beled Xaawo ee Soomaaliya, bishii Febraayo 1972-kii. Waxaan ahay xirfadle dowli ah iyo mid gaar loo leeyahay oo aad u dhiirran, khibradna u leh ka shaqaynta iyo u adeegidda Dowladdaiyo ganacsiga labadaba, aqoon badanna u leh ganacsiga, shirkadaha iyo horumarinta (Soomaaliyeed), qurbajoogta iyo ururrada bulshada.

Waxa aan ku soo barbaaray degmada Wanlawayn ee Gobolka Shabeellada Hoose oo aan degganaa tan iyo dhalashadaydii ilaa ay Dagaallada Sokeeya dhaceen sanadkii 1991 dii. Waxaan ku soo dhigtay dugsiga hoose dhexe iyo sare, iyo waliba dugsigii Quraanka oo aan laba jeer dhammeeyay.

Waxaan ku guursaday guurkaygii ugu horreeyay degmada Wanlawayn aniga oo 17 jir ah, ka dibna wiil iigu dhashay, walow wiilka hooyadii kala tagnay oo asagu Muqdisho ku dhashay.

Markay dagaallada sokeeye dhaceen waxaan u qaxnay gobolka Gedo, magaalada Baledxaawo, anigoo joogay muddo yar, ka dibna bishii 8aad ee 1991 ayaa waxaan tagay dalka Kenya magaaladiisa Nairobi.

Bishii Oktoobar 1991 ayaan u gudbay Yurub oo tagay dalka Netherland oo aan gaaray 4/10/1992 dii, halkaa oo aan qaxooti isaga dhiibay. Bishii December 1992 ayaan qaatay sharciga qaxootiga, anigoo dhalasha Netherland qaatay sanadkii 1997-dii.

Waxaan ku noolaa dalka Netherland ilaa 2000 anigoo intii aan joognay wax badan bartay, shaqaysatay oo ganacsade noqday, guursaday oo aabbe noqday, oo iigu dhasheen seddex carruur ah. Runtii muddadaa noloshayda wax badan ayaa iska beddelay.

Sanadkii 2000 ayaan waxaan u wareegay dalka Ingiriiska magaaladiisa Leicester, halkaas oo aan ganacsade wayn ku noqday, carruur kale iigu dhasheen, wax badan oo kale ku bartay noloshaydana wax badan kor ugu sii qaaday.

waxaan ahay xirfadle sare oo dowladeed iyo mid gaar ahba, khibrad shaqo iyo u adeegid bulsho labadaba, ganacsiga iyo waaxda dawladda intaba, aqoon badana u leh ganacsiga, shirkadaha iyo horumarka Soomaaliya ururada bulshada.

Hadda waxaan ahay Agaasimaha Guud ee Wasaaradda Batroolka iyo Kheyraadka Macdanta ee Xukuumadda Federaalka Soomaaliya tan iyo 27 kii bishii Meey ee sanadka 2020. Halkaas oo aan masuul ka ahay howlaha maalinlaha ah ee Wasaaradda. Sanadkii 2015 ta, July 4teedii, waxaa la ii doortay Madaxweyne ku-xigeenka Dowlad-goboleedka Galmudug, taasoo xubin ka ah Dowlada Federaalka ee Soomaaliya oo aan ka qayb-qaatay dhisiddeeda dhammaan hay'adaha dowlada, Golayaasha wasaaradaha, amniga, caddaaladda, nabadda, dib-u-heshiisiinta, sida loo dhisayo golayaasha deegaanka iyo maamulada degmooyinka dhammaanka labada gobol oo ay ka koobantahay dowlad goboleedka iyo dhammaan heerarka dowladnimo ilaa iyo Sanadkii 2020.Bishii Febraury 2deedii oo aan ka ahaa halkaa madaxweyne ku xigeen, Waxaan kale oo aan soo Noqday Kusimihii Madaxweynaha Galmudug waqtigii u dhaxeeysay bishii Feberaury 25 keeda 2017 dii ilaa 3 dii May 2017 dii , Waxaan kale oo soo noqday Gudoomiye ku xigeenkii gudigii dhisay Maamulka Galgaduud iyo Mudug 26 kii Bishii 8aad 2014 kii ilaa 20 Juun 2015 kii , waxaan kale oo soo noqday Madaxweynihii Maamulkii Bartamaha Soomaliya 16 Oktoober 2010kii ilaa iyo 25 August 2014 tii, Waxaan kale oo soo noqday Gudoomiyihii gudiga Qabanqaabada Maamulka Bartamaha Soomaaliya Muddadii 30 May 2010 kii ilaa 15 Oktoober 2010 kii. .

Waxaan xubin ka ahaa ururada horumarinta, waxbarashada iyo cilmibarista dalka. Waxaan ka qalin jabiyay jaamacada Leicester shahaadada aasaaska Ururka bulshada tabaruca Maareynta (FDMVCO), waxaan kale oo ka qaatay Jaamacadda Northampton University BA ee Daraasaadka Warbaahinta, Sidoo kale waxaan qaatay shahaadada Xiriirka Caalamiga ah Master Degree (MA) oo ayana ka qaatay Jaamacadda Northampton, Waxaan kale oo ahay hada Arday dhigta Jaamacda Aberdeen qaab fogaan arag ah kana barta Master Degree ku saabsan Oil and Gas Maamulka Ganacsiga MBA, Sidoo kale waxaan qaatay shahaadooyin kale oo kala duwan sida xisaabinta. Aniga oo aqoon durugsan u leh cilmiga afafka, waxaan si fiican ugu hadlaa afafka Soomaaliga, Ingiriiska, Holland iyo Carabiga.

Waxaan horay u qoray dhowr article oo kala duwan oo aan ku qoray Afsoomaali iyo Af Ingiriis labadaba kuna qoray Websit yada Soomaalida iyo journal calami ah, waxaan kale oo buug horay uga qoray Maamulka Bartamaha Soomaaliya.

Sannadihii aan hayey xilal kala duwan, waxaan muujiyey hoggaamin iyo xirfado shaqsiyeed oo ay ka mid yihiin maareynta, horumarinta iyo dhiirigelinta dowladnimada si loo gaaro ujeeddooyinkooda.

Waxaan xubin ka ahaa ururo kala duwan, Samafal iyo hay'ado.

• Somali Community Center (Hashi Center Leicester) – Agaasime

Ururka Horumarinta Balanbal -Xubin

• Xarunta Waxbarashada Charlwood - Xubinta Guddiga

• Xarunta Cilmi-baarista iyo Horumarinta ee Bulshada Soomaaliyeed - Xubin ka tirsan Guddiga

Xubin ka ah Siyaasiyiinta iyo Hoggaamiyayaasha Soomaaliyeed.

SAWIRADA LIFAAQA AH

Shirarkii aan ku qabannay dalalka Ingiriiska iyo Kenya

Galmudug iyo Shaqooyinkeedii.

Qaar ka mid ah Guddigii dhisay Galmudug

Shaqooyinkii Gargaar ee Gobolka

www.ingramcontent.com/pod-product-compliance
Lightning Source LLC
Chambersburg PA
CBHW081154020426
42333CB00020B/2501